KB205776

기독교
신앙
시리즈
❸

현대
기독교
신앙과 삶

세상에서의 삶 :
윤리

독일루터교회연합회
정일웅 오민수 공역

Evangelischer
Erwachsenenkatechismus

한국코메니우스연구소

Evangelischer Erwachsenenkatechismus

suchen – glauben – leben

9., neu bearbeitete und ergänzte Auflage 2013

Im Auftrag der Kirchenleitung der VELKD

herausgegeben von

Andreas Brummer

Manfred Kießig

Martin Rothgangel

unter Mitarbeit von

Wiebke Bähnk

Norbert Dennerlein

Heiko Franke

Peter Hirschberg

Jutta Krämer

Michael Kuch

Ralf Tyra

Ingrid Wiedenroth-Gabler

Gütersloher Verlagshaus

독일개신교 성인신앙교육서

찾으며 - 믿으며 - 사는 것

새롭게 수정하고 보완된 제 9판 2013

독일루터교회연합회 교회지도부의 위임으로

안드레아스 브룸머
만프레드 키씨히
마르틴 로트앙겔 등이 출판하였다.

그리고

뷔프케 뵈헨케

노르베르트 덴너라인

하이코 프랑케

페터 히르쉬베르그

유타 크렘머

미하엘 쿠흐

랄프 티라

잉그리드 뷔덴로트-가블러 등이 협동하였다

귀터스로흐 출판사

Original title: Evangelischer Erwachsenen Katechismus 8., neu
beartbeitete und ergämzte Auflage 2010
edited by Andreas Brummer, Manfred Kießig, Martin Rothgangel
© Vereinigte Evangefech-Lutherische Kirche Deutschkands,
Hannover 1975

목차

머리말

믿음으로 사는 것 - 신학적 토대

1. 하나님

1.1 하나님이 자신을 계시한다.

1.2 성경

1.3 하나님의 창조

1.4 역사에서 하나님의 활동

1.5 유대인과 기독인의 하나님

1.6 하나님과 세계의 종교들

1.7 저항 가운데서의 하나님

2. 인간

2.1 하나님의 피조물

2.2 죄와 죄책

3. 예수 그리스도

3.1 나사렛 예수 - 그리스도

3.2 인간의 칭의(의롭게 됨)

4. 세상에서의 삶 : 윤리

4.1 윤리 입문 18

4.2 인간과 공동생활

    4.2.1 사랑 44

    4.2.2 동반자 관계와 결혼 56

    4.2.3 부모와 자녀 68

    4.2.4 청소년 88

목차

4.2.5 노년 ——————————————————— 97

4.2.6 질병과 치유 ——————————————— 115

4.2.7 의존과 중독 ——————————————— 125

4.3 사회와 국가

4.3.1 국가, 민주주의와 교회 ————————— 134

4.3.2 여성들과 남성들의 공동생활 —————— 185

4.3.3 의사소통과 미디어 ——————————— 201

4.3.4 지식사회에서의 교육 —————————— 215

4.3.5 직업과 경제 ——————————————— 231

4.3.6 자유 시간 ———————————————— 263

4.3.7 스포츠 ————————————————— 273

4.4 세계적인 책임

4.4.1 자연적인 삶의 근본토대 ———————— 286

4.4.2 기술과 생명공학의 윤리 ———————— 302

4.4.3 정의 안에서의 평화 —————————— 326

5. 성령의 하나님

5.1 성령에 대한 신앙

5.2 삼위일체 하나님

6. 교회 안에서의 삶

6.1 교회

6.1.1 교회 - 믿는 자들의 공동체

6.1.2 종교개혁

6.1.3 교회 직분의 근거

6.1.4 교회의 영예로운 직분

6.1.5 교회에 대한 물음들

6.1.6 작은 교파그룹들의 신앙고백정보

6.1.7 교회연합

6.1.8 교회 밖의 종교 단체들

6.2 말씀과 성례

6.2.1 예배

6.2.2 말씀과 설교

6.2.3 세례

6.2.4 성찬

6.2.5 성례

6.3 교회의 행위들

6.3.1 입교

6.3.2 참회

6.3.3 축복

6.4 교회의 과제

6.4.1 영혼 돌봄

6.4.2 섬김

6.4.3 선교

6.5 신앙의 실천

6.5.1 영성의 토대

6.5.2 기도

6.5.3 명상

6.5.4 공동체에서의 영적인 삶

6.5.5 음악

6.5.6 조각하는 예술

목차

---

7. 모든 길의 목표: 영생

    7.1 죽음과 사망

    7.2 희망 - 영원에서의 삶

신학적인 개념들의 작은 사전

중요 낱말 목록

성경 목록

협동저술가 목록

원천자료 목록

작은 신앙고백서와 가르침의 증거들

역자 인사말

　이 책을 처음 대한 것은 독일 유학에서였다. 역자가 독일교회가 평신도들에게 가르치는 기독교 신앙의 기본 내용이 어떤 것인지를 지도교수에게 물었을 때 그는 이 책 "개신교성인신앙교육서"(EEK)를 추천해 주었다.

　역자는 먼저 이 책의 방대한 분량(1370쪽)에 놀랐고 현대적인 기독교 신앙 표현의 신선함에 또한 놀랐다. 기독교 신앙의 진리에 관하여 이렇게 많은 내용을 가르치고 배우게 해야 하는지에 대한 의구심이 들기도 했지만, 우선 역자 자신도 이 책을 통하여 많은 것들을 배울 수가 있었다. 특히 기독교 신앙의 삶에 관계된 독일 기독인들의 수준에 감탄하기도 하였다.

　이 책의 특징은 지난 1970년대 후반 독일이 산업사회로 발전한 사회적 환경에서 기독교 신앙과 삶에 관련하여 제기되는 많은 질문들을 대부분 수용하여 친절하게 대답해 준 신앙 백과사전과 같은 역할을 수행한 것에 있었다. 실제로 이 책은 독일 개신교 신학생들이 기독교 신앙 진리의 기본을 배우는 신학개론서처럼 즐겨 읽고 도움을 받았으며 독일교회의 평신도들도 그간 흔들린 기독교 신앙의 정체성을 회복하는 일에도 큰 도움이 되었던 것으로 알려졌다. 이 책은 독일루터교회연합회(VELKD)가 주도하여 만든 것으로 변화의 시대에 걸맞게 기독교 복음의 재선교를 목적으로 5년간의 연구를 거쳐 각 분야의 전문가 약 200여명의 독일 신학자들을 동원하여 집필한 참으로 보고(寶庫)와 같은 책이기도 하였다. 그리고 그 후로 이 책은 시대변화(동서독 통일과 통일 후15년)를 반영하여 크게 3차례 대수정작업을 거쳐 현재로 9번째 출판된 책이기도 하였다. 또한 이 책은 전통적이며 역사적인 요리문답교육(Katechismus)의 역사를 완전히 새롭게 바꾸어 놓았으며 이 책이야 말로 '현대인을 위한 기독교 신앙의 새로운 지침서'가 되었던 것이다.

　이 번역서는 원본이 의도한 대로 '개신교성인신앙지침서'로 이해하여 전체 주제는 '기독교 신앙과 삶'으로 명명하였으며, 제1권은 '살아계신 하나님', 제2권은 '인간과 예수 그리스도'라는 부제로 출판하였다. 그리고 여기 제3권은 '세상에서의

삶 : 윤리'란 이름으로 출판된다. 이 책은 기독인들이 급변하는 세상, 즉 가정과 사회와 직장(업)과 경제와 과학기술과 국가(정치)와 자연세계(생태계)와의 관계에서 정의와 평화가 요구되는 삶의 윤리적인 책임을 어떻게 감당해야 할지에 대한 성경적이며 신학적인 지침들이 제시되었다.

역자는 이 책의 중요성을 알고 난 후 한국교회 평신도들의 신앙교양(信仰敎養)에 도움이 되었으면 하는 마음으로 번역을 시도하였다. 바라기로는 이 번역서는 한국 개신교회에 속한 모든 성인 평신도들이 읽어서 기독교 신앙의 삶을 현대적으로 이해하는데 큰 도움이 되기를 기대하며 또한 가까운 장래에 한국교회도 교파를 초월하여 연합차원에서 통일된 가장 현대적이며 표준적인 기독교 신앙 지침서가 탄생하는 때가 오기를 고대해 보기도 한다. 그리고 이 책은 목회자와 신학생, 교회의 청년들과 평신도들이 읽어서 기독교 신앙의 정체성을 새롭게 회복하는 일에도 큰 도움이 될 것으로 생각한다. 그리고 인간이 어디서 와서, 어디로 가며, 이 땅에서 참으로 인간답게 사는 존재와 삶의 의미를 물으면서 기독교 신앙에 관심을 가진 초보자들에게도 신앙 입문서의 역할이 되리라 기대한다. 물론 이 책은 개인 독서용으로 만들어져 있기 때문에 읽어서 쉽게 이해를 얻을 수 있으며 또한 청년 대학생들과 평신도들의 토론과 대화를 동반한 그룹스터디와 신앙세미나에서도 활용될 수 있는 책이라고 생각한다.

끝으로 이 책의 번역과 출판에 도움을 준 여러분들에게도 감사드린다. 먼저 오민수박사는 바쁜 시간에도 불구하고 번역에 참여하여 감사하며, 이 책(제3권)의 출판비용을 기꺼이 맡아주신 김희선장로님(정읍시민교회)께도 깊은 감사를 드린다. 그는 '한국코메니우스연구소' 후원이사로 항상 도움을 주고 있기에 더욱 그러하다. 또한 한국어 출판을 허락해 주신 영국의 랜덤하우스(Randomhaus)와 그 중간 역할을 맡아 준 한국에이전트 홍순철대표님께도 감사드린다. 또한 원고 수정작업에 수고해 주신 박노진목사, 김석주목사 그리고 아내 강릇에게도 감사드리며, 편집 디자인을 맡아주신 토브디자인의 변윤주선생께도 깊은 감사를 드린다.

2019년 11월

역자 대표 정일웅 드림

제 8판 수정출판에 대한 인사말

이 책 '개신교성인신앙교육서'(Evagelischer Erwachsenenkatechismus)는 35년 전 초판이 나온 이래 8번째 출판되었다. 이 책은 표지의 새로운 단장뿐 아니라, 내면에서도 달라진 모습을 보여주고 있다. 이것은 근본적으로 목표와 신앙과 현실적인 삶에 항상 다시 새로운 관계를 갖게 하는 모습이다. 기독교 신앙은 공간의 확장에 있는 것이 아니라, - 그 시대의 언어와 사고에서 발전하는 근본토대가 되기를 원한다. 이러한 성인신앙교육서의 새 출판은 오늘날 개신교 신자로서 이해하는 것처럼, 우리가 어디서 희망을 가지게 되며, 어디로 지향하고 있는지에 대한 올바른 정보를 제공한다. 그것은 우리 사회와 개개인이 현재에 직면한 질문들을 전제하여 제시되었다. 이러한 근본사상은 책의 설계에 반영되어, 각 장(章)은 의식적으로 '인지부분'을 삽입해 두었다. 이는 우리 시대의 물음과 사람들이 앞서 발견하는 상황에 대한 주의 깊은 열린 모습을 뜻한다. 이 책은 인간의 실재(實在)에서 제기되고 감지하는 교회를 위한 것이다. 어쨌든 이러한 인지(認知)를 바탕으로 신앙의 근본토대가 핵심적이면서도, 이해가 가능하도록 설명되어, 현재의 삶에 가깝게 관계된 방향으로 연결한다. 개신교 신앙교육서는 그들의 출발점으로 고백하며, 시대의 질문과 함께 복음적인 자유와 책임 안에서 논쟁하며, 이해적인 방식에서 방향제공을 원하는 교회를 전적으로 가리킨다.

마침내 모든 장은 어떻게 믿음이 삶에서 수용되고 실천될 수 있는지에 대한 하나의 판단과 함께 끝난다. 즉 믿음은 말하자면, 자체로 머물러 있는 것이 아니다. '이 책'은 살아 있기를 원하며, 믿음의 실천에 대한 길들이 열려는 하나의 교회를 증언한다. 독일루터교회연합회(VELKD)는 이 책을 복음적인 관점에서 신앙(信仰)의 교양(敎養)에 도움을 제시하였다. 이러한 의미에서 이 책은 신학적인 기초지식을 이해하게 하며, 동시에 신앙과 현실적인 삶에 대한 성찰을 자극하며, 궁극적으로 기도와 종교적인 텍스트에서의 도움제공뿐만 아니라, 일상에서 복음적인 영성이 살아 있도록 남녀독자들을 위한 "현대적인 신앙코스 북"이 될 수 있을 것이다.

독일 개신교루터교회연합회 지도부를 대신하여 수정작업에 참여한 모든 분들과 신앙교육위원회의 위원들과, 특히 초안 작업에 함께한 저자들에게 감사를 드리며, 마지막으로 모든 독자들에게 도전적인 삶과 신앙을 풍성하게 하는 강연들이 이루어지기를 축복한다.

요한 프리드리히 박사(Dr.Johann Friedrich)
독일 개신교루터교회연합회의 감독(Bishop der VELKD)

머리말

1. 본 수정판이 어떻게 생겨났는가?

1975년에 처음 출판된 개신교 성인신앙교육서[EEK]는 - 독일 개신교루터교회연합회의 위임으로 이루어짐 - 개신교 신앙의 표준서로 확정하였습니다. 35년 전, 첫 출판 이래로, 이 책은 25만 권이상이 판매되었습니다. 성인신앙교육서는 전면 수정된 제6판이 지난 2000년에 출판된 바 있습니다. 역시 1989년 독일통일 이후, 변화된 상황에 따라 내용을 약간 줄이면서, 본질의 내용을 현실화한 제7판이 2016년에 출판되었습니다.

이처럼 꾸준한 개정작업에도 불구하고 교회와 사회의 다원화 증대에 대한 대책 마련의 요구는 개신교신앙교육서의 계획을 수립하게 하였고, 이 계획은 즉시 수용되었습니다. 수정목적에 부응하기 위하여 성인신앙교육서와 함께 의도적인 접촉을 가졌던 여러 다른 직업군별의 사람들과의 행동에 대한 일관된 인터뷰가 이루어졌습니다. 설문을 통해 드러난 결과는 현재 개신교 신앙교육서는 간혹 참고서로 사용되었다는 인식이었습니다. 그리고 요구사항으로 독자들의 관심이 현실적인 관련들을 통하여(인지), 지향하는 정보들(방향) 그리고 실제에 관련(형성)들로 이해하고 싶어 하는 변화된 책 내면의 구성이었습니다.

여기 출판되는 책은 제7판의 총체적인 내용을 기반으로 지난 3년간의 수정과정의 결과입니다.

다음과 같은 관점들은 거기서 표준적인 것이었습니다.

새로운 책의 내면 구성체: 요약된 개신교성인신앙교육서[2004]의 제작에서 성인신앙교육서의 각 장의 지금까지의 분류가 "출발-정보-배경-경험"의 도식 안에서 이중적으로 안내할 수 있다는 것이 분명하게 되었습니다. 이러한 근거에서 이번에 9번째 출판되는 이 책에서는 "인지(認知) - 방향(方向) - 형성(形成)"이란 3단계의 개괄적인 내면 구성체가 도입되었습니다.

경험과 실천: 새로운 내면 구성체를 통하여 새로운 강조점이 조건적으로 설정될 수 있었습니다. 그래서 현재 상황에 차별화된 통찰을 열어주는 인지(認知) 부분에 경험적인 결과들이 증가 되어 있음을 발견하게 되었습니다(비교. 예를 들면, "1.1 하나님은 자기를 계시한다.", "4.2.4 청소년"). 동시에 "형성(形成)" 부분에서 실천과 예전적인 요소들에서 보기들이 특별히 강하게 수용되었습니다(비교. 보기. "4.3.6. 자유 시간", "6.1.4 교회에서의 명예로운 직분").

새로 수정된 장: 지난 세기에 사회적이며 과학적인 발전과 토론의 배경에서 몇 개의 장들은 완전히 새롭게 형성되었습니다. 이것들은 다음의 장들에 해당합니다. "4.4.2 기술과 생명공학에서의 윤리", "4.3.3 의사소통과 미디어", "4.3.2 남자와 여자의 공동체".

이해시킴과 기초화: 성인신앙교육서의 심장 부분인 칭의(稱義)의 장은 이러한 관점에서 근본적으로 새롭게 수정되었습니다(비교. "3.2 인간의 칭의"). 이해시킴은 각 장의 부분적으로 개별적인 면에서 대체되었습니다(비교. 보기, "1.1 하나님은 자기를 나타내신다." 시작 부분, "3.1 나사렛 예수 - 그리스도"의 부분입니다.

현실성과 보완: 개신교 성인신앙교육서의 모든 장들은 전체로서 마찬가지로 현실화하는 개정의 각 단면들에 종속되었으며, 상응하게 보완되었습니다(보기. "4.4.1 자연적인 삶의 토대", "6.4.3 선교"). 역시 교회 연합적인 발전들의 모습에서 역시 8판에서 가장 새로운 상태를 제시합니다(비교. 보기. "6.1.6 작은 종파들의 알림", "6.1.7 교회연합").

신학적인 토대: 신앙교육위원회는 마르틴 루터를 통한 신앙고백 3번째 조항의 해석에 따라 "믿음으로 산다."는 것을 전개하는 하나님 부분에서 신학적인 근본적인 장을 앞에서 소개하기로 결정하였습니다.

2. 이 책은 무엇을 원하는가?

삶의 출처와 방향에 대한 물음, 세계의 근원과 목표에 대한 물음, 행복과 고난의 의미에 대한 물음 그리고 올바른 행동과 모습에 대한 물음 등이 분명 사람들의 마음을 움직입니다. 과거에 우리의 문화 범주에서 그러한 질문에 대한 대답은 특히 기독교회에 의하여 찾아졌습니다. 우리 현대적인 사회에서 사람들이 선택할 수 있는 종교적이며 세계관적인 여러 제시들이 있습니다. 이러한 상황에서 신앙이 이해되며, 계속해서 리드하면서, 실재를 밝히면서 증명하도록 기독교적인 신앙을 대화에로 가져가는 것은 중요합니다. 그 때문에 이 책은 인간의 상황을 받아들이고, 질문을 거론하며, 기독교적인 신앙의 대답들과 관계하도록 시도합니다. 이러한 방법은 기독교 신앙이 이상의 문제들에 대한 완전한 대답을 갖고 있지 않다는 통찰과 결합되었습니다. 마찬가지로 그 신앙은 현실적인 문제의 극복에 유익하다는 것을 제한시키지 않습니다. 이것은 대답을 제시하기보다, 오히려 우리의 질문을 질문으로 제기하고, 새로운 질문을 일깨우며, 하나님이 인간에게 묻는 그것을 듣게 합니다. 상황과 복음의 소식, 질문과 대답 사이에 다리를 놓는 이러한 방법에 대해 신학자 폴 틸리히(1886-1965)는 "상호연관의 방법"이라 불렀습니다.

여기 대화 가운데 가져온 기독교 신앙은 그 자체 안에서 여러 모습이며, 완전한 역동성이 있습니다. 그 역동적인 신앙은 고백에서 그의 특성을 발견했던 것처럼, 교회의 공동적인 신앙으로 우리를 만납니다. 그리고 동시에 여러 가지 구별된 색채와 함께 개인의 인격적인 신앙으로서 만나게 됩니다. 통일과 다양성의 이러한 긴장은 분명히 책에 영향을 미쳤습니다. 성경적인 전승의 청취와 기독인들과의 교제 가운데서 신앙의 고유한 길을 걷게 되도록 초대됩니다.

1529년의 마르틴 루터의 "소요리 문답서"는 그것에 대하여 수 세기를 넘어서 탁월한 토대로서 증명되었습니다. 왜냐하면 그 안에서 신앙의 대답과 함께 인간의 삶에 관한 질문들이 근본적으로 삶에 가까이 대화 가운데 가져오게 되었기 때문입니다. 개신교 성인 신앙교육서는 이러한 루터적인 전통에 서 있으며, 거기서 총체적인 기독교 인식을 위하여 개방하고 있습니다. 이 책은 그래서 교회 연합적인 넓이로써 개신교 전체를 연결한 것입니다.

이 책은 근원적으로 교회의 그룹들이나, 지(支) 교회에서의 사용을 위하여 구상되었으며, 특별히 개인적으로 사용할 수 있는 독서용, 참고서로 발전하였습니다. 이 같은 방식은 학교의 교육 실제에서 또한 강하게 요구되었습니다. 그 결과 이 책은 신학적인 기초지식을 전달하는 일에 기여했으며, 신앙의 관점에서 삶의 중요한 질문과 함께 논쟁하는 일에 자극을 불러일으키며, 삶이 신앙에서 어떻게 형성될 수 있는지에 대한 추진력을 제시합니다.

3. 이 책은 어떻게 구성되었는가?

상황과 복음의 소식, 질문과 대답 사이의 상호관계는 각 장(章)에 영향을 미치며, 앞에서 말한 내면 구성체의 3단계 안에 반영됩니다. 즉 "인지 부분"과 함께 차별화된 질문들이 제기되었고, 그것들의 삶의 세계에 사람들을 진지하게 취하였습니다. "방향 부분"에서, 역시 질문이 스스로 새로운 빛 속에서 제기될 수 있는 중심에 가능한 신앙의 대답이 있습니다. 방향은 기초정보들에 관한 필요를 생각하게 되었으며, "형성 부분"은 그것을 넘어 나아와 가능한 실천적인 효과들에 강조점을 두었습니다.

그의 큰 구조에서 이 책은 계속해서 신앙고백의 목차를 따릅니다. "믿음으로 산다."는 신학적인 토대 다음에 "하나님"이란 주된 부분이 따르며, 하나님의 창조로서 인간의 모습과 죄와 죄책이란 주제 다음에 "예수 그리스도"란 주된 부분이 따르며, "세상에서의 삶에 대한 물음"에서 동시에 "교회 안에서의 삶"이란 부분으로 인도하는 "성령 하나님"에 대한 주된 부분이 따라 나옵니다. 모든 길의 목표에 대한 전망인 - 영생은 개신교 신앙교육서를 마무리 짓게 합니다.

목표했던 참고서가 가능해지도록 책의 마지막에 상세한 성경목록과 개념들의 목록을 발견할 수 있습니다. 계속해서 개념들은 작은 신학적인 사전에서 밝혀놓은 것입니다. 6판과 7판에서처럼 책 중앙에 칼라로 구별한 교회의 신앙고백들과 가르침의 증거들을 삽입해 놓았습니다. 본 텍스트의 간단한 사용은 예를 들어, 수업에서나 또는 그룹집회들에서 본 텍스트를 사용할 때는 CD-ROM으로 만든 미디어가 그 사용과 이해에 도움을 줄 것입니다.

마르틴 로트앙겔(Martin Rothangel)
만프레드 키씨히(Manfred Kissig)
안드레아스 브룸머(Andreas Brummer)

4. 세상에서의 삶 : 윤리

4.1 윤리 입문

인지

　윤리에 대한 필요성은 이전부터 항상 있어왔습니다. 그렇지만 윤리적 질문에 대한 방향 지침의 필요성은 이전보다 오늘날이 더욱 크게 요구됩니다. 이전에는 관습과 풍습들이 자명(自明)한 기준과 방향 지침을 제시해주었던 행동 전형을 준비했었다면 그 자명했던 것들이 오늘날에는 더이상 자명하지 못하며, 오히려 명백하게 만들어져 있어야 합니다. 우리가 무엇을 행하고 어떻게 결정해야 하는지에 대해 아무런 질문 없이 받아들였던 경우들은 우리에게 기대되지 않았던 선물로 체험되었습니다. 사람들은 안전을 보증하는 공간들과 기관들에서 빠져나와 가족과 직업의 개별적인 영역(領域)으로 흡수되어 버렸습니다. 인간은 지속성과 신뢰성의 기준들을 스스로 재구성해야 하는 과제에 직면해 있습니다. 이러한 새로운 사회 발전은 새로운 윤리적인 문제를 더 넓은 전선에서 풀어내어야만 합니다. 예를 들면, 생명윤리, 경제윤리, 기술윤리, 장기이식이나 유전자 연구 등에서입니다. 마침내 문화적이며 지정학적 변화들은 - 문화와 종교 간 서로의 의사소통에서 그리고 생명의 근본토대들의 보존에서 - 인간적인 행위의 윤리적 기반을 새롭게 숙고해야 할 것이 요구됩니다.

　우리는 윤리적 고찰을 통해서 인간적인 행위의 방향 지침을 제시하도록 시도(試圖)해 볼 것입니다. 이러한 시도는 또한 복음적인 윤리에도 유효합니다. 복음적인 윤리는 신앙적 관점에서 방향을 찾는 것입니다. 그리고 거기서 도출(逃出)되는 통찰(洞察)들 가운데 몇 가지는 여기에 개괄적으로나마 소개해 봅니다.

방향

1. 윤리에 대한 접근들

윤리분야에서 많은 주제들과 서로 논쟁되는 견해들은 뒤엉켜 있습니다. 그 때문에 거리감을 두고 세분화하는 일은 하나의 고유한 판단을 찾는 일에 도움이 됩니다. 먼저 우리는 서로 해소가 불가능한 긴장 관계에 놓여 있으며, 각자 윤리적인 결정에 작용하는 세 가지 접근들을 인지하게 됩니다.

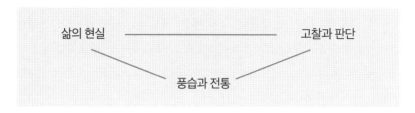

a) 풍습과 전통

윤리는 인습(因襲)과 각각의 상황 그리고 그에 따른 문화를 통해 결정됩니다. 한 사회는 자신의 고유한 '풍습'을 빚어내며, 예절과 풍습들은 상호관계를 조정하고, 특정 공동체 내의 응집력을 증진합니다. 개인은 언제나 자신을 둘러싸고 있는 사회형태 속에 동승하여, 한정된 규범, 계율 그리고 사회 행동 모범들에서 하나의 관계를 발견해야 합니다. 윤리적인 이론은 세계관적 배경과 윤리학자의 문화적이고 종교적인 전통을 따르게 되는데, 그런 점에서 그 이론 자체는 삶의 총체적인 해석의 한 부분이 되는 것입니다. 이러한 이유로 윤리적인 이론들과 태도와 그 속에 함의된 배경에 대한 행위들을 질문하는 것이 필요합니다.

b) 삶의 현실의 인지

윤리는 개체들과 공동체들의 구체적인 실생활의 문제들에서 생겨납니다. 그 때문에 윤리는 그 방법적인 부분에 있어, 우선적으로 당면한 현실이 무엇인지 해명하기를 원합니다. 즉, 윤리적인 질문들을 확인하고 이들을 해석하는 일입니다. 이러한 관점에서 윤리는 일종의 "현실과학(학문)"입니다. 그것은 윤리가 인간의 삶의 현실이 무엇인지를 서술하는 것을 뜻합니다. 이러한 시각을 받아들이는 사람이라면 누구든지 개인적이고 집단적인 삶의 사실적 문제에 관심을 가지며, 그들의 윤리적인 요구에 대한 현실을 '읽고' 다음과 같이 질문합니다.

- 침해하는 것들과 파기하는 것들과 불의를 보는 것은 어디인가요?
- 시대에 적합한 윤리적 인식은 무엇이며, 그렇지 않은 것은 무엇인지요?
- 참된 것과 필연적인 것에 대한 판단을 막는 선입견들이나 현혹됨은 어디에 있는가요?

이러한 관점에서 윤리는 현실에 대한 직접적인 접촉입니다. 상황은 직접적인 반응을 요구합니다. 명료한 그림을 얻기 위해서는, 적지 않은 경우 그 상황에서부터 한 걸음 자신을 떼어놓는 것이 중요합니다. 이러한 이유로 인하여 윤리는 성찰과 관계가 있습니다.

c) 성찰과 판단

현실에서 사람들이 쉽게 행동하지 못하는 것은 성찰된 삶의 구상으로서 구체적인 대답으로서 간단히 제시된 것이 아니라, 먼저 깊은 생각과 토론을 통하여 중재되어야 하기 때문입니다. 이러한 시각에서 윤리는 개별적인 판단과 행동을 위한 근거들로 부르며, 그것을 검토합니다. 핵심적으로는 윤리를 통한 우리의 행동의 정당성이 중요합니다.

이러한 3가지 차별화는 윤리적인 과제가 다만 방법론적인 관점들의 특별한 주의에 의하여 책임있게 성취시킬 수 있는 것에 먼저 세심한 주의를 기울여야 합니다. 그것들은 저마다의 특성과 해소될 수 없는 긴장관계 속에서 동시에 인지하는 일입니다. 어떤 현실이 전제되어 있고, 어떤 행동 옵션이 추구되었는지 그리고 윤리학자는 어떤 세계관적인 관점에 연결되었는지? 등입니다.

윤리적 결단들의 논란은 종종 한 가지 관점이 특별히 강조되었던 데로 되돌아갑니다. 방법론적인 구별은 윤리적 질문들로 토론하거나 결정하는 자에게, 그가 토론 가운데 등장하여 자신의 관점을 분명하게 밝히는데 도울 수 있을 것입니다. 그밖에도 토론에 참여한 모두가 윤리적인 질문에 동일한 접근과 같은 방향의 관심을 따르는지를 밝혀줍니다.

d) 또 다른 구별들

방법론적인 근본관점들의 이러한 도식은 윤리적인 판단형성의 고전적인 특성들을 연결시킵니다. 학문(과학)은 서술적[deskriptiv] 윤리와 지시적[präskriptiv] 윤리 사이를 구별합니다.

서술적 윤리는 인간의 존재에서부터 시작합니다. 그것은 인간의 자기 삶을 펼쳐가는 과정에서부터 출발하여, 그 속에 발견되는 좋은 것을 명명하며, 거기서 윤리적인 행동의 초안을 작성합니다. 윤리조항은 서술형으로 표현 됩니다: "너는 … 이다." 규칙과 명령들은 방향 지시적 성격을 지니고는 있으나, 아직 선한 행동을 유발하는 작용은 하지 않고 있습니다. 오히려 선한 행동은 (나쁜 행동과 반대로) 설득과 사람의 감정과 사람의 의존성에 근거하고 있습니다.

'지시(교훈)적 윤리'는 명령, 규칙 또는 규범에서 출발하며, 구속력의 정도를 평가하여, 그를 통해 행동의 지향점을 획득하도록 합니다. 이러한 관점에서 본다면 윤리는 사람이 행해야 하는 당위성에 대한 이론입니다. 윤리조항은 명령적으로 표현 됩니다: "너는 … 해야 한다!"

앞에서 언급된 도식에서 '서술적 윤리'는 사실(事實)과 사회성(社會性)이라는 양극 사이에서 작용합니다. 반면, '지시(교훈)적 윤리'는 성찰과 전통에 관계하고 있습니다.

2. 삶의 성취에 있어서 윤리

a) 윤리는 우리의 삶의 태도를 목표합니다.

'우리는 무엇을 해야 하는가?'라는 시작의 질문은 윤리적 과제의 구조를 내용으로 합니다. 그렇게 질문하는 사람은 관계 속에 살고 있으며, 자신의 삶의 태도가 관계 속에 있는 하나의 행위임을 전제로 하고 있습니다. 개별 인간은 그와 함께 이러한 물음에 노력하는 자들과의 의존과 자유 안에서 표준적인 전통들에 대한 그의 관계목적 안에서 우리 앞에 놓이게 됩니다.

윤리적 질문들은 삶의 현실 가운데서 인간을 만나며, 그들에게서 그가 실제로 자신의 삶의 태도에서 어떤 입장을 취해야 하는지에 관한 삶의 물음들입니다.

행위(行爲)는 입장의 한 형태입니다. 행위는 단 한 번도 사물이나 대상에 대한 동기가 아니며, 사람이 이미 항상 그 속에 함께 있으며 자신을 규정하고 의무화하는 현실 속에서 만들어집니다. 그러니까 윤리는 인간적인 생활 태도에 대한 이론입니다. 사람이 윤리에 대해 기대할 바는 '정보'가 아니라 '방향성'입니다. 바로 이 때문에 윤리에 대한 관심은 - 자기가 연루되어 있고 해당된다는 의미에서 - 하나의 이해관계입니다. 책으로서의 윤리는 읽는 사람들에게 인격적인 참여(參與)를 전제합니다. 즉 불안하게 함과 기꺼이 질문할 준비, 변화에 대한 의지를 전제한 참여입니다.

그밖에도 질문의 형태는 행하여야 할 것을 분명하게 제시하는 것이 아니라, 무엇보다 먼저 숙고(熟考)와 토론(討論)을 통하여 발견되게 해야 하는 것을 보여줍니다. 그리고 이러한 과정을 통해 윤리적인 관점의 '다중 해석 가능성'이 드러나게 됩니다. 해석의 다중성이 없다면, 그 어떤 사람도 윤리적 문제들에 전념할 수가 없습니다. 윤리는 완전히 확정한 '원칙들'의 건물에서 설계하는 것이 아니라, 오히려 '구체적인 삶의 문제들'에 연관되어 있습니다.

b) 인간의 행위는 근본적으로 세 가지 관계의 범주에서 생겨납니다.
첫 번째, 인간은 그의 행위에서 언제나 자기 자신과 관계되어 있습니다. 나는 나를 위해 그 무엇인가를 노력합니다. 우리가 정신적인 자산처럼, 행복이나, 부(富)나, 다른 물질적인 자산들을 취할 때, 즉 그것들이 나에게 추구할만한 것들로 보이는 것은 삶에 대한 나의 생각과 관계가 있습니다. 나는 그것들을 나의 이해의 한 부분으로 만들게 됩니다. 학문적인 윤리는 이러한 관계에서 '행위의 성찰적인 구조'에 관하여 말하는 것입니다. 그것은 그가 동시에 자신 스스로에 대하여 책임적인 행동의 자체 책임에서 항상 일어납니다.

두 번째, 그러나 동시에, 나는 나의 행동에서 언제나 다른 사람이나 다른 것에 관계되어 있습니다. 내가 함께 삶을 나누는 그들도 마찬가지로 그들 자체의 목표들을 가집니다. 우리는 그것들에 대하여 상호동의를 얻을 수 있으며, 그것들을 서로 찬성할 수 있을 것입니다. 그러나 때로는 추구하는 목표들이 상호 대립적인 입장에 서 있을 수도 있습니다. 우리는 다른 사람들과 더불어 공존한다는 사실로부터 벗어날 수 없습니다. 그 때문에, 우리의 공동생활은 근본적으로 규칙과 규정들에 의존하고 있습니다. 이들은 어떤 사람이 다른 사람으로부터 기대해야 하는 것이 무엇인지 그리고 무엇이 우리의 권리이고 의무인지를 확정합니다. 우리는 우리의 사회적 행위에 있어서 상호책임이 있습니다. 이 책임은 어느 정도 우리의 직접적인 주변 환경에 미치고 있기도 합니다. 우리는 또한 삶의 관계가 세계적으로 엮어져 있는 시대 속에서, 우리의 책임성이 어느 정도까지 도달하는지 물어야 합니다.

세 번째, 나는 나의 행위들에서 하나님과 관계되어 있습니다. 각 사람은 그의 현존재의 기원과 의미에 대한 정해진 근본신념들로 살아갑니다. 개별적으로 이러한 신념들은 그렇게 다양하게 존재할 수 있습니다. 그들은 항상 하나의 정해진 삶의 태도로써 '믿음'과 관계를 가집니다. 믿음은 그 믿음에 의하여 하나님이 항상 활동 가운데 임하시는 인간적인 근본신뢰입니다. - 그것은 여기 우리의 삶에서 고유한 신뢰의 품위가 중요하기 때문입니다. - 그리고 우리의 행위는 바로 이러한 관계 내에서 이루어지며, 만일 행위자가 믿음에 대하여 스스로 명확한 입장에 있지 않다 해도 그러하며, 또한 그가 하나님이 아니라 우상(偶像)을 신뢰한다고 할지라도 그러합니다. 하나의 우상 아래서 지향되었던 지나친 기대들이 성취할 수 없는 신(神)처럼 우러러보며, 경배 되었던 하나의 최종판단자를 이해할 수 있을 것입니다. 이에 대해 자주 선택된 예는 돈입니다. 돈은 좋고 유용하며, 생계비용을 위해서 포기할 수 없는 것입니다. 돈의 이러한 상대적으로 차지하는 가치는 더 이상 질문할 필요가 없습니다. 경제적인 관점들이 인간적인 마음과 노력의 우선적인 것이 되거나 특별한 관계점이 된다면, 분명 사건은 다르게 보여 집니다. 그럴 때, 그것들은 유일한 척도요, 물론 인간적인 삶의 다면 층에 따라 지탱되지 않는 행위의 토대로서 유효합니다. 성경적 전통에서 돈은 그의 과도한 의미에서 '맘몬'(Mammon)으로 묘사되었습니다.

이러한 예는 원칙적으로 무엇이 유효한지를 분명하게 해 줍니다. 즉 우리가 - 삶과 죽음에서 - 신뢰하는 것이 무엇인지, 마음 가운데서 우리를 움직이게 하는 것이 무엇인지, 그것에 대하여 우리는 궁극적으로 책임성을 느끼는 것입니다. 그 때문에 우리가 믿음 안에서 우리의 신뢰를 누구에게 표명해야 하는지가 역시 윤리에 대한 하나의 결정적인 질문입니다.

마르틴 루터(Martin Luther)는 대요리문답서 제1계명 해설에서 이러한 맥락에서 인상 깊게 암시해주었습니다. "신(神)이란 사람이 모든 곤고함에 있을 때 모든 선함과 피난처로 의지하는 그분입니다. 말하지만 신을 믿고 있다는 것은 다름이 아니라 중심에서 그분을 신뢰하는 그것입니다. [...] 믿음과 신, 이 둘은 짝을 이루고 있습니다. 너의 마음이 매달려 있고 네가 신임하는 바로 그것이 사실상 당신의 신(神)입니다."

인간은 서로 밀치고 들어오는 세 가지 구별된 관계들 속에서 원칙적으로 살며 행동합니다. 즉 자기 자신 스스로에 대한 관계, 세상과 하나님과의 관계들에서입니다. 세 번째 관계(하나님)는 다른 두 관계(자신 스스로와 세계)를 위한 토대가 되는 가치를 지닌 것입니다. 반대로 뒤의 두 관계는 첫 번째 관계를 통해서 전적으로 가치가 절하되지는 않았습니다. 오히려 거꾸로 이 두 가지 관계는 그들의 고유한 비중을 지니고 있습니다. 왜냐하면 기독교 신앙은 하나님 앞에서 인간을 세계에 대해 책임적 존재로 보고 있기 때문입니다. 더욱이 저마다 인격적인 방법으로 말입니다. 그의 책임은 이러한 3가지 관점에서 나타나게 됩니다.

c) 관계들의 장애
복음적인 이해에 따라 개괄적으로 요약된 근본 관계들은 그럼에도 불구하고 항상 다시 장애(障礙)가 되었으며, 그 장애는 인간의 행동자질을 막아버립니다. 이러한 관계의 장애는 - 전통적인 용어로 말하면 - '죄(罪)'에서 그 근거를 가집니다. 우선 죄는 도덕적 과오(過誤)가 아니라, 부정적인 관계개념으로 이해하는 것이 결정적입니다. 언급된 관계의 회복과 행동자질의 재획득은 서로 관계되어 있습니다. 복음적인 윤리의 출발점은 믿음 안에서 경험되고 선물된 실체(實體)에 대한 새로운 관계입니다.

이것은 세 가지 관계(하나님-이웃-자신)에 대한 "지각능력"이 사람에게 다시 선물로 주어질 때 이루어집니다. 사람들은 이러한 관계들을 정확히 볼 수 없습니다. 왜냐하면 그들은 죄로 인하여 봉쇄되어 있고 무엇인가에 고정되었기 때문입니다. 다음의 선입관들은 세 가지 근본 관계 속에 있는 삶의 성취를 방해합니다.

- 사람들은 자신과 다른 사람들에 관해서 너무 높게 또는 너무 하찮게 생각합니다.
- 사람들은 세계를 안전하게 해야 한다는 불안감으로 또는 모든 공간을 자신을 위하여 무리하게 사용하려는 무례함으로 비구원적인 활동에 빠져 있습니다.
- 사람들은 행동의 척도(尺度)로 자신 스스로를 드러내며 하나님과 같이 되기를 원합니다.

하나님의 은혜 행위는 사람들에게 자신과 하나님과 실제에 대한 새로운 시야를 선물하는 거기에 놓여 있습니다. 기독인들이 '자유(해방)'에 관하여 말한다면, 그것은 편견이 없는 관계와 사심이 없는 행위에 대한 이중적인 의미에서입니다.

하나의 새로운 세계와의 관계와 행동능력에 대한 해방은 다음과 같이 말하는 목표입니다. 즉 기독인들은 하나님의 은혜를 통하여 하나의 새로운 실체와의 관계와 하나의 새로운 행동자질이 선물된 것을 얻게 됩니다. 믿음은 이러한 선물을 취하게 된 그 동작이며, 그의 근본구조는 모든 행위와 행동을 만들게 되는 것입니다.

3. 자유의 차원들

개신교의 윤리는 하나님으로부터 인간들에게 그의 형상을 따라 삶을 살게 되도록 전권(全權)이 부여된 움직임을 서술합니다. 그것은 창조에서 부여된 '신형상'(神形象)에 의하여 그들의 출구를 취하며, 관계와 책임의 회복을 목표로 합니다. 그래서 윤리는 우선적으로 인간이 하나님의 뜻에 따라서 어떤 신분을 가진 자이며, 어떤 존재이어야 하는지를 설명합니다. 그것은 세 가지 방식입니다.

a) 인격적인 사람이 되는 일입니다 - 기독인의 자유

복음적인 이해에 따르면, 인간은 창조사건을 통해서 '인격적인 존재'가 됩니다. 이러한 인격적인 존재가 "장애"를 입었기 때문에, 인간들은 다시 자유 하는 존재로 되돌아가야 합니다. 자유는 그리스도 안에서 자기 스스로 자유하려는 짐으로부터 자유하게 되었다는 것을 믿음으로 받아들이는 데서 생겨납니다. 그것이 바로 루터의 불타는 질문이었습니다. "무엇을 통하여 내가 자유 하게 되는가? 무엇이 사람으로 하여금 자유 하도록 권한을 부여하는가?" 그의 발견은 "그리스도께서 우리를 자유롭게 하려고 자유를 주셨으니"(갈5:1)라는 말씀입니다. - 사도바울의 이 말은 이후에 자유에 관한 복음적인 말씀의 핵심축이 되었습니다. 기독교 신앙은 인간적인 자유의 추론할 수 없는 상태에 근거한 것이 아니라, 오히려 세상의 강제력들로부터 그리고 자기 폐쇄성에서 나아와 인간해방의 사건을 외치는 것입니다.

b) 공동체적인 능력을 지니게 됩니다.

사랑 안에서, 이와 같이 이웃과 함께 하는 세계에 대하여 부담되지 않는 현재에서 인간은 그리스도의 공동체에로 자유하게 되었습니다. 자유와 책임은 분리되지 않게 계속된 것입니다. 그것은 종교개혁 신학의 근본 지식입니다. 기독인은 "모든 사물에 대하여 자유로운 주인이며, 그 누구에게도 종속되어 있지 않습니다." 그리고 그는 동시에 "모든 사물을 섬기는 종이며, 모든 사람의 종입니다." 루터는 자신의 글 "기독인의 자유에 관하여"(1520)에서 자유를 이렇게 적었습니다. 인간은 신앙적인 질문에서도 어떠한 강요에 굴복하지 않습니다. 아무도, 그 어떤 것도 사람을 인간이나 사물에게 의존되게 해서는 안 됩니다. 인간은 이러한 자유를 자신의 삶을 담보하는 관계들을 쟁취하거나, 사적인 활동을 통해 보증하려 하지 않아야 합니다. 오히려 그는 자신에게 선물로 주어진 자유에 근거하여 다른 이들을 위해 관심을 기울일 수 있습니다. 루터는 이러한 사실을 그의 단편 논문의 마지막 부분에서 뛰어난 문장으로 요약했습니다. "이 모든 사실로부터 결론에 이르게 되는 것은, 기독인은 자신 안에 살지 않고 이웃과 그리스도 안에서 사는 것입니다. 즉 믿음을 통해서 그리스도 안에, 사랑을 통해서 이웃 안에, 믿음을 통해서 자신을 넘어 하나님께로 향해 가며, 하나님으로부터 사랑을 통해서 다시 자신

아래로 향하게 되나, 그는 여전히 하나님 안에 있고 신적인 사랑 안에 있습니다."

이러한 관점에서 자유는 동시에 사람들과 이웃 세계와의 공동체의 가능성의 근거입니다. 인간됨의 구성(構成)과 말씀과 성례 안에서 복음의 작용으로서 인격적인 공동체의 구성은 동일한 과정이며, 따로 분리하지 말아야 합니다. 그리스도가 주시는 것을 믿음으로 받아들이는 자는 누구든지 이웃에 대한 섬김에서 사랑의 자발적인 섬김으로, 부지중에 끊임없이 인도받게 됩니다.

c) 행동에 능하게 되며 - 정의(正義)를 수행합니다.

자유의 결과는 정의를 지향하는 행위에 새롭게 되는 것입니다. 올바른 행위는 인간들이 살고 있는 세 가지 근본 관계들을 지향한 행동입니다.

루터의 성경번역에 의하면, 구약성경은 정의에 관한 이러한 이해를 이미 증언하고 있습니다. "사람이여! 너에게 말하여졌도다! 무엇이 선한지 그리고 여호와께서 요구하는 것, 곧 하나님의 말씀을 지키고 사랑을 이행하고, 너의 하나님 앞에 겸손한 것이 무엇인지"(미 6:8). 이 본문은 다르게 번역할 수도 있습니다: "사람이여! 너에게 알려졌도다! 무엇이 선한지 그리고 하나님께서 너에게 찾는 것이, 곧 공법을 이행하며 다정함을 사랑하며, 너희 하나님과 함께 주의하여 동행하는 것이 무엇인지"(H. W. Wolff, 1911-1993) 이에 잇대어 정의하지만, 윤리는 정의와 사랑을 주의 깊게 따르는 교훈으로 요약될 수 있습니다.

이러한 통찰은 물론 인간이 자기 자유를 늘 오용하고 있다는 경험으로부터 어둡게 되었습니다. 예를 들어, 인간이 정의를 제멋대로 이웃에 대항하여 남용하고, 이웃이나 자신의 신체와 영혼을 해롭게 할 때입니다. 바로 이런 경험에서 기독교 윤리는 하나의 근본적인 정황을 보여줍니다. 즉 우리는 우리 스스로 선한 것을 결정할 수 있으리라는 그런 의미에서 절대적으로 자유롭지 못합니다. 원칙상, 오히려 우리는 기분, 감정과 설득 그리고 또한 우리의 자유를 행사함에 영향을 주는 또 다른 요인들로부터 의존되어 있습니다. 사람의 자유는 늘 상대적이며, 자신에게 중요한 것이라고 각인되고 있는 확실성(確實性)과 표상(表象)들에 의해서 조정됩니다. 이 요소들은 긍정적이거나 부정적일 수 있고, 파괴적이거나 자유하게 하는 효과를 가지기도 합니다.

이러한 산마루 타기는 특별히 행위와 힘과의 맥락의 모습에서 더욱 뚜렷해질 것입니다. 행위는 늘 힘에 근거하고 있습니다. 즉 힘을 가진다는 것은 목표에 도달할 가능성을 뜻하기 때문입니다. 물론, 힘은 파괴적인 폭력으로부터 엄격하게 구분시켜야 한다는 것은 분명합니다. 긍정적인 의미에서 우리는 우리의 행위를 통해서, - 그러니까 힘을 증명해 보이는 중에, - 인간으로서 우리가 누구인지를 보여줍니다. 우리는 무엇인가 원하며, 할 수 있는 것을 외부로 "내보내게" 됩니다. 이로써 인간들은 서로를 인식합니다. 한 인격체로서 사람은 이웃을 위해, 그의 힘을 통하여 등장합니다. 이로써 사람은 서로에게 - 말하자면, 외적인 것뿐만 아니라 내적인 것으로도 - 영향력을 행사합니다. 여기에 외적인 현상과 내적인 영혼의 활동은 사람으로 하여금 어떠한 입장을 취할 것을 자극합니다.

그러나 인간적인 권력의 실행의 문제성은 다른 이들의 희생적인 대가로 자신의 자유공간을 점점 더 강하게 확장하려는 경향에 있습니다. 특별히 자체에 관계된 힘의 실행에 대항하여 예수님의 삶과 행동은 우리에게 분명히 제시되었습니다. 그의 힘은 바로 힘없고 연약한 사람들에게로 향함에서 드러났습니다. 예수님의 권능은 사랑의 힘 안에 현존합니다. 그 때문에 복음적인 윤리(倫理)는 그 힘이 사랑의 힘을 따를 때, 생명에 대한 전권위임으로 해석될 수 있을 것입니다. 자체의 낯선 삶의 태도는 그것이 삶에서 하나님으로부터 선물된 전권의 이러한 차원들에 적합한지가 질문될 수 있으며, 질문되어야 합니다.

4. 개신교 윤리의 원천들

기독교 전통에서 성장하지 않은 사람들은 스스로 복음적인 윤리의 특징이 무엇인지, 십계명이나 예수님의 산상설교가 요구하는 것이 무엇인지를 질문하게 될 것입니다. 대체로 산상설교와 십계명은 기독교 신앙의 윤리적인 선언으로서 계속적으로 효력을 가진 것입니다.

a) 십계명

십계명 본문의 강독에서, 하나님과의 관계가 윤리적인 원리들에 권위를 부여하고 있다는 것이 분명해질 것입니다. 그 '열 가지 계명'(희랍어, Dekalog)은 두 부분('두 돌판'; 비교. 출31:8)으로 구성되어 있습니다. 즉 제1계명에서 제3계명까지는 하나님을 향한 인간의 관계가 연관된 것입니다. 그리고 제4계명에서 제10계명까지는 사람이 자신의 이웃을 향한 관계를 규정하고 있습니다. 하나님에 대한 신뢰에 우리를 도전하는 제1계명("너는 나 외에 그 어떤 다른 신들을 있게 하지 말라!")은 근본적인 것입니다. 모든 계명의 의미에 상응하는 것처럼, 이것은 이웃과의 교제에서 나타납니다. 이러한 의미는 사랑입니다. 그 때문에 예수님은 모든 계명을 "사랑의 이중계명"으로 요약합니다. 즉 "첫째는 이것이니 이스라엘아 들으라 주 곧 우리 하나님은 유일한 주시라, 네 마음을 다하고 목숨을 다하고 뜻을 다하고 힘을 다하여 주 너의 하나님을 사랑하라 하신 것이요, 둘째는 이것이니 네 이웃을 네 자신과 같이 사랑하라 하신 것이라. 이보다 더 큰 다른 계명이 없느니라."(막12:29-31; 비교. 신6:4 이하)

루터의 소요리문답서는 첫째 계명의 해설에서 상응하게 표현합니다. 즉, "우리는 모든 것들 위에 계신 하나님을 두려워하고, 사랑하고 신뢰해야 합니다." 루터는 십계명 해설에서 "우리가 하나님을 두려워하고 사랑해야 한다."라는 구문을 삽입함으로써, 그는 모든 계명보다 앞서 그분을 위하여 있는 예표를 분명히 하고 있습니다.

하나님의 계명(그의 "율법")은 믿음을 위하여 단순한 표면적인 의미를 가진 것이 아닙니다. 그것은 믿음과 본질적으로 연결되어 있습니다. 여기에 하나님의 계명들은 여러 다양한 방식으로 우리의 삶과 관계될 수 있다는 것을 분명히 해야 합니다. 그 때문에 복음적인 신학의 전통에서 율법의 적용사례들이나 율법의 사용방식을 사람들은 구분하고 있습니다.

여기에서 언제나 동일한 율법이 중요합니다. 이것은 여러 관점에서 사람에게 해당됩니다.

- 하나님의 계명의 첫 번째 의미는 인간적인 법질서를 위한 그들의 토대에 있습니다. 사람들은 이러한 맥락에서 율법의 정치적인 사용에 관하여 말합니다(라틴어, '정치

적 사용'[usus politicus legis] 또는 '시민적 사용'[usus civilis]). 그 법은 한 사회에서 다스려져야 할 정의에 기여합니다. 법질서는 그러한 방식으로 상대적이지만 자유로운 공동생활을 가능하게 합니다. 이 기능에서 율법은 행위들의 표면적인 성격들에 관계되었습니다. 즉, 율법은 법률을 준수하도록 강제하고 있으며, 말하자면, 사람이 율법을 이해하고 있는지 아닌지 여부를 고려하지 않습니다.

• 계명의 두 번째 의미는 죄를 들추어내는 그 법의 성격에 있습니다. 이러한 관점에서 율법의 '증명적인 사용'에 관하여 언급할 수 있습니다('소송적 용도'[usus elenchticus]). 바로 여기에서 율법은 단지 표면적인 것뿐만 아니라 내면적으로도 행위자들을 만나며, 법을 마음에 적중시킵니다. 계명들은 사람 앞에 하나의 거울과 같은 것으로, 그 안에서 그는 하나님과 이웃에 대한 자신의 실수와 마주치게 됩니다. 물론 이러한 대면의 목적은 사람을 용서와 우리에게 약속되어 있는 새로운 생명(삶)에 주목하게 하려는 데 있습니다. 그러한 방식으로, 율법은 교육자로서 그리고 그리스도에게로 향하게 하는 양육자로서 작용합니다. 그리스도를 지시하는 율법의 이러한 기능 때문에, 루터는 '소송적 용도'를 사실상 '신학적인 용도'[usus theologicus]로 보고 있습니다.

• 그 외에도 믿음을 위한 율법의 세 번째 의미가 있습니다. 여기에서 계명은 믿는 자에게 입증하는 기소(起訴)나 순전히 표면적인 순응의 강요(强要)가 아닙니다. 오히려 믿음은 하나님이 제1계명에서 우리에게 도전하는 것과 정확히 일치합니다. 즉, 그를 신뢰하라는 것입니다. 우선적으로 말할 수 있는 사실은 하나님의 요구는 믿는 자에게 자신의 삶의 움직임을 미리 그려보게 합니다. 하나님의 요구는 "사람에게 날개를 달아서, 방향을 지시하고, 자극하고 그리고 교훈합니다."[Eilert Herms]. 율법이 신자를 도전하고 직접 만나게 하는 긍정적인 의미가 있습니다. 이러한 맥락에서 루터는 종종 율법의 '권고적 용도'[usus adhortativus]를 거론하였습니다.

전체적으로 기독교 윤리에는 율법의 세 가지 방식이 모두 유효하며, 이들은 저마다 특수하고 중요한 기능을 가지고 있습니다.

• '정치적인 용도'는 규범적인 표준으로써 공공단체의 정의로운 설계를 위해 기여합니다. 여기에서 율법은 악행에 대한 빗장(Riegel)으로서 역할을 합니다.

• '소송적 용도'는 자기의 삶의 태도의 비판적인 검토에 기여합니다. 하나님의 계명은

그 안에서 자기 스스로를 인식하는 거울로써 그렇게 인간을 만나게 됩니다.

• 율법의 '권고적 용도'는 하나님과 이웃을 향하는 사랑 안에 나타나는 기독인의 자유에 기여합니다. 여기서 하나님 계명은 신자가 따라 살아야 하는 삶의 원칙입니다. "사랑은 율법의 완성이니라."(롬13:10)

루터는 결론적으로 두 가지 방향에서 계명들을 밝히기를 분명히 하고 있습니다. 첫 번째, - 부정적으로 - 우리의 행위를 위한 경계, 두 번째, - 긍정적으로 - 우리의 행위를 위한 격려. 제5계명을 예로 들어본다면, "너는 죽이지 말라!"는 곧 "우리 이웃의 신체에 그 어떤 상해나 고통을 가하지 않고, 도리어 이웃을 돕고 모든 곤경 중에도 그들에게 조력함을 통하여, 우리는 하나님을 두려워하고 사랑해야 합니다."로 의역됩니다. (소요리문답) 계명의 본래적인 요점은 계명의 긍정적인 의미에 있습니다.

b) 산상설교

산상설교는 계명으로 시작하지 않고, '축복의 찬양'과 함께 시작합니다. 그것은 신뢰 문화의 삶의 실제를 보여줍니다. 그리고 하나님의 자비(Güte)에 부합한 상호 간의 사랑을 설득능력에다 놓게 됩니다. 그렇기 때문에 우리는 여기에 '황금률'로 표현된 것을 발견합니다. "그러므로 무엇이든지 남에게 대접을 받고자 하는 대로 너희도 남을 대접하라 이것이 율법이요 선지자니라"(마7:12).

예수님의 윤리는 하나님의 도래하는 왕국의 배경에서 전개되며, 동시에 일상적인 삶에서 구현되고 있습니다. 그것은 새로운 삶의 관점의 전제가 아니라 결과입니다. 예수님은 하나님의 통치가 종말론적으로 근접해 있음을 자신의 인격에 결부시키셨습니다. 그렇기 때문에 그분의 윤리적인 진술들은 모두 철저하며, 인격적이며, 구체적입니다. 하나님의 통치는 주어진 상황에서 만나게 되지만, 상황과 동일하지도 상황과 반대가 되지도 않습니다. 그러한 윤리에는 예수님의 비유와 매우 흡사한 '시간 예고'와 '장소지시'가 있습니다. 우리는 예수님의 비유들을 단지 '선한 사마리아인의 비유'로만 아니라, 기독교 윤리 인식의 문제로 수납해야 합니다. 이것은 '이야기'(내러티브 윤리)가 종종 계명의 열거보다는 더욱 많은 것을 전한다는 것을 동시에 의미합니다. 여기에는 산상설교와 비유가 포함되어 있습니다. '너희는 근심하지 말라!'는 윤리는 들의 백합화와 공중의 새들을 모방하는 것을 의미하는 것이 아니라, 세계와 삶을 위한 하나님께서 정하신 시간이 있음을 알고 하나님을 신뢰하라는 그러한 교훈을 자극하고 있습니다. 이런 의미에서, 배움은 "필수적인 믿음의 실천형태"입니다.

'십계명'과 '산상설교'는 기독교 전통과 현대 윤리를 위한 중심의 본보기입니다. 그것은 두 본문에서 모두 윤리의 기초적인 관점을 언급하고 있기 때문입니다.

- '십계명'은 공공사회의 통합성 보호를 목적으로 하고, 민족의 일원인 이웃 사람의 기본권을 보증하고 있습니다.

- '산상설교'는 예수님을 따르라는 부르심에서 그 특수성이 부각 됩니다; '산상설교'의 윤리적인 진술들은 그리스도와 관계된 삶을 통하여 힘을 얻게 됩니다. 윤리적인 책임은 믿는 자의 인격성과 아주 밀접하게 결부되어 있습니다.

루터는 십계명의 '계명윤리'와 산상설교의 '계승윤리'를 서로 관련시키고 있습니다. 그는 신약의 메시지가 주는 자유의 경험으로부터 계명을 읽었기 때문에, 십계명을 윤리의 기본법으로 이해하였습니다. 루터는 이런 방식으로 계명을 인과적으로 해석하고 있습니다. 그는 또한 그 각각의 개별 진술들이 시대와 결부되어 있다는 것을 간과하는 위험을 피하려 하였습니다. 그렇지만 구체적인 적용과 해석은 그때마다 각각의 상황에서 언제나 새롭게 되어야 합니다.

5. 철학적이며-윤리적인 논증의 모델들

기독교 윤리의 개념들 또한 철학적인 구도에 기대어 표현됩니다. 각각의 윤리는 '무엇이 인간의 행위를 선하게 하는가?'라는 물음에 집중하고 있습니다. 이 물음에서 전개되는 대답들은 무엇보다도 철학적인 판단형성에 있어서 어떠한 주도적인 개념(槪念)으로부터 출발하느냐에 달려있습니다. 이런 관점에 우리는 여기에서 중요한 철학적인 단초들을 스케치하고 음미해 보아야 할 것입니다. 다만,

우리는 이어지는 학문적인 작업과 연결되는 사소한 논쟁들에는 참여하지 않을 것입니다.

a) 자연적인 행태조정

사람이 자신의 행동을 스스로 결정하는 것은 과연 어느 정도까지라 할 수 있으며, 어디까지 해야 할까요? 처음 헤르베트 슈펜서(Herbert Spencer, 1820-1903)는 '오성적 선별'(Lorenz)이라는 의미에서 표명하기를, 진화론적인 접근은 올바른 품행이 본성적으로 발현된다는 것을 입증할 수 있다고 생각합니다. 거기서 인간은 자체에 내재해 있던 그의 공격 충동을 그가 자연적인 심리적 압박들을 뛰어넘자마자 곧 파괴적으로 발휘할 수 있을 것입니다. 이러한 시각에서 사람의 생물학적인 장비(裝備)들이 얼마나 많이 적절한 행동이나 또는 그릇된 행동에 기여하는가의 질문이 의심할 것 없이 중요합니다. 그러나 윤리적인 행위가 자연적인 기질들로부터 결코 유도할 수 없거나, 적어도 직접 파생될 수 없다고 할 수 있습니다. 콘라드 로렌즈(Korad Lorenz)의 제자이자 행태생물학자인 볼프강 빅클러(Wolfgang Wickler)는 "자연은 우리를 위해서 어떤 모범도 아니라는 사실을 요약하여 설명합니다. 동물들의 단체행동에서 도덕적인 특질들을 더 정확하게 연구해 보면, 그것은 다른 충동 - 예컨대 자기보존 충동과 같은 것에 의해서 결정되어 발현되게 됩니다. 그럼에도 사람의 도덕성은 언제나 통찰과 고찰을 통해서 주선되며, 그 정당성에 있어서 고유하며, 예절적 근거를 필요로 합니다. 이러한 것들은 어디에서 발견될 수 있을까요?

b) 언어 안에서의 도덕

언어 분석적 접근 - 특별히 영어권에서는 조지 에드워 무어(George Edward Moore, 1973-1958) 그리고 독일어권에서 루드비히 비트겐슈타인(Ludwig Wittgenstein, 1889-1951)과 오스틴(J. I. Austin, 1911-1960) 등으로 대표되는 - 은 언어인식에서 출발하여 언어의 윤리적인 충동들을 조사합니다. 언어 분석적 접근이 관심을 두는 것은, 예를 들면 "평화를 이룩하는 것은 좋다"라는 문장에서, 우리가 '좋은', '옳은', '해야 하는' 또는 '해도 되는'과 같은 가치를 부여하는 표현들입니다. 우리는 특정한 윤리적인 진술이 상대방에서 어떠한 반응을 유발하는가라는 질문을 눈여겨 볼만

합니다. 도덕적인 명제의 의미는 특히 보았거나, 어떤 사람이 - 무엇을 말하든 말하지 않던 또는 직접 요청하든 적은 말로 요청하든 - 다른 사람에 의해서 초래하기를 원하는 것에서 볼 수 있습니다. 사람들은 이러한 맥락에서 '언어행위들'에 관하여 말합니다. 거기서 대화자는 내용적으로 가치들과 규칙들의 현존하는 체계에 관계합니다. 화자는 말하는 중에, 특정한 행동 양식에 대해 '좋다'고 평가하는 것을 통하여, 그것을 상대방에게 추천합니다. 그러나 언어 분석적 접근은 우리가 행해야 하는 것이 정말로 좋은지, 선한지, 악한지에 대해서는 어떠한 말도 하지 않습니다. 그는 윤리적인 말을 분석하지만, 그러나 그는 스스로 그 어떤 윤리적인 이론은 아닙니다.

c) 가치 지향

현상학적 접근은 우리가 우리의 행위 방향에 지향점으로 삼는 명백한 가치에 주목하고 있습니다. 에드문트 훗설(Edmund Hsserl, 1859-1938)이 창립한 현상학은 막스 쉘러(Max Scheler, 1874-1928), 니콜라이 하르트만(Nicolai Hartmann, 1882-1950) 등과 같은 학자들에 의해서 더욱 발전됩니다. 현상학은 사회적인 공동생활에서 모든 사람이 특정한 가치 관념들을 마주하게 된다는 관찰에서부터 출발합니다. 사람은 반드시 그 가치들은 옹호하든가, 아니면 거절하든가 하는 행동을 취해야 합니다. 쉘러에 따르면, 그때 우리는 구속력의 정도 - 예를 들면, 사실적 가치나 인격적 가치 - 에 따라 가치의 값을 구별해주는 '직관(直觀)'에 이끌림을 받습니다. 우리의 예의범절적 의식에 대한 정확한 분석은 결과적으로 사랑, 정의, 자유 등과 같은 이상적 가치들로 이끌려 갑니다. 즉 이러한 가치들은 하나의 특정한 상황에 의존하지 않고 초시간적으로 유효한 것입니다. 가치윤리는 그러한 이상적 가치의 규준을 지지하고 있습니다. 그리고 가치윤리는 사람 속에 "가치를 향한 본성적인 갈망"(Klaus Dehner)을 끄집어내어 상위가치를 지향하지 않고서는 예절적 행위를 생각할 수 없음을 분명히 해두고 있습니다. 그렇지만 어떻게 이들 가치의 중요성과 내용을 더 정확하게 규정할 수 있겠습니까?

d) 자연법

자연법 개념은 희랍의 철학, 특별히 플라톤(주전 427-347)의 사상에 기초하고 있습니다. 사람의 현존은 모든 인간적인 활동에 선행하는 포괄적인 질서결합체(秩序結合體)에 편입되어 있다는 관념이 플라톤과 결부되어 있습니다. 사람은 자연의 한 부분이며, 자연에 대한 지식은 인간의 현존의 목적을 알아차리게 합니다. 그리고 이를 행동으로 현실화하도록 사람에게 능력을 부여합니다. 그러므로 플라톤에게 있어서 사람이 살고 있는 세상은 이미 참되고 더 높은 세계의 모사(Abbild)입니다. 사람이 이 세계를 알아차리면 알아차릴수록, 점점 더 목적적으로 더 높은 위계에 있는 세계의 규칙들을 자기 행위의 척도로 삼을 수 있는 위치에 놓이게 됩니다.

이러한 생각은 신학적인 전통에 강하게 영향을 주게 됩니다. 플라톤의 자연법사상은 무엇보다도 토마스 아퀴나스(Thomas von Aquins, 1225-1274)의 중계를 통하여 오늘날까지 로마가톨릭교회의 '도덕신학'(Moraltheologie)에 작용하고 있습니다. 그러니까 인간개체는 하나님으로부터 그에게 미리 주어진 '의미의 관계와 -존재의 관계' 안에 세워졌으며, 본성으로부터 그에게 이르게 되는 인간의 목표들과 권리들과 의무들이 해명되었습니다. 종교개혁자들, 특별히 마르틴 루터 역시도 전혀 의문의 여지없이 본성적으로 사람에게 심겨져 있으며, 양심의 소리로 들려주는 법과 의무들에 대해서 논하였습니다. 물론, 그럼에도 종교개혁자들의 확신에 따르면, 이러한 인식은 항상 흐려져 있거나, 아니면 경우에 따른 죄가 야기하는 왜곡된 현실에 가로막혀 있습니다. 사람의 "타락되지 않은" 본성은 오로지 예수 그리스도의 삶과 사역을 만날 때 해명됩니다.

자연법적 사유는 모든 구체적이고 "실증적"인 법 이면에서 중요한 요점을 내용으로 하고 있습니다. 법의 실증주의의 태도는 유효한 법을 제정된 것을 통해서 이미 유효한 것으로 바라봅니다. 그 이면에서 자연법적 접근은 질서와 표준들을 가리키는데, 그것들은 각자의 행위와 역시 각자의 구체적인 법의 제정에 앞서 있으며, 상대적으로 주어진 경우에 비판적으로 말해질 수 있는 것입니다. 물론, 자연법의 개념은 스스로 분명한 것으로서 모든 다른 것입니다. 사람은 인간의 본성에 속한 것으로서 무엇을 이해하는 것일까요? 거기서 나아오면서 무엇이 그의 양보할 수 없는 권리와 의무들인가요? 그리고 무엇을 통하여 사람은 자신의 본성을 알아차리는 상태에 이르는가요? 철학적인 윤리에서, 이러한 물음들은 도덕성의 범주와 이론에서 수용되었습니다.

e) 도덕법

철학의 전통에서 임마누엘 칸트[Immauel Kant, 1724-1804]의 작품은 언제나 행위의 윤리적인 원리를 근거하려는 인상적이며 영향력이 지대한 시도를 표현합니다. 그의 윤리는 - 무엇보다도(도덕의 형이상학을 위한 기초, 1785)와 '실천이성비판'(1788)에서 설명된 - 초월 철학적 접근을 발전시킵니다. 여기에서 "초월"적이라는 것은, 단순히 일상경험에서 파생될 수 있는 것이 아니라 '실천적 이성'을 통해서 통찰되고 논의될 수 있는 행위의 결정배경들을 말하고 있습니다. 칸트는 윤리적 행동을 위한 무조건적인 효력근거들을 찾으며, 도덕법에 대한 인간적인 의지의 의무에서 그것을 발견합니다. 이것은 칸트가 형식으로 그 의미를 밝히는 "범주적 명령"안에서 그의 최상의 기준이 되며, 더욱이 행위의 규칙들을 일반화시킬 수 있는 원칙으로 유추합니다. 범주적인 명령은 기본 형태로 말해진다면, "너는 단지 당장 원하는 것을 행할 때 보편적인 법이 되어질, 그러한 천고의 진리들을 통해 행동하라!"입니다. 단지 이러한 규칙들은 도덕적으로 합법적이며, 거역 내지는 폭력적인 위협을 받은 상황을 야기하지 않습니다. 또한 이 규칙들은 모든 사람이 따를 수 있는 것입니다. 이를 통해서 유추해 본다면, 이웃과 교제함에 있어서는 다음과 같은 기초적인 원칙이 생겨납니다. 즉 "너는 인간을 너의 인격에서 뿐만 아니라 모든 다른 사람의 인격에 있어서 어느 순간에도 곧장 목표로 사용해야 할 것이지, 단 한 번도 수단으로 사용하지 않게끔 그렇게 행하라!" 칸트는 사회적인 책무 안에 있는 '인간의 자율' 개념을 발전시킵니다. 각 사람들을 그 자체목표로 바라보아야 한다는 칸트의 신념은 양도할 수 없는 '인권'이란 사상에서 구체화 됩니다.

f) 의사소통적 행위

여러 사람이 그들의 행위를 일치시키려 한다면, 그 일치는 그 즉시 그들이 마땅히 따라야 하는 규칙에 대한 이해에 관해 의사소통한 것에 의존하고 있습니다. 이 이해소통이 이룩되었다면, 바로 거기에서부터 의사소통적 지향행위가 자라게 됩니다. 철학자이자, 사회학자인 위르겐 하버마스(Jürgem Habermas)는 포괄적인 '의사소통적인 행위론'(1981)을 집필하였습니다. 그는 여기에서 '이상적인 대화' - 또는 '담화상황의 조건'을 서술하고 있습니다. 하버마스는 언어 분석적 철학의 통찰력에 연결하며 그리고 그의 프로그램을 '언어실용학(言語實用學)'으로 명명합니다. 이러한 발단이 시작되는 대상은 인간적인 의사소통입니다. 그것에서 전제들이 유도되었으며, 상호간 이해 성취를 가능하게 하도록 보편화 되었습니다. 하버마스는 이러한 보편화의 관점과 함께 동시에 칸트의 철학에 관심을 가졌습니다. 하지만 결정된 칸트철학의 초월적인 사용목적의 근거들과는 작별을 고했습니다. 하버마스는 사실적이며 체험가능한 의사소통을 지향합니다. 그는 '주도권에서 자유로운' 의사소통을 가능하게 하는 전제조건들을 명명하기를 원합니다. "논증들에서 참여자들은 원칙상 해당되는 모든 사람들이 자유롭고 동등하게, 협력적인 진리추구에 참여하는 것에서 시작합니다. 이러한 진리추구에서 더 좋은 논증의 강제가 유일하게 나타나게 해도 좋을 것입니다(Habermas). 하나님의 중요한 것은 이러한 과정에서 사람들이 인격적으로 진실하고 올바르게 서로 교제하는 것이 이루어진다는 것입니다. 이러한 전제 하에서 진술들의 진실함과 규범들의 올바름에 대한 상호 간의 합의가 달성될 수 있을 것입니다.

하버마스의 이론은 사람의 의사소통이 성사될 수 있는 조건들을 구별하여 서술하고 있습니다. 그러나 그것은 '왜 사람들이 마땅히 그런 이상적인 대화 상황에 관여해야 하는지'에 대한 질문에 그 어떤 대답도 제공해 주지 못합니다. 그것에 대한 이유들은 사람들의 의사소통보다 앞서 있으며, 그것들은 윤리적인 방식입니다. 의사소통적인 행위이론은 그들의 편에서 윤리적인 근거를 필요로 합니다.

g) 공정함으로서의 정의
사람들은 단지 그들 공동생활의 규칙들에 대해서 서로 이야기하지 않습니다. 그들 역시 계약들의 범주에서 합의를 결정합니다. 사회계약의 이론은 근대시대에 칸트(Kant), 홉스(Hobbes), 루소(Rousseau) 등에게서 표준으로 각인되었던 사회철학의 고전적인 학습물입니다. 오늘날, 영국인 존 롤스(John Rawls, 1921-2002)는 공리주의의 개념에 비판적으로 맞서는 하나의 의미를 가진 자체의 변형(變形)을 제기합니다. 공리주의가 이끌어가는 관점에서 가능한 많은 사람들이 그들의 행위에서 자신을 위해 관계시켜야 하는 최대의 가능한 유익사상입니다. 거기서 물론 한 사람의 유익이 다른 사람의 결핍의 대가로 성사되는 위험성이 다루어지지 않는 것입니다. 정의는 그렇게 실현되는 것이 아닙니다.

롤스는 공정성의 관념에서 비롯되는 '정의론'(1975)을 발전시킵니다. 이러한 이론의 기본가정은 사람들이 '공정한 출발점'에서 그들의 공동생활의 올바른 규칙들을 정하고, 계약적으로 확정하게 되는 것이 그 안에 성립하는 것입니다.

h) 자유의 의미들

현대 사회철학자 헤르만 크링스(Hermann Krings, 1913-2004)는 오늘날 "자유라는 원리"를 도덕적 행위의 근본적인 발단으로 삼았습니다. 그는 자유를 향한 요청을 통찰력 있게 전개했는데, 자유는 다른 사람의 자유를 용인해야 한다는 것이었습니다. 여기에서 크링스는 자유의 세 가지 측면을 구분하고 있습니다.

• **사실적 자유**: 이러한 표현은 사회적이며-정치적인 체계 안에서 사람에게 개방되어 있는 구체적인 활동공간을 지칭합니다. 이것들은 좁게 측정되거나, 아량 있게 형성될 수 있습니다. 관심을 두어야 할 부분은 개인이 어떻게 이러한 공간들을 이용하느냐 하는 것입니다. 여기에는 개인의 인격적인 성숙이 중요한 역할을 하게 됩니다. 사람이 누리고 있는 사실적 자유(행위 자유)는 사람의 태생적 속성이 아닙니다. 자유는 습득되어야 하고, 유혹과 오류가 존재한다는 사실 가운데 도입되어야 합니다.

• **실용적 자유**: 이러한 표현은 사람의 의지에 관한 자유와 관련이 있습니다. 사람은 동물처럼 본능에 이끌려 행동하지 않습니다. 그 자신은 행위의 방향 자체를 어떠한 기준에 맞출 수 있으며, 맞추어야 합니다. 실용적 자유는 스스로 자기 행동수칙을 도입할 수 있는 사람의 경쟁력을 의미합니다. 그것은 자율(Autonomie, 어원적으로 '자체의 법제정')의 또 다른 표현입니다.

• **초월적 자유**: 크링스의 초월적 자유는 칸트 철학의 범주와 연관된 도덕적인 행위를 의무화시키는 무조건적 근거를 가리키고 있습니다. 이것은 자유 자체에 있는데, 자유 그 자체는 타인의 자유를 용인하도록 구조화되어 있습니다. 사람의 자유는 단 한

번도 따로 떨어져서 논할 수 없는 것입니다. 자유는 항상 의사소통적이고, 공동체를 지향하는 의미를 지니고 있습니다. "사람이 홀로는 자유로울 수 없다!"(Krings) 이러한 자유 이해로부터, 다른 이의 자유는 자유의 한계일 뿐만 아니라 무엇보다도 자신의 자유의 전제라는 중요한 결론이 도출되어 집니다.

자유의 구분은 사람의 자유추구에 대한 다양한 측면을 논하고, 이를 상관관계에 두어, (비평적으로) 그 가치를 음미할 수 있도록 허락합니다. 그럼에도, 사람이 어떠한 조건하에서 자신의 자유를 적당한 방식으로 인식할 수 있는지는 질문해 보아야 합니다. 기독교 자유론에 따르면, 사람이 자유롭게 살기 위해서는 자기 자유 의식을 최우선적으로 추론해야 한다는 것에부터 출발해야 합니다: '사람은 자유를 위하여 자유롭게 되어야 한다.'(비교. 갈5:1).

i) 책임, 두려움과 소망

도덕적 행위의 본질적인 지점은 책임성 있게 수행되는데 있습니다. 독일 사회학자 막스 베버(Max Weber, 1864-1920)는 선한 것을 통한 사람의 내적 결의만을 고려하고 있습니다. 그는 이 결의를 순수 신념(信念) 윤리와 차별을 두면서 책임(責任) 윤리의 모델을 기획적으로 기술하고 있습니다. 책임 윤리는 한 사건의 결과와 성공과 실패를 숙고하여 그 윤리적 귀결을 평가하고 있습니다.

철학자 한스 요나스(Hans Jonas, 1903-1993)는 시대 기념비적인 저작 "책임의 원리"(Das Prinzip Verantwortung, 1973)에서 이에 대한 단초를 마련하였고, 더욱 감명 깊게 발전시켰습니다. 그의 연구는 단지 '우리가 이웃 사람에게 어느 정도까지 책임성이 있는가'라는 것에만 국한되지 않습니다. 세계적인 환경논의는 사람이 아닌 자연 역시도 우리의 책임에 속한다는 것을 분명히 하고 있습니다. 이런 큰 도전에 직면하여 요나스는 인간이 소망과 두려움으로 이런 책임을 받아들여야 한다고 합니다.

- 책임은 상대방을 배려하려는 것이 그 특징입니다. "책임은 사람이 다른 존재에 대한 의무라고 인정하는 돌봄(Sorge)입니다. 상대방이 상처받을 위협이 있을 때 그 돌봄은 보살핌(Besorgnis)이 됩니다."

- 소망은 모든 행위의 조건입니다. 왜냐하면 소망은 무엇인가를 지시하여 좋은 것으로 바꿀 수 있는 신념을 전제로 하기 때문입니다. 소망은 필히 책임에 속하게 됩니다.

- 이러한 맥락에서 요나스는 두려움에 대해 행위를 중단시키거나, 의미 없게 만들어버리거나 또는 마비시키는 힘으로 이해하지 않습니다. 두려움은 꼭 소망과 책임의 반대말은 아닙니다. 두려움은 모든 순수한 보살핌에 질문하며 자신을 알리고 있습니다: "만일 내가 그를 돌보지 않으면, 그에게 무슨 일이 닥치겠는가?" 우리는 미래적인 사건 전개라는 측면에서 이런 어두운 추측들을 과감히 허용해야 합니다; 두려움을 "감지해내는 발견술"이 급선무입니다. 우리는 이 발견술을 통해 위협하고 있는 악을 상상하며, '구제적 선'이 나타나도록 할 수 있습니다. 요나스는 "두려움을 의무"로 선언합니다. 두려움은 상대방을 두려움으로부터 피하도록 하는 소망을 가지고 있습니다. "공포가 합당한 지점에, 공포를 회피하는 것은 사실상 소심함입니다."

요나스는 "책임의 원리"를 피조적 존재의 파손에 대한 구체적인 돌봄으로 이해하고 있습니다. 이 돌봄은 기독교 윤리의 맥락에서도 언급되어야 할 심오한 윤리적 감각을 가지고 있습니다. - "우리를 부끄럽게 하지 아니"하는 "소망"의 차원을 지닌 체 말입니다(비교. 롬 5:5).

j) 양심(良心)

책임의 경험에 대한 연결에서 게오르그 플라이데러(Georg Pfleiderer, 1960)는 "양심개념의 불포기성"을 부각시키고 있습니다. "책임성의 특수한 윤리적 차원은, 그 책임성이 자유롭고 의식적으로 책임을 넘겨받은 결과이거나 또는 그것을 함축하고 있다고 여겨질 때 드러나게 됩니다." 양심은 바로 이것을 지시하고 있습니다. 이러한 관점에서 양심은 "책임의 핵심"으로 등장합니다.

우리는 사람이 자기 자신과 함께 하는 경험을 "양심"(Gewissen)이라는 표현으로 사용합니다. 내적으로 당사자 자신만이 알아들을 수 있는 양심의 "소리"가 그 사람에게 행위를 하도록 말을 걸고 있습니다. 행함과 용인(容忍)은 한 사람을 통하여 판단을 경험하는데, 사람은 이들을 자기의 척도와 규범들로 측정하여 비평적으로 평가합니다. 라틴어 어휘로 양심은 "conscientia"로, 문자 그대로 번역하면 함께 아는 것입니다. 사람은 양심으로 자신의 감정의 깊은 곳의 행동 동기들을 알아차립니다.

사람 속에 있는 양심은, 말하자면 삼중적 견지에서 "나쁜 양심"을 신고합니다. 양심은 우리가 무엇인가 그릇된 것을 행(行)하기 전에 우리를 경고합니다. – 우리가 무엇인가 악한 것을 행한 후에는 우리를 기소합니다. – 우리가 우리의 고유한 생각들을 거슬러 행하는 중일 때에 양심은 격동합니다. 양심의 부름은 질문 받지도 않고, 뜻하지도 않게 사람을 재촉합니다. 양심의 소리는 한 인격과 그 행동을 음울하게 합니다: 여기서 사람은 자기를 자기 법정에 세우는 것과 마찬가지의 경우를 경험하게 됩니다. 임마누엘 칸트는 로마서 2:15을 의도적으로 암시하면서, "사람 속 내면의 법정의식이 – 사람은 그 앞에서 자신의 생각을 고발하기도 하거나 변명하는데 – 양심입니다."

이런 과정에서, 양심의 비평적인 기능은 긍정적인 사실 하나를 증언합니다: 사람은 선과 악을 알며, 사람은 이 지식을 자신을 상대하여 거론시키고 있습니다. 나쁜 양심을 들추어내는 앎과 행위 사이에 있는 그런 알력은 마땅히 곧바로 극복되어야 합니다. 양심은 사람의 통일성[Einheit], 즉 사람의 동일성에 대한 표현이며 변호(辯護)입니다. 디트리히 본훼퍼(Dietrich Bonhoeffer)는 이것을 다음과 같이 기술합니다: "양심은 자기의 의지와 이성의 건너편 깊은 속에서, 사람의 존재가 자기 자신과 통일되도록 귀를 기울이라는 외침입니다. 양심은 상실된 통일성에 대항한 기소이며, 자신을 잃어버리고 있는 자들에게는 경고입니다."

원칙적으로 살펴보아야 할 것은 양심은 사람이 행해야 할 것이 무엇인지 말해 주지 않는다는 것입니다. 그렇기에 사람 속 양심은 또한 오류를 범치 않는 최종 판단기관이 아닙니다. 양심 역시도 사람 자신처럼 나쁜 길로 빠질 수 있습니다. 한 인격이 행해야 할 척도들을 이성은 알고 있거나, 그 척도들은 사람에게 하나님의 계명들처럼 다가섭니다. 하지만 양심은 개별 사람들에게 마땅히 행해야 할 것은 이행해야 한다는 것을 분명히 이해시킵니다. 양심의 특별한 공헌과 기능은 사람으로 하여금 사람 스스로가 선하고 올바른 것이라 알고 있는 그런 규칙들을 힘주어 준수하도록 작용한다는데 있습니다. 양심의 현장에서, 사람이 행동하는 척도들은 사람의 동일성의 한 표현이 됩니다.

기독교 양심(良心)은 형식적인 차원에서는 사람의 양심과 구별되지 않습니다. 양심은 사람이란 인격 안에 사람의 통일과 완전을 부르는 인격 안에 있는 '이편의 최종 판단기관'입니다. 그럼에도 양심은 하나님과 그분의 말씀에 묶여서 생겨납니다. 하나님과 그분의 말씀과의 그 연결성은 사람에게 단지 의무적인 중요성만 있는 것이 아니라는 것은 말할 나위도 없을 것입니다. 그 연결성은 나쁜 양심에 상대하여 새롭고, 자유하게 된 교제 중 곧바로 드러나고 입증됩니다. 양심은 비평적이고 행위를 심판하는 기능을 가지고 있습니다. 그럼에도 양심은 한 인격체인 사람 자신에게 최후의 말을 선언하는 것을 금하고 있습니다. 기독교 양심은 예수 그리스도 안에서 자유하게 된 양심입니다. 그것은 신적인 용서와 영접의 경험으로 사는 것입니다. "양심에 대한 소명(召命)은 앞서 임하여오며 용서하는 하나님의 은혜의 경험이 전제하는 그 양심이 종교적인 의식의 표현일 때만, 신학적인 합리성은 양심에 대한 소명입니다"(Geog Pfleiderer).

k) 설화적 윤리

요한네스 피셔(Johannes Fischer, 1947)는 그의 고찰, "도덕적 인식의 내러티브 기저"에서 윤리를 논거하기 위한 새로운 단초를 발전시킵니다. - 뉘셀(Nüssel)의 "현재의 신학윤리" 참고. 피셔는 윤리적 행위의 도덕적인 성격의 신념들, 즉 좋고 나쁘고, 바르고 그릇되고 등등을 표현하는 신념의 앙상블로서의 철학적 구상은 너무나 호소력이 적다고 생각합니다. 피셔에 따르면, 윤리적 방향설정은 두 가지 부분에서 움직이고 있습니다. 즉 "이야기체로 설명되고 도덕적으로 올바른 것을 감정적 인식의 차원까지도 열어주는 단회적인 상황들의 인지 그리고 인식적인 성격을 지닌 보편적인 규칙이나 원리들과 연관된 신념들. 여기에서 도덕적 방향설정을 확립시키는 것은 '인지'입니다." 이야기를 통해서 삶의 현실은 서술됩니다. 그리고 듣는 이는 그 속에 자기 자신을 발견하고, 그의 행위를 이야기 속에서 해석해 들어갈 수 있습니다. 이야기들은 말로 표현된 삶의 정황들에 대한 '인지'입니다. 이야기에 들려지는 삶의 정황들은 감정의 깊은 곳을 건드려 주며, 이를 통해 개별 사람에게 행동 지향적 작용을 일으킵니다. 바로 이런 통찰이 신학 윤리에서 결과를 만들어 낸다는 것은 특별합니다. 왜냐하면 "그것(신학 윤리)은 성경과 기독교 전승 이야기들 내에 기독인의 삶과 행위에 척도를 제공하는 이야기체 심층구조를 찾아내기 때문이며 그리고 이것들을 자신의 과제로 보고, 그에 따른 현재적 생활과 행위에 대한 방향 설정적 감각을 명료화시키고 있기 때문입니다."

형성

어거스틴은 윤리적 가이드라인을 다음과 같이 제시하고 있습니다. '너는 사랑하라 - 그 후에 행동하라!' 이 원리는 행위를 개별 사람의 임의성에 고정시키는 것이 결코 아닙니다. 이것은 오히려 사람이 선한 일에 기쁨으로 활동하며, 이웃 세상과 이웃 사람을 위해 자발적이고 즉흥적으로 자신들을 바라보게 하는 여유 공간을 그려주고 있습니다. 사랑은 계명 전부를 응달 속에 가두어 두지 않습니다. 사랑은 계명을 삶으로 성취하고 있습니다. 이웃에 대한 헌신과 자기수용으로써 사랑은 서로서로를 위한 조건을 만들어 냅니다. 자기에게 선한 자만이 다른 이들을 상대해서도 선할 수 있습니다.

[참고도서]

• 호네커(Honecker,M.): 신학적인 윤리학 개론(Einführung in die Theologische Ethik), 1990.
• 랑게(Lange,D.): 복음적인 전망에서의 윤리(Ethik in evangelischer Perspektive), 1992.
• 뉘셀(Nüssel,F.)(Hg): 현재의 신학적인 윤리(Theologische Ethik der Gegenwart). 중심적인 발단들과 주제들(Ein Überblick über zentrale Ansätze und Themen), 2009.
• 렌도르프(Rendtorff,T.): 윤리학(Ethik), 1990.
• 뷔클러(Wickler,W.): 십계명의 생물학(Die Biologie der Zehn Gebote). 자연은 우리에게 왜 본보기가 아닌가?(Warum die Natur für uns kein Vorbild ist), 1991.

4.2 인간과 공동생활

이어지는 주제는 7단계로 펼쳐졌습니다. 인간적인 공동생활의 활동근거로서 사랑(4.2.1)이 처음에 다루어집니다. 두 번째 부분은 동반자관계와 결혼(4.2.2)에 대해서이며, 세 번째는 부모와 자녀(4.2.3)라는 주제를 다루었습니다. 예컨대 이 단락에서는 양육, 이혼, 임산부의 갈등 등이 전개됩니다. 이어서 청소년(4.2.4)과 노인(4.2.5), 병과 치료(4.2.6)뿐만 아니라 의존성과 중독(4.2.7) 등의 주제들이 뒤따르고 있습니다.

4.2.1 사랑

인지

현재 우리는 '사랑'이라는 말을 어디에서나 접할 수 있습니다. 영화나 TV-연속극, 소설이나 대중음악 등 사랑에 대한 생각 없이 만들어지는 것은 거의 없을 정도입니다. 낭만적인 사랑의 분명한 모습은 대중문화 가운데 "구름 일곱"(Wolke sieben)에서 소개되는 한 생명의 관념과 함께 '사랑'에 관한 말일 때는 이러한 관점이 전면에 부각 됩니다. 두 사람이 '사랑'에 대해 말한다면, 그들은 결코 동일한 것을 생각하지 않아야 합니다. 만일 낭만적인 사랑, 남녀 동반자 사이의 사랑을 주제로 한다면 사랑은 파트너에 대해 어떠한 태도를 지녀야 하는지에 대한 생각부터 차이가 생길 수 있습니다. 그리고 언제나 바로 그 부분에서 '사랑'은 산산이 조각납니다. '사랑'은 또한 여러 다른 사람들과의 결속을 표현하고, 이를 통하여 경우에 따라 제 각각 다른 특징을 지닐 수도 있습니다. '사랑'은 자신의 가족 구성원인 어머니와 아버지 또는 자녀들을 생각합니다. 가장 아름다운 사랑의 순간은 다름 아닌, 부모가 자녀에게 '나는 너를 사랑한다'라고 말할 때일 것입니다. 또한 또래 여자들이 서로 사랑한다고 말함으로써 그들의 감정의 강도를 표현하기도 합니다. 여기서 '사랑'이라는 단어와 연결된 것은 일종의 감정입니다. 비록 이것이 사람 간에 차이가 있지만, 감정은 처음부터 사람이 어떻게 그들의 생활 속에서 사랑을 경험하였는지가 결부되어 있습니다. '사랑'이란 말에는 인간적인 삶의 경험이라는 폭넓은 차원이 있습니다. 그것은 평생 단 한 번도 채워지지 않은 부모와 자녀 사이에 또는 동반자 사이의 사랑 경험에 대한 갈망일 것입니다.

"사랑하는 자들아 우리가 서로 사랑하자 사랑은 하나님께 속한 것이니 사랑하는 자마다 하나님으로부터 나서 하나님을 알고, 사랑하지 아니하는 자는 하나님을 알지 못하나니 이는 하나님은 사랑이심이라"(요일4:7-8) 이것에 더할 것이 있을까요? 사랑받고 있는 한 남자에게 해설이라는 것이 필요할까요? 사랑하고 있는 한 여자에게 설명이 필요한 것일까요? 사랑하고 있다면 일종의 요리문답이라는 형식이 필요할까요? 이런 사랑을 체험하는 사람이 있다면, 그가 누구든 행복할 것입니다. 누구든지 사람과 하나님으로부터 사랑받고 있다는 것을 알고 하나님과 그의 이웃들을 가슴으로 사랑하는 자는 '만일'이나 '그러나'가 없을 것입니다. 물론 그럼에도 현재 보이는 것은 모든 사람이 그렇지 않다는 것입니다. 사랑은 우리가 경험할 수 있는 최고로 위대한 것임에도 불구하고 위협당하고 있습니다.

방향

바울 사도는 고린도전서 13장에서 시대를 초월한 긴급한 가치로써 사랑을 묘사하고 찬양하고 있습니다. 그의 "사랑의 아가서"는 사람들에게 새로운 영감을 줍니다. 어느 현대 작가는 그 문장을 다음과 같이 옮겨 적고 있습니다.

만일 한 사람이 능히 할 수 있는 모든 영감들로 나를 불사를지라도
그것이 나를 더 인간적으로 만들지 않는다면 무가치한 것입니다.

만일 내가 예언하며 모든 숨겨진 진리를 알았다 할지라도
이웃사랑이 이것을 참아내지 못한다면 무가치한 것입니다.

만일 내가 학문을 전부 공부하여 모든 지식을 갖춘다 하여도
그것이 이웃사랑을 섬기지 못한다면 무가치한 것입니다.

만일 내 믿음이 너무나 강하여 산들을 옮겨놓을 수 있었다 하더라도
그 믿음이 나를 도와 내 이웃을 나 자신처럼 사랑하지 못한다면 무가치한 것입니다.

만일 내가 가진 모든 것을 가난한 자들에게 나누어 줄지라도
내 눈 안에 내 유익이 있다면 무가치한 것입니다.

설령 내가 내 생명을 헌납하여 나를 불사른다 하더라도
이웃사랑에서 비롯되지 않았다면 무가치한 것입니다.

나는 예언자, 학자, 신앙인이나 순교자가 될 수 있을 것입니다.
- 그도 모든 것에서 위대한 이웃사랑이 없다면
  나는 무일뿐입니다.

사랑은 이웃에게 오래 참고
이웃을 친구로 대하며
다른 사람을 시험꺼리로 삼지 않습니다.

사랑은 생색내지 않으며
꾸며대지 않습니다.
사랑은 자기 유익을 찾지 않습니다.
- 다른 사람을 대상으로
사랑은 격분하지 않으며
앙갚음의 기회를 기다리지 않습니다.

사랑은 다른 사람의 실수를 즐거워하지 않으며
진실을 즐거워합니다.
사랑은 모든 것을 이겨내며
사랑은 믿습니다.
사랑은 소망합니다.
사랑은 견뎌냅니다.

예언, 영감, 학문은 지나가는 것입니다.
우리의 지식은 부분적인 것이며
우리의 믿음 또한 미완성 작품입니다.
그러나 장차 하나님의 나라가 임하면
모든 부분적인 작품들은 중단될 것입니다.

그러나 저 날에 이르기까지 우리 삶에 의미를 부여하는
세 가지 은사가 있습니다.
그리스도께서 나에게 선사하시는 것인데
그분이 내게 그의 믿음을
그의 소망을
그의 사랑을 선물하십니다.
그러나 그의 사랑이 가장 위대한 선물일 것입니다.

Hans May, 고린도전서 13장 번역

1. '만약과 그러나' 없이?

사랑할 때 '만약과 그러나'가 있다면, 그것은 사랑을 불붙인 것이 우리가 아니라, '만약과 그러나'일 것입니다: "사랑은 죽음 같이 강하고 질투(욕정)는 스올(죽음의 나라) 같이 잔인하며 불길 같이 일어나니 그 기세가 여호와의 불과 같으니라, 많은 물도 이 사랑을 끄지 못하겠고 홍수라도 삼키지 못하나니"(아8:6-7)라고 아가서는 노래합니다. 바울은 바로 그의 위대한 사랑의 노래에서 이러한 가르침을 받아들입니다. "내가 내게 있는 모든 것으로 구제하고 또 내 몸을 불사르게 내줄지라도 사랑이 없으면 내게 아무 유익이 없느니라"(고전13:3). 우리는 그와 같은 사랑을 만들어 내지 못합니다. 사랑이 우리와 함께 무엇인가를 만들어 내는 것입니다. 아마도 사람들은 사랑이 공간과 형태를 빚어내도록 몇 가지를 할 수 있을 것입니다. 그리고 또한 사랑을 망쳐놓도록 어떤 무엇인가도 할 수 있을 것입니다. 그러나 사람이 사랑을 생산하지 못하며, 강요하여 얻지 못하며, 살 수도, 제어할 수도 없습니다. 바로 이점이 어려움을 만들어 내며 아픔을 겪도록 합니다.

- 사랑은 고문이 될 수 있습니다. 만일 사랑하던 사람이 그 사랑에 응하지 않고 갈망이 채워지지 않은 채로 내 버리려 둔다면

- 사랑은 다치게 할 수 있습니다. 만일 헌신이 이용당하고 갈망하던 요구가 웃음거리가 될 때

- 사랑은 다른 이들에게 상처를 줄 수 있습니다. 만일 지금까지의 연합이 사랑으로 인해 산산이 부서질 때

- 사랑은 증오와 질투로 뒤바뀔 수 있습니다. 함께 하던 행복으로부터 괴로움을 번갈아 가며 교환하는 악순환이 되기까지

- 사랑은 결혼과 가족이라는 선한 질서에 가로막힐 수 있습니다. 사랑은 때로는 협동을 위한 수익, 종종 혼동과 방해로서 직업관계와 섞일 수 있습니다.

많은 사람들에게 사랑은 단지 갈망으로 남아 있습니다. 일부 사람들은 한 번 뿐 아니라 여러 번 이러한 갈망을 알기 위해 모험을 걸기도 합니다. 왜냐하면 사람들의 필요가 너무 일찍, 너무 잔인하게 절망시키고, 오용되며, 가치를 잃어버리게 되었기 때문입니다.

2. 통제의 시도들

사랑을 통제하려는 여러 종류의 시도들이 있습니다. 사람들은 그 사이에서 냉정한 성찰로 전환하여 결과를 생각합니다. 사람들은 감정으로 넘어가서 행동하기 전, 초심과 약속을 붙들고 관리해 보려 합니다. 신뢰가 자라나기까지 사람들은 자신의 감정을 드러내지 않습니다. 또 다른 면에서 남녀 각각은 사랑의 역동성에 압도되지 않도록 저마다 일정 정도 책임질만한 계획과 관계조정 그리고 보호책을 필요로 합니다. 사랑은 "주님의 불길"이기 때문에 긍정적인 생활력으로 이것

을 보호하는 것과 동시에 책임적인 삶의 태도에서 받아들이는 것이 관건입니다. 동시에 사랑이 초래하는 '통제력 상실'에 대한 두려움이 사랑을 식별하지 못하는 데까지 이르도록 왜곡시킬 수 있습니다.

　사랑을 통제시킨다는 것, 그것은 단지 모든 개인의 주제일 뿐 아니라 또한 철학과 신학, 사회와 교회의 주제이기도 합니다. 기독교 신앙이 그리스 세계에 퍼져나갔을 때, 철학자들은 이미 몇 세대에 걸쳐 정열적인 동요(動搖)에서 스스로 자유롭게 되는 길들을 추구하였습니다. 스토아 사람들은 1세기 로마사회의 건강한 층에 대단한 영향력을 가지고 있었습니다. 이들은 욕망(慾望)에서 자유로운 인간의 이상(理想)에 대해 설교하였습니다. 이러한 영향들은 초기 기독교의 교회에서 임박한 예수 그리스도의 재림에 대한 고대와 연결시켰습니다. 이러한 관점에서 수사(修士)들에게 그리고 후대에 이르러 사제(司祭)들에게는 결혼하지 않는 것이 결혼의 성적 사랑보다 더 높은 단계의 것으로 간주되었습니다.

　어거스틴은 금욕적으로 살기 위해 자신의 동반녀와 결별한 후 욕망(concupiscentia)을 유전 죄의 표현이요, 전형(典型)으로 이해하였습니다. 비록 어거스틴이 "악한 즐김"(böse Lust)을 절대적으로 인간의 성과 관련짓지는 않았지만, 그럼에도 그는 - 오늘날에 언어용례에서까지 - 죄와 성적인 탐심을 동일시 여기는 것에 본질적으로 기여하였습니다.

　그것은 사랑에 대해 무엇을 뜻했을까요? 교회가 사랑을 설교하고 높여 칭찬하기를 중단한 적은 전혀 없었습니다. 어거스틴 역시도 사랑의 감동에 대해 말하기를 잊지 않았습니다. 그러나 사랑은 기독교 전통에서 대부분 즐김(Lust)과 구분하였습니다. 솔로몬의 '아가서'에는 하나였던 것 - 즉 헌신, 정열, 갈망, 상호 감격, 욕망 - 이러한 것들을 숭고한 것과 의혹스러운 것, 순수 영적 사랑과 추한 육욕(Gier)을 찢어 구분짓지는 않았습니다. 탐욕스런 사랑(Eros)과 하나님사랑과 이웃사랑(Agape)사이의 불가피한 구분이 양자를 분할시키는데 물고를 트게 하였습니다.

　이 분할은 에로스에게도 아가페에게도 좋은 것이 되지 못하였습니다. 이기주의(利己主義)는 감각적인 욕구(欲求)의 절대적인 밑받침이 되었습니다. 반대로, 아가페는 무아적인 것과 동일시하였습니다. 아가페는 마치 '즐김'과 '기호'로부터 완전히 해방된 것으로, 오히려 우리에게 매력적이지도 않고 사랑할 가치조차 없는 도움이 필요한 사람들에게, 비로소 아가페가 나타나는 것으로 이해되었습니다.

성애(Erotik), 성생활(Sexualität) 그리고 아가페는 구별됩니다. 그럼에도 불구하고 이들은 한 뿌리로 연결되어 '사랑'이라는 서로 다른 조각들을 만들어 내고 있습니다.

3. 에로스와 아가페

헬라철학의 언어관습에서 '사랑'은 "에로스(Eros)"입니다. 그러나 헬라어 구약과 신약 성경에서 사랑에 대한 대용어는 "아가페(Agape)"로 사용하고 있습니다.

이 현상을 다른 면에서 살펴보면, 그 배후에는 인간의 욕망에서 시작하는 '플라톤의 사랑철학'이 있습니다. 사랑은 아름다움으로 인하여, 그것이나 또는 다른 것을 갈망합니다. 사랑은 육체적이며-감각적인 것을 넘어서며, 자신에 대한 아름다움의 인식에서 자신을 높이며 그리고 신적인 것과 영원한 것의 깨달음에 이르게 됩니다. 말하지만, 플라톤의 사랑은 인간의 만남이란 구체적인 사건에서 시작하여 보편적인 것으로 밀치고 들어간 후 그곳에서 신적인 것을 발견하는 것입니다.

그것에 반하여 기독교 신앙은 사랑의 길을 정반대의 방향에서 알게 합니다. 하나님의 사랑은 모든 사랑의 근원입니다. 그분의 사랑은 하나님에게서 등을 돌리고 살고 있거나 그분의 향하심을 전혀 생각하지 못하는 사람들을 향하고 있습니다. 우리는 그리스도를 통하여 하나님의 사랑을 체험하며, 이런 예기치 못한 경험은 하나님과 우리의 이웃을 사랑하도록 떠밀며, 또한 우리에게 자질을 부여합니다. 아가페는 이와 같이 우리에게 나누어지는 하나님의 무조건적인 사랑에 근거합니다. 그리고 아가페 역시 사랑의 가치와 매력과 우정의 한계를 넘어서고 있습니다. 하나님은 "우리가 아직 원수로 머물러 있었을 때"(롬5:10), 우리에게 자신의 사랑을 나타내셨기 때문에 아가페는 또한 원수사랑에서도 멈출 수 없는 것입니다.

그렇지만 이러한 시각의 방향에 의해서도 욕망이 하나의 인류학적인 진실이라는 것이 간과되지는 않아야 합니다. 교회의 역사에서 인간의 욕망을 여러 번 서서히 힘을 잃어버리게 하였고, 억눌려버렸습니다. 그것에 반하여 말하는 것은 기독인들의 욕망은 아가페를 통하여 옷이 입혀졌고 한정되었다는 것입니다.

4. 하나님의 열정

성경의 선지자들은 하나님을 자기 백성의 애인으로 아주 인상 깊게 분명히 제시합니다. 완전히 불타는 열정과 갈등들에서 흔들리고, 실망과 괴로움의 쓰라림과도 마주하며, 거의 의심에 가까이 궁극적인 무너짐에 분내면서 결단하였고, 위협하면서도 사랑을 구하며, 사랑이 진정한 보답을 어떻게 발견하는지, 화해가 어떻게 이루어질 수 있는지, 희망과 계획에서 항상 새로운 것 등입니다.

사랑은 하나님께 상처가 되게 합니다. 그 사랑은 그분을 궁핍하게 만듭니다. 그분은 그의 백성의 불성실로 고난을 받게 되며, 그가 충만한 사랑으로 만들었던 모든 것을 파괴하려고 위협 합니다(사5:1-7). 그는 동맹 관계를 파기하는 해약을 알립니다(호1:6-9). 그분은 젊은 날 사랑으로 행복했던 시절을 고통스럽게 기억하시며(호11:1; 사54:6; 사2:2; 겔16), 그 시절이 다시 돌아오게 될 화합의 날을 그리워합니다. 즉 사랑하는 이들이 서로를 기뻐하며, 돌 같은 마음이 살아있고 더 육감적인 마음이 되었습니다. 이스라엘은 하나님에게 더 이상 "명령자"라고 말하지 않고 "내 남편"(호2:16-25; 사62:4; 겔36:26)이라고 말합니다.

거기서 인간적인 혼란들과 상처들을 넘어서 그것들이 종종 "사랑하는 하나님"으로 간주되었던 것처럼, 그 어떤 드러난 고귀한 선행도 우리에게 다가오지 않습니다. 그러나 아닙니다. 이러한 하나님은 열정과 그가 사랑하는 자를 위해서 불타는 인격적인 책무를 붙잡고 헤쳐 나아갔습니다. "에브라임이여 내가 어찌 너를 놓겠느냐 이스라엘이여 내가 어찌 너를 버리겠느냐 [.....] 내 마음이 내 속에서 돌이키어 나의 긍휼['정열']이 온전히 불붙듯 하는 도다, 내가 나의 맹렬한 진노를 나타내지 아니하며 내가 다시는 에브라임을 멸하지 아니하리니 이는 내가 하나님이요 사람이 아님이라"(호11:8-9).

그 어떤 사람도 거절과 학대당함을 그렇게 많이 오래 참아내지는 못할 것입니다. 그럼에도 불구하고 항상 여전히 그분은 모든 것을 사랑에다 놓을 것입니다. 그것이 얼마나 진지하게 여겨졌는지 예수의 이야기가 보여줍니다. 처음으로 기독인들이 된 사람들, 특별히 바울과 요한은 예수님의 이야기를 하나님의 사랑의 역사로 이해하였으며, 선지자들이 기록했던 것의 완성으로서 이해했습니다. 즉 하나님이 사람을 사랑하시므로, 그분은 인간이 되셨습니다(요3:16). 그는 사랑에 한계를 두지 않으시며, 모든 사람, 사회적으로 추방당한 자들과의 교제 가운데서 그 사랑을 실현합니다. 그는 그 사랑을 권력으로, 대중의 조작으로 바꾸려는 유혹에 대항하십니다(마4:1-11; 27:40). 그는 사랑을 위해 모든 것을 위험을 무릅쓰고 행동합니다. 즉, 거절, 학대, 사형언도, 저주받은 장대에서 처형(갈3:13)에서 입니다. 하나님은 사랑의 치명적인 이런 마지막 결론을 화해의 문서로 만들었습니다(고후5:18-21; 롬5:6-10; 요15:13). 구약 성경의 사랑의 노래를 요약해 준 그 문장은 여기에서 감히 생각할 수 없는 깊이를 드러내게 됩니다. "사랑은 죽음 같이 강하고"(아8:6). 너무나 강하여 죽음이 사랑을 이겨낼 수 없었고 도리어 사랑 편에서 죽음을 정복하였습니다. 죽은 자들 중에서 예수 그리스도가 부활한 사건에서 이 진실은 다시 우리에게 현실이 되어, 이제 후로는 아무것도 그리스도 예수, 우리 주 안에 있는 하나님의 사랑에서 우리를 갈라놓을 수 없게 되었습니다 (롬8:39).

5. 우리의 마음에 부어주심

하나님의 그러한 정열의 경험은 오늘날까지 사람들을 사랑에 불붙게 합니다. 사랑의 구약성경적 이중계명(신6:4절 이하, 10:19; 레19:18, 34)은 예수님으로부터 하나님의 의지의 핵심으로 표시되어(막12:28-31; 갈5:14; 롬13:10), 여기에 그의 사랑의 불을 받아들입니다. 이러한 사랑은 자기만을 희생하는 의무적인 것이 아닙니다. "네 이웃을 네 자신과 같이 사랑하라"는 그것은 우선 우리 자체의 필요성을 암시하고 있으며, 우리가 우리 자신을 먼저 사랑하고 받아들여야 하는 것을 전제합니다. 사랑은 자신과 이웃, 즉 사랑하는 자와 사랑받는 자 모두의 유익을 초래하는 것입니다.

이러한 상호성은 에로스(Eros)에 한정하지 않습니다. 사랑은 몸과 영혼을 가진 살아있는 우리 전인(全人)의 표현이며, 그것은 하나님에게서 나와 "우리 마음에 부어주신바"(롬5:5)된 것을 믿을 때, 바로 유효하며, 먼저 바르게 됩니다. 거기서 우리의 사랑은 항상 저마다의 가진 특성 안에서 실현됩니다. 즉 사랑 안에서 우리의 개별적인 성격의 고유성들이 표현되며, 부정적인 것처럼, 긍정적으로 표현됩니다. 마찬가지로 사랑은 역시 그것을 뛰어넘어갈 수 있으며, 새로운 것, 예기치 못한 것을 개방할 수 있습니다. 도움을 필요로 하는 사람을 위해 노력하는 자, 사회의 변두리로 빠져간 사람들을 위해 책무를 다하는 자, 병든 자를 돌보며, 갇힌 자들을 방문하며, 논쟁하는 자들 곁에 서는 자들, 그가 경험한 그리스도의 사랑을 계속 나누는 자들은 누구든지 이와 같이 체험합니다. 즉 초보적인 낯설음에서 나아와 다정다감하게 되며, 찌그러뜨려진 사람들 앞에서의 혐오에서 나아와 관심이 자랄 수 있으며, 반항적이고 동정심이 없는 사람들을 위한 책임적인 노력은 애착심으로 바뀔 수 있을 것입니다.

사랑은 행동에 의해 불붙는 것입니다. 이것 역시 예를 들면, 지금까지 어려운 것으로만 경험했던 사람들을 돌볼 때 일어날 수 있을 것입니다. 돌봄에서 결합의 감정으로 이끄는 또 하나의 다른 역사가 시작됩니다. 그럴 때, 사람들은 가장 불가능한 이웃을 사랑하며(마5:44), 악한 것을 선한 것으로 이기는(롬12:21) 능력이 부여될 수 있습니다. 그들은 핍박하는 자들을 축복하게 될 것입니다(롬12:14).

형성

　　사랑은 서로를 부유하게 하며 협력하는 동반자들의 생생한 여기저기의 모습으로 살게 됩니다. 일상은 사랑이 확증되거나, 기록된 분야입니다. 사랑의 불꽃은 항상 새롭게 점화될 것입니다. 어떻게? 어거스틴은 "신앙을 살다"라는 단락에서 다음과 같이 여운을 주고 있습니다.

> 서로 말하며 웃어보라
> 서로 상대방에게 만족함을 보이라
> 함께 아름다운 책들을 읽어보라
> 졸라 보라, 그러나 서로에게 존중을 나타내라
> 그러다가 싸워도 보라, 그러나 미움 없이
> 사람이 자기 자신과 그렇게 하듯 말이다.
> 이따금 의견도 서로 다르게 해보며
> 조화라는 양념을 뿌려보라
> 서로에게 교훈하며 서로에서 배우라
> 그 자리에 없는 사람을 애타게 그리워하며
> 찾아오는 사람을 기쁨으로 맞이하라
> - 순전한 사랑의 표시와 마음에서 우러나는 사랑의 응답,
> 표정, 말과 다정한 몸짓으로 표현해 보라
> 그리고 분쟁의 불씨가 함께 생명을 불타오르게 하듯
> 그렇게 많음에서 하나가 될 것이라.

어거스틴의 『고백록』

[참고도서]

- 프뢰르(Frör,H.): 야생화처럼, 성경적인 사랑이야기들(Wie eine wilde Blume, Biblische Liebesgeschichten), 1990.
- 골비쳐(Gollwitzer,H.): 사랑의 애가 (Das hohe Lied der Liebe), 1978.
- 레비스(Lewis,C.C.): 사랑이라 부르는 것: 애정과 친절감과 성감(Was man Liebe nennt: Zuneigung, Freundschaft, Eros). 7. Aufl. 2004.
- 리드로프(Liedloff,J.): 잃어버린 행복을 찾아서(Auf der Suche nach dem verlorenen

Glück), 1994.
- 뮐링-슐라프코(Mühling-Schlapkoh,M.): 하나님은 사랑이시다(Gott ist Liebe), 2002.
- 슈토크(Stock,K.): 하나님의 참된 사랑(Gottes wahre Liebe), 2000.

4.2.2 동반자 관계와 결혼

인지 ─────────────────────────────

나는 당신에게 약속합니다.

나는 당신에게 충실할 것이며, 당신을 존중하고 당신을 신뢰할 것입니다.

나는 당신을 도우며 당신을 위해 배려할 것입니다.

나는 당신을 용서할 것입니다. 하나님께서 우리를 용서하신 것처럼.

나는 당신과 더불어 하나님과 사람에게 봉사하겠습니다.

우리가 살아있는 한,

그러므로 하나님이여 나를 도우소서. 아멘!

결혼서약에서

이와 비슷한 문장으로 남자와 여자는 교회의 결혼식에서 서로를 향해 그들의 사랑을 약속합니다. 혼인서약을 행하던 신랑 신부는 주례자의 물음을 받고 이에 "그렇습니다! 하나님의 도움으로"라고 대답하던 - 그들은 서로를 신뢰하며, 지속과 신실에 근거한 관계로 들어갑니다. 여기에 하나님의 도움과 보호는 한 쌍의 부부를 향한 축복으로 약속됩니다.

예나 지금이나 교회에서 결혼예식은 - 비록 남자와 여자의 연인의 동반자 관계가 오늘날에는 쉽게 바뀔 수 있는 조건들에 지배받고 있더라도, - 물음에 답해지는 하나의 직무적 행위입니다. 이 조건들은 개인의 입장뿐만 아니라 사회적인 행태에 맞추어져 있습니다. "서민적인 가족"이라는 이상적인 상(像)은 여전히 여러 상상들을 만들고 있으나 그것은 실제적인 생활방식은 아닙니다. 많은 사람이 개인의 상황과 주관적 입장들을 근거로 연인동반자 관계라는 생활 형태를 선택합니다.

'동반자 관계와 결혼'이란 주제에 관한 교회 내적인 논의 역시 폭넓은 견해의 스펙트럼을 반영하고 있습니다. 어떤 부류의 사람들은 혼외의 성(性)이나 이혼 또는 동성애를 거절하고 교회로부터 "명료한 입장들"을 기대합니다. 또 어떤 사람들은 다른 형태들의 동반자 관계를 이웃사랑의 표현으로 성적 관계와 동일하게 받아들입니다. 이러한 상황 중에 교회의 지침은 어떻게 나타날 수 있을까요?

동반자 관계와 혼인에서 하나님 사랑과 이웃사랑의 계명은 '더불어 사는 삶'을 위한 기준으로 제안될 수 있습니다. 그렇지만 사랑의 계명에 대한 고찰은 두 사람과의 관계에 대한 숙고(熟考)를 넘어서 성공적인 공동생활을 위한 조건들에 이르게 합니다.

방향

이웃사랑 계명을 혼인(결혼)에 적용함에서 공식(公式)이 생겨났습니다. 그것은 "결혼은 남자와 여자의 동반자 관계와 가족을 위한 모범이다"라는 말입니다. 이 공식은 개신교회의 일련의 성명서에서도 나타납니다. 그것은 무엇을 의미할까요?

1. 선물이자 책무로서 결혼

기독교의 이해에 따르면 혼인(결혼)은 연인들이 상호 간의 약속을 통하여 성립됩니다. 관청에서 요구하는 국가 혼인법에 의거한 약속의식을 시행함으로부터 혼인관계는 법적 효력을 가지게 됩니다.

독일연방공화국의 2009년 1월 개정된 호적신분법에 따르면, 선행되는 호적사무소의 혼인의식 없이도 교회의 혼인예식이 성립되도록 허가합니다. 하지만, 혼인의 법적 효력은 예나 지금이나 오직 호적사무소의 공무원 앞에서 '혼인관계에 들어가기를 원합니다.'라는 신랑 신부(동반자)의 선언을 통해서 발휘됩니다.

복음적 이해에 따라, 법적인 형태로서의 혼인은 교회의 결혼예식에서 부부가 된 한 쌍에게 약속된 축복과는 구별합니다. 양자는 그럼에도 하나로 귀결되는 것 없이, 서로 관계되었습니다. 이러한 의미에서 독일개신교회협의회(EKD)는 2009년 호적법 개정에 대한 전문적인 감정(勘定)을 다음과 같이 표명합니다. "교회의 혼인예식으로 인한 혼례와 예배 사이의 명료한 구별, 호적관청과 교회 그리고 호적관청의 공무원과 영적지도자 사이의 구별은 단지 국가적 관할권과 교회적인 관할권 구별을 위한 표현이 아닙니다. 오히려 여기서 분명한 것은, 국가적인 행위와 교회적인 행위의 차원과 내용적인 초점이 서로 관련되어 있지만, 동시에 서로의 고유한 권한을 구분하여 규정해 준 것입니다. 호적관청에서는 남자와 여자는 그들의 혼인 의지를 표명하고, 전적으로 제한된, 즉 국가에서 확정한 권리와 의무를 내포하는 혼인을 맺게 됩니다. 여기에서 두 사람이 함께 살기 위한 특정한 법적 형태의 구속력은 제정된 것이고, 호적관청 공무원에 의해서 허가된 것입니다. 이와는 달리 목회자들은 법적 형태의 효력을 위한 국가적 관심을 재현하는 것이 아니라, 국가가 보증한 법적 형태로 살기로 결정하고, 하나님의 복을 청하는 두 사람(과 그들의 가족, 친인척들과 친구들)을 위해 복음 안에 있는 하나님의 위로를 재현하는 것입니다." 개정법의 입장에도 불구하고 "복음적 이해에 따라.... 이와 함께, 교회의 혼례예식은 시민법적인 결혼을 전제합니다. 그러하기에 특별한 상황가운데서 영적인 동반요청에 관한 목양적인 참여는 어떤 경우에 있어서든, 교회 혼인예배와는 명확하게 구별되어 남아있어야 한다"는 것은 분명합니다 (EKD, 2009).

혼인서약에서 양쪽 파트너는 그들 스스로를 자의적으로 묶으며, 좋은 날들이나 슬픈 날들이나 그들이 살아있는 한 죽음이 그들을 갈라놓기까지, 서로에게 부부간의 사랑과 충성을 약속합니다. 이러한 서약의 권한이 숭고함은 분명합니다. 그러나 그 약속은 건실한 자의식에서 볼 때 사람에게 기대될 만한 것이 아닐 수 있습니다. 그래서 교회의 혼인예식에서는 다음과 같은 첨가된 문장으로 마무리 합니다. "그렇습니다! 하나님의 도움으로!"(Ja, mit Gottes Hilfe!)란 말로 남자와 여자는 하나님의 축복과 보호가 있어야만 두 사람이 그들 관계를 더 이상 보증할 수 없을 때라도 결혼 관계는 책임지고 갈 수 있음을 시인하며, 하나님과의 관계에 들어가게 됩니다.

혼인은 일상에서 과제로 받아들이기를 원하는 기독인들을 위해 주신 하나님의 선물입니다. 그것은 공동생활과 사랑에서 근거와 모습을 제시하며, 동시에 엄격한 칼집이 되지 않도록, 생동적인 부부생활이 새롭게 이루어지도록 해야 하는 삶의 태도입니다. 이러한 삶의 공간에서 신체적인 것과 정신적인 것이 서로 얽혀집니다. 부부의 공동성은 함께 행하고, 함께 계획하면서 그리고 또한 한 사람의 행복과 불행을 다른 한 사람과 함께 나누는 경험에서 두 사람의 공통의 심오한 깊이를 드러냅니다. 여기에 관심과 목표는 다른 한 사람을 희생대가로 추구하지 않도록 하는 것이 관건입니다.

2. 결혼과 종교

결혼과 같은 친밀한 공동생활에 있어서 상대자들의 종교적인 신념에 대한 사람의 태도는 큰 영향력을 끼치게 됩니다. 교회 생활에 적게 참여하는 사람들에게도 신앙 고백적 색채들은 무의식적 단계에서 자주 작용하게 됩니다. 기독교의 여러 신앙고백들은 각자의 입장에서부터 서로 다른 신앙고백 가운데 결혼한 두 사람에게 협력적 종교 생활의 형태를 더 용이하게 만들도록 노력합니다. 개신교회와 로마가톨릭교회가 함께 교회 혼례를 주례하기도 합니다. 이를 넓게 말하자면 "교회연합차원에서의 혼례"라고도 명명합니다.

종교상 차이가 있는 파트너들 사이에 혼인이 점점 더 늘어나고 있습니다. 그 파급효과에 있어서 문화적인 차이를 과소평가하지는 않아야 할 것입니다. 이러한 차이들은 종교적인 신념과 구체적인 생활 형성, 즉 무엇보다도 또한 남자와 여자의 협력적인 차원에서 역할하게 됩니다. 그러한 부부결합의 경우에 교회는 하나의 결혼예배를 제시하지만, 비기독인인 상대방에게 기독교의 삼위일체이신 하나님 앞에서의 어떤 서약을 요구하지 않도록 혼인예식을 행하지 않습니다. 교회를 탈퇴하였거나, 한 번도 교회에 속하지 않았던 자의 결혼동반자를 위해서는 그가 그러한 예배나, 교회적인 혼인예식이 적합한지를 개별적으로 점검하게 됩니다.

3. 결혼과 성생활

결혼(혼인)은 양 파트너에게 아무런 유보조건 없이 성적인 만족을 선사할 수 있는 공간을 마련합니다. 지난 세기에 우리 문화권에서 성생활의 주제는 여러 관점에서 종족번식에서 벗어났습니다. 성생활은 우선적으로 아기를 낳는 것이 아니라 무엇보다도 두 사람의 성적인 만족에 사용됩니다. 이것과 개인의 자유의 우선권은 연결되어 있습니다. 사랑과 신뢰가 사람들을 서로 연합시키는 곳에, 상대방에 대한 성적인 존중이 더 발전될 수 있습니다. 여기에는 무엇이 잘하는 것이고 무엇이 상처를 입히는 것인지에 대한 개방적인 교류가 중요합니다.

혼외 성관계는 아주 심각한 신뢰 파괴와 당사자들에게 심각한 해를 끼치게 합니다. 만일 남자나 여자가 진실로 자신과 상대방에 대한 책임에 머무르기를 원한다면, 이런 사건에서 자신들의 행동의 동기는 절대 피해 갈 수 없는 문제입니다. 교회는 제6계명 "간음하지 말라"(독일성경: '너는 혼인을 파기하지 말라!')를 해제시키거나 상대화하지 않아야 합니다. 그럼에도 교회는 용서와 화해가 새로운 시작을 가능하게 해 준다는 것을 알려주어야 합니다. 아무도 이를 요구할 수는 없습니다. 그러나 화해가 성립되면, 그것은 혼인(서약)이 견고해짐을 의미할 수 있습니다.

4. 이혼과 재혼

혼인(婚姻)이 좌초되어 두 사람이 상호 파괴적인 적대적 상황에 이르게 될 수도 있습니다. 그리고 이를 통해서 혼인의 의미가 그릇될 수도 있습니다. 독일의 국가 법제처는 "파혼원리"라는 틀에서 이혼절차 중 개별적인 (범)죄 부분을 등록하지 못하도록 합니다. 법제처는 단지 관계의 실제적 파혼을 확인해 줍니다. 그러나 개인적 차원에서 (범)죄에 대한 논의는 중요한 역할을 합니다. 이를 피하지 않는다는 것은 우선적으로 인격적 성숙에 있어 유익하다는 것을 의미합니다. 또한 신약성경에서 엄격한 이혼금지의 가르침은 혼인서약 파기가 엄중한 것임을 일깨워줍니다. 예수님은 혼인서약 파기가 인간을 붙잡고 있는 '마음의 강퍅함'(막 10:5)으로 봅니다. 물론 성경에는 만약 불가피할 경우에 이혼할 수 없다는 진술은 존재하지 않습니다.

개신교회에서 이혼한 자들의 재혼은 가능합니다. 그러나 이혼재발 위험을 피하기 위해 초혼에 실패한 이유들에 관해 이야기를 나누는 것은 재혼준비에서 대단히 중요합니다. 이러한 상담에서는 신뢰의 분위기가 결정적입니다. 이런 배경 하에서도 교회의 혼인예식은 새로운 시작으로 해방시키는 경험을 주선할 수 있습니다.　↗ **4.2.3 부모와 자녀**

5. 결혼하지 않은 동반자 관계

서로를 위한 사랑과 책임을 통하여 형성된 공동생활의 형태들이 점점 더 발전되고 있습니다. 그러나 '지속성'의 관점에서 결단은 개방됩니다. 이에 대한 이유들은 다양합니다. 교육 기간의 장기화와 자아정체성 발견의 다면적인 과정은 젊은이들로 하여금 혼인(결혼)으로 자신을 구속하기를 주저하게 합니다. 동반자관계에 있는 젊은이들은 구속력 있는 결단을 내리기 전에 천천히, 일상 가운데 서로를 알아가기를 원합니다. 서로를 점검하는 이유들은 심각하게 다루어지고, 또한 그것은 존경을 받습니다. 제도로서의 결혼에 대해 근본적인 유보를 표명하는 일부의 경우들도 있습니다. 그들은 결혼이 개인의 자유를 제한 한다고 봅니다. 또한 그런 관계들 역시도 최소한의 구속력 없이는 존속될 수 없습니다. "인생 시기별 파트너"라는 유행어와 함께 장기간에 걸친 관계의 의미는 의문이 제기되었습니다. 장기간의 관계는 오늘날의 사회적인 조건들 하에서는 더 이상 지속할 수 없는 그 무엇으로 보였습니다.

혼인하지 않은 동반자 관계에 대한 동기가 다양한 만큼, 그에 대한 판단도 다양합니다. 그것에 대한 중요한 기준들은 다른 이들(예를 들면, 탄생한 아이들)의 삶을 위한 책임처럼 공동생활의 책임과 보존하는 다른 이의 신분의 관점들입니다. 기독교의 관점에서 '자유'와 '신용도'는 서로 배타적인 것이 아니라 서로 조건적이며 협력적인 것입니다.

6. 혼인(부부)에 대한 포기

하나님의 선물이요 그 표본으로서 혼인에 대한 긍정적인 평가는 독신생활의 신분을 경시하지 말아야 합니다. 연인동반자 관계를 포기하는 이유들은 여러 가지일 수 있습니다. 그것은 사람과 하나님에 대한 헌신(예를 들면, 수도원공동체)에서 개인의 숙명적인 발전과정, 예를 들면 특수한 재능을 펼치기 위해 자원하여 선택한 삶의 양식에 이르기까지 다양합니다. 혼인이나 비 혼인에 대한 정황은 복음적인 이해에 따르면 같은 등급에 있는 일입니다.

7. 동성 사이의 연인관계들

동성애자들은 사회와 교회가 그들의 삶의 양식을 수용해주기를 기대합니다. 왜냐하면 그들은 자신들의 성생활을 고백하기를 원하며, 확고한 연인관계에서 사는 가능성을 얻기를 원하기 때문입니다.

국가적 정황에서 동성애에 대한 변화된 사회적 인식은 "신고된 연인관계"라는 새로운 법적 형태로 산정되었습니다. 독일에서 동성애는 "삶의 동반자 관계법"으로 규정되었습니다. "신고된 연인관계"는 동성애적 경향을 지닌 짝(동반자)에게 국가적으로 승인된 공동생활의 형태를 가능하게 합니다. 이러한 삶의 형태는 혼인과 동일등급은 아니지만, 법적 효력에 있어서는 부분적으로 - 예를 들어, 조세법, 부양법, 급여법 - 차이를 만들어 냅니다. 게다가 동성애적 연인관계는 아이를 입양할 수 없습니다. 그럼에도 "신고된 연인관계"는 남성애자나 여성애자 양쪽의 공적 승인에 본질적인 한 부분을 부여하고 있습니다.

기독인은 동성애를 거절한 성경 본문들(창19; 삿19:22; 롬1:26; 고전6:9; 딤전1:10)을 어떻게 이해해야 하는가? 라는 질문이 제기됩니다. 인간의 성관계 형태에 있어서 이성애와 나란히 동성애를 동일한 형태로 보아야 할 것인가? 물론 - 분명 많은 다른 점들에서처럼 - 성경적 증거들은 당시에 다루었던 지식에 근거하여 판단했었던 것에서 나아갑니다. 한 인간의 동성애적 이행이 주어진 것인지 또는 그것이 변경될 만한 것인지, 그것에 대해서 교회 영역에서의 견해들은 논쟁적입니다. 양자의 입장들을 위해서 인간적이고 사회학적이며 신학적인 논거들이 인용되었습니다. 각각의 경우에 동성애는 한 사람의 사실적인 성적 지향성의 표현으로서 주목을 받고 있습니다. 동성애적 실제를 위한 결정적인 판단기준은 '사랑'이며, 그 사랑 안에 포함된 한 동반자로서 이웃에 관한 '인정'입니다. 이러한 통찰은 교회의 영역에서 점점 더 용인되고 있습니다.

동성애적 사람들은 이성애적 각인을 지닌 사람들처럼, 영적인 돌봄의 동반에 대한 동일한 요구를 가집니다. 그것에 대해 교회 영역에서의 일치된 목소리가 존재합니다. 그것을 뛰어넘어 개별적인 영적 돌봄의 영역에서 동성애적 사람들의 "축복하는 행위"가 있기도 합니다. 예배 안에서 동성애적 관계의 공적인 축복이 적절한지가 논쟁적입니다. 그것에 대항하여 혼인의 예배적 축복은 성경에 따라, 동반자 관계의 약속 위에 놓여 있는 특별한 언약을 강조하는 것이 제기되었습니다. 이점에 있어서 언제나 교회의 공적 입장은 침묵해서는 안 된다는 의견의 상위(上位)가 존재합니다. 그것은 서로 다른 행동들에 대한 상호 간의 존중을 품고, 견지하도록 힘써야 한다는 것입니다.

독일개신교루터교회협의회의 "교회생활 가이드라인"(2003)은 동성의 연인관계 모습에 대하여 다음과 같은 입장을 분명히 합니다. 즉 "개신교회는 다른 삶의 형태들에서나 또는 결정적인 성적 각인(刻印)과 함께 구속력이 있으며, 신실하며, 사랑이 가득하고 지속가능한 연인관계들을 찾는 사람들을 주목하며, 평가절하하지 않고, 존중하기를 제시하였습니다..... 신고된 삶의 연인관계로 인해 시작된 예배적 행위들에 대한 아직 종결되지 않은 토론의 범주에서, 이러한 것들은 교회의 혼인예식과 혼돈되어질 수 없다는 것이 보증되어져야 합니다."

↗ **4.3.2 여자와 남자**

형성

1. 교회 결혼(혼인)예식

교회 결혼(혼인)예식은 하나의 축제적 예배입니다. 이러한 축제는 하나님께서 사랑 속에 발견하신 기쁨과 같이, 두 사람이 서로 서로에게서 발견되었다는 기쁨의 표현입니다. 혼인예식은 - 지역적으로 조금 차이가 있기는 하지만 - 다음과 같은 기본양식이 있습니다.

교회의 거룩한 종소리
신랑 신부 교회 출입문으로 인도
축제 음악 연주가운데 입장
개회와 환영 인사
교회(회중)의 찬송
준비기도
혼인 가부를 물음
교회(회중)의 찬송
성혼식
교회(회중)의 찬송 또는 음악
성찬(소원할 경우)
중보기도 - 주기도
일반인 축복기도
축제 음악과 교회의 종소리가 울리는 가운데 퇴장

예배의 중심에는 성혼식이 있고, 이것은 다음의 부분으로 구성됩니다.

a) 사랑과 결혼(혼인)에 대한 성구 낭송

예) "사랑은 오래 참고 사랑은 온유하며 시기하지 아니하며 사랑은 자랑하지 아니하며 교만하지 아니하며 무례히 행하지 아니하며 자기의 유익을 구하지 아니하며 성내지 아니하며 악한 것을 생각하지 아니하며 불의를 기뻐하지 아니하며 진리와 함께 기뻐하고 모든 것을 참으며 모든 것을 믿으며 모든 것을 바라며 모든 것을 견디느니라...그런즉 믿음 소망 사랑 이 세 가지는 항상 있을 것인데 그 중의 제일은 사랑이라"(고전13:4-7,13)

b) 혼인서약 질문

예) 주례목사: "○○여, 그대는 하나님이 당신을 신뢰하여 맡겨주신 ○○를 그대의 아내로(/그대의 남편으로) 사랑하며 존경하며 하나님의 계명과 약속에 따라 그녀(/그와)와 - 좋은 날이나 나쁜 날이나 - 죽음이 너희를 갈라놓기까지 혼인을 영위하기 원한다면 "그렇습니다. 하나님의 도우심으로"라고 답하시기 바랍니다."

신랑신부 각각: "그렇습니다! 하나님의 도우심으로!"

두 혼례자들이 상호간 약속한 것을 본인들이 작성한 혼인성명의 형태로 선택할 수도 있습니다.

b) 반지교환

신부와 신랑은 서로 번갈아 가며 반지를 끼워줍니다. 그런 다음, 두 사람은 서로 오른손을 내밀고, 주례목사는 자신의 오른손을 두 사람이 포갠 손 위에 얹고 말합니다. "하나님께서 연합하신 것을 사람이 나누지 못할지니라."

c) 축도

축도는 한 번의 기도와 손을 얹은 체 그들을 향해 선언한 축복의 언어로 구성됩니다. - 예) "아버지 하나님과 아들과 성령의 복이 너희 위에 임하며 너희에게 이제부터 영원토록 함께할지라! 아멘!"

축도 행위는 곁에 서 있는 사람들 - 친척들과 혼인 증인들 그리고 친구들 등 - 이 참여하고 있을 경우 심화됩니다. 그들은 한 몸이 된 그들에게 분명히 말해줍니다: "우리는 당신들을 위해 서 있습니다." 그리고 다음과 같은 축복의 말을 할 수 있습니다: "하나님이 너희에게 복 주시기를 원하며, 건강하게 살기 원합니다. 오늘의 기쁨을 절대 잊지 말기 바라며, 어려운 시절이 닥쳐올 때, 너희 두 사람이 필요한 힘을 서로 합하기를 바랍니다." 또는 다른 개인적인 소원을 말해도 됩니다.

2. 사랑의 언어

사랑은 여러 가지 형태로 표현됩니다. 챠프만(G.Chapman)은 사랑을 다섯 가지 언어로 구분합니다.

- 칭송과 인정
- 두 사람을 위한 시간 - 단지 너를 위한 시간
- 마음에서 우러나오는 선물
- 도움을 위한 준비성
- 친밀성

사람은 사랑표현에서 언제나 같은 언어만 말하지 않습니다. 표정이 따라오지 않는다면 이해되지 못한 채로 있고 적당한 방향도 없습니다. 함께 사는 것에서는 곁에 사람의 언어를 인지하는 것이 중요합니다. 사랑의 죽음은 곧 언어의 사라짐입니다. 의사소통은 사랑의 성장과 완숙을 위한 열쇠입니다. 그러하기에 사랑에 대한 고유한 "모국어"를 발견하고 파트너의 모국어를 마치 외국어처럼 습득해야 합니다.

[참고도서]

- 비르크 휠져(Birkhölzer,H.): 혼인 베타 경과모델(Ehe ß ein Auslaufmodell), 1997.
- 부링거(Bullinger,H.): 한 쌍이 부모가 될 때 (Wenn Paare Eltnern werden), 1995.
- 챠프만(Chapman,G.): 사랑의 다섯 가지 언어(Die fünf Sprache der Liebe). 부부 관계에서
  의사소통은 어떻게 성취하는가? (Wie Kommunikation in der Ehe gelingt),1986.
- 독일개신교회협의회-텍스트101(EKD-Text101): Soll es künftig kirchlich geschlossene Ehen
  geben, die nicht zugleich Ehen im bürgerlich-rechtlichen Sinne sind?- Zum evangelischen
  Verständnis von Ehe und Ehe-schließung. Eine gutachtliche Äußerung, 2009.
- 에른스트/베트쏘르트(Ernst,A./Bettschart,R.): 어린이 코스북(Kursbuch Kinder), 1993.
- 카클러(Kachler,R.): 행복한 쌍의 비밀에 관하여(Vom Geheimnis glücklicher Paare), 1999.
- 독일루터교회연합회의 교회생활의 안내지침(Leitlinien kirchlichen Lebens der VELKD), 2003.
- 마이바움/슈밑드(Maibaum,F./Schmidt,V.): 혼인안내서(Das Traubuch). 교회의 결혼을 위한
  실제적인 조언(Der praktische Ratgeber für die kirchliche Trauung), 1999.
- 릭스(Rix,K.): 교회적으로 결혼합니다- 긍정 또는 부정?(Kirchlich heiraten – ja oder Nein?), 2000.
- 스트라웁(Straub,E.): 깨어지는 행복(Das zerbrechliche Glück). 시대의 변화 가운데 있는 사랑과
  결혼(Liebe und Ehe im Wandel der Zeit), 2005.

www.hochzeit-trauung.de

4.2.3 부모와 자녀

인지

    남자와 여자는 아버지와 어머니가 됩니다. 두 사람의 삶은 더 이상 동일한 것이 되지 않습니다. 인간의 삶이 시작되었습니다. 부모가 되어가면서 상반되는 감정이 움직입니다. 미리 맛보는 기쁨과 감격 속에 불안과 근심 섞인 질문들이 뒤섞이게 됩니다. 나는 이 모든 일을 감당하기에 충분히 성장하였나요? 우리 두 사람의 관계가 이것을 감당할 수 있을까요? 내가 세운 여러 직장 계획은 어떻게 될 것인가요? 부모와 자녀 간의 얽히고 설킨 관계는 넓고도 극히 세분화된 갈등을 만들어 내는 장이 됩니다.

    종종 그것은 공개적인 논점 안에 들어오는 주제가 되기도 합니다. 부모나 편부모의 과중한 짐은 지극히 숨겨진 것임에도 절망적인 사태가 놀라움과 경악함을 야기할 때 가능한 이를 경감시키는 방안에 대한 논의가 - 이내 다시금 쓸려 내려갈 것이지만 - 수면 위로 올라옵니다. "어린이 빈곤"과 같은 표제어는 언제나 기사의 전면에 나타납니다. 그러나 그 이면을 살펴보면 일상을 극복하고자 하는 절망적인 노력이 있습니다. 부모와 자녀가 같이 산다는 것은 우리 사회의 주변적인 주제가 아닙니다. 미래적인 가능성의 본질적인 부분들은 부모와 자녀가 같이 사는 가정에서 결정되어 집니다. 이것은 또한 사회적 긴장이 고조되는 장이기도 한데, 예를 들면, 남자들을 위한 양육휴가의 실행과도 관련이 있습니다.

    가정적인 공동생활은 목가적(牧歌的)이고 지고지선(至高至善)의 섬나라가 아닙니다. 이것은 우선되어야 할 경험의 장으로 인간의 삶의 지속적인 영향을 미치고 있습니다. 그럼에도 근본적으로 인간이 더불어 사는 생활에 있어 "네가 여기 있다는 것이 얼마나 아름다워!"라는 문장보다 더 나은 것은 없을 것입니다. 가정이라는 장(場)에서 복음은 바로 이 한 문장으로 방향지침을 마련할 것이고, 모든 역경과 위협의 한 가운데 이 찬사가 울려 퍼지도록 격려할 것입니다.

방향

1. 아이들과 함께 배우면서 삽니다.

a) 한 아이는 자기 자리를 차지한다.

아이의 출생은 감격하면서도 동시에 걱정하게 되는 일입니다. 이제 이러한 '깜짝 놀랄만한 것들'의 긴 여정이 시작됩니다. 많은 부모들은 자부심과 감동과 함께 모든 변화인 성장과 성숙의 각 새로운 단계를 환영하게 되는 것은 놀라운 일이 아닙니다. 그들은 이러한 일들이 하나님의 창조에 관계된 것임을 느끼게 됩니다. 부모는 작은 피조물 자체의 삶을 경탄하면서 체험하고, 감탄하면서 - 함께 지치게 됩니다. 아이들과 함께하는 삶의 실제 역시 엄청난 부담이 자리 잡고 있습니다. 아이들은 그들 부모를 '정신없게 만들 수' 있습니다. 이러한 작은 생명체가 매력적이지 않다면 그리고 성인들에게 항상 새롭게 이러한 상태가 더해진다면, 그 누구도 견뎌내지 못하게 될 것입니다. 아이들은 주는 것도 많으며, 요구하는 것도 많습니다.

b) 세 가지 관계들

아이는 남자와 여자의 관계에 새로운 도전을 제공합니다. 지금까지 그들은 두 가지 관계에서만 살았습니다. 이제 둘은 단지 세 사람이 된 것이 아니라, 세 가지 관계로 발전되었습니다. 어머니와 아이의 관계, 아버지와 아이의 관계 그리고 남자와 여자의 관계입니다.

이것을 의식하는 것은 중요합니다. 왜냐하면 가족의 전통적인 상(像)은 어머니와 아이와 관계를 단편적으로 많이 강조하기 때문입니다. 그러나 실제 형성되고 있는 것은 세 가지 관계입니다. 젊은 부모의 관계는 새롭게 조정되어야 합니다. 이것은 - 아이의 활달성에 따라 차이가 있는데 - 그리 간단하지 않습니다. 성적 관계 역시 새로운 조건하에 형성됩니다. 가끔은 서로 먼저 새롭게 발견하고 얻는 것이 자극적이 되면서 필요합니다.

성인들 사이에서의 관계의 선언 또한 업무분담을 밝히는 일입니다. 동등권을 의식하고 사는 부모는 이를 위해서 어떻게 노력해야 할 것인지를 느낍니다. 즉 계획을 세우고, 양보를 약속하며, 마지막까지 합의를 지키는 것입니다. 물론, 이런 설정은 두 사람 모두를 위해 유익할 것입니다. 즉 그들이 합의의 짐을 나눌 수 있기 때문에 아내를 위해서 유익하며, 또한 남자는 일상에서 하루의 일과가 끝난 저녁뿐 아니라, 주말에도 남편을 위해서도 가족을 경험하기 때문에 유익합니다. 아이들 역시 양부모를 적절하게 경험할 수 있기 때문에 유익합니다. 밖에서 활동인일 뿐만 아니라 집에서 적극적인 가족의 구성원으로서도 유익합니다. - 세 가지 관계들은 더 많은 시간과 일치된 하나로서 힘을 필요로 합니다. 물론, 이를 통해 얻어지는 유익은 역시 세 배일 수가 있습니다.

c) 아이를 교육한다는 것은 무엇을 뜻하는 것인가?

"아이의 교육"(Erziehung)의 표현을 문자적으로 취할 때, 아이는 잘못 인도될 수 있습니다. 그는 무엇인가 자체에 힘겨운 것을 지니게 됩니다. 지금 아무도 아이와 함께 하는 삶이 힘겨울 수 있음을 부인하지 않을 것입니다. 그러나 질문은 그들과 다른 이들이 또는 아마도 더욱이 하나님을 알게 되는 곳으로 아이들을 이끌기 위하여 부모들이 힘겨워 해야 하거나, 얼마나 힘겨워 해야 하는가에 대한 것입니다. 많은 부모들은 그들의 자녀들에게서 무엇인가 만들어 지도록 애쓰며, 많이 힘들어 합니다. 그들은 아이에게서 이루어지는 것은 전적으로 자신에게 의존되어 있다고 생각합니다. 잘못된 상태에 빠진다면, 그들은 실수를 저지르게 됩니다. 이러한 단편적인 책임과 실수의 판단은 심리적인 부당한 요구에로 이끌게 됩니다.

그것에 반하여 영어 표현인 "교육"(education)은 더 다정하고 더 격려하는 말로 들립니다. 그것은 "이끌어내다"라는 것을 뜻하며 자유롭고 자립적인 성인들에로 향한 목표를 가리킵니다. 이러한 관점에서 부모와 아이는 서로 자라며 성숙하게 됩니다. 자녀들도 성인들이 생각하는 많은 것들과 교육을 통하여 그들에게 짐 지워지는 많은 것들을 얻게 됩니다. 아이들은 질문하며, 감정들을 표현하며, 실수를 저지르며, 거기서 나아와 다른 아이들에 대한 주의 깊은 순간을 갖게 됩니다. 아이들과 부모들은 필요한 것들을 가지게 됩니다. 그것이 갈등을 야기할 수도 있을 것입니다. 그러하기에 가족이 더불어 사는 것에 대한 규칙과 갈등 해소를 위한 가정의 규정을 개발하고 배양하는 것이 중요합니다. 부모에게는 이중적 역할이 있는데, 그것은 절충안을 찾은 협상파트너 중에 한 사람이 되는 것과 그 다음의 절충안에 이르기까지 결정된 것이 유효함을 보증하는 일입니다. 이것이 익숙해진다면, 그와 동시에 자녀들은 민주적인 사회 속에서의 생활이 준비되는 것입니다.

d) 아이들의 믿음을 돕는 것

기독교 교육은 하나님에 관하여 언급될 때, 먼저 시작하지 않습니다. 대신 첫날부터 아이들이 경험하는 사랑이 넘치는 애정 가운데서 이루어집니다. 만일 한 아이가 부모를 신실한 모습으로, 위로와 보호와 자유롭게 하는 분으로 경험된다면 그 아이는 우리를 보호하며 위로하며 자유롭게 하시는 하나님 역시 자신들 편에서 신뢰할 수 있을 것입니다. 아이들 역시 때로는 부모도 완전하지 못하며 갈등에 빠진다는 것을 알게 됩니다. 그러나 만일 부모들이 논쟁 후에 스스로 다시 서로 화해한다면 자녀들은 그들에게도 역시 하나님이 많은 갈등의 지속에서 그의 화해하는 손길을 펴신다는 것에 신뢰를 얻게 됩니다.

신앙의 대화에서도 성경 역사들의 "교육계획"을 끝내는 것이 중요한 것이 아니라, 우리에게 스스로 선한 것을 행하신 이야기들에 아이들이 참여하는 것과 그것으로써 하나님에 의한 우리 자체의 보호 가운데 아이들을 수용하는 것이 중요합니다. 어떤 부모들은 아이들에게 자신의 신앙을 알려주기를 부끄러워합니다. 왜냐하면 부모들은 자녀들의 인격적인 결단에 먼저 개입하기를 원하지 않기 때문입니다. 지금 자녀들에게 특정 세계관을 강력하게 지향하도록 하는 것은 좋지 않을 수 있습니다. 그러나 부모가 매번 자신들의 입장을 회피하고 각자의 평가에 관하여 외면하는 것은 대안이 아닐 것입니다. 왜냐하면 아이들은 어른들이 무엇을 가치 있게 여기며, 무엇을 거절하는지를 알기 때문입니다. 그 어떤 사람도 "가치 중립적"으로 교육하지 않으며, 도리어 가치들이 언급될 때 그것은 도움이 되는 것입니다. 비록 자녀들이 그들 부모의 견해를 먼저 비판 없이 넘겨받는다 할지라도, 이것은 그렇게 머물러 있지는 않습니다. 그들은 삶의 과정에서 그들의 표준들을 발전시키며, 그들의 경험들을 만들게 되며 그리고 의심처럼 믿음을 체험하게 되는 것입니다.

2. 가정의 형태들과 위기들

아버지, 어머니 그리고 두 자녀. 아직 그들과 이런 가정을 만나게 됩니다. 그 것은 오랫동안 "정상적인 것"으로 받아들였습니다. 더욱이 대부분의 아이들과 청소년들은 자매나 형제와 함께 자랍니다. 그렇지만 두 자녀의 가정은 더 이상 주도적인 가족 유형이 아닙니다. 한 자녀를 가진 가정들이 더 많아집니다. 더 정확히 바라보면, 우리 땅에서의 가족 형태들의 거대한 다양함이 나타나고 있습니다. 즉 한 부모세대, 더 많은 세대들의 가족, 돌봄의 가족들, 입양가족들, 자기아이와 양자삼은 아이들을 가진 가족, 동시에 과도기-가족과 주말-방문가족, 이혼-후 가족. 이러한 발전은 전래된 가족상이 현실을 여러 가지로 더 이상 덮지 못함을 보여줍니다. 우리는 가족 형태들의 다양함을 지향해가야만 합니다.

a) 갈림길에 놓인 가정

우리들 사회에서 모든 결혼의 1/3(이전의 시골지역)에서 1/2(대도시 지역)까지 이혼으로 끝납니다. 순수하지 않은 연인동반자 관계들은 나누어질 가능성이 더 높아 보입니다.

별거와 이혼은 어제 오늘에 생겨난 일이 아닙니다. 이들은 마음 맞지 않게 살아가는 길고 짧은 과정이 앞서고서야 생겨납니다. 일부 가정은 다시 안정을 찾기도 하고 다른 가정은 해체를 맞이하여 과도기가 지난 후에 새롭게 가정을 구성합니다. 과도기 가정에서 감정교차, 즉 파괴적이고 충동적이며, 마비되거나 단념되는 감정들이 단계적인 방식으로 나타납니다. 만일 - 비난, 분노, 괴롭힘을 통해 상호간의 이해가 차단되었기 때문에 - 아버지 편에서도 어머니 편에서도 함께 살 것인지 아닌지를 말해 줄 수 없다면 가족 구성원 개인은 더 발전하지도 못하고 전체로서의 가정은 성장할 수가 없게 됩니다. 아이들에게 이러한 시간은 상처받는 결과들을 가질 수 있습니다. 가정이 깨어진다는 공포가 기본이며 동시에 그들은 부모가 나누어지는 분리의 과정에서 항상 다시 도구화되었습니다. 이 상황에서 어린이들과 청소년들은 부모가 두 사람 사이의 싸움과 부모로서의 역할 사이를 얼마나 잘 구분하고 그리고 자녀들을 자신들의 갈등 속에 휘말리지 않게 하느냐에 의존되어 있습니다. 또한 부모는 그들의 자녀들에게 가정을 둘러싸고 있는 것이 어떤 것인지, 가능한 공동의 분명한 정보들을 주어야 합니다.

자녀들에게 이혼과 그에 따른 결과를 기대하게 하는 것은 간단한 절차가 아닙니다. 심지어 가끔은 부모가 "아이들 때문에" 파괴된 관계를 여전히 붙들고 있고, 가족에 연루된 모든 사람들에게 해를 입히기도 합니다. 이혼에는 여러 감정이 뒤섞이는데 거절과 과오, 체념과 서러움의 감정이 무기력과 분노, 실망과 주고받은 상처의 감정과 혼합됩니다.

부모는 그러한 상황 가운데서도 그들의 자녀에 대한 책임이 있습니다. 그러한 까닭에 부모가 자녀들이 잃어버린 안정성을 위해 최소한의 외적 보상에 노력을 기울이는 것은 중요합니다. 이혼 결과에 관한 분명한 약속과 규율이 이들에게는 많은 도움이 될 것입니다. 자녀들에게 절대적으로 필요한 것은 이혼한 부모일지라도 존경으로 만나고 또한 부모를 온전히 존경으로 대하는 것입니다. 즉 두 사람은 아직 책임이 남아있는 아이의 어머니 또는 아버지로 그들에게 다가가야 합니다. 그밖에 이런 시련을 맞은 자녀들은 - 때론 물러나 있거나 대화 중 - 슬퍼할 기회를 필요로 합니다. 쓰라린 상실감에 대한 슬픔은 이러한 시간이 설령 오래 지속되더라도 반드시 허락되어야 합니다.

이혼 위기를 통과한 사람은 이혼이 반드시 그 흔적을 남긴다는 것을 알아야 합니다. 이혼 후에 상처들이 남습니다. 그러나 사람들이 이러한 상처들을 존중하고 보살필 경우 치유될 수 있습니다. 이혼에 가담했던 사람들이 자신과 이전의 사람과 평화롭게 지내는 일에 성공한다면 특별히 치유력이 강합니다. 기독인은 관계의 죽음도 거절과 절망도 받아주시고 치유하시는 하나님의 사랑(롬8:38)에서 분리시킬 수 없다는 소망과 확신 속에 사는 것입니다. 이러한 사랑은 실수를 언급하고, 서로 용서하며, 용서받은 과오의 경험에서 나와 새롭게 시작하는 것을 허락합니다.

b) 이혼 후 가족이 새로이 시작할 경우

우리에게는 별거나 이혼 위기 이후 새롭게 제 자리를 찾아가는 가족에 대한 적당한 용어를 아직 발견하지 못했습니다. 어떤 명칭이든 그 명칭은 새로운 가정 상황의 한 측면에 해당하는 것이지 그 전부를 서술한 것은 아닙니다. 이혼의 경험을 짐으로 달고 다니는 가족은 단순하게 "두 번째 가족"이라 부를 수 있을 것입니다. 독일에서는 이미 한번 결혼을 경험했던 사람들 중 29%가 재혼을 합니다. 이혼한 사람들 중 많은 이들이 다시 결혼을 하지 않지만, 그럼에도 새 가족은 형성됩니다. 모든 가족들의 1/5에서 1/4까지 이러한 그룹에 속합니다. 관계들과 감정들의 다양성은 그들의 상황을 성찰하고 책임성 있게 살기 위해 "두 번째 가족"으로 도전합니다.

다음의 질문이 해명에 도움이 될 것입니다.

• 우리는 우리가 시작했던 첫 번째 가족보다 다르다는 것을 점점 받아들일 수 있는가?

• 우리의 다중적 가족소속이 이러한 가족 안에 자리를 가지고 있는가? 어떻게 나는 자녀로서 내가 살고 있는 가족에게 충실하면서도 동시에 내가 주말에 만나는 엄마와 아빠에게도 무엇인가 충실할 수 있는가?

• 어제와 그제의 우리 모든 감정들의 자리는 새 가족 속에 있는가? 나는 내 마음의 한 부분은 옛 가족에 있다는 것을 허용하며 (예를 들면, 가끔씩 슬퍼지고) - 그리고 다른 사람들도 나의 이러한 모습을 용인해 주는가?

• 우리는 우리의 여러 가지 소원들과 삶의 연령과 함께 이러한 새 가족 안에 자리를 가지고 있는가?

"두 번째 가족"들은 첫 번째 가족이 가지는 모든 기회들과 문제들을 함께 가지고 있습니다. 그들은 동시에 다른 것이 있는 가족들입니다. 부모들은 낮아진 단계의 부모 신분을 배워야 합니다. 특히 요구하는 것들과 한계설정이 중요할 때는 자신의 아이들이 아닌, 그 아이들에게서 조신함을 연습하는 것입니다. 동시에 그들에게 가족적인 개방성을 가지며, 밖으로 따뜻함과 안으로 보호하고 감싸주는 것을 표현하는 것 역시 중요합니다.

c) 한 부모 가정

홀로 자녀를 양육하는 사람들인 경우에 부모와 자녀들 사의의 관계는 더 분명해 집니다. 허락하느냐 하지 않느냐에 대한 부모 사이의 논쟁은 없습니다. 어머니나 아버지의 짐을 덜어 줄 파트너나 어머니나 아버지의 자리를 채워주는 파트너도 없습니다. 서로 조언하고 위로해 줄 수도 없습니다. 책임을 나눌 어깨의 폭은 더욱 좁습니다. 그래서 자녀들은 자주, 스스로 더 많은 책임을 지게 됩니다. 이것이 근본적으로 해가 되지는 않겠지만 말입니다. 그러나 자녀들은 종종 부모 중한쪽의 역할을 담당해야 하기도 하는데, 이럴 때 그것은 그들에게 무리한 요구가 됩니다. 또 다른 경우를 살펴보면, 어머니나 아버지가 죄책감이 있기 때문에 또는 자녀들이 그들에게 남아있는 유일한 것이기 때문에, 자녀가 과보호되기도 합니다. 그래서 친밀함에도 불구하고 고독함이 생겨날 수 있습니다. 이와 더불어 자녀들의 발달 과정에서 상대 파트너의 역할을 누가 담당하는가라는 질문이 제기됩니다.

홀로 자녀를 양육하는 어머니나 아버지의 경우, 일상적인 책무를 다스리거나 푸는 일에 있어 더 많은 실제적 지원이 필요합니다. 그들은 법적이고 경제적이며 사회적이고 양육적인 문제에 대해 정보와 안내를 필요로 합니다. 그들은 많은 짐들을 굳건히 감당할 수 있도록 이해와 인정과 격려를 필요로 하며 새로운 관점들을 찾는 것이 필요합니다.

d) 입양가족

태생이 다른 한 아이를 입양하는데 있어서 더 높은 수준의 가정의 안정성이 요구됩니다. 법리적인 측면에서 일반적으로는 혼인이 전제가 되며, 새 부모가 될 사람들은 특정 연령을 넘지 말아야 합니다.

한 아이가 어느 연령에서 입양되는지가 많은 것을 다르게 할 수 있습니다. 출생에서부터 입양가족에 속하게 되어 혈육인 부모를 실제적으로 알아보지 못하였거나 또는 혈육인 부모나 다른 가정 또는 고아원의 경험이 있었는지 등입니다. 입양부모에게는 가끔씩 아이와 자기 자신에 대한 많은 인내가 요구됩니다. 입양아동에게 자기의 사연에 대해서 이른 시기에 친숙하게 만들어 주는 것이 좋습니다. 자신의 태생에 대해서 자연스럽게 이야기되는 만큼 입양부모를 더욱 자신의 부모로서 경험하게 됩니다.

3. 가족계획과 성생활

a) 가족계획

오늘날 "가족계획"은 인생계획의 한 부분입니다. 가족계획의 주제는 자녀의 수와 자녀 출생의 시점 그리고 부모 신분의 변화된 조건들을 지향하는 것 등입니다. 피임수단과 그 활용에 대한 지식은 단순 도구적 역할을 하고 있습니다. 이러한 도구들은 자신들에게 있어 가족계획을 보증하고 가정을 위해 가능한 조건들을 만들어 주는 것을 근본적으로 가능하게 합니다.

피임수단은 모든 시대에 존재했으며, 그것들은 우리가 오늘날 아는 바와 같이 기계적인 많은 피임수단의 선두주자가 되었습니다. 호르몬을 통제하는 피임약의 발견으로 인해 오래된 안전수단보다 훨씬 효과가 뛰어난 피임약들이 시장에 등장하였습니다. 이를 통해 젊은 여성들의 인생 설계의 변화 가능성은 눈에 띄게 확대되고 남자들의 인생계획에 근접하게 되었습니다. 이제 여성들도 사랑과 성생활을 포기하지 않으면서도 자질을 갖춘 오랜 기간의 직업교육을 위한 노력이 가능하게 되었습니다. 동시에 피임수단의 적용은 이따금 여성의 임신을 결정하는 일에 질문이 되기도 합니다. 여성들이 아이를 갖기를 원하는지에 대한 선택의 가능성을 가지게 됩니다. 그것이 여성의 자의식과 역할 행동을 변화시켰습니다. 그래서 오늘날 파트너들 가운데서 육아업무의 분배는 최소한 먼저 주제화되었으며, 종종 두 사람의 합의로 타결되어 의식적으로 결정되었습니다. 이러한 자유는 고유한 성생활에 대한 본질을 포함하는 고도의 의사소통적인 자질을 요구하게 됩니다.

b) 성생활

성생활은 "삶의 모든 단계에서 신체적이며, 영적-정신적이며, 사회적으로 영향을 미치며, 자발적이며, 창의적인, 즐거움과 불안을 만드는 일에 관여됨으로써 삶을 함께 결정하는 인간적인 생명의 에너지"로 이해되었습니다. 성적 정체성은 개인적인 정체성의 한 부분관점이며, 그것처럼 하나의 역동적인 위대성입니다. 하나의 생물학적인 기본 장비이며, 사회적이며 문화적인 그리고 학습경험들로부터 덧입혀진 그것에 상응하는 신체적인 성숙의 과정입니다.

성생활은 여러 연령대에 따라 구별된 방식과 의미를 가집니다.

• 유아기에 신체적인 접근을 통하여 감각적인 경험들과 애무와 애정의 교환들은 아주 중요한 것입니다. 발달 과정에서 자신과 다른 사람의 신체에 대한 관심이 자라며, 성역할이 인지되었으며, 시험해보게 됩니다. 가정은 이러한 시기의 성교육에 가장 중요한 판단기관입니다.

• 청소년 시기는 정체성 발달의 범주에서 신체적이고 심정적인 변화에 대한 논의가 전면에 부각됩니다. 깊은 애정, 자기 만족감, "첫 경험"은 역시 사랑에 빠진 존재처럼 열광과 친절성이 중심적 주제들 입니다. 청소년들은 이미 대부분의 날들을 가족 밖에서 보내게 됩니다. 왜냐하면 그들에게는 동년배들이 가장 중요한 관계그룹이 되기 때문입니다.

• 성년의 나이는 동반자 관계와 관계들과 가족계획에 관한 형성을 통하여 다양한 갈등을 초래하나, 한편으로 성생활의 구별되고 즐거움이 있는 삶에서 가능성을 가지게 됩니다. 지금 기대하는 고유한 것들과 동반자의 것들 사이에서 하나의 역동적인 균형을 발견하는 것들은 바로 성적인 욕구들에 의해서도 유효합니다.

• 성년 후기의 나이에서 신체적 변화가 전면에 등장합니다. 임신능력 상실과 함께 겪는 변화의 해(갱년기)들은 여성에게 하나의 결정적인 경험입니다. 실제로 남성들은 경우에 따라 발기능력(성적능력)이 느슨해지는 것과 씨름하게 됩니다. 물론 이러한 신체적 형태의 변화는 자아상과 동반자 관계에 작용하게 됩니다. 이른 시기에 터부시하던 것에서 나아와 점점 더 "노년의 성생활"이라는 주제가 거기서 옮겨집니다. 성적 충족감은 노년에 들어서기까지도 가능합니다.

c) 성에 관한 교육

성교육은 아이들과 청소년들에게 특히 그들 성의 정체성 발달에 의하여 수반됩니다. 그러한 교육은 타인의 필요성을 고려하여 자아 결정적이며, 책임적 행위를 목표합니다. 이 같은 성교육은 고전적인 의미에서 '성에 관한 계몽'입니다. 이러한 교육은 사춘기, 임신, 변성기, 배란주기와 피임수단처럼 신체적 과정에 대한 지식을 알게 합니다. 성에 관한 교육은 선입견들과 신비들을 감소시키고 - 예를 들면, 바라지 않았던 임신과 같은 - 갈등적인 상황을 예방하는 데 도움을 줍니다.

그러한 성교육은 또한 실패와 실망을 다루는 법을 포함해야 합니다. 그것은 각별히 성적인 교육에 해당합니다. 왜냐하면 성생활은 단순한 즐거움과 아름다운 것이 아니기 때문입니다. 이중적 감정들, 즉 거절이나 무시당한 느낌이 있습니다. 무엇인가 성취하지 못한 것이 성생활의 정상에 속합니다.

부모와 교사의 성교육 행위는 의존 관계들의 남용, 성매매나 성폭력과 같은 성생활의 어두운 부분을 말해주어야 합니다. 그리고 성 정체성의 강화를 통해서 성 남용 사건을 예방하도록 해야 합니다. 매체들을 이용한 성생활의 상품화에 대항하여 비판적인 거리를 두도록 안내하는 일은 특별히 중요합니다.

d) 성생활과 신앙

성생활과 신앙은 인간적인 실존에서 서로 멀리 놓여 있는 차원들이 아닙니다. 왜냐하면 그것은 단지 당시 개념의 좁아진 시각으로 그렇게 보일 수 있기 때문입니다. 실제로 여러 위치에서 사람들은 그들 성생활에 제한을 받게 되었습니다. 그것에 비하여 그의 유배에서 나아와 내면성으로 신앙을 자유롭게 하지도 못했습니다. 그러나 만일 영적이며, 신체적인 존재가 밀접한 맥락에서 보였으며, 책임적 공동생활에서 엮어졌을 때 두 영역의 분리들과 배타성들은 극복되어질 수 있었을 것입니다.

4. 임신갈등

a) "나 임신 했어 - 그렇지만 원하는 것은 전혀 아닌데!"

온전히 여러 감정들과 생각들이 동시에 머리를 스치게 됩니다. 즉 '그것은 사실이 아닐 수 있을 거야!', '왜 하필 지금이지?', '어떻게 된 일이야?', '나의 파트너는 무엇이라고 말할까?', '나는 두려워!', '내가 이것과 관련해 말할 수 있는 사람은 아무도 없어!', '계속 이렇게 있어야 하나?', '직장에서 어떻게 되는 걸까?' 원치 않는 임신은 당사자에게 서로 상반된 감정과 생각들을 불러일으킵니다.

이 아이는 당신 것이야! 너는 이 아이를 받아들여야 해! 아이는 자라길 원해! 너는 해낼 것이고, 거기에 대한 힘이 있어! 이미 두 아이가 있잖아, 셋째가 필요한 것일까? 이번이 네가 엄마가 되는 마지막 기회이고 그런 다음에는 직장스트레스는 편안하게 될 거야 그 아이가 그때 너의 파트너와의 관계를 구출했었지. 네 남자친구가 너를 떠난다면 너는 이것을 홀로 해내야 된다.	이것은 너의 삶이야! 너 역시 거기에 대한 권리가 있어! 살리고 더 키워보자! 너는 마지막에 있어! 거의 무너질 거야! 이미 두 명이 있잖아 - 종종 이 둘에게 제대로 해주지 못하고 있잖아 이번이 아마도 직장생활 마지막 기회일 거야! 항상 집에만 있게 되어, 너는 아마 공황상태가 될 거야 결혼 생활 중 또 다른 아기는 어려울 거야 만약 네 남자 친구가 너를 떠난다면, 어떻게 아이를 홀로 키울 수 있을까?

b) 상담은 도울 수 있습니다.

임신한 여자가 감정의 충돌에서 불필요한 것은 당황해 하는 것과 미리 단정한 대답들입니다. 그들의 말을 진지하게 경청하며, 그들을 이해하기를 추구하며, 모순들을 표현하고, 밝히기를 가능하게 하며, 생각 가운데서 이쪽과 저쪽으로 한 번씩 교차하며, 신중히 생각하며 그리고서 검토하는 - 분명 더 나은 결단인 윤리적인 관점들에서 - 일들은 한 임산부를 계속해서 돕는 것입니다.

이것은 임산부의 갈등에서 법으로 정해진 상담 의무의 선한 의미입니다. 상담의 의무는 - 외부로부터의 압력 없이 - 당사자들이 자기 책임적인 결정에 이르게 할 수 있는 하나의 자유로운 공간을 만드는 것입니다. 교회의 상담은 하나님 앞에서 책임의 관점을 대화 가운데 분명하게 드러나게 할 것입니다. 그러나 원칙적으로 다음과 같은 것이 유효합니다. 만일 한 여자가 그녀에게서 자라는 생명을 끝까지 품고, 출생한 아이를 사랑으로 키워야 한다면 그녀 자신에게 있던 - 경우에 따라 부부에게 - 임산부 갈등에 대한 하나의 해결점에 이르게 된 것입니다. 이러한 관점이 실현되는 곳에서 임신중절 빈도 또한 가장 낮아지는 것입니다. 거기서 임산부들의 전 사회적 환경은 태어나지 않은 생명을 위한 책임으로 수용되어야 합니다. 그것은 그들의 책임에 상응하면서 통용되는 길을 찾는 것과 함께 시작해야 하는 관여된 남자들을 위해서 각별하게 효력을 가지는 것입니다. 다른 사람의 태도에 대한 존중은 공동적 결심을 발견하는 것을 가볍게 할 것입니다.

c) 삶의 용기 주기

아이를 출산하는 것과 임신중절 사이의 결심은 당사자들에게 깊게 사로잡는 갈등입니다. 그러나 이러한 결심은 윤리적인 관점들에서 두 동등한 양자택일 사이에 하나의 선택으로만 보도록 할 수는 없습니다. 오히려 출생하지 않은 생명의 삶의 권리 또한 원칙적으로 인정을 받아야 합니다. - "살인하지 말라!" - 다섯 번째 계명은 모두에게 의무적인 것입니다. 그것은 모든 단계들에서 인간의 생명이 보호되어야 함을 뜻합니다. 낙태는 인간의 생명을 죽이는 것입니다.

그러한 하나의 되돌릴 수 없는 개입(낙태)은 명확히 기술된 상황에서만 허용될 수 있습니다.

- 임신상태의 지속이 여성의 생명을 위협하게 될 때(의료적 징후),
- 임신한 여성이 임신상태의 지속이 최상의 의지와 양심의 참된 검토에 따라 더 이상 가망성 없는 위급상황에 처해 있을 때 그리고 그 위급상황이 무리가 없는 방식으로

제거될 수 없는 경우(위급상황 징후).

임신갈등에서의 상담은 이러한 관점들에서 그 결과가 미결일 수 있지만, 그러나 목적에 중립적일 수는 없습니다. 상담은 갈등의 원인을 민감하게 인식한 상태에서 아이를 위한 결정이 가능하게 하는 것과 그것에 대한 범주들을 개방하는 목표에 기여되어야 합니다. 독일 연방공화국의 현행 법체계에서 이러한 최종적인 결단은 귀결된 의무 상담에 따라 선한 이유들로써 해당된 여성에게서 이루어집니다.

임신부의 갈등은 해당자들을 그렇게 또는 달리 개인적인 책임의 수용을 강제하는 상황으로 이끌 수 있습니다. 낙태 이후에 - 이따금씩 오랜 시간이 지난 이후 - 슬픔과 죄책과 거절의 감정들이 생겨날 수 있습니다. 여기에 심리적인 도움 외에 교회의 영적인 돌봄 역시 질문되었습니다. 그것은 감수성 있게 동반되어야 하며, 새로운 시작과 같은 용서의 경험이 이해되게 할 수 있거나 이해되게 해야 합니다. - 이미 독일의 개신교회는 1990년의 한 입장에서 이와 같은 것들을 강조하고 있습니다.

"국가적 입법은 기독인들에게 자신의 행위를 스스로 윤리적으로 생각하는 의무에서 자유롭지 않습니다. 한정된 징후들에 의한 임신중절에 대한 형벌의 면죄는 윤리적으로도 신학적으로도 여자와 파트너와 가족과 의사와 전 사회에 대하여 살인을 정당화하지 않습니다. 제5계명은 살인을 반대합니다. 그 계명은 생명을 장려하기를 원하며, 사람을 이웃으로 받아들이기와 그의 존엄에 합당하게 대하도록 우리를 붙잡습니다. 이것은 단지 아이 뿐만 아니라, 임신갈등 중에 있는 여성에게도 해당됩니다. 교회는 얽힘과 이따금 극단적인 부담의 이러한 상황에서 해당자들에게 연대와 참여를 드러내며, 은혜로 인한 하나님의 의롭다하심을 증언하게 됩니다. 교회는 생명을 보존하게 되기를 진력합니다. 또한 이와 같은 진지함과 함께 인간적인 삶의 조건들을 만들고 보존하는데 역할을 감당해야 합니다. 사회적인 공동본체의 올바른 보존과 아이의 정당한 삶의 공간들의 해체, 자연이나 평화의 위협을 통한 생명의 전 세계적인 위험들의 축소처럼, 마찬가지로 부모들의 지원과 아이들을 위한 돌봄의 가능성들이 거기에 속하여 있습니다. 또한 출생하지 않은 한 생명에게 죽음으로 귀결시킬 수 있는 생명가능성들의 제한은 제5계명에 반하는 것입니다."

5. 성경에서의 가족

성경, 특히 구약성경은 가족들의 역사로 가득합니다. 그럼에도 우리는 오늘날의 생각들에 상응하는 가족의 모범을 그곳에서 찾을 수는 없습니다. 성경의 가족들은 그 당시 문화의 평범한 일상이었던 윤리들과 관습들을 따랐습니다. 물론 깊은 생각으로 우리를 자극할 수 있는 것은 미화되지 않는 이야기들의 실제입니다. 형제자매간의 조화 외에도 우리에게 또한 라이벌 관계가 소개되었습니다. 즉 가인은 아벨과 싸웁니다(창4장). 요셉은 형제들의 질투를 자극합니다(창37장). 모든 아이들이 공통적으로 좋아하는 부모가 이상화되지 않았는데, 이삭의 아내 리브가는 야곱을 선호하는 반면, 이삭은 그의 아들 에서를 사랑합니다. 여기에 두 아들 간의 갈등은 폭풍이 몰아치듯 불붙습니다(창27장). 아버지는 자기 딸을 외면하며, 아들은 아버지에게 노하여 대항합니다. 그것은 다윗, 다말과 압살롬과 같은 이름들과 연결됩니다(삼하13장). 위기, 상처와 투쟁과 궁핍의 지속은 가족일상에 속하며 그리고 사랑이 나타난 곳에서, 그것들은 이런 갈등이 많은 사건에 엮어져 있었습니다(창29장; 삼상1).

신약성경에서도 또한 우리는 가족의 더 높은 위상을 찾아볼 수 없습니다. 그러나 예수님에 의하여 관심을 끌게 하는 것은 그 시대를 위해서 아주 이례적으로 - 아이들에 대한 평가입니다. 예수님은 그들에게 아주 특별한 방식으로 관심을 가지게 되며, 그들에게 많은 애정을 가지셨으며, 그들을 진지하게 대하시며, 그들을 보호하시기 위해 싸우십니다(마21:15이하). 더욱이 예수님은 어린이들의 태도를 어른들의 모범으로 삼게 됩니다(마18:3). 한 아이는 전적으로 그 부모의 보살핌에 힘입고 있습니다. 그들의 관심은 아이의 신뢰를 일깨웁니다. 그것은 큰 자들이 작은 자들로부터 배울 수 있는 것입니다. 우리는 아이들처럼 기꺼이 하나님으로부터 선사되게 하며, 그것에 대하여 마음으로 기뻐합니다.

하나님은 예수 그리스도를 통하여 모든 믿는 자들의 아버지이시기 때문에, 그들은 하나님의 "자녀들"이며(비교. 눅6:35; 롬8:14,17; 갈4:6), 서로 형제요 자매입니다. 그 때문에 (교회)공동체는 "하나님의 가족"으로 표시될 수 있습니다. 육신적 가족에 분쟁이 생길 경우(이 가족이 하나님의 뜻에 거스르는 것을 행하거나 요구할 경우), 공동체는 그들을 대신합니다(막3:20). 예수님은 하나님의 나라로 인하여, 그분의 제자들에게 본래의 가족을 떠날 것을 요구할 수 있습니다(눅14:26). 그럼에도 그것은 가족의 가치를 근본적으로 낮게 평가함을 뜻하지 않습니다. 그것은 오히려 이웃사랑과 제4계명의 범주에서 주목되었습니다(막7:10-13, 12:30).

또한 아이들과 함께 하는 기독인 부모의 공동생활은 그 시대에 있어 일상적인 것이 아니라 거의 혁명적이었습니다. 소위 신약의 '가정목록'에서(엡5:22-33; 골3:18-4:1; 벧전2:18-3:7; 딤전5) 아이들은 다만 상대적으로 그들 부모의 순종에 호소되었습니다. 반대로 아버지들은 복음의 의미에서 적절하게 자녀들의 교육에 대한 책임이 주어졌습니다. 그것은 자의적이며, 힘(권력)의 남용이 배제되며, 상호성에 기인하는 다른 사람의 신분을 존경해야 할 것을 요구합니다. "자녀들아 주 안에서 너희 부모에게 순종하라 이것이 옳으니라 … 또 아비들아 너희 자녀를 노엽게 하지 말고 오직 주의 교훈과 훈계로 양육하라"(엡6:1, 4).

부모, 특히 아버지는 오랜 기간 인간적인 삶의 질서의 핵심으로 나타났습니다. 성경의 제4계명은 "너는 네 부모를 공경하라"라고 말씀했다면, 그것은 바로 이러한 질서에 대해 보호하기를 원하는 것입니다. 이로써 많은 남용이 이루어지기도 했습니다. 왜냐하면 그 계명은 "공경"하라고 말하지 "맹종"하라고 말하지 않았기 때문입니다. 게다가 이러한 계명은 우선적으로 아이들에게로 향한 것이 아니라 어른들에게 향한 것입니다. 즉 이러한 것은 한 '세대계약'의 범주에서 이것들은 노인들과 자체의 유래를 보호해야 합니다.

성경은 교육을 위한 그 어떤 구체적인 지침을 알려주지는 않습니다. 즉 이것들은 저마다의 시대 흐름에 종속되었습니다. 그렇지만 그것은 부모와 아이들의 관계에서 모든 시대를 넘어 지속되는 기본 태도를 보여줍니다. 어머니와 아버지들은 하나님으로부터 경험하는 '사랑'과 '용납'을 그들 자녀에 대하여 살아야 하며, 그것들을 그렇게 이들에게 계속 전해주어야 합니다.

6. 사회 안에서의 가족과 교회

가족들은 형성된 사회의 한 구성요소입니다. 그들은 이러한 하나의 불가피한 업적을 위하여 제공합니다. 물론 자라는 후대 세대를 위하여 모두의 공동책임이 시야에서 사라지는 위협을 받습니다. 아이들에 대한 책임은 성인들의 약 1/3에게만 특별한 과제가 되었습니다. 왜냐하면 현재 우리 사회에서 성인들은 일반적으로 다음의 3가지 큰 그룹으로 구분할 수 있습니다.

- 여러 이유들 때문에 자녀 없이 사는 사람들이며

- 아이들을 가지게 되거나 가졌었던 사람들, 그러니까 가족을 가지는 전(前) 단계의 젊은 사람들 또는 가족 단계 후의 늙은 사람들이며

- 자녀를 가지고 있는 아버지와 어머니들입니다.

세 번째 그룹이 오늘날 전체 사회를 위한 이어지는 성장세대를 돌보는 임무를 넘겨받고 있습니다.

국가는 세금과 보험들의 영역에서의 혜택들을 통해, 유치원과 학교에서 실비의 유익한 제공을 통해 그리고 자녀 없는 분들과의 비교에서 생겨나는 교육비용과 자녀보조금의 형태로 가족들에게 더 많은 비용의 한 부분을 완화하는 이러한 부모들의 업적을 인정하고 있습니다. 이러한 업적들은 아이들에게 들지만, 그러나 계속적인 것은 아닌 비용의 합계를 벗겨냅니다. 그들 아이들의 돌봄과 교육을 위하여 부모들이 비용을 조달하는 비용 없는 노동시간을 위한 비교로부터는 그 어떤 말이 있을 수 없습니다. 성장하는 범위 내에서 셋 이상의 더 많은 아이를 가진 가족들은 혼자 교육하는 자들과 실직자들과 외국인 가족들에 의하여 상승하는 가난의 위험을 짊어집니다. 교회는 그 짐들을 더욱 공평하게 분담시키는 일에 가담하고 있으며, 그런 맥락에서 교회는 정치적인 관심사의 대변인으로서 가족의 공헌과 정당한 요구가 최선의 유익임을 공개적으로 유효하게 합니다.

교회가 행하고 있는 많은 일들은 전통에 적합하게 가족들에게로 향합니다. 혼인과 유아세례, 입교식, 장례는 가족들의 삶의 순환과정 속에 의미심장한 순간들을 받아들이는 일입니다. 어린이 예배, 어린이 성경주간과 가족예배들은 아이들과 가족들에 상응하는 방식으로 복음 선포를 형성합니다. 교회 안에서 가족과 연결된 작업형태들의 다양함은 발전했으며, 그것은 단지 지역에 있는 공동체에서만 아니라 자격을 가진 중앙지역들에서도 역시 발전되었습니다.

- '부모-아이-그룹'은 어린 아이들을 가진 어머니들과 아버지들에게 교육과 삶의 형태들에 대하여 의사소통 할 수 있는 기회를 제공합니다.

- 혼자 교육하는 어머니들과 아버지들은 만남의 장을 통해서 그들의 여러 가지 힘든 가족 상황들의 극복에 도움을 주고 있습니다.

- 곧 부모가 되려는 자들은 가족들-교육의 장들에서 삶에 대하여 3번째로 준비하며, 아내들과 남편들과 아이들이 가족의 일상적인 형태에 필요한 자질들을 습득합니다.

- 가족 상담 안에서 부모들은 자기 자녀들과 겪게 될 위기들과 갈등상황을 전문적인 도움 가운데서 다룰 수 있을 것입니다.

- 많은 교회공동체들은 어린이 보육시설을 설립하고 유지하는데 참여하고 있습니다.

- 봉사를 위한 시설들은 가족들에게 다양한 도움들을 제공하는데, 예를 들면, 입양 알선, 가족 돌봄과 가족휴양, 사회청소년 사업, 장애자들과 중독자들의 상담 등에서 있습니다.

- 가족문제를 위한 '개신교회의 행동연합'은 연방이나 지방정부 차원에서 가족 정치적 여론형성을 기여하고 있으며, 의회나 정부에 가족들의 관심사들을 대변하고 있습니다.

- 교회는 많은 활동영역들이 산업체와 지방 교육센터들 예를 들면, 교회의 봉사단체들이 친가족적으로 구성되고 있습니다.　　↗ **4.3.2 남자와 여자**

형성

예수님은 부모와 자녀들의 일상적인 경험을 그의 선포 가운데서 언급하였습니다. 즉 "너희 중에 누가 아들이 떡을 달라 하는데 돌을 주느냐?"(마7:9) 또는 "네 동생은 죽었다가 살아났으며 내가 잃었다가 얻었기로 우리가 즐거워하고 기뻐하는 것이 마땅하다 하느냐?"(눅15:32). 선지서의 이사야서에서는 다음과 같은 신적인 약속을 발견합니다. "여인이 어찌 그 젖 먹는 자식을 잊겠으며 자기 태에서 난 아들을 긍휼히 여기지 않겠느냐? 그들은 혹시 잊을지라도 나는 너를 잊지 아니할 것이라"(사49:15). - 그 안에서 부모를 위한 두 가지 참고할 것을 발견합니다.

- 그들은 아이를 위한 그들 자신의 사랑과 관심이 하나님의 사랑과 온정에 관하여 일정부분 반영하고 있다는 것을 믿을 수 있을 것입니다. 아이는 무엇보다 먼저 이러한 근원적인 경험으로 하나님에 대한 그의 신뢰를 수용할 것입니다.

- 그들은 그 때문에 "하나님"처럼은 아니어야 합니다. 그들은 아이가 필요로 하며, 필요로 할 수 있는 그 배후에 머물러 있게 될 것입니다. 그들은 믿음 중에 소망을 가집니다. 즉 하나님은 그것을 넘어 나아가게 될 것이며, 부모가 거절하는 곳에서 깨어짐과 틈들을 남기게 될 것입니다. 그리고 "그들은 혹시 잊을지라도, 나는 너를 잊지 아니할 것이라."

[참고도서]

- 독일개신교회협의회(EKD): 하나님은 삶의 친구입니다(Gott ist ein Freund des Lebens), 1990.
- 가족(Familie): 기초적인 삶의 의미와 변화에 관하여(von der Bedeutung und vom Wandel einer elementaren Lebensform. Bericht von der Klausur-tagung der Bischofskonferenz der VELKD, Texte aus der VELKD 151), 2009.
- 율(Jul,J.): 경쟁적인 아이(Das kompentente Kind): 가족전체를 위한 새로운 가치토대에 대한 길에서(auf dem Weg zu einer neuen Wertgrundlage für die ganze Familie, 1997.
- 케스만(Käßmann,M.): 도전으로서의 교육(Erziehen als Herausforderung),5.Aufl. 2010.
- 카스트(Kast,V.):자율로 향한 길들(Wege zur Autonomie), 1993.
- 카스트-차한(Kast-Zahn,A.): 모든 아이들은 규칙을 배운다.(Jedes Kind kann Regeln lernen), 1997.
- 슈밥(Schwab,U.): 가족의 종교성(Familienreligiosität). 세대들의 과정에서 종교적인 전통(Religiöse Traditionen im Prozess der Generationen), 1995.
- 취르흐(Tschirch,R.): 아이들을 위한 하나님(Gott für Kinder), 2000.

- 빙겐(Wingen,M.): 가족정치(Familienpolitik). 근본토대와 현실적인 문제들(Grundlagenund aktuelle Probleme). Bundeszentrale für politische Bildung, 1997.
- 차크만(Zachmann,D.): 하늘에 있는가, 딸기 맛 나는 아이스크림에 있는가?(Gibt es im Himmel und Erdbeereis) 2000.

4.2.4 청소년

인지 ───────────────────────────

"나는 더 나은 세상을 꿈꾸고 있습니다.

그런데 사람들은 분명 홀로 대단한 무엇을 이루기를 원할까요?

나는야 또한 말할 수 없습니다.

나는 세상을 바꾸기 위해 세상에 왔습니다. 그렇지 않은가요?"

한 청소년이

"청소년"은 인간의 삶의 과정 중 그렇게 길지 않은 한 국면입니다. "청소년"이라는 용어는 18세기 말 시민사회에서 생겨났고, 여기서 먼저 시민계급의 몇 년간 계속되는 특권이 성인존재의 준비로 이해되었습니다. 오늘날 이러한 용어는 - 서유럽과 중유럽의 정황에서 - 유아기와 성년 사이에 있는 모두를 위해 독립적인 삶의 한 국면을 의미합니다. 그것은 동시에 아직 지속되는 경제적인 의존성에 의하여 하나의 증대하는 문화적인 자립성을 특징짓게 합니다. 한 인간은 그의 청소년기에 자신의 성적능력을 발견하며, 그는 사회적인 환경 가운데 자신의 행동을 시험해 보며 그리고 자신의 삶을 위한 가치 있는 목표들을 찾는 것입니다. 그것은 개인적이고 공공적인 영역에서 결정적인 입장의 재정립과 새로운 정립을 통해 형성된 삶의 한 시기입니다.

2006년 쉘(Shell)-연구는 청소년들의 신앙고백과 종교성과 관련하여 다음과 상(像)을 그려줍니다. 독일 청소년 설문자들의 75%는 신앙고백과 관계되어 있었습니다(35% 개신교, 31% 구교, 5% 무슬림, 3% 그 외 다른 기독교). 구연방주들과 신연방주들 사이에 차이는 베르린 장벽이 붕괴된 이후 20년을 넘어 기록적인 것이었습니다. 즉 구연방의 주들에서 단지 12%의 청소년들만 무 신앙고백이었는데 비해, 새롭게 영입된 연방주의 청소년들은 79%에 달하였습니다. 통계적으로 볼 때, 여기에 놀랄만한 사실은 다른 종교들 역시도 새롭게 편성된 연방 주들에서 비중이 떨어지지 않았는데 동독지역의 15%의 청소년들은 개신교였고, 4.5%는 구교였습니다.

"오늘날 청소년들의 종교 동향과 관련하여 치베르츠(Hans-Georg Ziebertz, 2003)의 "오늘날 종교적인 신호들"(Religiöse Signaturen heute)이란 연구에서 하나의 유용한 구분을 발견합니다. 그들은 집단분석의 기초에서 다음과 같이 구분합니다.

- 고백 교회에 뿌리를 두고 있으며, 종교적 자결권에 상승된 가치를 두지 않는 교회적이며 - 기독교적인 청소년이 16.7%이며,

- 종교기관들과 연결을 가지고 있으나, 동시에 종교의 종류에 대해는 개별적으로 자리 잡고 있는 기독교적이며 - 자율적인 청소년은 22.4%이며,

- 특별한 교회들과의 연결도, 특정한 종교적인 자결권도 알지 못한다고 한 관습적이며 - 종교적인 청소년들은 20.6%에 달했다.

- 종교적 자결권이 본질적이며 "교회를 넘어 그들의 종교성"을 펼치고 있는 자율적이며 - 종교적인 청소년은 20%이다.

- 4가지 종교적인 유형에 대한 입장에 근본적인 차이를 드러내는 무종교의 청소년은 15.3%를 보여주었다.

청소년들의 종교성은 이에 따라 그들의 종교적 자기 결정권과 마찬가지로 그들의 교회연결의 정도를 통하여 차이가 드러나게 합니다. 이 연구에서 아주 중요한 결과는 일반적인 종교상실이란 의미에서 청소년들에 대해 세속화를 말할 수 없으며, "오히려 한편으로 개별성에 의해서 그리고 다른 한편으로는 종교교육적인 힘의 약화로 인하여 만들어진 종교형태의 복수성이 드러나는 일입니다."(Ziebertz u.a., 2003).

좀 더 자세히 들여다보면, 청소년들의 교회성에 대하여 하나의 특이한 결과를 보여주는데, "나는 교회가 존재함을 좋게 생각한다."라는 항목에 69%의 청소년들이 동의하였고, 응답자의 8%는 어떤 말도 하지 않았으며, 이 항목에 부정적으

로 답한 청소년은 단지 23%였습니다(Shell-연구, 2006). 신앙과 거리가 먼 47%의 청소년들도 이 항목에 동의하였습니다. 또한 이 연구는 교회에 대한 아주 심각한 도전을 보여주는데, 전체 청소년들 중 68%가 교회가 미래가 있으려면 변화되어야 한다는 견해를 표명한 것입니다. 그리고 65%의 청소년들은 비평적이었는데, 교회가 청소년에게는 실제적인 질문에 아무런 대답을 하지 않는다는 것이었습니다. 청소년들의 질문과 교회의 응답 사이에는 깊은 골이 있음을 생각해 보아야 할 것입니다.

파이게(Andreas Feige)와 겐너리히(Carsten Gennerich)의 연구(2008)는 청소년들이 교회에 대해 가지는 입장에 대해 시사(示唆)하는 바가 많다는 것입니다. 이 연구에서는 교회에 대한 청소년들의 감정의 연상들이 최소 1에서 최대 5까지 단계별 높아지는 정도를 측정하였습니다. 청소년들은 대체로 교회에 대해 "편안함, 고요"(평균 3.62) 그리고 "거룩한 장소"(평균 3.2)로 느꼈습니다. 그리고 적게는 "무감동, 진부한"(평균 2.18), "옥죄는 느낌"(2.04), "집에 있는 것 같다"(평균 1.97)로 답하였고, "그 이상의 것을 갈망함"(평균 1.93)을 말하고 있습니다. 그 결과를 요약해 본다면 고무적인 소식입니다. "옥죄는 느낌"이나 "나는 교회에 속한 것 같지 않다" 또는 "무감동, 진부한"의 항목과 연관된 요인분석을 해보면, 이들은 감정적 인상에서 압도적으로 교회를 거절하고 있습니다. 그러나 다른 한편, "거룩한 장소", "편안함, 고요", "존엄", "신비" 또는 "숭고함"이란 인상이 있다는 것을 간과하지 말아야 할 것입니다.

방향

1. 청소년들의 삶의 문화들

a) 자기 독립성
청소년들에 의한 자기 독립성은 11-13세 사이에 생겨납니다. 이들 연령에서 청소년들은 자기 방을 새롭게 꾸미는 것에서 출발하며, 부모 동반 없이 친구들끼리 물건을 사며, 댄스파티에 참석하고, 본인들의 외양을 의식적으로 바꾸고 아동기의 모든 것으로부터 거리를 두려고 합니다. 바로 이 시점이 유년기에서 청소년기로 넘어가는 고유한 과도기로 간주되며, 여기에서 유년기냐 청소년기냐 하는 입장의 문제가 대두됩니다.

11-18세의 청소년 중 대다수인 80%는 예나 지금이나 부모님의 집에 머무는 것이 일반적 입니다. 이러한 측면에서 - 19세기의 역사와 비교해 본다 하더라도 - 오늘날에도 여전히 가족들은 의례적인 안정성을 나타내 보이고 있습니다.

18-27세의 경우, 약 30%는 고등학교 졸업 후 대학교에 진학합니다. 오늘날 남자이든 여자이든 양성 모두에게 당연한 것이 되었습니다. 그렇지만 실업률의 문제가 점점 심각해지고 있습니다.

b) 또래들

정기적으로 여유시간에 만나게 되는 가까운 또래집단은 - 가족과 함께 - 청소년들의 생활문화에서 근본적으로 중요한 영역입니다. 오늘날의 많은 청소년들이 형제자매가 없거나 오직 여동생(남동생)이나 누나(형)가 한 명만 있기 때문에, 특정 또래집단에 속해 있다는 것은 곧바로 그들의 정체성 형성에 중요한 의미를 지니게 됩니다. 또래집단은 대체로 동성의 생활세계에서 그리고 특정한 환경으로부터 새 친구들을 불러 모읍니다. 이 현상은 오늘날 또래집단이 개인을 사회적으로 묶어주는 관계망이 되기 때문에, 옛적에는 명확하게 정의되었던 사회 환경을 대체하고 있다는 이론을 지지해 주고 있습니다.

c) 부모에게서 분리되는 과정

이 과정은 오늘날의 청소년들에게 더 이상 큰 문제가 아닙니다. 가족과 또래집단은 청소년들을 위한 가장 중요한 상호 협력적 사회적 관계그룹으로 나타납니다. 만일 어떤 문제에 관계할 경우, 부모들과 친구들이 중심적인 지지기반이 됩니다. '성적 능력'의 영역에서 청소년들의 가족이 지향점을 제공한다는 것은 분명합니다. 이전에 가족에게 '성'이란 주제는 거의 터부시되었다면 오늘날에는 "청소년의 성의 가족화"(G.Schmidt)를 찾아 볼 수 있습니다. 즉, 청소년들에게 성(性)은 오늘날 가족 간의 대화에 의사소통의 주제이며, 그런 소통의 장소 역시 가족입니다. 성적인 부분에 관한한 가족은 전혀 문제가 없습니다.

d) 교외의 여가활동

어린이나 청소년들에게 교외 여가활동은 짜인 시간구조로 되었습니다. 이미 오래전부터, 우리는 여가에 있어서도 고도의 구성력을 강요하는 "일정 문화"(Terminkultur)를 가지고 있습니다. "짜인 일정"과 더불어 여가시간에 대한 전체 태도가 변화됩니다. 일정은 비용이 들어가기에 사회적 교양층이나 고위층의 어린이와 어린 청소년들에게 한 주간 동안 짜인 수많은 일정이 제공되고 있다는 것은 그렇게 놀랄 일이 아닙니다. 청소년들은 여가시간에 가족이나 또 사회적 고향과 같은 그들의 소속을 신속하게 바꿀 수 있는 준비가 되어 있다는 것을 보여줍니다. 트레이너가 더 이상 맞추어주지 않거나 제공된 일정이 적당하지 않을 경우, 청소년들의 또래집단과 함께 보내거나 '단체'(Verein)에서 활동합니다. 이것은 청소년들이게 단체를 옮기는 것은 어려운 문제가 아닙니다.

e) 뉴미디어

이것은 청소년들의 체험영역에서 결정적인 역할을 합니다. 모든 사람들 앞에 이미 PC가 놓여 있습니다. 미디어 산업은 인간 사이의 의사소통에 있어 전혀 새로운 가능성을 만들어내고 있습니다. 청소년들은 미디어를 이용한 의사소통을 종종 놀이를 통해 배웁니다. 이것은 그들이 이 영역에서는 그들의 부모들 보다 더 역량이 있음을 말합니다. 특별히 인터넷은 다양한 정보, 여가, 의사소통 가능성들을 제공하고 있습니다. 전자 우편, 채팅 그리고 SNS는 청소년들의 의사소통의 필수 구성요소가 되어 개인의 언어와 표현문화의 발전에 기여하고 있습니다.

2. 가치를 찾음에서의 청소년들

가족, 또래들, 단체, PC - 사람들은 청소년들이 특별히 자기만의 사적인 세계

속으로 되돌아갔다고 생각할 수 있습니다. 그러나 그들은 이를 통하여 사회정치적인 관심사들을 가지고 있습니다. 청소년들에게 그들 자신의 여가, 비의존성, 자기실현이 중요합니다. 또한 그들은 의사 표현의 자유, 환경보호, 관용, 민주주의, 남녀의 법적 동등성 역시도 그들 자신의 삶의 태도에 있어서 고도의 의미를 지닌 것으로 바라보고 있습니다.

거기서 청소년들은 종교적인 프로그램들에서 대체로 대화가 가능합니다. 물론 우리는 여기서 - 예나 지금이나 여전히 존재하고 있는 교회만능주의에 따른 작은 것들 외에 - 자주 종교적인 관심을 만나게 됩니다. 그것은 기독교의 영향으로 각인된 것임에도 전혀 교회에 속한 것으로 나타나지 않습니다. 많은 청소년들은 자체의 체험세계 안에서 자신의 종교성을 찾아내고자 더 힘쓰고 있습니다. 여기에서 청소년들에게 아주 중요한 관점은 재미있어야 한다는 것입니다. "재미있어야 한다." 사실 이것은 자기 결정적으로 성취하려는 삶에 대한 청소년 시기의 고유 공식입니다. 이미 완성된 전통적 모델은 자기 자신의 체험세계에서 결함이 있는 것으로 여겨질 수 있습니다. 그러나 다른 한편 청소년들은 그들 자신의 체험을 실제 언어로 포착하는 것에 어려움을 느낍니다. 그들이 믿는 것을 이따금 말해보려고 시도하는 청소년의 이러한 불확실성은 다시금 우리 사회 안에서 전혀 특별한 것은 아닙니다. 결과적으로 성인들은 - 예를 들면, 타 종교들과의 대화에서 - 언제든지 항상 새롭게 그들 신앙의 근본토대에 대해 알아야만 합니다.

3. 청소년들과 교회

청소년 사역은 청소년에 대한 교회의 봉사일 뿐만 아니라, 청소년들 또한 교회 그 자체입니다. 타당한 교리적 근거와 함께 어린아이들은 이미 세례를 받게 되었습니다. 그것은 하나님의 은혜언약이 항상 앞서 행하기 때문입니다. 청소년들도 선물로 주어진 의롭다하심의 은혜에 참여하고 있기 때문이며, 그들이 예수 그리스도의 교회의 한 부분이기 때문에 그들은 이러한 교회 안에 그들 청소년에 적합한 공간에 대한 요구를 가지는 것입니다.

a) 신뢰할 수 있는 언어

청소년 사역을 위하여 교회는 그들 청소년들이 특유의 상태에 있는 장(場)으로 인지하기를 배우는 것이 필요합니다. 예를 들면, 예배와 신앙학습과 다른 곳에서 언어와의 대화에 더욱 주의를 기울임을 뜻합니다. 고유한 종교성을 위해 신뢰할 만한 하나의 언어를 찾아내는 것은 청소년들을 위한 고도의 감각적이며 친밀한 시도입니다. 만약 영향을 미친 언어 형식들이 자극과 직관으로 도움이 되며, 위에서 내려와 소유한 것이 아니라면 언어전통을 향한 조심스러운 이끌어줌은 청소년들에게 하나의 도움일 수 있습니다.

b) 조성 형태들과 가치들

신실한 교회는 청소년들에게 그들의 삶의 문화에서 도움이 될 수 있도록 복음 전하기를 계속적으로 노력하게 될 것입니다. 예를 들면 복음을 다양한 형태와 모습의 음악으로 표현하거나 또한 청소년들의 개인적 가치들과 연관하여 - 대개 자유와 관용과 독립성 등 - 새롭게 표현하는 일입니다. 그리고 이것은 단연코 자유를 단지 시장의 자유로만 정의하는 것에서 또 다른 단초들과 함께 비판적인 논쟁에서 용기 있게 하는 일입니다. 획득이나 성과를 통하여 정의되지 아니한, 인간에게 자유의 공간을 열어준 칭의(의롭다함)의 복음은 바로 여기에 현실성이 있는 것으로서 증명될 수 있을 것입니다.

c) 연대감

청소년 사역은 청소년들의 문제 상태들에 폐쇄적이지 않으며, 오히려 청소년 사역의 범주에서 도움이 될 만한 중요성을 힘쓰게 되는 교회의 연대감에서 살아있게 됩니다. 예나 지금이나 교회의 공동체들에서 눈에 띄지 않지만, 가족지향적인 청소년들이 현저합니다. 이것은 청소년들의 사회적 상태가 더 간단히 이루어지지 않기 때문에 간략하게 잡습니다. 청소년 실업률은 여러 지역에서 25%에 달하며, 직업교육을 위한 청원기간이 1-2년 연장되는 것은 흔한 일이며, 또한 가족들 안에서의 경제적인 위기상황은 물론 집에서의 공동생활 까지 어렵게 하고 있습니다. 청소년의 사회적인 사역의 요인들은 교회공동체들과 연합단체들의 "정상적인" 청소년 사역에서 역시 지금까지 보다도 더 강하게 통합되어야 할 것입니다.

형성

청소년에 민감한 교회는 그들의 협동정신을 경직된 삶의 형태들에 갇혀 있지 않을 것이며, 생활의 변화에 언제나 새롭게 관여할 것이며, 새로운 물줄기를 향해 곧바로 달려가는 바로 거기서 즐거움을 감지하게 될 것입니다. 목표는 교회공동체를 하나의 사회적 공간으로 경험되게 하는 것이며, 그 공간에서 청소년들이 공동체라는 과정에서 그들 독립적인 신앙과 마찬가지로 그들의 언어와 그들의 형성의 아이디어들과 함께 자신들이 자립적으로 맞물리는 가능성을 가지는 그것입니다.

슈바이처(Friedrich Schweitzer, 2006)는 청소년들과의 사역과 공동생활을 위한 4가지 결정적 행동의 관점에 대해 다음과 같이 언급했습니다.

- 청소년은의 종교를 인지하고 인정하며, 그것을 도전하고 동반하기

- 지향성은 현재의 문화적이며, 종교적인 다양성에서 제시하는 것과 청소년들을 자신들의 판단능력으로 안내하기

- 청소년의 삶의 단계가 고유한 생애의 의미 있는 단면으로서 지원하고 동반하기

- 세대들 사이에서의 공동학습 장려하기

구체적인 예들은 독일개신교회협의회(EKD)의 출판물인 "교회와 청소년"(2010)에서 발견합니다. "청소년들에게 민감한 교회의 관점들"이라는 장에서 다음의 내용들이 다루어졌습니다.

"청소년들의 의사소통 문화를 주목하고, 청소년 신학으로부터 영감을 얻

는다.”

　“교회를 위해 청소년들의 의미를 인식한다.”

　“여러 가지 제안들로 다양한 삶의 상태를 만난다.”

　“정의를 위해 노력한다.”

　“가족들을 지원한다.”

　“청소년 사역을 네트워크 한다.”

　“남녀 협력자들의 전문자격과 그들을 위한 지원은 청소년들을 돕는 것과 같이 가능하게 한다.”

　민감하고 유연하며 연대적인 교회는 성령으로부터 변화되는 것처럼 청소년에 걸맞은 교회의 프로필을 가지게 될 것을 보여줄 수 있을 것입니다.

[참고도서]

- 파이게/게네리히(Feige,A./Geneerich,C): 청소년들의 삶의 지향점들(Lebensorien tierun-
  gen Jugendlicher), 2008.
- 하페네거/얀센/코제(출판,Hafeneger,B./Jansen,M./Kose,C.Hg.): 15세는 아직도 꿈을 가지고
  있다(Mit fünfzehn hat es noch Träume....),1998.
- 독일개신교회협의회(EKD)편, 교회와 청소년 핸드북(Kirche und Jugend). 2010.
- 피르너(Pirner,M.): 현대 청소년의 종교성(Zur Religiösität von Jugenlichen heute, in: rhs 52
  (2009), 3-10.
- 쉬밥(Schwab,U.): 가족들의 종교성(Familienreligiösität), 1995.
- 쉬밥(Ders.): 복음적인 청소년 사역(Evangelische Jugendarbeit), 2000.
- 슈바이처(Schweitzer,F.): 고유한 신앙 찾기(Die Such nach eigenem Glauben), 1996.
- 슈바이처(Schweitzer,F.): 종교교육학, 실천신학교재 (Religionspädagogik. Lehrbuch Praktische
  Theologie). Bd.1, 2006.
- Shell Deutschland Holding (Hg.): 청소년(Jugend) 2006.
- 지베르츠/칼브하임/리겔(Ziebertz,H.-G./Kalbheim,B./Riegel,U.): 현대 종교적인표시들(Religiöse
  Signaturen heute), 2003.

4.2.5 노년

인지 ────────

"나를 보세요!" - "어떤 무명의 노인성 질환을 앓고 있는 여성 환자가 글을 쓰고 있습니다. 너는 무엇을 보고 있니?, 쓰라리고, 혼란스러운 노년의 여성, 아주 지혜롭지 못하고, 자세와 동작이 불안정하고, 멍하게 바라보는 눈을 가지고 있습니다. 밥 먹을 때 침을 흘리는 여인. 만일 당신은 큰 목소리로 '나는 당신이 이것을 해보기를 원해요!' 라고 말해도 그 어떤 대답도 주지 않는 한 여인. 그는 자기 주변의 물건들을 알아보지 못하는 것 같습니다. 그녀는 스타킹 하나, 신발 한 짝 등 잃어버린 그 무엇인가를 항상 찾는 듯 보입니다. 그녀가 원하든 그렇지 않든 자신이 원하는 것을 당신에게 시킬 것입니다. 목욕과 밥 먹기로 하루가 꼬박 흘러갑니다. 당신이 보고, 당신이 생각하는 것은 이것이지요? 그렇다면 간호사님, 당신의 눈을 떠 보세요! 당신은 나를 전혀 보고 있지 못하군요! - 비록 내가 여기에 그렇게 조용히 앉아 당신의 명령에 익숙하여 당신의 뜻이 이루어지고 모든 것을 꿀꺽 삼키고 있지만, 나는 내가 누구인지 말하고 싶어요. 나는 작은 아이랍니다. 아버지와 어머니, 사이좋게 지내는 형제들과 자매들이 있는, 열 아이들 중 하나랍니다. 발에 날개를 단 16세의 젊은 소녀가 곧 애인을 찾을 것과 만날 것을 꿈꾸고 있습니다. 이미 20세인 신부 - 내가 지키리라 약속했던 혼인서약을 생각해 보며, 내 심장이 뛰고 있습니다. 25세에는 나를 필요로 하고 내가 보호해주어야 하는 아이들이 있었습니다. - 행복한 가정집! 30세의 여인, 내 아이들은 이제 빨리 자라납니다. 그녀는 이제 끊임없는 구속에 들어갑니다. 40세에, 내 아들들은 이제 성인이 되었고 자기의 길을 걸으려 합니다. 그러나 내 남편은 여전히 내 곁에 있어서 나의 이 큰 섭섭함을 덜어주고 있습니다. 50세가 되어, 다시 아이들이 내 주변에서 놀더군요. 우리는 아이들을 사랑하고 아이들도 우리를 사랑했습니다. 어려움의 날들이 저에게 찾아옵니다. 내 남편이 죽고, 내 미래가 어떻게 되나 보고 있습니다. 무서움과 섬뜩함이 나를 오싹하게 합니다. 내 아이들은 그들 자신의 인생과 자기 자녀 돌보는 일에 여념이 없습니다. 나는 내가 체험했던 나날들과 사랑을 생각해 봅니다. 이제 나는 늙은 여인입니다. 자연은 잔혹합니다. 자연은 노인을 아주 우습게 만드는 듯합니다. 신체는 움츠러듭니다. 우아함과 기력은 다 지나갑니다. 이전에 마음이 있던 그곳에 이제는 딱딱한 돌만 남았습니다. 그러나 이 오래된 껍질 내부에 항상 여전히 젊은 소녀가 있습니다.... 이름도 없는 불안정한 늙은 여자라 보지 마시고, 아주 정확히 봐주세요! - 나를 보세요!"

노년 역시도 미래가 있습니다. 이것은 독일의 노년의 구조라는 관점에서 볼 때 논쟁할 여지가 없는 사실입니다. 기대 수명은 지난 100년 내에 두 배가 늘어났습니다. 그리고 2030년 독일에서는 세 명 중 한 명은 60세가 넘을 것입니다. 평균 기대 수명이 여자의 경우 81세, 남자의 경우 78세일 것을 감안한다면 직업적 인생 이후의 장기간에 걸친 삶의 국면에 새로운 의미로 채워지게 될 기회가 높아집니다.

노년이 되는 것은 아름다울 수 있으나, 노년의 생이 단지 불운한 "그대로 계속" 정의되지 않는다면 미래가 있습니다. 그것은 오히려 어떻게 사람이 노년의 변화들을 수용하느냐에 달렸습니다. 노년 역시 불편함과 고충을 가져다준다는 것은 피할 수 없는 사실입니다. 또한 노년이 된다는 것은 한계들과 부담들과 쇠약해짐과 동행한다는 것을 뜻합니다. 치매가 증가한다는 것은 단지 직접적인 당사들만이 아니라 사회 전체에 직면한 도전을 의미합니다.

만일 노년됨이 자기 스스로 과거와 미래를 확인하려는 절실한 필요와 함께할 때 노년이 될 수 있도록 용기를 주는 것은 도움이 될 것입니다. "애씀이 보람 있었는가? 무슨 목적으로 나는 아직 여기에 있는가? 나는 이후에도 또한 행복하고 만족하게 될 수 있을 것인지?"

방향

나이가 드는 것은 삶의 법칙입니다. 말하자면, 그것은 전 자연에 뒤집을 수 없는 생물학적인 설정입니다. 그러한 까닭에 노년에 대해 처음부터 방전이나 결함과 동일시하지 말아야 합니다. 왜냐하면 그것은 단순히 생리적인 차원을 넘어 심리학적이고 사회적이며 신학적 측면을 지니고 있기 때문입니다. 이러한 측면들은 나이듦의 과정은 직선적이고 단일하지 않게 진행된다는 것을 배려해 주고 있습니다. 가끔씩 신체 체중 감소가 관찰될 수 있습니다. 동시에 동일한 바로 그 사람이 영적으로 사회적으로 자라며, 진보하고 또한 자기의 종교적 뿌리를 더 단단하게 내릴 수 있습니다.

1. 생물학적 관점 : 영원히 산다?

영원한 젊음에 대한 동경은 모든 사람 속에 새겨져 있습니다. 그럼에도 영원히 사는 것은 - 누가 벌써 그것을 원합니까? 출생에서부터 이미 나이를 먹는 일은 시작되고 있습니다. 인류의 가장 의미있는 인물들 중 적지 않은 사람들은 노인이 되지 못했습니다. 사람들은 그들을 "일찍 생을 마친 사람들"이라고 부릅니다. 정반대로, 다른 부류의 사람들은 고령에 이르도록 자기의 활동을 하고, 그런 후 인생의 성과를 마무리하기를 즐겼습니다. 그렇다면 사람은 언제 늙는 것일까요? 그 대답은 여러 가지로 내려질 수 있고, 자기 자신에 관한 한 어떤 사람도 이에 대해 단정할 수 없을 것입니다. 젊은이들은 장수한 사람들을 "낡은 영화"(Oldies), "교회의 납골당"이라고 말합니다. "30이 넘으면 어떤 것도 믿지 마라!"(Trau keinem über Dreißig!)는 말은 발전과 지식이 오늘날 어느 정도의 속도로 낡아져 가는지 고려해 본다면 그렇게 틀린 것은 아닙니다.

직업 활동이 생애 중에 하나의 본질적인 부분을 구성하고, 사람들은 언제나 비교적으로 더 이른 시기에 자신의 생과 이별하기 때문에 60세 또는 65세가 노인이 되는 지표가 되었습니다. 생리적으로 이를 지지하는 것이 아주 적음에도 불구하고 말입니다. "성경적"인 노년은 그 자체 보다 더 많은 나이를 말합니다: "우리의 연수가 칠십이요 강건하면 팔십이라도"(시90:10) 그러나 이러한 성경의 경계는 의학의 발전, 노동세계의 여건 개선 그리고 근대적인 위생시설 개선으로 적어도 서유럽에서는 옛말이 되었습니다. 유전자 시술은 이 나이의 경계를 훨씬 뒤쪽으로 밀어 내버릴 것 같습니다. 왜냐하면 사람들은 유전자 정보를 교정함으로 중증 만성 질병이나 유전자 질병을 경감시키거나 또는 피하는 것을 배우게 될 것이기 때문입니다. 얼마나 순식간에 우리가 나이 들어가고, 어느 정도의 강함으로 그리고 어떤 허약과 질병들이 출현할지, 이런 것들은 이미 유전자로 통해서 분명히 확인될 것입니다. 그래서 다음의 시대에 노화 문제에 대해 유전적 요소가 근본적으로 영향을 줄 것인지 아니면, 단순히 인체의 생물학적 시계가 흘러가지는 지가 질문되고 있습니다.

우리의 노화되는 방식은 생활양식과 연결되어 있습니다. 유전자는 해로운 물질을 통해서 손상될 수 있습니다. 우리는 건강하지 못한 생활 방식을 통해 생물학적 구조를 약화시키고 있습니다. 그러므로 삶의 스타일은 두 번째 인생 국면에서 생물학적 노화에 점점 더 중요해지고 있습니다.

2. 노년기의 건강

건강은 나이보다 신체의 쇠약 정도에 더 많이 영향을 받습니다. 사회 속에 부정적 노년상은 나이든 사람을 종종 병이 들었거나, 장애가 있거나, 돌봄이 필수적인 사람들로 그려주고 있습니다. 그러나 60-80세 사이의 단지 5% 그리고 80세 이상의 사람들 중 단지 20% 만이 실제적으로 돌봄에 의존합니다. 물론, 노년에 질병은 더 빈번하게 발병하곤 합니다. 왜냐하면 신체적, 정신적인 저항력이 느슨해지기 때문입니다. 그래서 모든 개인은 이런 퇴행적 과정과 기능 상실에 저마다 자신만의 방식으로 보충하는 것에 이르고 있습니다.

무엇이 병들고 건강한 것인가에 대한 주관적 평가는 새로운 중요성을 갖게 됩니다. 건강은 단지 신체와 관련된 것이 아니라 정신과도 관련이 있습니다. 노년에 관한 연구들은 개인이 개인의 건강에 대하여 말하는 것과 자신의 사실적 건강이 이따금 일치하고 있다는 것을 보여줍니다. 어떤 사람은 일부 허약함에도 불구하고 건강하게 지냅니다. 반면, 다른 이들은 자신의 병을 그들에게 있었던 삶의 내용으로 정의하고 있고, 이런 한탄과 자기 연민이 사회적 고립으로 그 사람을 이끌어가는 경우가 드물지 않게 나타납니다.

일상에서 자기 역량을 보존하는 것은 시급한 과제입니다. 가장 빈번한 질병들은 운명적으로 나이 듦에 스스로 속한 것은 아닙니다. 적합한 삶의 양식, 균형 있는 영양, 신체 운동, 규칙적인 진료들과 같은 예방 조치들과 먼저 정신적인 자극들은 아니지만 위험요소들의 감소시키기 위하여 요청되는 과제들은 거기에 기여합니다. 사람의 영적이고 정신적인 잠재 능력은 이제 더욱 중요성을 차지하게 됩니다. 장애(障礙)가 나타나더라도, 그것이 사람 전체를 장애인으로 만드는 것은 아닙니다. 예를 들면, 한 사람이 말하는 능력을 상실할 수 있지만 그에게 말한 것은 - 거기에 대해 뭔가 의사가 분명히 표명되지 못함에도 - 모두 이해할 수 있습니다. 만일 한 사람이 "간병을 받아야 할 상태"가 될 경우, 그 사람이 간병을 알아차리지 못하게 해야 합니다.

3. 심리적 관점들 - 깊이 자리한 지식

'젊은 사람은 더 빨리 배우고, 나이든 사람들은 더 많은 시간을 요구한다.'는 말은 평범한 진리입니다. 그러나 현재 "저장메모리"(PC)에 있는 것 보다 더 깊이 안착되어 있는 지식이 결정적입니다: 우리가 생의 기간 동안 아주 특정 생활 영역에서 획득했던 직업적 지식 그리고 삶의 문제들을 안전하게 다루었던 생애적 지식, 노년의 기회는 복잡해진 상황들을 다스리는 데 도움이 되는 전략 구성에 달려 있습니다. 게다가 첫 번째로 직업 세계에서 나아와 포기하는 경험은 도식적 연금 퇴직의 실제가 그 사람의 개인적 관점을 전혀 고려하지 않기 때문에 하나의 결정적 도전이 됩니다. 연금 생활에 들어가는 사람은 누구나 더 이상 자신의 삶을 '실적'(성과)이라는 관점에서 보지 않게 되는데, 이것은 노년에 이름이 가장 큰 가능성 중 하나가 아닐까요? '떨쳐 내어버림' 또한 인간됨에 속합니다. 더 이상 일전의 직업 생활 속에 있었던 때와 같은 그런 타의에 의해 결정되지 않는 사람은 자신의 의향에 따라 삶의 무게를 정할 수 있습니다. 그렇습니다! 제한된다는 것이 삶을 더 가난하게 만들지 않습니다. 그리고 만일 한 사람이 잘 준비하였다면 직업 생애와의 작별은 또 하나의 기회일 수 있습니다.

지금 노년의 학습 능력은 본질적으로 세상과 자신이 마주하고 있는 사실에 어떠한 관심으로 견지하느냐에 달려 있습니다. 즉 얼마나 새로운 것들에 개방적인가, 얼마나 다른 사람들을 만나는데 호기심이 있느냐에 달려있습니다. 다른 사람들이나 개인적인 의미가 있는 일들에 관심 있는 사람은 자신의 모든 행동과 시도가 더 이상 아무에게도 의미가 없다고 느끼는 사람 보다 자신의 영적이고 정신적인 능력을 더 잘 보존할 수 있습니다. 따라서 더 높은 연령 자체는 그 어떤 유익을 가져다주지는 못합니다. 왜냐하면 사람이 상실한 것을 상쇄할 수 있는 자원의 정도 그리고 신체적이며 영적인 또는 정신적인 구조의 깊은 변화들이 밀어붙이는 발전에 대해 그 개방성 정도가 결정적이기 때문입니다. 예컨대, 제한된 삶의 연한과의 대면은 아직 남아있는 시간을 더욱 강렬하게 살게 되고 앞으로 사용하게 될 아직 남아있는 시간에 실존적으로 새로운 무게를 두게 합니다. 자신에게 남은 과제들은 그 시급성을 새롭게 부여하게 됩니다. 내일의 "작은 행복"을 위한 소망은 불확실한 미래에 대한 커다란 희망 보다 더욱 큰 가치가 있습니다. 삶의 척도는 한계들과의 대질을 통해서 변화됩니다.

4. 사회의 노화와 노년기의 사회적 접촉

인기 있는 상투어는 노년기에 있는 사람들을 일반적으로 고독하고, 병들고, 도울 수 없는 존재로 봅니다. 그러한 선입견들이 견고하게 되어 고령의 사람들의 자아상(自我像)에 영향을 미치게 됩니다. 또한 노인 사역에 속한 자들과 협력하는 자들은 그들 노인의 모습에 상응한 것처럼 그들을 그렇게 주목합니다. 그러나 노인들은 대상들이 아니라 사회의 주체들이며, 그들은 단지 나이 들었다는 점에서 다른 사람들과 구별될 뿐입니다. 시니어 클럽, 시니어 프로그램과 시니어의 집들은 노인을 구별하지 않아야 합니다. 그 질문은 공중 사회가 고령의 삶의 세대에 있는 사람들에게 어떠한 과제를 배당하느냐? 에 대한 것입니다. '새로운 권리들과 의무들이 있습니까?' 또는 '노년기는 사회적 의무에서 면제받는 기간인가?' 이에 대한 대답을 찾는 사람은 뭔가를 분명히 해야 합니다. 즉 노인들은 여전히 함께 할 수 있음에 대한 증거의 불리함을 지닌 것이 아니라는 것입니다.

'노년기에 사회적 접촉은 어떻게 만들 수 있는가?' 고독은 자신을 책임지는 상태에 있지 않는 모두에 의하여 위협입니다. 연금 생활, 친족이나 지인들의 상실, 결핍된 기동성은 심각한 변화들을 파생시킵니다. 가족적 관계들은 자녀들이나 손주 손녀들로부터의 공간적 거리로 인하여 고난당하고 있습니다. 파트너와의 관계는 직업 생활의 종결로써 변화합니다. 즉 그간 직업 활동에 조건화된 멀어짐과 근접함의 리듬은 사라지고 가사일과 자유 영역에서의 과제 분담은 새로운 강조점으로 부상됩니다. 시간의 순환은 밀려나게 되고 지인들의 범주는 새롭게 형성되며 직업적인 접촉들은 사라집니다.

많은 사람들은 의미심장한 참여의 여지를 제공할 수 있는 하나의 일거리를 찾고 있으며, 전혀 새로운 의사소통의 가능성을 발견합니다. 여기에 우선적으로 익숙해진 활동들의 지속이 중요하지 않습니다. 명예로운 직무의 참여는 전혀 다른 척도에 의해 유도되었습니다. 즉 자발성과 자기 선택적 시간투자, 특히 무보수와 개인적인 의미 충족을 대신하여 인정이 중요합니다. 하나의 특별한 사회적 분야는 대다수의 노인들에게 삶의 중요한 의미를 가집니다. 즉 그것이 가족입니다. 이전의 대가족에 할아버지와 할머니가 거기에 속해 있었습니다. 오늘날의 핵가족은 그들에게 아무런 자리를 제공하지 못합니다. 그럼에도 불구하고 그들은 가족에 연결하며, 아이들과 손자 손녀는 그들 인생의 눈동자들입니다. 그들은 특히 그들 인생가족사의 연속성을 가족역사의 계승에서 보고 있습니다. 그들을 여기서 왼편에 두려는 자는 누구든지 이들에게 뼈아픈 실망을 덧붙이는 것입니다.

더 높은 자리매김을 하고 있는 것은 가족 이외의 관계, 즉 친구들이나 지인들과의 만나는 일입니다. 여기에는 자신이 소속되어 있다고 감정적으로 느끼는 동년배 그룹이 있습니다. 경험을 교환하고 일상생활을 위해 서로 상대방을 고무하며 공통의 관심사를 간직하고 공통의 이야기와 교화적인 도움으로 동일성을 찾게 되는 것은 행복한 관계의 표현입니다.

5. 치매 - 부상되는 도전

연로한 사람의 숫자는 독일 연방국에서 해마다 증가하고 있습니다. 이와 함께 치매 발병도 계속해서 늘어나고 있습니다. 2008년 독일의 치매 질환을 앓고 있는 사람은 950,000명으로 추산되었습니다. 치매 경향은 늘어나고 있는데, 2040년까지 약 1.4백만의 사람이 치매 환자가 될 것으로 추산됩니다. 노년에 정신 혼란이라는 위험은 직업 이후 생의 단계에서 비약적으로 증가됩니다. 65-69세까지 연령층에서 1.2%라면, 80-84세까지 연령층에서는 이미 13.3%가 이 병을 겪고 있습니다. 90세 이상의 나이에서는 평균 34.6%가 치매입니다. 치매는 사회전체적인 도전인데, 보건체계와 보험체계는 이 치매의 결과를 낮게 평가해서는 안 될 것입니다.

치매는 그 어떤 상태가 아니라, 인간이 점점 스스로 자기를 잃어가는 과정입니다. '치매'(Demenz)라는 개념은 언어적으로 라틴어 '정신'이나 '의식'을 의미하는 "mens"에서 파생되었습니다. 접두사 "de"는 정신이 점점 뒷걸음쳐 나간다는 것을 분명히 하고 있습니다. 치매를 겪고 있는 사람은 점점 의식 상태로부터 이탈됩니다. 그리고 마지막에는 더 이상 자신이 누구인지 알지 못합니다.

치매 증상은 두 그룹으로 구분될 수 있습니다.

- 인지 장애 - 가장 빈번한 경우입니다. 기억력이 점점 더 강하게 약화됩니다. 특정 단어들을 더 이상 찾아내지 못하고, 사람도 더 이상 알아보지 못합니다. 논리적으로 생각하고 조합하는 능력이 사라집니다. 뜻의 상관관계를 알아차리는 것이 점차적으로 더 어려워지고, 추상적인 사고는 불가능해집니다. 추상의 세계 대신, 구체적으로 생생한 대화나 행위가 중심을 이룹니다.

- 감정과 행동 장애 - 인지 장애에 동반됩니다. 발작적인 의기소침에서부터 완전한 무의욕, 불안, 고함, 충동적 폭발에 이르기까지 감정 장애와 행동 장애가 여기에 속합니다. 이 증상들은 자주 번갈아가며 나타납니다.

의학적으로 여러 다른 형태의 치매가 존재하지만, 가장 빈번히 나타나는 유형은 두 가지가 있습니다.

a) 알츠하이머

이 병은 이러한 증상을 처음 의학적으로 서술한 알로이스 알츠하이머(Alois Alzheimer)의 이름을 따라 명명되었습니다. 알츠하이머는 65세 이전에는 일반적으로 나타나지 않으며 증상은 6-8년까지 지속됩니다. 대뇌피부조직에 변화가 생기는데, 뇌세포질 소실, 미세 섬유 덩어리화, 단백질 침전, 콩알처럼 생긴 물질로 이루어진 빈 공간의 생성이 그것입니다. 이런 증상들은 또한 일반적인 노인화의 과정에 속합니다. 그러나 알츠하이머의 경우 일반적인 정도를 훨씬 넘어 출현합니다. 이 질병의 원인을 집중적으로 연구하였음에도 불구하고 아직 밝혀지지 않고 있습니다. 그러한 까닭에 현재 개별적 증상들을 경감하거나 그 과정을 지연시킬 수는 있지만 실제적인 치료는 의학적으로는 불가능합니다.

b) 혈관성 치매(Vaskuläre Demenz)

이러한 지칭은 라틴어 "vasculum"(소혈관)으로 소급됩니다. 이 병은 뇌로 가는 혈관이 퇴행한 결과 나타납니다. 작은 뇌경색이 생겨날 수 있습니다. 대중언어로 '석회화'(Verkalkung)라고 합니다. 느리게 진행되는 알츠하이머와 반대로 혈관성 치매는 급작스럽게 출현합니다. 증상은 한꺼번에 일단으로 나타나다가 단계적으로 증가합니다.

치매 문제는 점차적으로 공적 대화의 주제가 되는데, 이것은 좋은 일이고 중요한 일입니다. 공적 담화는 당사자들, 특별히 치매 환자의 가족들이 더 이상 홀로 치매에 머물러 있지 않게 될 가능성을 제공합니다. 그들의 경험과 곤경 그리고 노인성 정신혼란과 함께 사는 가능성은 언어로 표현되어야 하고, 다른 사람들과 나누어야 합니다. 치매를 밝히는 것은 지금도 여전히 금기시 되고 있지만, 치매에 대한 감각이 있는 열린 대화는 가능해야 합니다.

"내 아버지, 발터 엔스(W.Jens)는 치매에 걸렸습니다. 그의 기억력은 먹통이고, 언어는 말라버렸습니다. 그의 시선은 멍하니 사라졌습니다. 내 어머니, 내 형 그리고 나는 전부 동의하였습니다. 우리는 그의 고통을 숨기지 않기 원하고, 숨기지 않을 것입니다." 틸만 엔스(T.Jens)는 이러한 문장으로 당시 저명했던 튀빙엔의 수사학 교수에 관한 그의 책『치매. 내 아버지와 작별』(Demenz. Abschied von menem Vater, 2009)을 쓰고 있습니다. 그러한 인생길과 더불어 대결하는 것은 치매를 더 이상 '낙인'(Stigma)으로 보지 않고, 어렵게 맞서야 하지만 가능한 도전으로 볼 수 있도록 하는데 기여하고 있습니다.

또한 노년기에 정신혼란을 경험하고 있는 사람들을 영적 상담으로 동반해주는 사역은 점점 더 큰 중요성을 얻게 되었습니다. 특수한 질병에 있는 사람들을 어떻게 조력할 수 있는가는 교회의 실천에 있어서 더욱 긴급하게 던져지는 질문이 되었습니다. 이러한 질문은 영적 상담에서 뿐만 아니라 예배의 형태에 있어서도 중요합니다.

클라우스 뎁핑(K.Depping)은 치매와 관련하여 영적 상담의 안내 지침을 다음과 같이 기술하고 있습니다.

- 노년기에 정신혼란이 있는 사람들에 대한 영적 상담은 발병 원인이 되는 질병들과 그들 현상에 대한 상들의 이해를 위해 힘쓰고 있습니다. 그것은 장애가 된 합리성을 분명히 밝히도록 노년심리학적 지식들과 함께 몰두합니다.

- 노년기에 정신혼란이 있는 사람들과의 상담은 그 접근과 다루는 형태를 보여주는 노인학적이며 치료적인 간섭 방법에 있어 도움을 구하고 있습니다.

- 노년기에 정신혼란이 있는 사람들과의 상담에서 연수와 병에 국한하여 과거의 중요성이 더해지고 있습니다. 그러한 까닭에 특별히 이전의 종교적 사회화의 시절을 포착해야 합니다. 무엇이 유아기까지 이르는 연속성을 보여주고 있습니까?

- 노년기에 정신혼란이 있는 사람들과의 상담은 교회를 다니지 않은 노인들도 일생 중 기독교 신앙의 표현과 상징들을 접하였고, 그러므로 근본적 차원에서 상담이 가능하다는 것에서 출발합니다.

- 노년기에 정신혼란이 있는 사람들과의 상담은 용서와 기독교 소망의 복음을 알려주는 것을 전제로 삼고, 또한 그 목적으로 합니다. 그리스도의 사랑은 복음의 약속과 만남의 방식으로 경험될 수 있습니다.

- 노년기에 정신혼란이 있는 사람들과의 상담은 전인(全人)적인 것입니다. 즉 이러한 상담은 매번 가능하다면 인간의 피조성에 근거한 필요들을 관심사로 삼습니다. 이 모든 필요들은 영적으로 고유한 목적을 위한 연결점이 됩니다.

- 노년기에 정신혼란이 있는 사람들과의 상담은 비록 자기반사적 관련성이 없어졌다 하더라도 마지막 순간까지 영적인 감수성을 보존해야 합니다.

6. 유한성과의 대면 - 신학적 관점

성경 가운데는 노인 공경에 관하여 말씀하고 있는 많은 이야기들이 있습니다. 종교적 직분 자에 대한 "장로(長老)"라는 개념 사용이 그것을 보여줍니다. 그 개념은 후에 정치적 책임성에 대한 명칭으로 전용되어, "원로"(Senator), "원로원"(Senat)으로 사용되기도 합니다. 노인들의 축복은 최고의 유산이며, 그들의 지혜와 삶의 지식은 높은 위치에 있습니다. 노인됨이 "백발은 영화의 면류관이며, 그것은 공의로운 길에서 발견되었다."(잠16:31)라는 것을 뜻할 수 있었습니다. 땅에서의 장수는 하나님의 선물로 그리고 특별한 축복의 표현으로 이해되었습니다. 족장들에게서 그들은 '늙고 나이가 차서 죽었습니다'라는 말을 뜻했습니다. 사람들은 이것을 생의 마지막에 대한 위안으로 고대할 수 있었습니다. "나이가 찼다"는 말은 생의 역겨움을 말하는 것이 아니라, '성취된 삶'과 대등한 것이었습니다.

또한 노년은 결산과 함께 "모든 것은 헛되다"처럼 곤고한 날들이 이를 것이며, "그때 너는 말할 것이다. 나는 아무 낙이 없다."(전12:1)라는 말로 중대하는 약함의 시기입니다. 이제 자기 한계는 피할 수 없습니다. 일정한 나이부터는 적어도 인생의 중반이나 2/3 그리고 3/4을 보내었다고 분명히 말할 수 있을 것입니다. 우리에게 가깝게 있는 무엇은 죽음과 같고, 이것은 스스로 미루어 둘 수 없습니다. 즉 "여호와여 나의 종말과 연한이 언제까지인지 알게 하사 내가 나의 연약함을 알게 하소서"(시39:4), "우리에게 우리 날 계수함을 가르치사 지혜로운 마음을 얻게 하소서"(시90:12).

이러한 말들은 삶의 유한성이 인간을 자기 본연으로 되돌려놓으며, 아주 특별하고 고귀한 고독으로 인도하는 경험에서 나아온 것입니다. 그러한 고독 속에 인간은 하나님께 끝이 있음을 가르쳐 달라고 간청합니다. 인간은 자신이 무명으로 사라지는 것이 아니라, 하나님을 새로운 방식으로 만나며, 그러한 만남에서 자신의 인생을 위한 목적을 발견하게 될 것임을 분명히 감지합니다. 인간이 자신의 생을 마감하고 선한 의미로 안내하는 것이 아니라, 하나님이 이를 행하게 될 것입니다. 그래서 인생의 유한성을 수용할 수 있다면 삶의 끝은 중단이나 단념이란 성격을 상실하며 도리어 인생의 마지막은 생명의 목표처럼 사람 앞에 놓이게 될 것입니다.

"나는 사물들에 대하여 줄다리기 하는 커가는 투쟁 가운데서
내 인생을 삽니다.
나는 그 마지막까지 아마도 완성하지 못할 것이지만
나는 그것을 시도해 보려고 합니다.
나는 하나님 주위를, 그 태고의 탑 주위를 맴돌고 있습니다.
그리고 나는 수천 년간이나 맴돌고 있습니다.
그리고 나는 아직 알지 못합니다. 내가 날쎈 매인지, 하나의 폭풍우인지, 아니면 위대한 찬송인지."

라이너 마리아 릴케(Rainer Maria Rilke)

그렇다면 현세가 무한이 아니며, 더 장구(長久)한 생명을 향한 우리의 강박에 한계를 은혜롭게 설정해 주는 하나님은 분명 나쁜 악마가 아니라는 사실을 안다는 것이 위로입니다. 유한성을 수용할 수 있는 자는 인생이 그 깊이와 역동성에서 얻는 여전히 한복판에서 그렇게 거대한 불안을 발견하게 될 것입니다. 사람들이 흔히 말하는 것처럼, 그는 자기의 집을 예약하게 될 것이며 그리고 이미 수년에 걸쳐 그것을 연습하게 될 것입니다. 그는 인생의 순간순간마다 가진 친구의 범주에서처럼 마찬가지로 가재도구에서 부분적으로 무엇인가를 항상 다시 힘쓰게 될 것입니다. 구약성경은 집주문의 하나의 대략 긍정적인 방식을 가시화해 줍니다. 즉 야곱은 그의 권속들을 "그들 각각에게 특별한 복으로"(창49:28) 축복하며,

그것에 대하여 성경에 많이 제시하고 있는 종교적인 "세대 간의 계약"을 동일하게 성취합니다.　↗ **6.3.3 축복**

　　신약성경에서 젊은 자와 늙은 자들의 이러한 상호 귀속은 강화되며, 위와 아래 질서의 도식(圖式)은 하나님 앞에서 공통의 동반자적 책임을 위해 변화됩니다. 노인에 대한 일방적 존경은 더 이상 발견되지 않으며 오히려 예수님은 바로 "아이들에" 의한 신뢰의 능력을 온전하게 특별히 강조합니다. "하나님의 나라"에 온전한(ungeteilt) 신뢰를 두는 일은 노인들의 권위보다 더욱 중요합니다(막 10:15).
　　↗ **4.2.3 부모와 자녀**

형성

1. 종교적 생애 전기

　　노년기에 다시금 의식화될 수 있는 하나의 특별한 재산은 종교적 생애 전기(生涯傳記)입니다. 그것을 해명하기 위하여 우리는 인생을 3가지 삶의 단계와 신앙 역사의 발전에 대한 그들의 접촉들을 서술해 보기를 시도합니다.

a) 본래 상황

　　노년기에 이른 사람들이 아동기의 신앙을 되돌아볼 때 그들 대부분 선한 감정들과 함께 이러한 것을 내 놓습니다. 교회의 예배, 교회의 축제일 그리고 함께 기도했던 일들이 당시 그들에게 친숙했던 것들입니다. 하나님은 "세계의 운영자로서" 더 높은 권세의 비밀로서 노년기에 있는 사람들의 신앙을 정하십니다. 그래서 아동기의 신앙으로부터 고령기의 신앙에 이르기까지 포괄적 보호의 감정이 생생해 질 수 있을 것입니다. 자기 스스로 아이로서 그리고 고유한 아동기의 하나님을 재발견하는 일이 이루어지면 신앙은 일종의 "두 번째 순수함"을 선사하는 "재발견된 아동기"가 될 것입니다. 아이들의 신앙은 그 뿐만 아니라 많은 노년기에 이른 사람들에게 그들 인생 역사의 연속임을 느끼게 합니다. 자신이 고유한 출생과 생애 전기에 확실히 머무르기 위하여 신앙은 유지되어야만 합니다.

고유한 생애 전기의 재산을 발견하기 위하여 다음과 같은 도전적 질문들은 자극에 도움을 줄 수 있을 것입니다.

- 나의 첫 기억은 무엇입니까? 그것은 어떤 이미지와 감각적 인상들과 연결되는가? 나는 가장 초기의 종교적 체험들을 기억해 낼 수 있는가? 이러한 기억은 어떤 장소들과 연결되어 있는가? 무엇이 나에게 감명 깊게 다가왔으며 앞날을 밝혀주었는가? 내가 이런 것들을 현재에 다시 생각해 본다면 불편한 감정이 생기겠는가? 아니면 기꺼이 다시 추억해 보겠는가? 나에게 거룩한 시간들, 거룩한 공간들 그리고 거룩한 대상들이 어떻게 체험되었는가? 당시에 배웠던 예배의 기도문들을 지금도 암기하고 있는가? 다른 사람들은 나의 세례에 관하여 무엇을 이야기했는가?

- 어머니와 아버지는 나의 종교교육에서 어떤 역할을 하였는가? 하나님이 특별히 가까이 계셨거나 멀리 계셨던 상황을 기억하고 있는가? 일상적인 의식들이 나에게 중요했는가? 어떤 종교적 흥미들이 거기에 있었는가?

- 나는 어떻게 기독교 공동체를 체험했는가? 어떠한 개성들이 나에게 특별히 인상적이었는가? 내가 기억하며, 아마도 더욱이 내 생의 고조(高調)점으로서 주목할 수 있는 그 어떤 이상했던 여건들이 있는가? 나는 어디서 모순점들을 느꼈는가?

b) 성인됨에 의한 신앙

고유한 신앙을 찾고 부모집의 종교성에 비하여 신앙을 힘쓰게 되는 것은 성인됨에 속한 일입니다. 사람들은 부모의 집을 떠나며, 직업과 결혼이 준비되었습니다. 그리고 자신의 가족을 형성합니다. 그것이 이따금 다른 가치 체계와 종교적 근본 행동들로써 논쟁을 유발하는 생애의 전기적 단면들입니다. 다른 것들 하에서 질병과 사고와 실직처럼 전쟁들과 이념들과 위기상황들과 개인적 도전들과 함께 세계의 보편적 정황은 신뢰했던 질서들에 질문을 제기하는 데로 유도합니다. 거기서 신앙의 내용은 산산이 부서질 수 있습니다. 심지어 하나님에 대한 연결이 끊어질 수 있으며, 신정론에 대한 질문이 제기됩니다. "왜 하나님은 이것을 허용하고 계시는지?" 이것은 원리적 문제에 머물러 있을 필요는 없으며, 오히려 욥처럼 가장 개인적이고 개인적이며, 생애 전기적 최고의 질문이 될 수 있습니다. "어찌하여 내가 출생에서 죽어 나오지 아니하였던가?"(욥3:11). 또한 교회의 신빙성에 따른 질문이 한 사람에게 부가될 수 있습니다. 교회가 개인의 발전에 어떤 영향을 미칠 수 있는가? 이것은 윤리적 방향성을 불안하게 하며 교회와의 연결을 풀어버리는 위험이 됩니다.

동기부여의 질문들:

- 부모의 집을 떠남을 어떻게 경험하였는가? 어떤 부담이나, 기회들이 그것과 결부되었던가? 나의 첫 직업 생활의 경험은 어떠하였는가? 그것들은 어려움과 실제 현장의 쇼크가 초래되었던가? 나는 이러한 위기의 시간들을 어떻게 견디어 냈는가?

- 나의 아동기의 신앙에서 먼저 나에게 의심이 찾아왔는가? 내 신앙에서 어떤 모순들이 발견되었는가? 나는 어떤 목적으로 교회 일에 참여하였는가? 나의 참여를 어렵게 만들었던 것은 무엇인가? 질병들과 다른 위기들이 내 삶을 바꾸어 놓았는가? 나의 직업 생활은 내게 신앙을 위한 시간을 허용했는가?

- 신앙은 나의 개인적 관계들(혼인, 가족, 파트너 관계)에 어떠한 역할을 하였는가? 어떻게 나의 신앙을 자녀들에게 전해 주게 되었는가? 교회 축제의 절기들은 나에게 의미가 있었는가? 어떤 세기(世紀)적 사건들이 나의 신앙에 영향을 미쳤는가?

c) 더 높은 연령의 성년기

직업 생활 이후의 생애 단면에서 개인적 신앙의 상들이 지배하게 되며 그리고 하나님과의 관계는 고도로 내면화되고 생의 전기가 형성되었습니다. 하나님에 관한 하나의 의존성은 훨씬 긍정적으로 느껴졌습니다. 왜냐하면 하나님은 보호와 안정감을 도우시는 분이시기 때문입니다. 실존적 모순들의 조화에 대한 소원이 돌아납니다. 신앙 고백이나 교리적 대립은 저 뒤로 물러납니다. 종교적 관습들은 새로운 가치를 발견하며, 사람들은 기꺼이 자신에게로 전해진 것에 연결합니다. 왜냐하면 그 안에서 자신의 생애 전기적 연속성을 기대하게 되기 때문입니다. 텅 빈 상징들은 새롭게 말을 걸어올 수 있고, 종교적으로 근원적인 상황들과 연결되어 있기에, 가시적으로 잊혀진 역사들이나 종교적 전통의 주된 말들은 지탱하는 힘을 얻게 합니다. 물론 그 어떤 생의 전기도 곧게 흘러가지 않으며, 오히려 반대의 모습입니다. 신앙을 위해 투쟁해야 하며, 투쟁과 의심은 하나님과 함께 하는 길에 속한 것입니다.

동기부여의 질문들:

- 나는 연금 생활 기간에 대해 어떤 기억들을 가지는지요? 어떤 부담들과 기회들이 나에게 다가왔는지? 나는 어떤 계획들을 붙잡았는지?

- 지나간 삶의 모습에서 나는 어떤 통찰을 얻었는가? 나의 인생철학은 무엇인가? 나의 삶을 되돌아볼 때, 노력들이 유익했는지? 어떻게 나는 이런 운명을 맞게 되었는가? 무엇 때문에 나는 아직 여기에 있는가?

- 나는 다른 사람에게 무엇을 계속 전해주기를 원하는가? 다음 시간을 위해 어떤 계획을 나는 가지고 있는가? 나는 무엇을 기필코 체험해 보려고 하는가? 내 주변 사람들이 죽고, 나 스스로 죽어야 한다는 사실을 나는 어떻게 준비하고 있는가?

- 기독교 신앙은 이러한 사실을 성취하는데, 나에게 도움이 되는가? 어떤 종교적 이야기들과 관습들이 나를 계속 지탱하게 하는지? 영적-정신적 관점에서 나는 무엇으로부터 쇠약해지는가?

2. 노년에 이르는 한 사람의 기도

"오 주님! 당신은 내가 날마다 노인이 되어가며, 어느 날인가 노인이 되리라는 것을 나보다 더 잘 아십니다.

모든 기회와 모든 주제에서 무엇인가를 말해야만 하는 망상에서 나를 지켜주소서!

다른 사람들의 일들에 참견하기를 원하는 지나친 열정에서 나를 구원하소서!
신중하게 그러나 번민하지 않으며, 도움이 되게 하며 그러나 독단적이 되지 않도록 나를 가르치소서!

나에게 쌓여있는 엄청난 지혜를 계속 전해주지 않는 것은 나에게 해(害)로 보입니다. 그러나 주여, 당신은 내가 몇몇의 친구들을 갖기 원하는 것을 이해하십니다.

끝없이 개별적인 것들의 헤아림에서 나를 보호하시며, 마지막에 이르도록 나에게 날개를 부여해 주소서!

내 질병들과 어려움들에 대해 내가 침묵하도록 가르치소서! 이것들은 점점 중대하며 - 그것들을 서술하는 욕망이 해마다 자라고 있습니다.

내가 다른 사람의 질병들을 친구들과 함께 청취하는 은사를 구하려고 하지 않겠습니다. 나를 가르치사 내가 그것들을 끈기 있게 감내하게 하소서!

내가 나를 잘못 이끌지 않도록 나에게 놀라운 지혜를 가르치소서! 가능한 만큼 사랑받기에 합당하도록 나를 보존하소서!

나는 성자가 되기를 원치 않습니다. - 그들과 함께 아주 어렵게 살고 있습니다. - 그러나 한 노인의 짜증은 악마의 압권(壓卷)의 작품입니다.

다른 사람에게 기대치 못했던 달란트를 발견하도록 나를 가르치시며, 주여, 내가 그것들을 또한 언급해 줄 수 있는 아름다운 은사를 주소서!

내 연수(年數)에 대한 헛된 자랑을 용서하소서!

[참고도서]

- 뵈클러(Boeckler,R.): 옛 것에서 새로운 것이 시작합니다.(Im Altern Neues beginnen), 1999.
- 데핑(Depping,K.): 노년의 흔들린 사람들을 영적인 돌봄으로 동반한다(Altersverwirrte Menschen seelsorgerlich begleiten). 만남의 지평들의 접근들과 배경들 (Hintergründe, Zugänge, Begegnunsebenen), Band I,32003.
- 프리드릭스(Friedirichs,L.): 자전기와 현대후기의 종교(Autobioraphie und Religion der

Spätmoderne), 1999.

• 구아르디니(Guardini,R.): 삶의 나이(Die Lebensalter). 그들의 윤리적이며 교육적인 의미
　　(Ihre ethische und pädagogische Bedeutung), 1986.

• 옌스(Jens,T.): 치매(Demenz). 내 아버지와의 작별(Abschied von meinem Vater),2. Aufl. 2009.

• 넬.베버(Knell,S./Weber,M).: 더 길게 사는가?(Länger leben?) 철학적이며 생과학적인
　　전망들(Philosophische und biowissenschaftliche Perspektiven), 2009.

• 레어(Lehr,U.): 노인의 심리학(Psychologie des Alterns), 1991.

• 독일개신교협의회 편, 새롭게 될 수 있습니다.(Neu werden können) - 노령사회에 대한
　　개신교적인 전망들(evangelische Perspektiven für die alternde Gesell-schaft), EKD-Texte, 2009.

• 슈밑/네이스터스(Schmitt,K.H./Neysters,P.): 매일 가득한 삶(Jeder Tag voll Leben) - 노인이
　　되어감에 대한 책(Das Buch fürs Älterwerden),

4.2.6. 질병과 치유

인지

"주된 일은 건강입니다"라는 말이 종종 강조되었습니다. 질병은 갑자기 또는 천천히 잠복하여 사람들에게 덮쳐오며, 그것은 익숙했던 삶과 노동 관련들에서 사람을 잡아 챙기며, 말할 만한 것의 표면적인 것들에서 이따금 하나의 깊은 흔들림을 불러일으킵니다. 서구적 산업 사회들에서 질병은 빈번하게 성가신 장애로서, 경력들의 중단으로서, 자존감의 흔들림으로서, 나이가 들어감의 두려운 징조로서 간주됩니다. 그것에 비하여 건강은 "상호 관계를 나누는 시장에서"처럼 바로 그렇게 노동 시장에서도 경쟁력의 전제입니다. 사람은 건강을 점점 개인적 성과, 즉 최고의 가치, 구원의 보화로 보는 반면, 질병은 무가치한 것에 이르게 됩니다. 다시 거기에 속하기를 원하는 사람은 그의 유기체의 성능 결함을 신속히 제거해야 합니다. 그는 건강해야 합니다. 그러나 건강 회복은 그러한 징후하에서 치료가 될까요?

건강에 대해서 언제나 분명하게 정의를 내릴 수 있는 것이 아닙니다. 객관적이고 신체적인 요소들이 그 정의에 충분한 것도 아닙니다. 왜냐하면 사람의 주관적 자기 체험 역시 바로그렇게 중요하기 때문입니다. 게다가 건강상의 상(像)을 함께 형성하는 사회적 차원이 더해집니다. "건강"이란 주제와 "생물리적이며, 개인의 특수하며 그리고 사회적 차원"(A. Anselm)들이 공존합니다. 모든 이러한 관점들이 논리정연하게 연관되는 어려움에 따라, 심지어 "건강의 은닉성"에 관해 언급될 수 있을 것입니다(H.-G. Gadamer). 그것은 대부분 사람들로부터 그들의 삶에서 질문되지 않았으며 그리고 질병의 경험이 강요할 때, 주제가 되었습니다.

방향

1. "건강"과 "질병"에 대한 해석 모델

우리가 우리 자신의 질병을 어떻게 이해하는지는 사회적으로 앞서 주어진 이해들을 통하여 각인(刻印)되었습니다. 환자를 다루는 분들 즉 의사, 간호인, 건강 직종에 종사하는 사람들이나 상담사들은 질병이 무엇이며, 사람들이 어떻게 대처해야 할지, 그것에 대한 많거나 적게 생각된 앞선 이해를 가져옵니다. 병에 걸린 사람은 누구나 질병에 관한 이러한 해석자의 범주에서 미리 발견하며 그러나 역시 자체의 이해가능성을 찾게 됩니다. 나는 적어도 나에게서 무엇이 앞서 진행되며, 이러한 질병은 나의 삶에 어떤 의미를 지니는지를 이해하고자 합니다.

환자들과 질병에 대한 태도가 어느 정도 결정하기 때문에, 이러한 선 이해를 더 자세히 관찰하는 것은 도움이 됩니다. 즉 개별적 질병에 대한 태도들과 질병을 가진 사람들의 영적인 돌봄의 동반에서, 재정 수단들의 분배나 개인적이며 기술적인 자원들의 계획의 분배에 의해서도 그러합니다.

a) 문화적으로 전수된 "옛"관념들

거기서 질병은 포괄적이고 초자연적인 관계가 교란된 것을 뜻합니다. 그렇게 욥의 친구들은 욥이 그 어떤 점에서 하나님의 질서를 위반했다는 것을 의심하지 않습니다. 신체적인 치유는 더 큰 질서가 회복될 때, 예를 들면 다만 참회와 용서를 통하여 일어날 수 있습니다. 오늘날 대안적인 질병의 해석들이 다시 새로이 상징적이며 질책하는 병의 기능을 강조합니다. 즉 신체적인 증상들은 영적인 비구원이나 장애가 된 관계들 등을 암시합니다. 그것들은 치유되려는 소원의 어두운 면들입니다. 이러한 차원은 치료가 자리를 잡을 수 있기 전에 이루어지게 해야만 합니다.

b) 자연 과학적 의술

자연과학적 의술은 질병을 병원학적 과정이 토대가 되고 있는 신체적 기능 장애로 보며, 본질적으로 생태 물리적이며 화학적 원인 요소들에 대한 그들의 원인 연구(가정과 진단)를 집중합니다. 마찬가지로 병든 기관인 신체는 대상화되었으며 거리를 두어 다루게 됩니다. 사람과 질병의 이러한 분리는 정통 의술의 성공과 우위를 위한 원인들 중의 하나입니다. 그러나 이것은 사람의 시야에서 건강에 대한 자신의 책임을 잃어버리도록 유도할 수 있습니다. 그리고 - "영혼 없는 도구의 학"에 대한 비판이 자라게 됩니다. - 지나치게 강조하여 말했을 때 - 질병이 치료될 수 있도록 사람은 제외되었기 때문입니다. 의사나 공격적 치료법과 의약으로 인해 발생되는 "의료시술로 인한 부작용"은 점점 비판의 초점으로 빠져들고 있습니다.

c) 정신 신체의 질병 모델들

그것들은 순수한 정통 의학에 반하여 다시 의식적으로 의술 가운데서 질병의 고유한 모습들로서의 주체를 도입하며, "신체적이고 영적인 공동 놀이에"에 관하여 말하게 됩니다. 그것들은 질병이 지적하는 상징적인 또 다른 함의를 고찰하고 의사와 환자간의 관계에 큰 의미를 부여하고 있습니다. 질병과 건강은 더 이상 서로를 대립적으로 배제시키는 것이 아니라 개방적이고 상호 자극해 들어가는 평형 과정을 형성합니다. 질병은 단지 결함이나 무질서가 아니라 생활과 삶의 사회적 균형이라는 맥락에서 "새로운 가능성들을 위한 재편"입니다.

d) 생물(bio)-심리(psycho)-사회적 질병 모델들

이것들은 한 단계 더 나아가서 생태적이고 사회적인 요인들을 고찰합니다. 즉 여기에는 사회적 범주의 조건들, 계층적이고 성적으로 특수화된 환경들과 행동 규정들 그리고 공급 구조들 등입니다. 그 모든 것은 발병에 커다란 영향을 미치고 있습니다.

e) 세계보건기구(WHO)의 건강 정의

그것들은 건강에서 완전하게 신체적이며 심리적인 그리고 사회적인 안정된 상태라고 보고 있으며, 건강을 단순히 질병과 허약함의 부재로 정의하지는 않습니다. 이러한 정의는 건강과 사회적 조건들의 관계가 여기서 - 건강에 대한 생물적이며 사회적 정책의 의미를 한눈에 보고 있기 때문에 진일보인 것입니다. 만성 질환자의 수나 몇 배의 손상된 자들과 수술 때문에 생존하지만, 건강하다고 지칭될 수 없는 자들의 지속되는 질병의 상승하는 숫자처럼 하나의 단면적 변화들이 그 배후에 있습니다. 물론 이런 정의는 의사로 하여금 건강한 상태에 있지 않은 모든 종류의 통증과 고통을 제거해야 한다는 유토피아적 요구로 비판받을 수 있습니다.

f) 평행 과정

하르트만(F.Hartmann)은 삶이 총체적으로 사회적 조건들과 사회적 네트워크와 개인적 감정을 통해 영향을 받는 것처럼 질병과 건강을 개방적 평행 과정들로 보고 있습니다. 그것들은 서로 민감하게 연결되어 있습니다. "증명될 만하거나 그렇지 않은 결함이나 또는 자기만 인지하는 신체적 결함을 찾아내거나 다른 균형감각적 요소의 도움으로 그 결함을 찾아내고 전개시키고 견디어 낼 수 있는 사람은 건강한 사람입니다. 그는 이런 균형감각적 요소의 도움으로 자신에게 의미 있는 개인적 소질과 인생 설계의 발전을 지향하는 현존과 자신의 한계 내의 인생의 목표를 도달하는 것이 가능하게 됩니다. 그래서 그는 '나의 인생, 나의 병, 나의 죽음'이라고 말할 수 있을 것입니다."

g) 저항 자원들

보건학자 안토노브스키(A.Antonovsky)가 창안한 개념인 "건강생성(健康生成)"이란 말에서 볼 수 있듯이 질병과 건강은 하나의 연속성을 이루고 있습니다. 그는 질문합니다. "만일 사람에게 이 연속성이 더욱 건강한 측면을 향해 움직이고 있다면 어떠한 원인들이 이를 야기하고 있는가?" 그리고 가정하기를 각 사람은 (신체적, 심적, 물리적 그리고 심리 사회적으로) "저항 자원들"을 가지고 있는데 저항 자원의 특징은 한 사람이 특정 어려움으로 끝나 버리느냐 아니냐가 결정합니다. 그리고 이러한 저항 자원들은 다시금 '응집력' 즉 삶에는 전후 맥락과 의미가 존재하며 삶의 성취를 위한 노력은 보람 있다는 감정으로 뭉쳐집니다. 이 응집력과 한 사람의 믿음은 그가 사실을 어떻게 인지하는가를 본질적으로 결정합니다.

- 기댈 곳 없이 내팽개친 괴팍스러운 운명인가?
- 단지 절망할 수 있게만 하는 무자비한 무분별인가?
- 최고의 실력과 노력만 강요하여 얻어내는 얼음처럼 차가운 도전인가?
- 또는 최후에는 사랑 가득히 받아주며 그 속에 안전하게 숨을 수 있는 근거인가?

2. 치유와 구원 - 질병과 건강에 대한 신학적 이해

만일 사람이 대략 적절한 시간에 시행된 긴급 세례라든지, 아니면 임종 성례의 부여를 통하여 "영원한" 구원을 얻을 수 있었다면 치유는 종종 임시적인 것이고, 최종적인 의미에서 그렇게 중요하지 않는 것으로 간주됩니다. 오늘날 먼저 구원은 폐위된 모습이며, 그 대신 치유가 그 자리를 차지하였습니다(E.Beck-Gemsheim). 치유, 건강 그리고 치료적 가능성은 무조건적 가치를 지니고 있습니다 ("중요한 것은 건강이야"). 그리고 하나님이란 존재는 건강과 안일의 보증으로서 요청되고 있습니다. 이것이 의미하는 바는 오로지 건강한 삶이 살 가치가 있고, 반대로 병과 지속적인 장애는 살 가치가 없는 생명의 증표로 보인다는 것입니다. 이러한 이해는 병든 사람들이나 장애를 가진 사람들과의 교제에서부터 윤리적 결정에 이르기까지 - 가령 조산의학이나 또는 어려운 질문인 사망과 안락사에 이르기까지 - 논리적 일관성을 펼치게 합니다.

아래는 신학적으로 대답 가능한 병과 건강에 대한 주제적 관점들이 전개되었습니다.

a) 우리는 건강의 보증인이 아니라, 생명의 원천으로서 하나님을 고백합니다.

성경에서 사람들은 건강과 병의 수수께끼를 하나님과 연관하여 해명해 보려고 했습니다. 최종적으로 초월적 구원은 이미 일어난 치유 사건에서 상징적이며 해석방식적으로 경험될 수 있었습니다. 그럼에도 구원은 원리적으로 현재 생겨날 수 있는 것을 초월하여 넘어서고 있습니다. 인간은 현실에서 아직 전체적이고 완전한 것을 가지고 있지 못하며, 그것들은 단지 미래적인 하나님의 선물로 소망할 수 있습니다.

바울은 구원과 치유의 이러한 긴장상태를 그렇게 묘사합니다. "그러므로 우리가 낙심하지 아니하노니 우리의 겉 사람은 낡아지나 우리의 속사람은 날로 새로워지는 도다, 우리가 잠시 받는 환난의 경한 것이 지극히 크고 영원한 영광의 중한 것을 우리에게 이루게 함이니, 우리가 주목하는 것은 보이는 것이 아니요 보이지 않는 것이니 보이는 것은 잠깐이요 보이지 않는 것은 영원함이라"(고후4:16-18).

가장 심각한 불행에서도 영원한 생명의 구원이 이루어지는 발아(發芽)는 경험될 수 있을 것입니다. 암과 위궤양, 추간판상해(椎間板傷害, 역자주, 허리디스크를 일컬음)와 같은 재난일지라도 이들이 반드시 영적 치유를 저해하는 것은 아닙니다.

b) 생명과 건강은 선물이다.

생명은 단지 출생의 단회적인 행위로만 아니라, 항상 다시금 선물로 주어진 것입니다. 타인에 대한 사랑과 친절함은 영혼의 건강과 선한 인격적인 발전에 속한 것입니다. 동시에 각 인간은 부여받은 삶을 선행된 조건 속에서 꾸며가야 하며 그것에 대하여 책임져야 합니다. 바로 건강과 질병이란 물음에 따라 의존성과 자유, 수동성과 능동성, 감수와 설계의 이러한 동시성이 특별히 느껴집니다. 즉 우리의 건강한 무탈은 또한 우리의 개인적 태도에 달려있습니다. 이와 동시에 많은 것들은 - 개인의 유전적 장치에서부터 출발하여 저마다 사회화된 조건들을 넘어서 우리가 어쨌던 살고 있는 역사적이며 생애적인 상황에 이르기 까지 우리의 영향력 밖에 있습니다.

기독교의 인간상은 이러한 자유와 의존성의 상반된 감정의 존립을 분리하지 않고, 이러한 긴장 가운데 있는 삶으로서 복음적 현존을 이해합니다. 성경은 여러 곳에서 하나님을 마주할 수 있음을 약속하고 있습니다. "내 육체와 마음은 쇠약하나 하나님은 내 마음의 반석이시요 영원한 분깃이시라"(시73:26) "여호와는 나의 목자시니 내게 부족함이 없으리로다 [...] 내가 사망의 음침한 골짜기로 다닐지라도 해를 두려워하지 않을 것은 주께서 나와 함께 하심이라 주의 지팡이와 막대기가 나를 안위하시나이다"(시23:1. 4) 등에서 입니다.

c) 생명은 단편이다.

무엇인가 완전하고 온전하여 실수가 없으며, 비현실적이며, 기교적이라는 관념은 이런 관점에서 나아옵니다. 우리의 삶에서처럼 본성에서 모든 것이 유한하며, 임시적이며, 깨어지기 쉬운 것입니다. 내가 "나는 살아있는 한 사람이다"라고 말할 수 있기 때문에, "나는 죽어가는 한 사람입니다"라고 물론 덧붙여 말해야 합니다. 나 자신의 죽음은 출생 이래로 세포들의 죽음과 함께 시작했습니다. 이를 받아들이는 것은 타종교의 경우와 마찬가지로 성경에서도 삶의 지혜의 하나의 중요한 구성 요소입니다. 즉 "우리에게 우리 날 계수함을 가르치사 지혜로운 마음을 얻게 하소서"(시90:12). 본회퍼(Dietrich Bonhoeffer)는 단편들의 완성은 "하나의 신적인 일"이라는 것을 알며, 우리의 단편적인 삶에 대하여 한탄하지 않기를 바랍니다. 기데(André Gide)는 단 한 번도 병에 걸리지 않았던 사람들은 - 단 한 번도 여행을 가지 않았던 그런 사람들처럼 - 그 어떤 방식의 편협한 것을 나타내 보이는 것이라고 말했습니다.

d) 고난은 삶의 구성요소이다.

리히터(Horst Eberhard Richter)의 논제에 따르면 현대사회는 질병으로 고난 받을 수 있는 것이 아니라 질병으로부터 고난을 당하고 있다고 합니다. 이것은 "자아도취적 문화"(Christopher Lasch) 안에 있는 다른 것 가운데서 나타납니다. 소위 비만감소(날씬함)에 대한 광기, 몸의 컨디션 문화나 웰빙문화, 노화방지프로그램 또는 미용적인 외과시술에 대한 증대하는 수요와 같은 이러한 현상들은 이러한 방향을 가리키고 있습니다.

만약 고난이 삶의 필수 요소라고 한다면 고난은 그 어떤 경우에서라도 생명과 삶의 질을 경감시키는 것을 의미하지 않고 대신 삶의 풍요와 심오함을 뜻합니다. 마조키스티쉬하며- 사디스티쉬(역자 주: 고통을 저항 없이 감수하며-가학적인)한 고통의 영광을 말하지 않도록, 사람들은 그것을 분명히 제3자로서 조심스럽게 표현해야 합니다. 유감스럽게도 교회의 역사에서 이러한 현상은 너무 빈번히 일어났습니다. 그러나 질병을 겪음으로 인하여 새로운 상식으로 자기 자신을 찾고, 자신과 세상에 대한 새로운 통찰력을 얻은 사람들도 있었습니다.

예수님은 인간의 질병들을 깊은 불행이 투영된 모습들로 보셨으며, 자신 스스로 치료하려는 절박감에서 그들을 자유롭게 하셨습니다. 건강은 예수님과의 만남 그리고 기독인의 공동체에 안에 있는 하나의 영적인 선물입니다. 그의 친구들이 지붕을 뚫고 예수님께로 데려왔던 중풍 병자의 이야기는 본보기적으로 이야기 됩니다(막2:1-12).

- 예수님은 병자 지신의 믿음이 아니라 그들 협력자들의 믿음을 보십니다. 이들이 그 중풍 병자를 예수님께 데리고 왔을 때 그들은 단지 그 집의 지붕만 뚫은 것이 아니라 당시 질병을 하나님의 징계로 분류하였던 절대 불가침적 교리체계 전체에 구멍을 뚫어낸 것입니다. 즉 당시 교리는 모든 병자들이 문자 그대로 하나님과 세상으로부터 내버려진 체 고립되어 있게 했던 바로 그것입니다.

- 예수님은 동정과 연민으로 치유하십니다. "중풍 병자"는 간혹 치유 이야기들 가운데서 발견합니다. 예수님은 바로 신체와 영혼이 무력하고 생기 없어진 자들에게 곧바로 기력이 새로워지는 것에 대한 기적 이외에 아무것도 바랄 수 없던 자들에게 관심을 기울이셨습니다.

- 예수님은 당신의 말씀을 통해 치유하십니다. - 처음의 것이며, 예수님을 위한 이러한 이야기의 더 중요한 치유의 말씀은 사건의 깊이에서 우리의 시선을 움직이게 합니다. "너희의 죄들이 너에게서 용서되었느니라", 그것은 예수님이 그 사람의 인격 중심에서, 치유가 가장 어려운 지점인 거기, 그의 마음에서 치유를 시작하십니다. 왜냐하면 죄라고 하는 것은 온갖 종류의 절망과 두려움, 기만, 하나님과 세상에 대한 불신임, 짧게 말하자면 사람을 마비시키고 불구로 만들며 사람을 봉쇄해 버리는 모든 것, 스스로 자신과 자신의 생에 대한 책임을 감당하지 못하게 방해하는 모든 것을 의미합니다. 이러한 사태의 깊이에 상응하게 예수님께서는 구체적으로 요청하십니다. "나는 너에게 이르노니 일어나 네 자리(침상)를 들고 집으로 가라!"

- 기적은 "하나님 나라의 한 징표"입니다. 사람은 하나님과 더불어 새로운 공동체에서 자신을 되찾습니다. 예수님께서는 이를 문둥병자들의 치유에서 분명히 보여주셨습니다. ↗ 3.1 나사렛 예수

d) 고통과 통증은 언젠가 더 이상 존재하지 않을 것이다.

예수님은 자신의 치유 사역에서 구원의 징표를 두셨습니다. 예수님은 그의 제자들을 파송하시면서 "하나님의 나라를 설교하고 병자들을 치유하라"(눅9:2)고 하셨습니다. 만일 기독인들이 예수님의 그 말씀으로 그분의 나라를 위하여 하나님께 청원의 기도를 드린다면 그것은 이생에서의 단순한 생명 연장을 의미하는 것은 아닐 것입니다. 우리는 성경에서 "생명의 친구"(지혜서11:26)이신 하나님께 간청하며, 우리는 질병을 단순하게 받아들이는 것이 아니라 그분의 치유의 기적

으로 싸우시며 "위협"하셨던(막1:25) 예수님의 이름으로 기도합니다. 죽음을 물리치시고 부활하신 분과의 만남은 영원한 생명에 대한 소망을 강화합니다. "모든 눈물을 그 눈에서 닦아 주시니 다시는 사망이 없고 애통하는 것이나 곡하는 것이나 아픈 것이 다시 있지 아니하리니 처음 것들이 다 지나갔음 이러라"(계21:4).

↗ 7.2 소망 - 영원 속에 생명

형성

질병의 위기에 있는 사람들과 동행하는 것은 우선 그들을 위해 단순히 거기에 있는 것이고 가능한 한 그들에게 관심을 기울이는 것입니다. 적극적인 호의는 자기 자신에게와 다른 사람들과 하나님과에 대한 관계 능력을 향상 시킵니다. 그것은 중요한 것이 형태를 취하게 될 수 있으며 또한 표현될 수 있는 한 공간을 만들며, 보호합니다.

- 아픔, 분노, 슬픔, 탄식, 저항, 요청과 고마움
- 의미와 원인과 그 결과들에 대한 질문들
- 질병을 통해 변화된 하나의 관점에서 삶의 역사
- 종교적인 하나의 해석을 찾음

그리스도의 공동체는 병자들에 대해 하나의 특별한 책임을 가집니다. 병든 자와 그들과 함께 하려는 가능성들을 시도하는 자는 예배에 모인 공동체와의 결속을 기대할 수 있어야 합니다. 그 공동체는 대신하여 탄원과 간청과 감사를 지속하게 됩니다. 이러한 요소들은 단지 기도에만 있는 것이 아니라 설교와 찬송 가운데서도 그 본래의 자리를 지니고 있습니다.

특별한 축복과 안수의 예배들은 교회의 시작으로까지 거슬러 올라갑니다. 우리 세기에 영국교회나, 은사운동이나, 로마가톨릭교회들은 이러한 예식들을 다시 살려냈습니다. 야고보(약5:13-15)가 충고하는 병자에게 기름을 바르는 특별한 안수와 축복예배들은 수용합니다. "너희 중에 고난당하는 자가 있느냐 그는 기도할 것이요, 즐거워하는 자가 있느냐 그는 찬송 할지니라, 너희 중에 병든 자가 있느냐 그는 교회의 장로들을 청할 것이요 그들은 주의 이름으로 기름을 바르며 그를 위하여 기도 할지니라, 믿음의 기도는 병든 자를 구원하리니 주께서 그를 일으키시리라 혹시 죄를 범하였을지라도 사하심을 받으리라".　　/ **6.3.3 축복**

[참고도서]

- 안셀름(Anselm,R.): 건강, 질병, 장애(Gesundheit, Krankheit, Behinderung), in: 라흐만/아담/로트앙겔(Lachmann,R./Adam,G./Rothangel,M.(Hg.):윤리적인 열쇠문제(Schulessel Probleme), 2006, S. 323-343.
- 아이바흐(Eibach,U.): 건강한 사람을 위한 치유(Heilung für den ganzen Menschen?), 1991.
- 라쉬(Lasch,C.): 자기도취의 시대(Das Zeitalter des Narzissmus), 1982.
- 미일크(Mielck,A.): 사회적인 비동등성과 건강(Soziale Ungleichheit und Gesundheit), 2005.
- 오버벡(Overbeck,G.): 적응으로서의 질병(Krankheit als Anpassung), 1984.
- 쉬페르게스(Schipperges,H.): 인내하는 인간(Homo patiens). 병든 인간의 역사에(Zur Geschichte des kranken Menschen), 1985.
- 발러(Waller,H.): 건강과학(Gesundheitswissenschaft), 1996.
- 빌리/하임(Willi,J./Heim E.): 심리사회적 의술(Psychosoziale Medizin), 1986.

4.2.7. 의존과 중독

인지 ━━━━

'중독'이란 주제는 다면적입니다. 중독은 중독물질에 의존된 것(니코틴-, 알코올, 약물 의존..)에서부터 물질 의존적이지 않은 것(게임중독, 일 중독, 체중 감량 중독, 컴퓨터 중독 등...)까지 미칩니다. 증상들은 빈도와 성격 그리고 파급효과에 따라 나누어지게 되는데 어떤 경우든 간에 중독은 심각한 손상을 수반합니다. 독일어에서 중독에 해당하는 '주크트'(Sucht)의 어근은 '지헨'(siechen, '쇠약해지다')에서 파생되었습니다. 이러한 어근은 언제부터인가 신체적이고 정신적인 쇠락으로 통용되게 되었습니다.

사람에게 왜 기호벽(süchtig)이 있는 것일까요? 사람은 한평생 자신을 만족시킬 수 있는 무엇인가를 향하여 찾고 있기에 그럴 것입니다. 중독은 최종적으로 사람에게 그 어떤 충족감을 주지 못하고 만족하지 못한 채로 고립시키는 감옥과 같은 것입니다.

그러므로 중독에 대한 고찰은 항상 '어떻게 이러한 숙명적인 순환을 깨뜨릴 수 있는가?'라는 질문에 서게 됩니다. 치유가 가능하지 않게 될 때, 그것은 또한 한 사람이 자신의 중독과 함께 새롭게 사는 법을 배워야 한다는 것을 의미할 수 있습니다.

방향 ━━━━

1. 중독(中毒) 질병의 생성

중독증은 세 가지 극점(極點)들 사이에서 생겨납니다. 개인, 중독물질 그리고 사회적 주변 환경이 그것입니다. 이 세 가지 요소들의 의미와 질병을 통한 그들의 파급력은 개별적인 사례에 따라 구별됩니다. 그럼에도 그것은 중독증의 생성에 참여하는 세 가지 영역이 항상 있습니다.

a) 중독물질에 의존성

중독물질은 그 특별한 속성 때문에 중독증의 생성과 진행에 영향력을 행사합니다. 사람들은 의존성에 의하여 물리적(신체적)이고 심리적(영적) 의존성을 구분할 수 있습니다.

• 신체적 의존성은 중독물질을 치워버릴 경우 금단증상(박탈증)이 나타나는 것을 의미합니다. 그러니까 알코올의 경우에는 떨림, 체온조절 장애, 설사 등등, 정신착란(Delirium tremens)까지 나타나게 됩니다.

• 심리적 의존의 경우 이해나 진단이 더욱 난해합니다. 중독환자는 그것이 자신에게 해가 됨을 앎에도 불구하고, 항상 다시금 약으로 끌어당기는 불가역적 충동을 느낀다는 것이 바로 그 이유입니다.

중독물질이 손쉬운 거리에 있을 경우 그것은 더더욱 심각합니다. 알코올은 우리 사회에서 허용되고 언제라도 자유롭게 사용할 수 있습니다. 이러한 이유로 알코올에 예속된 사람들의 수가 마약에 예속된 사람들의 수보다 몇 배나 많습니다.

b) 중독병자의 인격

중독을 앓는 환자의 인격은 중독증 생성의 두 번째 극에 해당됩니다. 사람들은 왜 자신의 건강에 유해하고, 심지어 파괴적인 것을 행하는 것일까요? 부쉬(Wilhelm Busch)는 핵심적인 대답을 주고 있습니다. "사람이 걱정거리들이 있으면 또한 술(Likör)을 마시게 됩니다."

이 말을 거꾸로 할 수도 있는데, 그러면 중독환자의 또 다른 문제를 만나게 됩니다. "술을 마시는 사람에게 걱정거리들이 또한 있는 것입니다." 아무도 재미로 중독을 앓지는 않습니다. 그 뒤에는 항상 내적인 위기(危機, Not)가 있습니다. 알코올 중독이든 다른 중독형태이든 상관없이 중독은 자기가 생성한 위기를 강화시킵니다. 중독자들은 중독물질을 즐기기 위해서 붙잡는 것이 아니라 도리어 심적인 긴장과 갈증을 감당하기 위해서 취한 상태를 필요로 합니다. 알코올 중독자와 알코올 소비기호벽의 차이는 마시는 용량에 있는 것이 아니라 그 목적에 있습니다. 중독증이 없는 사람은 즐기기 위해서 마시지만, 알코올 중독자는 자신과 자신의 생명이 끝날 때까지 마십니다.

중독증은 당사자가 처음에는 거의 감지하지 못할 정도로 더디게 진행됩니다. 중독증상과는 전혀 반대로, 처음에는 긍정적인 효과가 우세합니다. 더 균형 잡힌 느낌이고 일에 대해 더 감각이 생깁니다. 이제 병에 더 진전이 있게 되면 어느 순간 당사자는 다른 사람보다 자신이 더 많은 알코올을 마시고 있다는 것을 발견하게 됩니다.

두 가지 요인들을 통하여 특징 지워진 알코올주의의 소위 "위기적 국면"이 따르게 됩니다. 즉 알코올과 문제의 억압에 대한 투쟁입니다. 우선 알코올 중독자는 자신의 알코올 의존성에 저항하며, 더 적게 마시려는 노력입니다. 전형적인 음주 규칙은 "나는 저녁 7시 이전에는 절대로 안 마신다"는 것과 같은 결심이나, 해당자들이 자신과 자기 주변 환경에 알코올 없이도 살 수 있다는 것을 증명하고 싶어 하는 금욕단계입니다. 물론 이런 금욕단계는 더 줄어들게 되고, 세운 규칙은 더 유지될 수 없을 것이며, 언제나 반복적으로 다시금 강한 죄책감을 불러일으키는 폭음일화가 뒤따릅니다. 우리는 이러한 단계를 당사자의 중독에 대항하는 절망적인 투쟁으로 이해해야 합니다.

이러한 위험스러운 상황은 알코올 중독자에게 일반적으로 의식되지 않습니다. 사실은 자신이나 타인 앞에 알코올 의존성을 은폐하기 위해서 모든 것을 다 할 것입니다. 그의 죄책감은 매번 음주에 대한 핑계거리를 찾으려는 동인(動因)을 제공할 것입니다("합리화"). 그는 자신에게 그리고 자기 주변 세계에 실제 주량을 은닉시키고("무시"), 양심상 가장 궁금할 때에는 자기와 타인을 다시금 언제나 기만할 것입니다.

d) 사회적 주변 상황

알코올로 인한 질병 생성의 세 번째 극은 사회적인 주변 상황입니다. 예를 들면, 견딜 수 없는 가족 상황이나 상실의 중압감 등은 의존성의 원인 또는 유발인자가 됩니다. 그러나 또한 주변 상황이 알코올 중독의 고통을 지고 가는 사람들이 되기도 합니다. 가족과 가족의 일원들은 한 사람의 중독을 통해 가장 심각하게 피해를 입습니다. "각각의 알코올 중독들에게 또 다른 중독자가 있습니다." 일반적으로 우리는 양자 모두를 발견할 것입니다. 이전부터 상존하는 긴장과 중독으로 인해 더 악화된 가족 내의 문제들, 우리는 이 두 가지를 동시에 만나게 될 것입니다. 가족 일원의 알코올 의존성을 기점으로 병든 가족체제가 견고화되고 항구적으로 고착될 수도 있습니다. 그렇게 될 경우 모든 가족 구성원들은 그러한 변화에 강력하게 저항하게 될 것입니다. 이런 상황은 당사자로 하여금 자신의 의존성 포기를 심히 어렵게 만들어 버립니다.

2. 중독의 형태들

a) 물질과 결부된 중독의 형태들

"일상 마약인 알코올은 많은 사람들에게 중대한 건강상의 문제들을 야기하고 있습니다. 독일에서 9백 5십만 명의 사람들이 아주 위험한 방식으로 알코올을 소비하고 있습니다. 1백 3십만 명의 사람들이 알코올에 의존되어 있습니다. 독일에서는 해마다 42,000명의 사람들이 알코올 남용의 결과로 사망합니다. 이에 대해 지출되는 연간 경제적 비용은 200억 유로로 산정됩니다."(연방보건청 2008년 마약과 중독보고).

작업현장 사고 중 1/4은 알코올의 영향 때문에 발생합니다. 그리고 해마다 독일에서 3,000명의 어린이들이 알코올로 인한 '태아 이상'으로 출생합니다. 알코올 중독자들의 절반 이상이 탈습관화 치료가 이루어지기 전 10년 이상 알코올에 의존되어 있었습니다.

오늘날 마약 중독자들은 대부분 중복적으로 여러 다른 마약성의 약품들에 의존하고 있습니다. 실제적인 측면에서 약품들의 시장가격 하락으로 어디에서나 거의 모든 약품들의 접근이 가능합니다. 마약중독자들은 탈습관화 치료 전 5년 이상의 기간 동안에 마약에 의존하고 있었고, 이 기간 동안 간염(Hepatitis)이나 HIV 감염을 통해서 지속적으로 자신의 건강을 파괴하는 경우가 드물지 않게 나타납니다.

약물 중독자들은 다만 미미한 환경에서 중독환자들의 지원 사업을 요구하는 작은 그룹입니다.

약물 중독자들은 이따금 다른 사람에게 자신을 숨길 수 있는(타인이 이를 느끼지 못하는) 숨겨진 중독의 형태입니다. 즉 오늘날 약물 중독자들로부터 제공되는 모든 약제들은 처방전을 실제로 의무화하고 있습니다. 그것은 약품들이 의사에게서 처방되어야 한다는 것을 뜻합니다. 중독자들에게 사용되는 잠정적 중독성을 지닌 의약품들 중 약 1/3 정도는 질병 때문에 처방된 것이 아니라 금단현상을 피하려고 중독자를 위하여 제정되었던 것으로 추정합니다. 중독문제를 유발시키는 약품들은 전반적으로 볼 때, 네 가지 그룹이 있는데, 진통제(Anagetika), 증기사용 약화제(Daempfende Mittel), 수면제(Sedativa, Hypnotika) 그리고 완화제나 진정제, 흥분제 등입니다. 독일에서는 안식향(安息香)산염이 함유된 진정제가 가장 빈번하게 오용되었습니다.

독일에서 나타나는 가장 빈번한 의존성은 니코틴 중독중입니다. "담배 소비는 가장 크지만 피할 수 있는 건강상의 위험요소입니다. 독일 성인 중 33.9%가 흡연을 하고 있습니다. 이러한 비율의 인구는 1,600만에 달합니다. 12-17세 나이의 청소년들 중 약 18%가 담배를 피우게 됩니다. 해마다 140,000명이 흡연으로 인한 직접적인 결과로 인하여 이른 죽음을 맞이하며 약 3,300명의 사람들이 간접흡연으로 죽음을 맞이합니다. 흡연으로 인한 비용은 해마다 1,880억 유로 규모로 산정됩니다." (연방보건청 2008년 마약과 중독보고)

흡연은 병이 아닌 것으로 간주되는데, 여기에는 여러 가지 이유들이 있습니다.

- 흡연인구 비율이 너무 크다 - 인구의 1/3을 병자라고 발표할 수는 없다.

- 흡연은 작업능력을 즉각적으로 침해하지는 않는다.

- 정치결정권을 행사하는 엄청난 규모의 사람들 그리고 미디어의 여론 형성자들은 흡연을 하고 있다.

- 냉소적으로 말하자면 '흡연은 연금계산의 부담을 줄여준다. 왜냐하면 흡연자의 기대수명은 더 짧고, 예를 들면 폐암과 같이 발병 이후 상대적으로 갑자기 죽기 때문이라고 말할 수 있다.

그렇지만 흡연에 대한 공적인 인식에 있어서 분명한 이해의 변화가 생겨나게 되었는데 흡연 광고가 퇴출되었고 담배 상품은 경고를 명기해야 합니다. 그리고 공공장소에서 비흡연자 보호가 광범위하게 도입되고 있습니다. 시민운동은 청소년들이 흡연으로 뛰어들지 않도록 보호하는 것을 목표해야 합니다. 담배 소비는 더 이상 "시크"(chic)하거나 "쿨"(cool)하게 여겨지지 않습니다.

b) 물질과 결부되지 않은 중독의 형태들

식욕 장애는 이러한 형태에 속합니다. 식욕 장애의 범주 안에 비만증(Adipositas), 거식증(Bulimia)과 식욕부진(Anorexia) 등이 있습니다.

- 비만증은 신체에 과다 비축된 지방을 통해서 정의됩니다.

- 거식증은 남자보다는 여자에게 전형적으로 나타나는 중독인데, 대체로 체중은 일반적인 영역에 머물러 있습니다. 그렇지만 과체중이나 저체중의 진행 형태와 체중 변화가 아주 심한 경우도 있습니다. 식욕에 대해 시간적으로 제한적이지만, 빈번한 발작이 구토와 적극적으로 체중 조절하는 행위와 번갈아 옵니다. 이 때문에 거식증은 종중 "단식중독"(Ess-Brech-Sucht)으로 번역됩니다. 몇몇 여성 환자들은 구토 후의 느낌을 기분 좋은 흡연상태로 묘사하고, 또 다른 사람들은 또 다시 거절하였다는 아주 강한 죄책감에 대해 보고를 합니다. 여성 거식증 질환자들은 건강을 회복하기 위해서 "좋고", "나쁜" 음식물을 분별하여 골고루 취하는 것을 배워야 합니다.

• 이전에 일반적 체중에서 최소 25% 감량이 되었을 때를 식욕부진으로 판정합니다. 여기에는 살찌게 된다는 아주 강렬한 공포가 있는데, 대부분 여성에게만 나타납니다. 환자들은 신체모양에 있어 이상이 생겼을 경우, 이를 근거로 저체중을 너무나 살찐 것으로 느낍니다. 이들은 체중이 일반적인 몸무게의 하한선에 머물러 있기를 거부하고 있습니다. 자신들이 병든 상태라는 것도 거부합니다. 스스로에게 강력한 운동성 활동을 해야 한다고 압박감으로 요구합니다. 체중은 더 적은 양의 음식을 섭취함으로 낮게 유지하지만, 그럼에도 불구하고 하루 종일 그들의 생각은 먹는 것에 둘러싸여 순환하고 있습니다.

게임 중독 역시 물질과 결부되지 않은 중독의 형태인데, 독일에서 90% 이상의 남성들이 이에 해당됩니다. 게임 중독자들에게 자동오락기의 해탈감정기능은, 알코올 중독자들에게 있어 술병이 주는 것과 마찬가지입니다. 게임 중독자들은 중독으로 인해 엄청난 양의 돈을 지출하며 이를 통해 - 게임 중독자들이 큰 부채를 가지는 경우가 드물지 않기 때문에 - 가족을 힘들게 합니다. 게임 중독자들은 여기에 특성화된 중독 클리닉에서 진료를 속히 받아야 할 것입니다.

c) 다른 중독의 형태들

공중의 토론에서 언제나 새로운 형태의 중독을 발견하고, 중독 개념의 확장과 함께 그 주제를 팽창하여 위험스럽게 하는 것과 그것을 통하여 중독에 시달리는 사람들의 실제적 고통을 더 이상 심각하게 생각지 않게 위협합니다.

그러나 중독과 그렇지 않은 중독 사이의 증상들은 유연합니다. 특별히 자연스럽게 되어버린 인터넷 접근은 한정되지 않은 가능성과 더불어, 사람이 '전 세계적인 웹사이트 망에 걸려 자신을 상실하고 평행적인 세계 속으로 들어가서, 실생활과의 접촉점을 잃어버리도록 하는 위험을 낳고 있습니다. '인터넷의 화면이동 클릭'은 극단적인 경우 중독으로까지 상승할 수 있는 강박적인 특색을 가집니다. 그 어떤 즉각적인 신체 손상이 발생하지 않음에도 심적인 속박이 생겨나는 것은 의심할 바 없는 사실입니다. 중독적인 행태가 있는지 여부의 판단기준은 일정 시간 동안 인터넷매체(PC)를 포기할 수 있느냐에 달려 있습니다.

형성

중독 질환자가 자기 병을 은폐하거나 증상들을 숨긴다면 더 이상의 진척이 없어집니다. 중독에 대해서 직접적으로, 즉각적으로 말하는 것이 더 나을 것입니다. 이렇게 말할 때는 당사자가 그 문제를 부인하거나, 무시하거나 또는 질책에 대해 저돌적으로 저항한다는 것을 염두에 두어야 합니다. 이런 태도가 나타나면 그것은 병에 조건적인 것이지 악의적인 것으로 오인해서는 안 될 것입니다.

중독 질환자들에게 가능한 한 이른 시기에 그들의 문제를 언급해야 한다는 규칙은 가족 내에서나 또한 일터에서도 유효합니다. 중독 질환자들에게 도움의 손길로 접근하기까지 - 그들이 실제로 더 이상 아무것도 모르기에 - 우선적으로 가엾게 생각해야 한다는 개념은 이미 진부한 것으로 간주됩니다. 의학적이고 윤리적인 관점은 지속되는 신체적, 심적 또는 사회적인 피해가 나타나기 전, 초기에 개입할 것을 절대적으로 지지하고 있습니다.

오늘날 사용할 수 있는 진료 용품들은 아주 차별적으로 구성되어 있습니다. 초기 접촉지점은 심리사회적인 상담입니다. 상담은 중독을 들추어내고 이것이 얼마나 심각한 것인지 발견토록 지원해줍니다. 많은 상담소들은 외래치료를 하는데, 상담소를 찾은 사람들은 이를 통해서 받은 도움은 이미 충분하다고 합니다. 또 다른 접촉지점은 자립단체조직으로, 녹십자, 친구들의 모임, 국제금주협회, 무명의 알코올 중독자(AA) 그리고 여러 단체들이 있습니다. 당사자들은 자립단체 안에서 서로 연합하여 공동이 함께 상호를 절제하도록 지원하고 있습니다.

만일 외래치료나 자립단체 방문이 중독자들을 장기적으로 안정화시키는데 충분하지 않다면, 이번에는 전국적으로 분포된 전문클리닉이 있습니다. 일반적으로 6-16주 동안 - 마약중독의 경우 기간은 더 길어집니다. - 지속되는 입원 치료는 중증 중독환자를 진료합니다. 연구에 따르면 입원치료를 받은 환자의 반 이상이 지속적으로 절제할 수 있다고 합니다. 재발할 경우 종종 2차, 3차 진료가 도움을 줄 수 있습니다.

[참고도서]

- 압팔그(Aßfalg,R.), 출판자(Hg.): 병자의 진찰에서의 악습과의 투쟁에 관하여(Von der Bekämpfung des Lasters zur Behandlung des Kranken). 중독증환자와의 100년 작업(100 Jahre Arbeit mit Suchkranken). 하나의 연대기(Eine Chronik), 2003.
- 보이텔(Beutel,M.): 알코올중독증의 약물에 의한 진단(Medikamentöse Behandlung der Alkoholkrankheit), 1998.
- 인터넷(Im Internet): http://www.suchthilfe.de
- 만/북크레머(Mann,K./Buchkremer,G.): 중독, 토대, 진단, 치료법(Sucht. Grundlagen, Diagnostik, Therapie), 1996.
- 파르네피요드(Parnefjord,R.): 약물핸드북(Das Drogentaschenbuch), 1997.
- 로스트(Rost,W.): 알코올주의의 심리분석(Psychoanalyse des Alkoholismus), 1987.
- 자이츠/리버/지마노브스키(Seitz,H./Lieber,Ch./Simanowski,U.): 알코올 핸드북(Hand-buch Alkohol), 1995.

4.3 사회와 국가

4.3.1 국가, 민주주의와 교회

인지

1999년 인지도가 높은 독일의 한 일간지는 독일 연방공화국 헌법 50주년을 기념하는 사설에서 "기본법-기적"에 관하여 말했으며, 전 세계가 동일한 것을 찾는 것처럼, 독일헌법을 "민주주의에 대한 안내"로 표현했습니다. 성경처럼 구원의 길로 인도하는 기적에서 "표적"을 보는 자는 이러한 언론지의 숨겨진 종교적인 전문용어를 거절하지는 못할 것입니다. 독재정치와 홀로코스트 이후 독일인들은 단지 "경제기적"만이 아니라 의회민주주의와 더불어 예상치 못하였던 안정적인 정치문화의 선물을 경험했습니다. 이러한 해석은 기본법이 통과된 이후 60년간 그들의 정확성으로부터 아무것도 잃지 않았습니다. 사적인 일로서 종교의 형식을 넘어서 밖으로까지 미치는 기독교와 민주주의 사이에 내적인 관련에 따른 질문들이 거기서 나타납니다. 1985년 독일개신교회협의회(EKD)는 "개인교회와 자유 민주주의"라는 각서(覺書)에서 민주주의 질서의 가치를 제기하면서 이러한 공동체 국가에 대한 책임을 요청하였습니다. 즉 "히틀러는 '민주주의자들이 충분히 존재하지 못하였기 때문에' 권력남용에 이르게 되었다는 것입니다."

개신교회는 하나의 추상적이며 보편적인 국가이론을 결코 대표하지 않았으며 그리고 교회 자체의 사명과 국가의 사명 사이를 언제나 분명히 구분할 것입니다. 그러나 교회는 1985년 각서(覺書)이래로 다음과 같은 질문들에 확신하는 답변들을 찾는 일에 참여하고 있습니다.

- 민주주의 국가에 대한 찬성이 어떻게 근거를 가지게 해야 하는지?
- 민주주의의 헌법은 어떤 근본요소들을 유지해야 하는지?
- 이러한 국가형태들은 오늘날 어디서 보호와 계속적 발전을 얻을 수 있는가?

방향

1. 기독교와 민주주의

a) 민주주의와 인간의 존엄성

사람들을 보호하는 국가에 부여된 신적인 사명은 어떤 국가형태도 그러한 것으로서 특권이 부여되는 것은 아닙니다. 그러나 그것은 모든 정치의 평가에 대한 손길에 하나의 표준을 제시합니다. 거기서 민주주의의 근본요소들은 인간의 존엄성과 인간의 죄책(실수)사이에 신 형상(창1:27)과 구원의 필요성(롬7:24)사이에 그의 양립과 함께 성경적인 인간상(人間像)에 하나의 특별한 근접을 오해되지 않게 보여줍니다. 민주적인 기회와 민주적인 통제라는 이 두 가지가 없이는 누구도 나아오지 못하며, "국민주권"도 국민에 의해서 선출된 정부도 나오지 못합니다. 만약 국가가 시민에게 요구하는 충성의 한계가 중요하다면, 단 하나의 헌법만이 오늘날 인간의 존엄성에 일치할 수 있을 것입니다. 이점에 있어서 종교자유의 인정은 국가적인 권력의 한계에 대한 결정적 특징을 형성합니다.

b) 민주주의와 기독교 책임

민주주의는 순수한 "기독교적" 국가형태는 아닙니다. 그래요!, 교회는 민주주의의 근본요구들이 간혹 교회에 대립하여 국가 헌법들에서 길을 찾았다는 것에 의식적으로 머물러야 합니다. 우리가 오늘날 "신적 명령"에 따라 국가에 수반하는 임무에 관하여 말한다면(바르멘 선언 제5항), "이러한 명령"은 민주주의에서 우선적으로 국가를 형성하는 시민들에게로 향합니다. 그 때문에 권력을 통제하기 위한 공중사회의 자유로운 기능화는 하나의 큰 역할을 하게 됩니다. 즉 집회의 자유, 시위의 권리 그리고 시민운동에 대한 가능성은 그것에 대한 본질적인 것입니다. 왜냐하면 정치적 논쟁과 정권교체는 민주주의의 구성적인 요소로 머물러야 하기 때문입니다. 그것들은 거기서 저항에 대한 권리로 그들의 특별한 시금석을 발견합니다.

형식적 합법성에도 불구하고, 윤리적으로 비합법적인 것으로 여겨진 국가의 결정들에 대립하는 저항이 주어질 수 있을까요? 1985년 작성된 민주주의-각서의 다음과 같은 구절들은 격렬한 논쟁의 원인이 되었습니다. 즉 "다만 의회나 정부의 개인적이며 정치적인 본안의 결정들에 저항하여 투쟁하는 자는 자유 법치국가의 전 체계가 위험에 빠지기를 원하지는 않을 것입니다. 만일 어떤 사람이 모든 사람의 기본권리가 심각하게 훼손되었다고 보고, 이것을 국가 질서의 제한적 훼손보다 더 높게 판단할 경우 그는 반드시 법률적인 결과들을 감수할 준비를 해야만 합니다. 그것은 저항 때문이 아니라, 법의 저촉에까지 이를 수 있다는 전시적이며 암시적인 행위들 때문입니다. 그러한 충돌 가운데 놓여 있는 심각성과 도전은 의회 민주적인 정부체계와 그의 다수 결정들의 적법성과 합법성에 대한 암시를 통하여 간단히 행해질 수는 없을 것입니다. 남녀 시민들의 양심적 사고와 양심적 결정들의 진가가 인정되고, 존중되었던 것은 민주주의의 자유로운 특성에 속합니다. 비록 그것들이 위법적이며, 그것들에 대한 예견된 제재조치들에 종속되어 있다 할지라도, 그것들은 민주적 결정들의 내용과 형식에 대한 문의로서 진지하게 행동해야만 합니다."

이웃 사랑의 부르짖음, 예를 들어 기술적인 거대한 프로젝트나 정치적 망명 청원자들에 대한 것 같은 표면적인 어려운 상황에서, 정치적인 책임을 떠맡는 일 역시 냉정을 요구합니다. "거대한" 정치는 그들의 효용성, 신뢰성, 명석함, 대부분 구체적이며 민주적 책임의 여러 "작은 단계들에 힘입고 있습니다. 게다가 교회의 설교는 자신의 정치적 프로그램이 없이, 그러나 현실적 정책의 윤리적 방향 범주를 따라 비판적인 질문과 함께 호소하는 것입니다. 사안들에 대하여 전문지식과 꾸준히 토론하기 위하여 하나의 포럼을 찾는 자는 이러한 기회를 교회에서도 찾아야 할 것입니다. 특히 교회의 아카데미들은 오래 전 부터 선거 전략에 관한 정치적 논쟁이나 경멸적인 비방에 관한 정치적인 논쟁을 자유롭게 하도록 본질적인 것들에 기여하고 있습니다.

그럼에도 불구하고 기독교의 책임은 우선적으로 법 준수의 윤리를 돌보는데 있습니다. 바이마르 민주주의와 함께한 짧은 경험은 만성적 법적 혼란의 손상을 통해 법치국가가 어떻게 파괴될 수 있는지를 보여줍니다. 비록 법의 수상한 영역이 무분별하게 이용되었다 할지라도 법과 권리를 지배하는 자들처럼, 그것에 지배받는 자들과의 결합이 의식적이어야 하는 것입니다.

다음의 것들은 필수적입니다.
• 권력분할의 원칙: 그것은 국가적 권력의 통제를 제도화하며, 법을 부여하는 의회와

정부와 사법부가 분명하게 그들의 임무분배를 구분하는 것입니다.

반대당(야당)의 자유: 민주주의는 그들의 의회 권리들을 우선적으로 보증합니다.

• 모든 정치적 지배권의 시간적인 기한설정: 그것은 제한된 신임과 정당한 불신임 사이에 균형을 만들어내며, 그 안에서 기독교와 민주주의가 서로 연결되는 인간상에 유비관계를 가집니다.

• 대의의 원칙: 모든 권력은 국민에게서 나옵니다. 국민은 자유롭고 비밀투표로 선출된 자들에게, 그들로부터 해명을 요구하는 국회의원직으로 자신의 권력을 위임합니다. 오직 유권자들을 통한 이러한 소명에서 국회의원은 그들의 자격과 위엄을 지니게 됩니다. 그들은 공공의 안녕에 의무가 있으며, 그 어떤 경우라도 개인의 개별적 관심사의 대변인으로 전락되어서는 안 됩니다. 이것이 더 적게 보증되면 될수록, 시민운동과 직접 민주주의의 다른 요소들이 점점 더 많은 중요성을 지니게 되는 것입니다.

물론 거기에는 질문들이 남아있습니다.

• 점점 더 복잡해지는 결정절차들은 유럽연합(EU)의 동맹에서 대략 대의의 원칙을 약화시키도록 위협하지는 않는가?

• 집행부가 계획과 구성에 있어서 점점 더 많은 권한을 가지게 되지 않는가?

• 입법부가 - 그리고 이와 더불어 국민이 - 정부나 행정기관을 통하여서도 제한할 수 없는, 실제로 국가 내에 권력 1순위로 머물러 있는 것은 아닌가?

• 개별 국회의원들은 그들 당파(원내교섭단체) 내에서 어떤 개별적인 가능성을 견지하고 있는가?

하나의 계속되는 원칙적 질문, 즉 만일 민주주의가 대의의 원칙과 다수결의 원칙 위에 세워진다면 소수의 기회와 권리는 무엇이 남아 있는가? 먼저 다수의 권리 역시 예를 들면, 기본법과 인권을 통해서 제한받는 것이 유효합니다. 그밖에도 다수결의 규정은 또한 다수를 다시금 바꾸는 것의 가능성이 생길 때만 유효합니다. 모든 민주주의의 특별한 기회는 소수가 죽은 듯이 잠잠하게 될 수 있다는 거기에 있습니다. 즉 야당의 이면에서 각 시민은 귀가 밝아야 하며, 미리 준비된 여론조사, 국민청원, 국민투표라는 도구들을 사용해야 합니다.

기존하는 국가형태의 승인은 독일 개신교주의의 역사를 위해서 특징적입니다. 민주주의의 긍정적인 하나의 평가는 이러한 국가형태가 자체 안에서 책임에 대한 참여의 요소를 가질 때, 이를 뛰어넘어서고 있습니다. 그 때문에 민주주의의 기독교적인 승인은 항상 비판적인 연대감의 성격을 짊어지게 됩니다. 예를 들면, 관용(寬容)의 존중이 바로 거기에 속합니다. 왜냐하면 이러한 국가형태는 모든 시민의 온전한 공동체성을 요구하는 것이 아니라, 다양한 신념들과 삶의 스타일들을 지원하기 때문입니다. 그리고 그러한 국가형태는 달리 생각하는 시민들과 그룹의 참여에 대한 것과 같이 동일하게 기독인의 공동책임과 교회의 기여에 대하여는 개방되어 있어야 합니다. 그는 관용을 단지 인간적인 지식의 제한성에 토대를 둘 뿐만이 아니라, 사람의 생각과 행위의 오류 가능성과 관심의 동반에 또한 기초한다면, 그것은 기독교적 현실주의에 상응하는 일인 것입니다.

c) 민주주의와 미래적 자질의 공동체 국가

민주적인 국가형태의 근본요소들은 현대적인 문제들의 많은 것들이 알려지지 않았던 시대에 발전되었습니다. 민주주의는 그들의 과제를 역시 미래에도 충족시키게 될 것인가?

예를 들어, 다음과 같은 새로운 과제들의 해결이 중요하다면, 국가에 대한 충성은 손실의 위험에 처하게 될 것으로 봅니다.

• 지역 환경에 심각하게 개입하는 기술적인 대규모 사업계획의 설립

• 임신중절을 위한 법 제정

• 다수결의 메커니즘이 문제 상황을 너무나 자주 단순화 시켜버릴 결정의 방편이 될 경우

• 예를 들면, 환경보호 단체들과 평화운동, 여성운동을 의식적으로 만드는 것처럼 전 세계적인 생존의 문제들.

- 장기적 해결책보다는 먼저 단기적 성공과 권력 유지를 지향하고 있는 당파들의 경향
- 단지 관할권들을 현저히 어렵게 만드는 관료적 구조들.

- 점점 복잡해지고 더 위험스러워지는 현대 기술의 발전.

- 국가를 자체에 의존적이 될 수 있게 하는 관심그룹들의 실제적인 교묘한 세력들.

- 젊은 세대에서 - 또한 실망들의 근거에서 - 열광을 억압했던 우리 국가의 자유와 민주적 근본구조에 대한 습관화.

주로 "자유"와 "평등"을 추구했던 한 시대 이후, 오늘날에는 - 프랑스 혁명의 3개 항의 세 번째 요소로서 - 말하자면, 정치적 과정에 모두의 정당하고 책임적인 참여인 - 형제애가 전면에 드러나야 합니다[Tödt].

이러한 것들은 다음의 일들에서 나타나야 합니다.
- 시위법의 인지: 그 어떤 경우에도 민주주의에서 정치는 길거리에서 만들어진다는 모욕적인 언사가 되지 않아야 합니다.

- 예를 들면, 유엔차원에서 NGO(비정부적 조직체)들처럼, 직접적 민주주의의 더 많은 요소들을 통하여 참여 가능성들을 확대하는 일.

- 국민청원이나 국민의 표결로서 진행되는 것에서처럼, 현안 문제들에 대한 집중적 공개 토론에서 입니다. 물론 국민투표는 사안 자체의 문제를 단지 '예스'나 '노'로 단순화시키는 데로 기울어집니다. 그렇기 때문에 국민표결이 만병통치약이 되어서는 안 됩니다.

- 다시 공적 책임을 인지하도록 움직이는 탈중앙화에서입니다.

민주주의는 시민들이 무능의 감정을 극복하고, 그들 자신의 일에서 국가의 임무를 만드는 개인적 사안으로 되돌림에 확산된 경향에 저항하는 모습에서 살아있습니다. 자신들이 힘이 없다는 의식을 이겨내고, 국가적 과제를 자기 자신의 사

안으로 만듦으로써 살아남습니다. 정치적 실존은 다음과 같은 입장들에서 구현됩니다.

- 분쟁능력: 다원적 사회에서 다양한 견해와 관심들이 항상 존재합니다. 분쟁(갈등)은 억압할 것이 아니라, 공론화되게 해야 합니다. 사실적으로 이끌어지는 토론이나, 절충된 목표를 지향하는 전문능력이 요구됩니다.

- 정치 교육: 논쟁에 참여하고자 하는 사람은 누구나, 왜 중요한가를 알아야 합니다. 이것은 공중에 관한 것을 요구합니다. 특별히 정치인들과 정당과 전문가들로부터 폭넓은 대민홍보 활동을 힘쓰는 일이 요청됩니다.

2. 국가

a) 사람은 공동생활의 본체이다.

공동적 삶의 모든 형태들과 공동적 작업의 모든 질서들은 이러한 공동체를 보존하려는 목적에 기여합니다. 그 때문에 그것들은 강자(强者)의 힘을 감소시키고, 약자(弱者)의 권리를 보호하기를 힘쓰게 됩니다. 무한히 긴 발전역사에서 획득된 경험은 사람이 인간성이 필요하고, 단지 그렇게 살아남아 있도록 하는 그 안에서 바로 실현됩니다. '권력의 질서'로부터 점차적으로 '권리의 질서'로 향하게 되었으며, 마침내 우리가 오늘날 그것을 가지는 것처럼, 서로에 대한 '책임의 질서'가 되었습니다.

그래서 인간의 본성 가운데 "국가"(Staat)의 기본구상이 근거를 가지며, 동시에 "하나님의 필적"을 지니게 됩니다. 왜냐하면 그것이 혼인과 가족의 공동성에서부터 출발하여, 사사로운 결합들과 자치단체의 연합체를 넘어서 국가의 거대한 형태에 이르기까지 세워지며, 인간적인 삶을 구조화시키는 '창조의 질서'에 속하기 때문입니다. 국가권력의 기원은 언제나 종교적으로 고정되었습니다. 즉 국가권력의 담당자에게서 그것들은 직접적으로 예를 들어, 이스라엘과 이집트에서처럼 "하나님의 아들"로 보았던지, 아니면 후대에 서방에서처럼 주권자(Regent)가 "하나님의 은혜"로 그의 권력을 수여 받게 되는 것으로 보았습니다. 양자는 하나님이 그의 창조를 사랑하시며, 그 때문에 아주 특별히 창조의 질서를 정치적이며, 문화적으로 보호하며, 그것들을 파괴하려고 위협하는 모든 힘들을 방어하는 과제와 함께 통치자를 연결하는 확신에 기초합니다. 그러함에도 불구하고 "다스리는 자와 다스림을 받는 자들의 책임"(Barmen V)으로부터 살아있는 하나의 국가형태에서 이러한 근거의 모범들은 변경됩니다.

b) 성경과 국가

성경은 국가에 대해 두 갈래로 구분된 입장을 밝힙니다.

- 한편으로, "사람보다 더욱 하나님의 말씀에 순종해야 한다"라는 요구가 있습니다. 이러한 요구는 국가권력의 한계에 대한 논쟁에서 핵심어처럼 사용됩니다. 누가가 인용하는 것(행5:29)은 '그리스 철학'에서도 발견되며, 또한 오늘날 '양심의 자유'라는 형태로 모든 종교적인 사람들의 자유를 위한 가장 심오한 근거로 언급됩니다. 모든 지상의 권력들을 초월하는 하나의 권세에 대한 그의 결합입니다.

- 또 다른 한편, 성경은 '공적 질서'를 바르게 보존해야 하고 이를 위해 그의 "칼"을 하나님으로부터 받았다는 것을 알고 있습니다(롬13:4). 특별히 신약의 한 후기 서신서는 이러한 상반된 감정의 양립을 분명하게 언급하고 있습니다. "인간의 모든 제도는 주를 위하여 순종하되, 혹은 위에 있는 왕이나, 혹은 그가 악행 하는 자를 징벌하고 선행하는 자를 포상하기 위하여 보낸 총독에게 하라, 곧 선행으로 어리석은 사람들의 무식한 말을 막으시는 것이라, 너희는 자유가 있으나 그 자유로 악을 가리는 데 쓰지 말고 오직 하나님의 종과 같이 하라, 뭇 사람을 공경하며 형제를 사랑하며 하나님을 두려워하며 왕을 존대하라"(벧전2:13-17).

구약성경은 이스라엘의 (정치적) 기원사, 즉 애굽의 노예생활로부터 출애굽을 하나님이 연출하신 종교사로 기술하고 있습니다. 정치인이자 하나님의 사람인 모세는 물리적이고 정신적인 생활의 수 없는 위기를 통과하여 그의 백성을 "약속한 땅"으로 인도합니다. 그 땅에서 '이스라엘의 하나님 야웨(JHWH)는 오랜 시간 동안 왕의 칭호로서 간직되어지고, 백성들은 스스로 지파연맹체이기 보다는 전(全)국가적 형태의 조직으로 편성되었습니다. 수백 년이 지난 후에서야 그들 스스로 이민족들과 전투적인 충돌에 멸망되지 않도록 다른 민족들처럼 한 왕이 선두에 있기를 원합니다. 이제 "더 이상 야웨(JHWH)가 그들의 왕이 되지 말아야" 하기에, 백성들이 야웨(JHWH)를 버렸다는 주장은 이후 시대의 역사적 회고에서 유래되며, 오늘날에까지 한 국가가 그들의 통치자들과 함께 함으로 겪을 수 있는 그런 경험을 경고의 목적으로 추가하고 있는 것입니다.

"이르되 너희를 다스릴 왕의 제도는 그 때문에 그가 너희 아들들을 데려다가 그의 병거와 말을 어거하게 하리니 그들이 그 병거 앞에서 달릴 것이며.... 자기 밭을 갈게 하고 자기 추수(秋收)를 하게 할 것이며 자기 무기와 병거의 장비도 만들게 할 것이며, 그가 또 너희의 딸들을 데려다가 ..., 그가 또 너희의 밭과 포도원과 감람원에서 제일 좋은 것을 가져다가 자기의 신하들에게 줄 것이며, 그가 또 너희의 곡식과 포도원 소산의 십일조를 거두어 자기의 관리와 신하에게 줄 것이며..... 너희의 양 떼의 십분의 일을 거두어 가리니 너희가 그의 종이 될 것이라, 그 날에 너희는 너희가 택한 왕으로 말미암아 부르짖되 그 날에 여호와께서 너희에게 응답하지 아니하시리라 하니" (삼상8:11-18)

사울은 첫 번째 왕으로 선출되었고, 그의 뒤를 이은 왕정의 서막으로 다윗과 솔로몬이 왕이 됩니다. "사람보다 하나님께 더 많이 순종한다."라는 정치 윤리적인 기본원칙은 모든 왕의 즉위식 때 절대성의 요구를 도맡아서 진행하도록 하기위하여 제사장이 새 왕에 기름을 붓고, 그 즉시 "하나님의 아들"이라고 선포하는 것을 전적으로 유지시켰습니다. 기름 부음을 받은 자로서 왕은 마치 아들처럼 신적 아버지의 뜻을 행해야 합니다(참고, 시2; 89; 110). 물론 하나님의 아들로의 입양은 통치자가 자신의 임무를 인지하기 위해 그를 보호해야 합니다. 그러나 그것은 왕으로 하여금 우주적인 하나님의 왕정에 대해 책임을 다하도록 묶어두어야 합니다. 이스라엘의 선지자들은 언제나 국가정치에 대한 깨어있는 비판자들이었음에도 불구하고, 단지 호세아만 근본적으로 왕권을 대항하였습니다. 다른 모든 선지자들은 아주 구체적으로 직분 소유자를 대항하였지, 결코 그 직분 자체를 반대하지 않았습니다. 물론 선지자들은 많은 왕들을 거절함으로써 그들의 시선은 점점 미래로 향하게 되고, 그들은 마지막 시대에 하나님의 "기름부음 받은 자"(메시아/그리스도)가 국가와 종교 안에서 삶의 조건들을 치유하게 될 이상적인 통치자를 지향하게 됩니다.

↗ 3.1 나사렛 예수 - 그리스도

나사렛 예수와 그와 함께 탄생한 신약성경은 정치적이며 종교적 긴장이 고조되었던 한 시대에 이런 주시 방향을 유지하고 있습니다. 묵시론자들(Apokalyten)은 모든 국가정권의 존재적 정당성을 군사적으로 대항하거나(열심당), 아니면 광야도피(에센파)를 찾고 있었던 반면, 낙관주의자들은 로마라는 국가와 함께 그들의 사업을 진행하였습니다(사두개인들). - 그러나 예수님은 여기에서 거리를 두고 있습니다. 국가와 종교 간의 분쟁에 휘말려 들어갔을 때, 그분은 당황하지 않고 "이르시되 가이사의 것은 가이사에게, 하나님의 것은 하나님께 바치라"(막12:17)고 하셨습니다. 여기서 예수님은 "권좌(權座)와 제단(祭壇)"을 동등 된 가치와 평화로운 균형 속에 있는 것으로 보지도 않고, 정치를 공적인 것으로 그리고 종교는 사적인 영역으로 치부하지도 않으십니다. 강조점은 분명 두 번째 부분, "하나님의 것은 하나님께 바치라"에 있습니다. 하나님은 국가를 포함한 모든 것을 총괄하십니다.

이와 마찬가지로 산상수훈의 반명제(反命題) 역시 단순히 개인의 내면세계로만 제한하여 축소해서는 안 될 것입니다. 예수님은 전인을 요구하십니다. 그러기에 유대 신학자 라피데(Pinchas Lapide)는 "산상설교로 그 어떤 정치를 할 수 없다"라고 생각하는 모든 사람들의 견해에 반대합니다. 만약 예수님께서 권리와 권력을 포기할 것을 요구하신다면, 그것은 주께서 도처에 발견된 보복과 부정의 악순환 고리를 돌파하도록 자극하고, "그것을 단념하는 것이 아니라, 자기의 권리를 포기"(W. Schrage)하는 사랑으로 유인하기 위해서입니다. 예수님은 로마의 국가종교가 황제를 신으로 만들었던 것과 같은 방식으로 국가를 높이지 않으십니다. 다른 하나의 권세가 그와 그의 범위를 결정합니다. "예수께서 불러다가 이르시되 이방인의 집권자들이 그들을 임의로 주관하고, 그 고관들이 그들에게 권세를 부리는 줄을 너희가 알거니와 너희 중에는 그렇지 않을지니 너희 중에 누구든지 크고자 하는 자는 너희를 섬기는 자가 되고, 너희 중에 누구든지 으뜸이 되고자 하는 자는 모든 사람의 종이 되어야 하리라"(막10:42-44). 이 말씀은 양측 모두에게 매력적이었습니다. 왜냐하면 예수님의 제자들 중에는 신랄하리 만큼이나 반로마적인 입장의 열심당원도 있었고, 점령군들과 공조하던 세리도 있었습니다. ↗ **3.1. 나사렛 예수 - 그리스도**

이점에 있어, 바울은 예수님을 따르고 있는데, 그는 로마 교회에 글을 쓰기를, '하나님은 혼돈(混沌)으로부터 지상에 있는 생명을 보호하기 원하시기 때문에, 모든 정권- 또한 로마 정권도 - 은 하나님께 봉사한다.'라고 기록하고 있습니다. 그러한 까닭에, "각 사람은 위에 있는 권세들에게 복종하라 권세는 하나님으로부터 나지 않음이 없나니 모든 권세는 다 하나님께 정하신 바라"(롬13:1)라고 말씀합니다. 만일 사도 자신이 언제나 로마 당국과 분쟁상황을 만들고 결국에는 그 국가의 체계에서 순교를 당한 것을 생각해 본다면, 많이 인용되고 있는 그의 구절들은 '서투른 국가 예속적 표현'으로 풀이하지 말아야 할 것입니다. 바울은 예수님과 함께 태연함을 공유합니다. 각 국가 속에 지상적으로 '필수적인 것들'과 '필수적으로 찾아야 할 것'이 있다는 것을 알고 있습니다. 그리고 이와 동시에 국가를 넘어서서 하나님의 손 안에 장만 된 것과 같은 것들을 바라보고 있습니다. 국가에게 위탁된 것은 선한 것을 장려하고 악한 것에 저항하는 일입니다. 국가는 이를 통해서 자기를 견주어 보아야 하고 그리고 이 점에 있어서 순종과 조세징수로 지원받아야 합니다. 그러나 이것 역시도 공포나 음흉함을 통해서가 아니라 '양심의 자유'와 '통찰'을 통해서 이행되어야 합니다. 이러한 까닭에 원시기독교는 하나님에 대한 순종을 고무함과 동시에 국가에 대한 순종에 대해서 양심을 항상 앞세웠습니다(행4:19; 5:29 등). 기독인의 '주'(헬라어, '퀴리오스') - 당시에는 황제의 칭호 - 는 그들의 세계를 다스리는 분으로(골1:16) 하나님의 그스도라 고백하는(빌3:20) 나사렛 출신인 그 사람이었습니다.

이 고백은 신약성경 마지막 책에서 하나의 비전으로 확장됩니다. 요한의 계시에서 국가는 자기 안에는 더 이상 하나님의 은혜로운 지침을 찾아볼 수 없고, 단지 깊은 밑바닥에서 올라온 짐승만을 찾아볼 수 있을 정도로 변질된 것으로 나타나고 있습니다. 대체 무슨 일이 일어났습니까? 장터에 황제의 상이 세워졌고, 각각의 시민들은 - 사형의 위협 하에 - 그 상을 신으로 숭배하여야 했습니다. 첫 번째 대 박해시기에 기록된 요한계시록 13장에서 어떤 정치적인 파장이 감추어져 있는지, 당시 이 구절의 그림 언어를 자신에게 적용시키는 사람만이 예감할 수 있었을 것입니다.

c) 국가에 대한 신학적 평가

국가에 대한 신학적 평가에 있어 서방교회의 네 분파들은 흥미로운 차이를 나타내고 있습니다.

- 로마가톨릭의 '사회교의(론)'는 창조를 통해 부여된 영원한 법이 본래 그때의 모습으로 머물러 있도록 '교회의 파수꾼직'임을 일깨우고 있습니다. 국가적 규제력은 바로 여기에 근거를 두고 있고, 그 규제력 자체는 이 '자연법' 하에 있습니다. 또한 국가의 자주성과 교회와 국가 사이의 차이 역시도 바로 여기에 기초를 두고 있습니다.

- 이와 비교해 볼 때, 루터의 '국가교의(론)'는 미리 주어진 자연(창조)의 법적 구조보다는 자신의 피조물을 혼동과 자기 파괴로부터 구원하시기 원하는 '하나님의 자유로운

행위'에 방점을 두고 있습니다. 국가가 자기의 법률과 규율을 통하여서 하나님의 보존 의지를 두루 비추게 한다는 점에서 국가 특유의 위엄이 있습니다. 그럼에도 이러한 관점에서 손쉽게 벗어나는 점이 있는데, 그것은 루터교가 실제 국가에 대해서 언제나 "응급한 해결"이라고 보고 있다는 점입니다.

• 개혁교회의 윤리는 '보편적 사제론'에서 출발합니다. 각각의 기독인들은 교회의 중재가 필요 없이 하나님의 법을 직접적으로 마주보고 있습니다. - 기독인이 공적인 자리에서 행동할 때도 마찬가지입니다. 이미 츠빙글리에서는 신적이고 세상적인 정치의 완전한 일치가 보여 집니다. 왜냐하면 국가는 종교적 계명을 보편적으로 관철시켜야 하기 때문입니다. 칼빈은 논리정연하게 국가에게 종교적 책무와 교회 곁에 이웃하는 동등한 자리를 할애하고 있습니다. 국가는 단지 혼동만을 막아내는 "응급처방"을 해야 하는 것이 아닙니다. 이상적인 경우 국가 스스로가 "신정(神政)"의 형태를 지니거나, 후대 사람들이 말하였듯이, "그리스도의 왕권"을 지녀야 한다는 것입니다.

• 정교회는 교회사의 발전 과정에서 신앙 고백적 색채(色彩)와 국가적 색채의 특유한 연결성을 경험하였습니다. 예를 들자면, 사람들은 "러시아"정교회 또는 "그리스"정교회라고 말합니다. 그 배후에는 복음이 민족들의 고유한 언어와 그들의 고유한 사회 문화적 컨텍스트 안에서 저마다의 민족과 만나야만 한다는 신념이 있습니다. 이러한 신념은 각 시대의 지배자들을 자연(창조)에 대한 책임으로만 결부시키는 것이 아니라, 또한 그리스도의 복음과 그 교회에 대한 책임("이방인과 이단으로부터 보호")에도 결부시키고 있습니다. 정교회의 이러한 신앙은 콘스탄티누스 대제(大帝) 시대의 전통(285-337)과 단절되지 않으면서 유지되고 있습니다. 정교회는 오늘날까지 국가와 교회의 지배자들을 "단일한 유기체의 두 개의 왕관을 쓴 머리들"로 보고 있습니다.

d) 근대시대의 국가관

르네상스에서 준비했던 것이 종교개혁에서 전개되었습니다. 즉 그것은 "세계의 세속화"입니다. 종교개혁자들의 가장 위대한 영향력은 바로 그들이 세속화를 긍정했던 거기에 놓여 있습니다. 인간은 세상 속에서 그의 '이성'을 통하여 하나님께 봉사해야 합니다. 이러한 사고의 귀결에서 사람들은 국가를 내재적으로 기초하기 시작했습니다. 사람들은 물었습니다.

- 통치자는 절대적인가? 그렇지 않다면 "사회계약"이 통치자를 국민, 즉 고유한 주권과 묶어 매고 있는가?

- 통치자의 폐위는 언제 허용되는가? "국가 합리성"은 판단의 기준으로 충분한가 아니면 자연법이 더 강한가?

- 기독인들에게 있어서 국민을 통한 통치자 임명과 각각의 국가권력은 어떤 관계에 서 있는가?(롬13)

- 말하자면, 국가는 단계적으로 "하나님의 나라"(Reich Gottes)를 땅 위에 구현시키는 일종의 윤리적 시설인가?

두 가지 근본 기능은 모든 국가적 질서를 특징짓게 하고 있습니다.
- 권리는 항상 권력의 보호가 필요합니다.
- 사람은 동일 사람에 대한 책임을 피하지 않아야 합니다.

국가사회주의의 위기 시대에 '바르멘 신학'의 선언(1934) 5번째 조항은 다음과 같이 말합니다.

"하나님을 두려워하며 왕을 존경하라"(벧전2:17). 성경은 우리에게 말하기를, 하나님의 지령에 따라 국가는 아직 교회가 있는 구속되지 않는 세상 속에서, 권력적 위협과 권력을 행사함으로써 법과 평화를 사람의 명철과 능력의 한도에 따라 보살피는 임무를 지니고 있습니다. 교회는 하나님께 대한 감사와 공경심으로 국가의 선행을 하나님의 지령으로 인정해야 합니다. 교회는 하나님 나라와 하나님의 계명과 정의 그리고 다스리는 자와 다스림을 받는 자의 책임을 기억합니다. 교회는 하나님께서 만물을 지탱하시는 말씀의 권능을 신뢰하고 그에 순종합니다.

우리는 마치 국가가 그 특유의 임무를 넘어서서 인간의 삶의 유일하고 전체적인 질서가 되고, 또한 교회의 규정을 충족할 수 있는 것처럼 말하는 그릇된 가르침을 버립니다.

우리는 교회가 그 특유의 임무를 넘어서서 국가적 양식, 국가적 과제, 국가적 위엄을 착복하고 스스로 국가의 한 기관이 되어야 하고 또한 할 수 있는 것처럼 말하는 그릇된 가르침을 버립니다.

오늘날의 교회와 마찬가지로, 근대의 '사회국가'는 그들에게 할당된 경계를 설정해야 합니다. 왜냐하면 "복지국가"는 시민들을 자기 자신으로부터 과하게 독립적으로 만들어, 국가권력을 증대시키는 위험이 있기 때문입니다. 이에 대하여 교회는 남녀 시민들과 여타 다른 제도들이 자신의 정치적 책임을 인식할 수 있다는 점을 주목해야 합니다("자원주의 원칙").

e) 다른 종교를 가진 국가

'인권' - 특별히 '종교의 자유' - 과 그에 기초한 독일의 자유민주주의 기본질서는 우리와 여타 다른 서방국가들에서 (부분적으로는 대립적인) 역시 기독교의 가치들과의 논쟁 안에서 서서히 생겨났습니다. 국가와 문화를 포괄하는 정치 그물망과 마찬가지로 경제의 세계화는 이 인권적 도전에 응해야만 합니다. 이민을 통해 점점 다문화적 특색을 띠는 독일 인구분포는 우리의 컨텍스트 안에서 인권적 질문에 대한 논의가 필요한 것으로 만들어지고 있습니다. 한 가지 예를 들어보자면, 무슬림 신자들 편에서 점점 강하게 목소리를 높이는 요구가 있는데, 그것은 독일어로 진행되는 이슬람 종교교육을 독일 학교의 정규 교육과정으로 개설해 달라는 것입니다. 특별히 무슬림과 다수가 무슬림인 나라 출신의 사람들과의 만남은 '이슬람은 국가에 대해 어떠한 태도를 지니고 있는가?'에 대한 질문에 주의를 집중시키고 있습니다.　↗ **1.6.4 기독교 이외의 현재 종교들**

이슬람에서는 국가, 정치, 법과 종교가 밀접하게 서로 엮이어 있습니다. 무슬림 일색의 나라들의 헌법은 국가와 종교의 관계규정을 각양각색으로 조정하고 있습니다. 그럼에도 그들의 법 현실은 또 다르게 보일 수 있습니다. 이슬람은 종종 국가종교라는 지위가 주어지며, 이에 상응하여 국가는 종교의 자유를 보증할 수도 있는 하나의 중립적인 기관 이상이며, 참 종교의 현실화를 도모하도록 배려해야 합니다. 하나의 이슬람 국가를 만들어지게 하는 것이 무엇인가에 대한 질문에 대해 이슬람 사상가들은 여러 가지로 대답하고 있습니다.

3. 교회와 국가

a) 종교는 "사적인 일"인가?

오늘날 서구 사회에서 사람들은 이러한 질문에 대해서 당연히 '그렇습니다'라고 대답합니다. 많은 사람들을 위한 이상적인 관념은 전혀 공개적으로 나타나지 않는 하나의 종교로 보여 집니다.

첫 모습에 이러한 시각으로 보이는 것은 그럴듯하지만, 그러나 그것은 너무 단순합니다. 그 어떤 종교도 공개적으로 작용하는 것 없이 지속적으로 자유롭게 존재할 수 없습니다. 하나님과의 관계라는 내면성과 공개적으로 영향을 미치는 제도, 이 양자는 서로 배제될 수 없는 관계입니다. 여타 모든 사회단체들처럼, 종교 역시도 제도적인 형태를 필요로 합니다. 그러나 만약 기독교를 위해 교회제도가 필수 불가결한 것이라면, 사회생활의 많은 영역에서 교회와 국가 사이의 맞닿는 지점들이 생겨날 것이고 그리고 상호관계를 위해 법률적 조정이 요구될 것입니다. 이것은 독일에서처럼 국가가 종교적으로 중립적인 경우에도 마찬가지로 타당성을 지닙니다. 또한 개인으로서 기독인은 신앙의 견지에서부터 사회적 문제에 대한 자신의 공적인 입장을 취하는 권리가 법률적 문서로 확정되는 것에 관심을 가져야만 합니다.

b) 교회와 국가 - 간략한 역사 회고

길고도 심한 박해 이후 콘스탄티누스 대제는 주후 4세기 초반에 기독교를 공인하고, 테오도시우스 황제(347-395)는 기독교를 국가종교로 승격시킵니다. 이제부터 황제는 단지 교회를 보호하는 것만 아니라 니케아 종교회의(Konzil von Nicäa, 325) 이후 올바른 교리를 위해 실제적으로 관여하게 됩니다. 제국의 분할과 게르만의 침공을 통한 로마제국 멸망과 함께 서방교회(Rom)는 국가에 대한 자신의 자주성을 실현시키는데 성공하였던 반면, 동방교회(Byzanz)에서 국가와 교회는 긴밀하게 함께 묶여지게 됩니다. 이어지는 시대에 서방의 상황은 역전되었습니다. 로마교회의 감독은 황제에게 왕권을 부여하는 권리를 주장하게 되고(800년, 칼 대제) 그리고 "영적인 검"의 수위를 주장합니다(1302년, 보니파티우스 8세). 물론 이런 권리는 서방의 세속권력들과 논쟁(서임권분쟁, Canossa의 길)에서 단 한 번도 온전히 실현된 적이 없었습니다.

루터는 국가적 직능과 교회적 직능의 엄격한 분리를 옹호하였습니다. 그에 따르면, 교회는 오로지 복음의 선포를 위해, 국가는 오로지 공적 질서와 정의로운 사회관계를 관할해야 합니다. 그러나 교회를 이끌만한 지도력 부재는 이후 루터에게 국가의 "첫 번째 신자"인 지역영주에게 교회의 외적인 사안들의 조정을 위임하는 것이 필요됩니다. 이런 응급해결책으로부터 '국가교회'라는 시스템이 독일과 스칸디나비아 - 또 다른 이유에서 영국에서도 - 의 절대주의 시대(17/18세기)에 빚어지게 됩니다.

- 교회와 국가의 점진적인 분리는 계몽주의 시대와 함께 시작됩니다. 이것은 그 속도와 급진성에 있어서 아주 다양하였습니다.

- 미국에서는 국가교회들로부터 압제를 피하여 이주하였던 국민들이 헌법을 만들었습니다.

- 프랑스에서는 1789년 혁명으로 계몽주의의 급진적이고 교회 적대적 형태가 이전의 관계를 전복시켰습니다.

- 독일에서는 국가교회가 몇 번의 수정(1875년 법률상의 결혼도입)에도 불구하고 이론상으로 그 형태는 1918년까지 존립합니다. 이 시대 이후에서야 "국가교회의 존재는 사라진다."(바이마르 헌법 137 I; 참고, 기본법 140조). 독일의 교회들은 국가교회 시대 이래로 교회가 국가와 협력하는 일정한 형식이 남아있는 "공공법인체"로 되어 있습니다. 협력의 형식으로는 교회세, 모든 학교들에서의 종교수업, 국가 교육기관에서 신학교육, 자선 기구들을 위한 공적 부조가 있습니다.

국가사회주의는 교회와 국가 간의 관계를 깊숙이 변형시켰습니다. 1933년부터 교회는 소위 교회투쟁을 통해 "어용화"에 부분적으로 저항합니다. "고백교회"(Die Bekennende Kirche)의 몇 회원들은 히틀러 저격계획에 가담하였습니다. 이를 통해 교회는 새로운 주제를 만나게 됩니다. 그것은 자유로운 그리스도의 복음 선포에 대한 방해와 범죄 수준의 부정한 정치로 인해 종교에 기반을 둔 국가권력에 대한 저항입니다. 부정한 정치는 최극단의 경우, 교회에 대하여 폭군살해의 의무를 지우게 합니다(D.Bonnhoeffer). 그런 다음 전후시대에 저항이란 개념은 혹사당하게 됩니다.

c) 독일민주공화국(DDR)시절의 교회들

현재 독일 연방공화국에서 교회들은 대폭적인 '국가의 계약'과 '국가 - 교회법적 합의'들을 통해서 제도적으로 안전합니다. 개신교회의 교회론적인 개념들은 이러한 범주의 조건들을 전제하며, 교회를 사회적인 조직 내에서 그리고 국가의 지원하는 질서 안에서 그들의 한정된 자리를 가진 공공의 법적체계로서 정의합니다. 이런 전제들이 동독지역(DDR)의 교회들에게는 완전히 결여되어 있었습니다. 역시 그 때문에 국가에 대한 관계를 단지 어떤 분리의 의미에서 정의하지 않는 본질적인 관심이 거기에 있었습니다.

교회가 국가와 사회에 대한 그들의 관계를 정의해야만 하는 연방공화국에서 보다는 달리, 동독(DDR)의 교회들에서 국가에 대한 관계의 확정이 전면에 부각되었습니다. 예를 들자면, 그것은 몇 해 전까지만 해도 국가적인 과제들의 양도가 중요할 때, 특별히 유치원과 사회복지시설과 학교의 종교수업에서, 교회들과 지역교회들이 소극적인 태도로 반응했던 거기서 보여주었습니다.

동독(DDR)의 기독인들은 - 소위 기독교적인 시민운동으로서 같이 - 하나님의 자비하심을 그들의 삶으로 증거하며, 동독지역 도처에서 정의, 평화 그리고 인간과 환경을 좀 먹고 있는 지역에서 창조세계의 보존을 위해 참여하기를 원하였습니다. 이러한 맥락에서 "증언공동체와 섬김 공동체"라는 주개념은 핵심적인 역할을 하였습니다.

2009년, 평화로운 혁명 20주년을 맞는 해였습니다. 바로 20년 전 그 해에 동서독 통일은 이루어졌습니다. 1988년 9월 헝가리에서 '철의 장막'안에 처음으로 뻥 뚫린 곳들이 생겨났으며, 그러나 역시 동독(DDR)의 수많은 사람들이 투표에 참여할 수 없었던 1989년 5월 위장 투표 실시는 '출국'과 '내적 항거'라는 이중시민운동을 발발시켰습니다. 이 운동은

1989년 10월과 11월 대중시위로 격상되었고, '독일사회주의 통일당' 정권(SED)은 이러한 시위를 더 이상 억압할 수 없었습니다. 그리고 1989년 11월 9일 동서독의 장벽 무너짐에 이어 구정권은 몰락하게 되었습니다. 시위대의 '자유'의 외침은 곧 바로 '통일'에 대한 외침이 되었습니다.

라이프치히 니콜라이 교회의 정기 월요기도가 없이 그 어떤 월요일의 시위도 없었을 것입니다. 1989년, 니콜라이 교회와 다른 교회로부터 동독정권(SED)의 지도권에 만족하지 않았던 사람들이 독재정권에 맞서서 거리로 쏟아져 나왔습니다. 기독인들은 국가권력의 독점과 비밀경찰(Stasi)과 국민당의 횡포에 대해, 촛불과 기도와 비폭력으로 맞섰습니다. "열린 하늘 아래 오른편에 촛불을 들고 걷는 자는 왼편으로는 불꽃을 지켜야 한다. 그렇다면 더 이상 돌을 던질 손이 없다."라는 말로 라히프치히 평화기도회 조직자 중의 한 사람인 퓨러 목사(Pfarrer Christian Führer)는 설명하였습니다.

1989년의 대변혁과의 맥락에서, "원탁"앞에 있었던 많은 남녀 기독인들을 위하여 그리고 처음으로 자유롭게 선출된 국민대표들 가운데 그들 신앙의 중심에서 밖으로 짊어져야 할 책무가 더 가까이 놓여 있었습니다. 그러나 새로운 국가교회의 계약들과 연방공화국의 법 형식들의 모습에서 서독교회들의 국가교회법적인 모델들의 양도를 통하여 추정해 보면, 그 과정들이 아주 일찍 역동성을 상실해버렸습니다.

이후 지난 세월 동안에 동독정권(SED)의 후유증 극복은 처음 추측하였던 것보다 더 길고, 더 어렵다는 인식이 자라났습니다. 동서독이 분할되었던 수십 년 동안 진지하게 받아들여야 할 다양한 경험들이 있었습니다. 분할의 역사를 소급하면 할수록, 이 차이들은 더욱 분명해집니다. 그러기에 이전 역사의 전설에만 머물러 있지 않으며 이후 성공한 사례를 달아 볼 수 있도록 그러나 통일의 과정 중에 있었던 문제들을 이해하기 위해, 이 시기에 대한 정확한 정보수집이 중요했습니다.

d) 교회와 국가와 관계에 대한 4가지 서로 다른 모델
- 국가를 통한 박해나 방해 그리고 교회에 주는 불이익(초기교회 시대, 현대 독재정치,

현재 몇몇 이슬람 국가들), 이와 반대로, 과거에는 타종교들이 기독교 국가들을 통해 종종 박해받았다는 사실을 간과해서는 안 될 것입니다(십자군 전쟁과 유대인 소수민족 박대). (1)

- 교회를 국가적 통치제제로 편성하는 소위 황제교황주의(Cäsaropapismus) – 콘스탄티누스 대제와 테오도시우스 황제 이후 약화된 형태로 근대의 국가교회 역시 이와 마찬가지입니다. (2)

- 국가적 행위의 직접적이며, 종교적이거나 또는 교회적인 창설(신정정치). 대략 중세 교황들의 권리나 구약성경의 왕권개념에 의존하는(더 약한 세속주의적인 형태에서) 칼빈주의의 이념들. (3)

- 완전한 종교자유 하에 교회와 국가의 분리. 이러한 모델 내에는 불완전한 형태와 완전한 형태로 구분될 수 있습니다. 전자에서는 국가와 교회는 여러 행위영역에서 독일에서처럼, 긴밀한 공조를 하고 있고, 후자의 경우 그러한 공조가 여타 서유럽국가들이나 미국처럼, 자선적인 목적을 위해 혜택을 주는 것으로 한정되어 있습니다. (4)

모델 (1)은 논외의 상황입니다. 이와 마찬가지로 모델 (3)은 국가보다 교회가 수위권을 유지하였던 중세적 상황입니다. 반대의 상황이 (2)의 모델입니다. 이 모델에서 만약 국가는 교회의 내적인 사안들을 형성하는 권한을 취하고 있다면, 교회는 국가로부터 받는 인정은 작아질 수 있습니다. 이 모델의 수정된 형태가 국가교회인데, 여기에서 국가는 교회의 외적인 질서를 관할하고 있으며, 스칸디나비아의 적은 수의 교회가 그러합니다. 모델 (4)의 경우, 국가와 교회의 분리에 대해 논쟁할 상황이 아직 남아 있습니다.

e) 루터의 두 왕국론

루터는 교회와 국가, 이 양자 모두가 하나님과 직접적 관계가 있다고 보고 있습니다. 그리고 그 어떤 경우에 있어서도 종종, 너무나 자주 세상적인 모습이 되는 교회를 "하나님의 나라"와 동일한 것으로 취급해서는 안 됩니다. 국가는 경제, 법과 정치의 총체를 가진 "세상의 왕국"으로 하나님 앞에서 책임 밖에 있어서는 안 됩니다.

그 때문에 종교개혁자 루터는 두 "왕국"에 관해 말하기보다, 오히려 각각의 사람들에게 이중적 방식으로 답변을 요구하는 하나님의 두 가지 "정부들"이나 또는 두 가지 '통치방식'을 말합니다.

- 하나님은 각각의 사람들을 통치하시고, 그분의 말씀은 그들의 양심을 향하여 호소하며, 양심을 그분의 계명으로 강권하고, 그분의 용서로 위로를 받습니다. 하나님은 양심에게 이웃사랑이 원수사랑에 까지 미치도록 분부하십니다.

- 하나님은 세상을 바로 그 동일한 사람들을 통해서 다스리십니다. 즉, 그들의 책임을 인지하는 국가와 같은 사회적 제도 안에서 지배하시는 것을 뜻합니다. 여기에 기독인들은 - 하인이나 영주나 할 것이 없이 - 사회정의와 안정과 자유를 돌볼 경우, 급진적 사랑을 변형시켜 곧 바로 정치적 권력분쟁 속으로 넣을 수는 없습니다. 그러나 산상설교의 의미에서 이웃사랑은 루터에게 있어 정치적 행위를 위한 최종적인 준거가 됩니다.

교회는 사람들에게 국가에 대한 통치권이 자신의 것인 양 행세하지 않도록 기억시켜야 합니다. 그리고 교회는 이중적 방식에서 그들의 과제를 인지합니다.

- 제도로서 교회는 세상의 한 조각이며, 국가 역시 이와 마찬가지입니다. 그리고 교회는 사람의 양심에 대해 그 어떤 통치권도 요구하지 말아야 합니다.

- 고유한 본질에 있어서, 교회는 그리스도를 믿는 사람들의 공동체, 즉 하나님에 의해서 자유하게 된 사람들의 공동체입니다. 이것은 교회가 자신을 하나님과 사람 사이에 권력적 요소인체 하는 것을 금하고 있습니다.

제네바의 개혁자 칼빈(J.Calvin)은 원리에 있어서 루터의 견해와 연합하지만 정치적인 삶의 부정적인 형태("응급처방", 악(惡)에서의 수호)에는 강조를 두지 않습니다. 그는 더 강력한 방식으로 구약성경의 왕들을 모범으로 삼아 교회와 국가라는 하나님의 두 가지 다스림의 방식에 훨씬 더 밀착시킵니다. 예를 들자면, 그는 시의회에 바른 교리를 돌보는 것을 위탁하고 있습니다.

바로 여기에서부터 서로 다른 두 갈래의 역사적 윤곽을 추적해 볼 수 있습니다.

• 루터의 입장에서, 지역 군주적 교회의 정치적 통치구조가 생겨났습니다. 이러한 정치구조는 소국가적인 상태 하에 국가가 교회에 영향력을 행사할 수 있는 가능성을 만들었고, 그 영향력을 영주에 대한 무비판적 태도로 오도하게 하였습니다. 결과적으로 헤겔의 법철학은 현존하는 프로이센의 세계 이성의 사물적인 행태를 하나님의 영의 사물적인 형태라고 보았으며, '국가에 대한 신앙심'을 촉진하였습니다. 이러한 사상은 이전 세기의 후반부에 보수적 반응을 정당화시키고 민주주의적 개혁에 저항하도록 하였습니다. 또한 헤겔의 사상은 바이마르 민주정치에 대한 독일 개신교회에 만연한 혐오감을 유발하였고, 결과적으로 헤겔의 "경건하고 충성스러운 윗주인"이란 사상을 무비판적으로 인정하게 하였습니다. 이러한 태도는 루터 원래의 두 왕국론과는 아무 관련성이 없습니다. 루터 원래(原來)이론의 비판적 잠재(潛在)성은 노르웨이의 루터교회가 독일 점령군의 과도한 이념적 영향에 반대하여 전쟁할 때, 이러한 이론을 사용하였던 점에서, 노르웨이 루터교회가 루터의 원이론을 더 잘 보전하였음을 알 수 있습니다.

• 칼빈은 구약성경의 진술을 따르고 있습니다. 하나님은 자신의 백성과 언약을 체결하시고, 그 언약은 하나님께 대해 충성으로 세상에 있는 왕과 백성을 결합시킵니다. 이러한 상황에서 이미 칼빈 당대에 민주정치의 자결원칙의 싹이 돋아났습니다. 왜냐하면 제네바 시의회뿐만 아니라 교회의 성직자들도 또한 선출되었기 때문입니다. 이러한 싹은 영국의 청교도들에게서 더욱 발전되었습니다. 종교적 소수자였던 그들은 영국 국가교회에 대항하여 맞섰습니다. 이러한 대결의 결과, 청교도적으로 양육된 영국의 계몽주의 철학자 존 로크(John Lock)는 구약의 신정론의 요소들을 소거시키고, 교회뿐만 아니라 국가도 그 구성원들의 자결권 위에 토대를 두게 하였습니다. 교회는 교회에 알맞게 보이는 하나님 경외 방식을 목적으로 모인 사람들의 연합이요, 국가는 자연스러운 인간의 근본 필요를 보장하려는 목적으로 사회계약(social contract)에 의해 생겨난 단체입니다. 이 양자는 아주 엄격하게 분리되어야 합니다. 이러한 분리는 서로 다른 종교공동체에 대한 관용 - 비록 무신론에 관한 관용은 아닐지라도 - 이러한 것이 당연히 내포되어 있습니다. 이러한 사상적 윤곽은 미국과 프랑스의 혁명을 관통하여, 교회와 국가를 엄격하게 분리하고 있는 근대 민주주의 개념에 이르기까지 이어지게 되었습니다.

- 칼빈의 신정정치(神政政治)사상은 지금까지 독일 개신교회에서 계속영향을 미치게 되는데, 1933년부터 있었던 '교회투쟁'의 폭넓은 전선에서, 그것은 독일 프로테스탄트주의에서 오늘까지 영향을 미치는 소생(蘇生)의 경험입니다. 그것은 개혁파교회의 신학자 칼 바르트(Karl Barth)에게서 발원하여, 루터교에서 발작적으로 나타나는 위험스러운 "국가신앙"과의 비평적인 논쟁에서도 수그러들지 않았습니다. 바르트 학파는 이후 전 삶의 영역에 뻗쳐 있는 "예수 그리스도의 왕적통치권"개념에서 그 능력을 발휘하였습니다. 바르트에 따르면, 국가는 일정 부분 교회와의 유비 관계에서, 예수 그리스도에 대한 고백으로부터 국가의 정치적인 행위지침을 직접 이끌어 와야 한다는 것이었습니다. 1945년 이후, 이러한 사상과 연결된 "정치신학"은 민주주의에 독일 프로테스탄트주의 긍정적인 입장을 촉진시키는데 많은 기여를 하였다는 것은 의심할 여지가 없습니다. 그럼에도 불구하고 우리는 이를 회고해 볼 때, 다음과 같은 것을 반드시 알아야 합니다. 기독교신앙이 정치적인 통찰력에 더 높은 정도를 마련해 주며, 그 때문에 특정한 경우들에서 더욱이 해당 사건에 대한 토론할 여지를 부여해 준다는 견해는 여러 해를 넘어 개신교회를 분열하게 했을 뿐만 아니라, 역시 객관적으로 유지될 수 없게 했었습니다. 이런 인식은 1989년 동구권 장벽의 붕괴가 정치적인 분위기를 완전히 바꾸어 놓은 이후, 확고한 위치를 차지하게 됩니다.

f) 신앙과 정치적 책임 - 구별되지만 분리되는 것은 아님.

하나님에 대한 인간의 종교적인 관계와 세상에 대한 정치적인 책임 사이에 분명한 구별은 교회와 국가의 분리 안에서 그들의 논리적 귀결을 가집니다.

- 그것은 근본주의적인 신의 국가 방식에 따라 오류들의 수정을 불가능하게 하는 그의 법에 종교적인 존엄을 부여하는 것에 대하여 국가를 보호하며 그리고 그것은 교회의 내적인 일들에서 국가적인 간섭에 대항하여 교회를 보호합니다.

- 역시 교회 내적으로는 교회의 표면적인 조직 안에서 그의 간접적인 통치와 인간의 양심에 대한 하나님의 직접적인 작용 사이를 구별하는 것에 이르게 됩니다. 사람들은 이러한 방식에서 두 가지가 분명해질 수 있습니다.

- 한편으로, 기능화 하는 제도 없이, 그 어떠한 큰 교회는 생겨날 수 없습니다. 왜냐하면 교회가 실제로 무엇을 위하여 존재하는 지를 외적으로 반드시 책임 있게 말할 수 있어야하기 때문입니다. 교회는 세상적인 면을 가지고 있기 때문에 어떤 교회도 오류가 없는 것이 아니라, 언제나 개혁이 필요한 것입니다. 예컨대, 예전의 언어에는 언

제나 현대화가 필요하며, 교회 교리는 복음의 이해에 맞추어 지속적으로 변천하는 시대와 관련되어야 합니다. 또한 이러한 교리에는 오류가 있을 수 있습니다. 왜냐하면 교리는 오류가능성이 있는 인간에 의해 만들어지기 때문입니다.

• 기독인들의 정치적인 책임 역시 동일합니다. 정치가 어떻게 설계되어야 하는 것은 직접적으로 복음의 메시지에서 유추할 수는 없습니다. 왜냐하면 하나님의 통치는 아직 현재적으로 완전한 것이 아니며, 하나님을 거스르는 - 기독인들을 포함한 - 인간의 입장과의 투쟁관계에 있기 때문입니다. 그 때문에 어떤 사람도 순수하고 "올바르며", 오직 믿음에 적합한 행동방식을 인식하거나 실현할 수는 없습니다. 그러나 다른 한편, 기독인들의 행위는 신적인 사랑의 비판적인 표준아래에 있으며 그리고 대략 기독인들이 신적인 사랑에서 유도된 모습으로서 인권을 제정하려고 노력할 때, 역시 이러한 사랑으로부터 이끌어지게 해야 하는 것입니다.

앞서 언급된 것에서, 양자의 신적인 통치자들의 구별은 그들의 분리와 함께 결코 동일한 의미가 아니라는 것이 귀결됩니다. 구별은 여러 다양한 일들 사이에 발생하는 관계를 참작합니다. 만일 교회와 관련해서 뿐만 아니라 사회와 정치적인 영역과 관련해서도 두 통치방식을 구별하면서 동시에 긍정적인 관계를 만들어야 한다면, 당연히 교회와 국가라는 두 제도는 차별적으로 서술되어야 한다는 것에서도 나타납니다. 하나님의 두 가지 통치방식의 구별에서, 모든 국가적인 행위는 매번 3중적인 기준에서 새롭게 검토하는 원칙적 임무가 나타납니다.

• 종교의 자유와 그와 결부된 기독교 신앙 선포를 위해 열린 장(freies Feld)을 보호하는가?(1)

• 국가로부터 자신의 활동을 선전된 정신적인 토대가 기독교 신앙의 기본신념들에 어떻게 관계되는가?(2)

• 국가로부터 목적된 사회정의의 형태가 기독교적 이웃 사랑의 관점에서는 어떻게 나타내는가?(3)

g) 국가교회법

국가와 교회의 제도적인 분리가 구체적으로 어떠한 형태를 가져야 하는 것인가 - 극단적인 서유럽과 같은 형태인지, 아니면 더 온순한 독일적 형태인지 - 지금까지 고찰들에서는 드러나지 않습니다. 제도적인 분리가 결코 양자 사이의 관계의 사법적 규정을 불필요하게 만들지 말아야 한다는 것은 어떤 경우에 있어서도 분명합니다. 만일 교회에 어떤 제도적 형태가 요청되고 그리고 교회의 자기 이해로부터 공적인 효과가 요청된다면, 입법자는 그러한 효과가 개시될 수 있는 여지를 문자화하여야 합니다. 독일에서는 그 절차가 국가교회법을 통해서 이루어지는데, 국가교회법은 일련의 분야에서 국가와 교회의 공조를 제공하고 있습니다.

국가는
- 교회세금 의무자들에게 행정비용(수수료)을 폐지합니다.

- 교회들의 사회적인 시설들에 대하여 상당한 지원금을 제공합니다.

- 교회와의 협의에 따라 공공 학교들에서 종교수업을 시행하도록 준비합니다.

- 로마가톨릭에 대해서는 책임 있는 감독의 지시에 따라 그들의 자리를 준비하며, 개신교에 대해서는 실제로 국가지원의 자리를 유지하는 교회적인 감정(鑑定)을 전제한 대학의 신학학부들의 운영비를 지원합니다.

우선적으로 교회세금과, 종교수업 그리고 대학의 신학 학부들에 대한 논쟁이 발생합니다.

- 교회세금에서 사람들은 분명히 해야 합니다. 그것은 강제적인 조치가 아닙니다. 왜냐하면 교회의 탈퇴는 언제든지 가능하도록 전제하고 있기 때문입니다. 독일에서 실제화 된 방식은 처리가능한 수단의 규모를 한눈에 알아볼 수 있게 하며, 행정 비용을 최소화한다는 점에서 교회에 유익을 초래합니다. 그래서 교회들은 대체로 현행의 체제의 보존을 위해서 방어합니다.

- 종교수업의 보존을 위해 먼저 기독교는 서방적인 문화의 종교적인 신념들로부터 지

금까지 배웠던 하나의 결정적인 요소가 있다는 것을 말합니다. 예를 들면, 인권과 관련해서입니다. 그의 가장 중요한 요소들에 관한 지식은 필수적인 교육에 속한 것입니다.　　↗ 4.3.4 지식사회에서의 교육

• 국가의 대학들에서 미래의 남녀 목사들에 대한 전문교육은 이들에게 비기독교적인 철학과 다른 학문들과 함께 집중적인 논쟁을 가능하게 합니다. 게다가 신학은 스스로 - 그것은 국가의 대학 학부들에서 가톨릭 신학을 위해서도 유효합니다. - 교회에서 운영된 대학들에서 보다 국가의 대학들에서 더 많이 학술적인 토론들은 자유롭게 전개될 수가 있습니다. 반대로 신학은 여타 다른 학문들을 신학의 전제들에 대한 토론에 연루시킬 수 있으며, 그것은 궁극적으로 비학문적인 실증주의에로 빠지는 것을 막을 수 있을 것입니다.

교회와 국가와의 관계에 있어 가장 좋은 형태를 분명하게 결정할 수 없음에도 불구하고 교회적인 관심사에서 본다면, 이러한 관계의 가능한 변화들에 적절한 시기에 모습을 드러내는 것이 긴급하게 제시된 것으로 보일 수 있습니다. 교회와 국가의 상호관계와 국가교회법에 대한 유럽 국가들의 합의의 과정은 급격한 변화들을 어느 정도 초래하게 될지는 기다려 보아야 합니다.

4. 인간의 존엄, 기본권, 인권, 법과 윤리

"모든 가족 구성원에 내재하는 존엄과 그들의 동등하고 불가역적인 권리의 인정은 세상 속에서 자유와 정의와 평화의 토대를 형성하기 때문에, 유엔의 규약 속에 국가의 국민들이 기본적 인권법과 남녀의 동등권을 새롭게 다짐하고 결의하여 더 큰 자유에서 사회적 진보와 더 나은 삶의 조건들이 장려되게 하였기에.... 총회는 현재의 "보편적 인권법의 선언"을 모든 민족들과 국가들이 도달하는 공동의 이상임을 천명한다.

제1항: 모든 사람은 존엄과 권리에 있어 자유롭고 동등하게 태어났다. 그들은 이성과 양심을 갖추고 있고 서로가 형제애의 정신으로 만나야 한다.

제2항: 각기 사람은 이 성명에 천명된 권리와 자유에 대한 요청권을 가진다. 여기에는 인종, 피부색, 성, 언어, 종교, 정치적이거나 그 밖의 신념, 국가적이거나 사회적 출신, 재산, 출생이나 그 어떤 주변 상황에 따른 여하의 구별도 존재하지 않는다. (유엔헌장, 1948)

지난 100년간 많은 것을 기획했었습니다. 여기에는 아주 특별한 상반된 감정의 양립이 존재하는데, 한편으로 지난 세기의 세계는 - 다른 세기의 세대에서 그 유례를 찾아볼 수 없을 정도로 - 인간을 경멸하는 폭력으로 뒤덮여 있었습니다. 다른 한편, 지난 세기에 불가역적인 인간의 존엄에 대한 사상이 전 세계적 인정에 대한 관철을 이루어 냈습니다.

a) 인간의 존엄성

성경적 생각은 모든 사람이 공유하고 있는 인간의 존엄에서 출발하며, 창세기의 창조 이야기에 근거합니다. 즉 인간을 여타의 다른 생명체와 구별하는 "하나님의 형상"(창1:26이하)이 인간의 특성입니다.

물론 수백 년이 지나도록 프로테스탄트교회는 인간의 존엄성보다는 인간의 죄를 더 지향해 왔습니다. 이에 대한 원인은 세속적이거나 교회적 권세에 의존하여, 인간에게 천성적 권리에 대한 모습을 바꾸어 놓았던 "유전죄"(원죄)의 가르침에 놓여 있었습니다. 이단, 불신앙 또는 이교세계가 박해, 고문 그리고 비인간적인 것에 관한 각자의 방식을 허용하는 반면, 존엄성은 단지 세례 받고 올바르게 믿는 기독인들의 특성입니다. 첫 르네상스와 인문주의 그리고 종교개혁은 인간의 존엄성을 물론 다른 시각에서, 다시 빛을 받게 되었습니다. 인문주의는 인간의 존엄성을 인간의 이성에 근거하는 반면, 종교개혁은 이것을 의롭다 함(칭의)에서 해명합니다. 루터에 따르면 인간은 자신의 존엄성을 특성으로도, 업적으로도 보증할 수 없습니다. 이것은 오히려 예외적으로 그의 하나님의 은혜로운 애정에 근거합니다. 루터와 후에 칼빈은 신앙의 자유와 양심의 자유를 요구하며, 이로써 모든 국가권력에다 마지막 한계를 놓게 됩니다. 그것은 현대적 인권개념을 촉진 시킵니다. 즉, 각 사람은 자신의 실적보다 더한 것입니다. 그는 스스로 자기 존엄성에 저촉될 행동을 할 수 있습니다, 그러나, 그 어떤 국가적이거나 교회적 권세도 존엄성을 그들에게서 박탈하지 않아야 합니다. 그것은 인격과 행동 사이의 구별에 의하여 여전히 존재합니다.

↗ 3.2 사람의 칭의

b) 기본권들

권리와 법은 동일한 사안의 두 가지 면입니다. 그것들은 분리되어서는 안 되며, 구별되어야 합니다. 왜냐하면 권리는 법에서 확정되기 때문입니다.

초기의 문명들은 권리에서 신들의 선물을 보았습니다. 그리스인들이나 로마사람들처럼 이스라엘 또한 그들의 "기본권"을 야웨 하나님의 손에서 나온 십계명(출20)을 수여 받았습니다. 모든 민족들은 한 분의 신이 그들의 권리를 수호하며, 그의 불가침에서 이루어진다는 것에서 나아갔습니다. 누구도 그의 개인적인 자유를 그에게서 취한다는 권리를 강제 규정으로 느끼지 않았을 것입니다. 그 권리는 오히려 남녀 사제들에게 섬겼던 무엇인가 거룩한 것이었습니다. 오늘날에 이르기까지 법정에서 가운을 입었던 것을 똑똑히 목격한 자는 우리의 권리가 어떤 토대 위에 놓여 있는지 알아낼 수 있을 것입니다.

오늘날 기본권들은 국가 헌법에 정초 되었습니다. 예컨대, 독일 기본법은 제1항에 선언합니다.

"인간의 존엄성은 침해할 수 없습니다. 그것을 존중하고 수호하는 것이 모든 국가권력의 의무입니다. 그러므로 독일 국민은 불가침적이며 불가역적인 인권을 세계 속에 있는 사람의 모든 공동체와 자유와 정의의 토대로 고백합니다. 다음과 같은 기본권들은 직접적으로 효력을 가진 법으로서 입법, 집행하는 권력 그리고 판결을 연결합니다.":

개성의 발휘(제2항)

생명과 신체적 불훼손성(제2항)

법 앞에 동등(제3항)

신앙과 양심의 자유(제4항)

여론, 언론, 학문과 예술의 자유(제5항)

결혼과 가족 보호(제6항)

학제(제7항)

독일인의 집회 자유(제8항)

독일인의 집회의 자유(제9항)

편지, 우편 그리고 전신의 기밀유지(제10항)

독일인의 주소 선택권(제11항)

독일인의 자유로운 직업선택(제12항)

주거의 불훼손성(제13장)

사유재산권(제14장)

제14항은 각 권리의 이중적 특성, 자세히 말하자면 권리를 존중하는 국가의 의무와 한정된 가치 질서를 존중하는 시민의 의무를 분명히 묘사합니다. "[시민은] 사유재산의 의무를 지고 있다. 그의 사용은 공공의 안녕에 봉사해야 합니다." 권리는 단지 보호되어야 할 뿐 아니라 "섬겨야" 합니다. 권리는 반드시 권리로 머물러야 하지만, 또한 항상 권리가 되어야 합니다. 만일 시민이 이목을 끌지 않으려고 그들의 기본권을 더 이상 요구하지 않는다면, 그것은 민주적인 국가를 마음 상하게 할 것입니다. 게다가 현세적 권리의 의무관계들과 제도들은 항구적인 변화를 필요로 합니다. 그것은 본보기적으로 그것들의 원본과 선택과 근거가 언제나 개정되고 적응되었던 십계명에 의하여 보여집니다(참고. 출20장; 신5장; 루터의 소요리문답). 권리는 무엇이 올바른 것인지 말하지만, 단지 한정된 상황에서만 진술합니다. 이에 선행되어야 하는 것은 사람과 사실관계에 공정하게 되도록 하는 것이 중요합니다. - 바울이 "문자는 죽이는 것이요 영은 살리는 것입니다."(고후3:6)라고 서술하고 있는 것처럼 진리에 충실하게 하는 것입니다.

c) 인권의 역사

유럽 인권의 역사는 1215년 "자유의 대헌장"(Magna Charta Libertatum)에서부터 시작합니다. 노르만의 남작들은 영국 국왕의 통치권을 제한합니다. 국가의 권력 상태는 언제나 법적으로 확정되어야 한다는 사실이 영국의 자의식을 일깨웁니다. 400년이 지난 후, 영국의 범선 "메이플라워"(Mayflower, 1620.11.11.)호의 갑판에서 근대 민주주의는 그 출생을 고합니다. "순례자들의 조상들"은 식민지 버지니아로 가는 도상에서 모든 권력이 나오는 주권적 민족으로서 자신 스스로를 공포합니다. 동시대에 고국의 국회는 1627년 "권리청원"

과 함께 처음으로 법 앞에 평등, 자유의사 보호, 적법한 판사에 대한 요구와 같은 기본권을 실제로 강제합니다. 이런 사건의 배경에는 사람을 제도적으로 후견하는 것에 저항하여 개인적 종교와 개인적 양심의 자유를 옹호하는 종교개혁의 혁명적인 사고가 서 있습니다. 또한 그것은 "프로테스탄트들"의 "항거"(Protest) 안에 그리고 망명자들의 수 없는 이주운동들에서 드러났던 것처럼 말입니다. 이러한 발전은 "버지니아 권리 법안"과 그것에 기초한 1776년의 "미국의 독립선언서"가 같은 해에 종결됩니다.

프랑스 혁명가들은 이러한 미국의 발전에 연결합니다. 동시에 그들은 계몽주의 사상으로 왕적인 절대주의에 대항하는 그들의 투쟁을 이끌게 됩니다. 이성과 개인의 자유 그리고 자연적인 것들에 대한 의미는 최고의 자산입니다. 1789년 7월 14일, "자유, 평등, 형제애"라는 기치 하에 파리 바스티유 감옥을 급습한 이후 이 모든 것은 같은 해 8월 26일 프랑스 국가총회의 인권과 시민의 선언에서 그 정점을 이루게 됩니다. 전통적 세계에 대항하는 투쟁 선언에서 이러한 선언은 처음으로 "최고의 존재와 그의 우산"아래서 인권을 혁명 프로그램으로 그리고 모든 세기를 위한 정치 키워드(해설어)로 만듭니다.

"프랑스 혁명을 둘러싼 논쟁은 그 중심에 인권에 대한 투쟁으로 머물렀다(W.Huber)는 것은 또한 독일에서의 발전을 보여줍니다. 프랑크푸르트의 국가총회는 1848년 그들의 헌법에서 독일 국민의 기본권을 결정하며, 그러나 비스마르크 제국헌법은 기본권이라 부르지 않습니다. 1919년 바이마르 헌법 제2장은 "독일 국민들의 기본권과 기본의무"를 수록하고 있습니다. 그중에는 새롭게 언급되는 사회적 요소(예컨대, 노동권, 노동자 보호)와 별도의 단락을 할애하고 있는 "종교와 종교사회"를 다루고 있습니다. 그러나 1949년 본(Bonn)의 기본법에서는 - 또한 유엔 인권 헌장에 반응으로 - 인권을 말하고 있습니다.

비인간성의 최대범위와 함께 20세기는 동시에 인권들의 관철에 도움을 주었습니다. 아직 제2차 세계대전 중인 1941년, 미국의 대통령 루즈벨트는 그의 정치의 주된 목표들에서 4가지 근본 자유를 밝힙니다. 그것은 여론표현의 자유, 신앙의 자유, 물질적 위기로부터의 자유 그리고 공포로부터의 자유입니다. 루즈벨트의 선언은 같은 해에 대서양(아틀란틱)헌장을 넘어서, 곧바로 1945년 미합중국 헌장(Charta der Vereinten Nationen)으로 이어졌습니다. 미합중국의 헌장은 인권과 기본 자유의 수호를 국제 공동체의 과제로 세우고 있습니다. 자세히 말하자면, "인간의 기본권, 사람의 인격에 대한 존엄성과 가치, 남녀의 평등 그리고 크건 작건 모든 국가들의 평등에 대한 신앙"입니다. 그런 이후, 유엔은 인권 이행에 있어 필수 불가결한 기구로 발전되었습니다.

- 두 가지 통찰들이 그 배후에 있습니다. (1) 그 어떤 국가도 인권을 홀로 수호할 수 없습니다. (2) 어떤 지역에서의 인권경시는 국가공동체를 위태롭게 합니다.

- 두 가지 목적이 전면에 나타납니다. (1) 인권훼손은 단순히 한 국가의 "내정"으로 머물러 있지 않습니다. (2) 저마다 사람은 법률상 - 한 국가와 비교될 수 있는 - 국민법 주체의 지위를 얻게 됩니다.

유엔총회는 이미 1948년, 그 어떤 반대표도 없이 단지 몇 가지 보류조건만을 두고 보편적 인권선언을 채택합니다. 더욱이 제네바의 교회연합위원회와 마찬가지로 가톨릭도, 거기에 특히 귀셉페 론칼리(Guiseppe Roncalli) 후에 교황이 된 요한 13세에 이르기까지 참여하였습니다. 이로써 종교들의 자기이해를 위한 것처럼 국가들의 헌법을 위해서도 헤아릴 수 없는 광채와 함께 표준들이 제정되었습니다. 1966년에는 두 가지 인권협정이 거기에 추가되었는데, 하나는 시민권과 정치권에 대한 협약이고, 다른 하나는 경제, 사회, 문화권에 대한 협약입니다. 그러는 사이에 인권선언의 가족개념은 지역적이고 대륙적인 인권관습을 통하여 확장되었습니다. 1789년 선언된 3가지는 근본적 모범으로서 곳곳에서 인식되는데, 즉 자유, 평등 그리고 - "형제애"란 개념의 전달에 - 몫으로 존재합니다.

d) 기독교와 인권
양자는 수 세기 동안 상반된 견해로 공존하는 관계에 있었습니다. 한편으로, 인권법 사상의 발생과 발전이 성경적 사유 덕택임은 아주 분명한 사실입니다. 왜냐하면 구약성경은 가난하고 약한 자들 그리고 이방인과 보호를 필요로 하는 이들의 권리를 옹호하고 있기 때문입니다. 다른 한편, 이 권리는 엄청난 반대에 대항하여 주장되어야 했습니다.

- 신학적으로 인간의 죄성은 하나님의 형상을 파괴하므로 강력한 국가를 요구한다는 것이 언급되었습니다.

- 실용적으로, 사람들은 프랑스 혁명의 반교권적 목표물에서 그리고 그들의 테러에서 "고삐 풀린 자유의 교리"(레오 13세)가 어떻게 자연법처럼 교직(Lehramt)에 항거하는

지를 똑똑히 확인하기를 원했습니다.

제2차 세계대전 이후, 유엔의 새로운 시도는 교회로 하여금 경로수정을 하게 하였습니다. 요한 23세와 그의 교서 "땅의 평화"(pacem in terris, 1963), 제2차 바티칸 공회(1962-1965)와 요한 바울 2세의 교서 "인간의 구속자"(redemptor hominis, 1929)는 유엔의 선언과 동일성이 확인되고 있습니다. 이와 마찬가지로 교회연합협의위원회(성 푀틀렌, 1974)에서 '루터교회 세계연맹'과 '개혁교회 세계연맹'은 인권에 관하여 교회연합협의회 차원에서 대화를 장려하였습니다.

e) 권리와 윤리
이미 오래전부터 인권은 정치를 위한 윤리적 준거였음에도 이러한 윤리적 금언 또한 국제법적으로 구속되는 특징이 있습니다.

- 특정 국가의 내적인 일들에 관여하지 않는다는 준칙이 사람을 위해서 훼파될 경우
- 개별 사람이 국제법의 (새로운) 한 주체로서 국제 법정에 고소권을 가질 경우
- 그리고 개별 인간이 국제법의 새로운 주체로서 국제적 재판 법정에 의하여 소송법을 얻게 될 경우

이런 경우, 그 논의는 종교와 종교의 사회적 관여에 대한 대화의 영향력과는 별도로 이루어지는 것이 아닙니다. 1993년 세계종교 평의회가 독일 신학자 한스 큉(Hans Küng)의 조언을 얻어, 문화적이고 교회연합적인 복잡한 풍토에서 근본 방향을 추구한 것은 합리적입니다. 평의회의 "세계의 민족정신에 대한 선언"(Erklärung zum Weltethos)은 네 가지 의무를 공포합니다. (1) 생명에 대한 무폭력성과 공경, (2) 연대의식과 공정한 경제 질서, (3) 관용과 진실, (4) 남녀의 평등권과 동반자 관계

인권사상은 한 걸음 더 나아가 "제3세대"의 인권으로 확대됩니다. 단지 더 이상 개별 인간이 아니라 국가와 (내일의) 세대를 위한 공동체는 지구의 생태적이며, 경제적이며 그리고 문화적인 지구의 자원들의 보호에 대한 권리를 가지게 됩니다. 이러한 방향에서 1789년 프랑스의 헌법은 이미 가리키고 있었습니다. "한 세대는 그들의 권리를 미래 세대들에 종속시킬 수 없다."(제28항). 왜냐하면 미래

적 인류의 삶의 관심은 오늘날에 어떠한 자체의 변호인을 두고 있지 않기 때문입니다. 물론 "제3세대"의 인권법들의 이러한 사상은 토론 가운데서 논쟁되었습니다.

f) 세계종교들과 인권들

인권은 특정 전통에 그 정신사적 뿌리를 둠에도 불구하고 보편적 권리로 등장하고 있습니다. 물론 지구상에 있는 주요 종교들에게 적지 않은 저항에 부딪히고 있습니다.　　　↗ 1.1.6 하나님과 종교들

- 유대교는 인간의 "신의 동형상"에 관한 확신과 함께 각자에게 불가역적 존엄성을 인정하며, 약한자들과 외지인들을 위한 특별한 감수성과 함께 인권사상을 개방하고 있습니다.

- 이슬람은 성경적 인간상을 넘겨받지 않은 채, 부분적으로 유대교와 기독교와 관계합니다. 인권사상의 덕을 입고 있는 현대적 인간상에 대한 계몽주의와의 논쟁들에는 이들이 참여하지 않습니다. 종교와 권리는 여기 계속해서 아주 밀접하게 서로 연관되어 있습니다. 20세기 후반, 인권들에 대한 이슬람의 선언들은 유엔의 인권에 대한 선언에 나타나는 권리들을 언급은 하고 있습니다. 그러나 의식적으로 이슬람법(샤리아)의 유보조건 하에서 이를 정립하고 있습니다. 예를 들면, "이러한 선언에 언급된 모든 권리와 자유는 이슬람의 샤리아의 관할 하에 있습니다. 이슬람의 샤리아는 모든 각 조항을 해석하거나 설명하는데 단 하나 유일하게 해당되는 원천입니다."(1990년, 카이로 인권선언 제24조와 25조) 단지 당시까지 약한 개혁적인 시도들은 반인권적인 입장들 - 예를 들면 혹독한 신체형, 여성차별과 종교자유 제한 - 로부터 이슬람을 끌어낼 것입니다.

- 힌두교주의에서 '간디'란 인물은 인권존중의 모델입니다. 반면, 카스트의 본질은 인권경시를 강제하고 있는 것으로 보입니다. 카스트 제도에서도 가장 가난한 자들에게 인간 공동체로 들어올 수 있는 자리를 마련하는 노력이 알려져 있음에도 불구하고, 그 제도는 자유, 평등, 참여에 대한 기본이 되는 요구와는 정반대 방향으로 달리고 있습니다.

- 불교주의에서 인간중심적 인권 방향은 분명히 낯선 것입니다. 왜냐하면 불교주의는

인간을 모든 생명의 순환 과정 속에 편입시키고 있기 때문입니다. 그럼에도 불교의 유엔 총장 유탄드(U Thant, 1961-1971)는 인권의 법률상의 의미보다는 인권의 윤리적 기본사상인 무조건적 이웃사랑을 장려하였습니다.

• 공자주의와 도가주의는 가족적이거나 국가적 권위에 예속되어 있습니다. 그렇기 때문에 이들은 인권 사상에 대해서는 단지 일부의 단초만 제공하고 있습니다. 여기에서 착안점은 개인과 인간 대신, 우주의 보편적 질서체계 내에 한 부분으로서 국가 속에서의 공동체를 향하고 있습니다.

5. 양심의 자유

연방헌법재판소는 양심의 소리에 "거절할 수 없는 성격, 전 인간성을 감동시키는 윤리적인 계명의 진지함"이 있음을 승인합니다. 그래서 양심의 시간은 항상 나쁜 것의 시간이 아니며, 우선적으로 선한 양심의 시간, 자세히 말하자면 자신의 윤리적 신념과 일치하는 시간입니다. '양심은 오류이며, 양심이 그릇 될 수는 있는가?' - 이론이 논쟁적이며, 어렵게 결정할 수 있는 질문은 큰 역할을 하지 못합니다. 또한 양심의 오류 가능성에서 출발하는 사람 역시도 자신의 양심에 결합되어 있습니다. 어느 누구도 자신의 양심에 반대하여 행동하도록 강요하지 말아야 합니다. 또한 주관적이며, 그릇 될 수 있는 양심은 불가침의 영역으로 남아있습니다.

양심은 정의적인 면에서 개별적입니다. 사람은 양심적인 판단에 대해 소통하여 공동의 행동으로 연합될 수 있습니다. 그럼에도 불구하고, 공동체는 양심을 가질 수 없기 때문에 판단은 언제나 개인에게 있습니다.

양심을 수호하는 국가는 그것에 대해 선하게 합니다. 왜냐하면 국가는 다음과 같은 시민을 필요로 하고 있기 때문입니다.

• 국가 시민으로서 그들의 역할에 깨어있지 않는 시민,

- 자결(自決)에 기본법적으로 보장된 근본적 권리를 존중하는 시민,
- 진리에 대한 이면에서 자기 스스로를 고수하며, 자신의 화해에 이르기를 원하는 시민,
- 고유한 자유와의 인간관계를 스스로 책임질 수 있는 시민,
- 자신 스스로 뭔가를 요구하기를 준비하는 시민,
- 주관적인 양심의 판단과 보편적 가치의식 사이에서 긴장을 유지하는 시민.

"양심"이란 주제도 '인간의 존엄성'이라는 배경에서 결과적으로 인격과 행위 사이를 구별하는 것입니다. 인간은 인격자로서 하나님에 의해서 창조되었고, 사랑받았으며, 인정되었음을 믿습니다. 인간은 행위자로서 양심을 통해서 자신의 행위에 대해 말하게 됩니다. 이러한 상황에서 양심은 인간 고유의 엄중함이요 그리고 단지 행위만이 아니라 또한 인격에 반대해서도 말하는 경향이 있습니다. 양심은 양자를 혼합시키나 인간은 자신을 자신의 행동의 순전한 총합이라고 오해합니다. 양심은 인간을 자기 앞에서 스스로 인용하며 그리고 동시에 '하나님의 재판 직무'가 자신을 조각조각 찢습니다. 자아 유죄판결과 자아 정당화에서 나와 이러한 혼란 가운데서 인간은 국가시민으로서 자신의 첫 가치를 해결하는 일을 위험하게 합니다. 즉 그것은 그를 위한 스스로 침해할 수 없는 그의 인간품위입니다. 여기서 우리는 인간이 그의 양심의 비난에서 해방되며, 하나님에게서 의롭게 되는 것을 저마다 인간 공동체와 먼저 올바르게 국가를 수반하는 기독교신앙의 근본토대 위에서 마주하게 됩니다. 단지 그는 그렇게 자신의 행위를 이해의 판단에 종속시킬 수 있을 것입니다.

6. 권력의 정당성

폭력의 문제를 어떻게 서술할 것인지는 선결 조건에 달려있습니다.

- 사람이 세상에서 악을 만드는 것은 가능한 것인가?
- 또는 세상을 판결하는 것, 즉 "올바르게" 만드는 것은 하나님께 맡겨진 것인가?

이러한 질문의 대답은 현저한 결과들을 가지게 됩니다. 더욱이 개인의 폭력

사용이나 국가의 폭력 사용의 모습에서입니다.

- 한쪽은 폭력의 가치를 과대평가하고 폭력이 분쟁을 해결할 수 있다고 합니다.
- 다른 한쪽은 폭력을 위기해결책으로 바라보지만, 폭력을 "궁극적인 합리"(ultima ratio)로 책임성 있게 사용하기를 부끄러워하지 않을 것입니다.

구약성경은 폭력사용을 개인들에게 금합니다. 폭행자는 공동체 밖에 있어야 합니다. 단지 법공동체는 위법한 것을 폭력으로 벌하거나 전쟁을 수행하는 것을 허락합니다. 그럼에도 선지자들은 종국에 하나님이 폭력에 관여하여 악한 자들을 벌하고 약한 자들의 권리를 도와주며, 대체로 전쟁과 폭력을 종결하게 하리라는 것을 기대합니다.

예수님 그리고 그분과 함께 했던 초대기독교는 사람의 폭력이 세상을 바꾸거나 구속할 수 없고, 하나님의 "통치", 하나님의 "능력"이 그렇게 할 것이라는 입장에 머물러 있습니다. "나는 너희에게 말하노니, 악한 자를 대적하지 말라 누구든지 네 오른편 뺨을 치거든 왼편도 돌려대며"(마5:39). 바울은 얼마 후에 이렇게 기록했습니다. "악에게 지지 말고 선으로 악을 이기라"(롬12:21).

처음 기독인들은 정치적 폭력을 책임져야 하는 임무 앞에 서 있지는 않았습니다. 오히려 그들은 순교라는 관점에서 폭력을 체험하였습니다. 콘스탄티누스 이후 시대에 이르러서야 비로소 교회는 폭력의 윤리적 특질에 대한 질문에 대답을 찾고, "정당한 전쟁에 대한 교리"작업을 하였습니다. 그런 다음 교회는 수천 년 동안 "이단들"과 "이방인들"에 대한 논의에 단지 신학적일 뿐만 아니라 정치적으로, 군사적으로 가담하였습니다.

먼저 중세기가 시작될 무렵에 이르러서야 루터는 폭력, 예컨대 십자군 전쟁에 대한 모든 교회- 종교적인 권리와 맹렬하게 싸우며, 폭력독점(권력독점)을 세상 권력 편으로 집중시킵니다. "그의 두 왕국론"은 여기에서 구별되는 해결책을 역시 추구합니다.

- 개인의 고유한 인격을 위해 복음은 '비폭력'을 요구합니다. 그것은 결단코 무감각한 수동성으로 이해되지 않아야 하며, "눈에는 눈, 귀(耳)에는 귀(耳)"와 같은 단순한 반응보다는 더욱 많은 환상과 활동성을 요청합니다. 산상설교의 반명제는 어떻게 사람

이 행위의 율법을 견지하며 "악에게 지지 말아야"(마5:38f.)하는지 실례들을 언급하고 있습니다. 비폭력성과 권리 포기는 새로운 권력 요인이 됩니다.

- 다른 사람들을 위한 투입에서 폭력은 '이웃 사랑의 계명'이 될 수 있습니다. 바울은 '정부당국이 그들의 폭력("칼")을 "하나님의 사역자"로서 네게 선을 베푸는 자니라.'(롬13:4)고 말합니다. 루터는 이 말씀을 "전쟁하는 군인들도 복된(구원)자의 신분에 있을 수 있는가"라는 질문으로 첨예화하며, 다음과 같이 대답합니다. 즉 사람은 인격과 직무사이를 구분해야 합니다. 재판자의 직무나 또는 혼인신분처럼 역시 "전쟁 직무" 자체는 신적이며 그러나 그것이 인간들의 사용을 통하여 "악하고 불의하게" 될 수 있을 지라도, "먹는 것과 마시는 것처럼 유익한 것"입니다.

그것이 여기에 서술된 것처럼, 사랑과 권력/폭력에 관한 이러한 일치를 유지하는 것은 기독교에서 쉬운 일이 아니었습니다. 그 대신 기독교는 이것 또는 저것을, 폭력의 합법성이나 폭력에 대한 비평을 과도하게 강조하였습니다. 폭력은 항상 자신을 타락시켜 '무사랑'으로 전락시킬 수 있었으며, 또한 마찬가지로 이웃 사랑은 자주 수동적으로 변질되었습니다. 교회는 경찰관, 형 집행관 또는 병사의 유니폼을 입은 기독인의 봉사를 존중하였습니다. 루터가 국가로 불렸던 것처럼 "좌편에 있는 하나님의 나라"(Reich zur Linke)는 "악의 나라"(Reich des Bösen)로 멸망하지 않아야 합니다.

역시 국가가 스스로 비인간적인 지시들에 저항을 의무로 삼음으로써 거기에 무엇인가 기여할 수 있습니다. 예컨대, 병사법은 "순종"을 연습시킬 수 있습니다. "병사는 자신의 상관에게 순종해야 합니다. 병사는 그들의 명령을 최선을 다해 온전하고, 양심적이고, 지체 없이 수행해야 합니다. 인간의 존엄성을 훼손하는 명령을 따르지 않을 경우 이는 불복종이 아닙니다." 병사들에게 그런 경우 항명하도록 "기대할 수 있을 것이다". (11조)

민주주의는 인간의 인간에 대한 통치권 없이 성공할 수 없습니다. 민주주의에 참여는 - 설령 그 일이 모든 통치권에 기생하는 독단을 방어하는데 목적을 둘지라도 - 기독인들에게는 하나의 합당한 과제입니다. 게다가 민주주의는 다른 통치형태에는 없는 최선의 조건을 제공합니다.

7. 프로테스탄트주의의 문화적인 각인력(刻印力)

기독교적인 신앙은 그의 역사의 모든 단계에서, 그 신앙이 살아있는 국가적인 공공조직체를 문화적인 힘으로 각인(刻印)시켰습니다. 종교개혁으로 각인된 기독교의 관점에서 다음과 같은 만남의 장들이 나타납니다.

a) 모든 문화의 종교적 차원

행복과 불행, 죄책, 무의미한 고통과 충격적인 폭력은 단지 종교만이 제공할 수 있는 해석을 요구합니다. 매 해 마다 반복되는 순환을 형성하는 하나의 축제적 절기월력을 필요로 합니다. 그래서 국가는 스스로가 만들어 낼 수 없는 전제들로부터 산다는 것을 의식하고 있습니다(E.-W.Böckenförde, 1976). 교회가 제도상으로는 점점 더 약해져 감에도 불구하고, 기독교는 상징들과 의식들 그리고 축제들로 우리 사회를 통합할 수 있을 것입니다. 기독교는 세례, 성년식, 혼인과 장례와 같은 의례들을 통해서 여전히 사람들의 생활세계와 친밀하게 엮여 있으며, 삶의 위기와 과도기를 설계하는 데 필수 불가결한 과제를 충족시켜 줍니다. 국가적 공동체 내의 단결은 공통의 가치신념과 최후의 책임판단 기관으로서 하나님과의 관계(예, 선언과 헌법서문)에 토대를 두고 있습니다. 상호 경쟁적인 진리 주장과 종교들의 대화도 여기에 속한 일입니다. 종교의 자유에 대한 요구는 기독교의 본질에 속합니다.　　↗ 1.6 하나님과 종교들

b) 추모문화

유대교적이며, 기독교적 전통은 민족사의 근본적인 사건과 마찬가지로 개인적인 생애역사를 기억하는 것을 중심적 과제라고 생각합니다. 전통은 시대를 뛰어넘어 잊지 않고, 개인적이며 집단적 정체성인 "기억"을 보존하는 문화를 만들어 냅니다. 기독교 공동묘지는 돌아가신 분들을 추모하게 하며, 개별적으로 인간적 인격의 존중을 표현하게 합니다. 교회의 건축들과 수도원 시설들의 발전에서 그리고 도시들의 성장에서, 추모에 대한 하나의 핵심 역할이 수반됩니다. 물론 종교개혁이 특별하고 분명하게 보여주었던 것처럼, 성경적 신앙은 언제나 전통 비평적 추진력을 가지게 됩니다.

c) 예술과 종교

이것들은 긴밀하게 연결되어 있습니다. 양자 모두 그들의 방식에 따라 인간들에게 실

존적으로 무엇이 관계되는지를 표현하며, 보이지 않는 것을 볼 수 있게 묘사하는 표지로서의 상징체를 필요합니다. 오늘날 교회와 박물관의 기능들이 부분에 있어서 서로 뒤섞이게 된 것처럼 보입니다. 사람들이 미술관들과 명상과 경건의 장소로서 갤러리(건물 내부의 긴 통로)를 찾고 있는 반면, 고대 성당들은 과거의 유산으로 보관된 증거물들로서 관광객들로부터 관람의 대상이 되었습니다.

합리성으로 인해 매력이 상실된 세계에서, 그들은 삶에 재 매혹됨의 소원으로 향하게 됩니다. 바로 여기에 교회와 예술이 새롭게 대화하게 되는 기회가 보입니다.

↗ 6.5.6 만들어가는 예술

d) 청소년 문화와 교회의 종교성

오늘날 이 두 분야는 특별히 아주 강하게 서로 이탈되어 있습니다. 그러나 청소년들은 그들에게 스스로 의식될 때, 교회와 종교와 신앙을 접하고 있습니다. 즉 영화와 TV의 연속물은 교회의 결혼식이나 장례식을 보여주며 축구경기장과 팝 콘서트는 "팬들"을 모이게 합니다. - '팬'(Fan)은 라틴어로 성소(fanum) = 성전(Heilligtum)에서 나온 말이며, 그들의 스타들을 아주 의식(rituell)처럼 축하합니다.　　↗ 4.2.4 청소년

e) 교육과 학문

프로테스탄트주의는 그 자체를 교양운동으로 이해하였습니다. 그것은 일반적으로 판단능력과 의사소통의 능력을 도우기를 원했는데, 이는 단지 특별한 종교적 지식만은 아니었습니다. 교양은 신앙을 대체할 수 없습니다. 반대로 신앙도 교양으로 대체될 수 없습니다. 그래서 루터의 성경번역은 사회에서 종교적 전문인들과 종교적 평신도들 사이의 간격을 극복하게 하려는 '해방적 동인(動因)'이었습니다. 그러나 교양은 단순한 지식 이상을 전달합니다. 즉 삶의 방향과 윤리적 차원이 교양을 통해서 획득되어져야 합니다. 바로 여기서 기독인들은 자신이 지니고 있는 그것을 침묵하지 않아야 합니다. 기독인들은 인간의 존엄성이 위협받게 될 때, 투쟁의 불을 붙여야 합니다.

↗ 4.3.4 지식사회에서의 교육

f) 미디어들

그것들은 문서와 말과 영상으로 소통에 봉사합니다. 이러한 세 가지 문화 형태들을 서로 조화로운 관계에 유지하는 것과 그럼에도 불구하고 생생하게 참여자

들 사이에서 직접적 상호활동으로 각자 접촉의 근본정신을 보는 것은 기독교의 업적입니다. 그래서 프로테스탄트주의는 인터넷의 가상현실 세계에 대해 말과 개방적인 대화의 문화를 진흥시키고 있습니다. ↗ **4.3.3 의사소통과 미디어**

g) 스포츠와 놀이

이것들은 종교적 예배에 그 뿌리를 두고 있으며, 사회적 문화의 본질적인 부분입니다. 여기서 인간은 자신 스스로 그의 신체와 정신과 그의 성품을 위해서 무엇인가 좋은 것을 행할 수 있을 것입니다. 만일 교회들은 스포츠 문화를 방심하지 않고 강화하고 보호한다면, 그들의 고유한 임무를 따르는 것입니다.

↗ **4.3.7 스포츠**

h) 일상과 주일의 순환

이것들은 노동과 실적에 대한 고착에서 인간을 자유롭게 하는 각 문화의 포기할 수 없는 요소입니다. 오늘날 일요일을 단지 경쟁의 불이익으로 보는 자는, 휴일이 사람에게 현대의 경영진이 요구하고 있는 더 정확하게 개별적 안정감과 자유를 보증할 수 있다는 사실을 부인하는 것입니다. 결정적인 질문들은 다음과 같습니다.

- 사회가 어떻게 숨쉬기를 바라는가?
- 교회들은 주일의 의미를 어떻게 이해 가능하도록 할 수 있는가?

↗ **4.3.5 직업과 경제**, ↗ **4.3.6 자유시간**

형성

1. 교회에서의 민주적 삶의 형태들

a) 교회에서의 민주주의

'민주주의의 개념이 교회에로 옮겨지게 할 수 있는가?' 이러한 질문에 그렇게 대답되게 합니다. 즉 기독교 공동체는 특별히 그리스도와 그의 소식(사명)에 힘을 입고 있습니다. 그 때문에 교회에는 성경 말씀이 효력의 원인처럼 우선하여 정리되었습니다. 모든 신자들의 사제직에 관한 확신에도 불구하고, 교회는 복음전파와 "그리스도를 대신하는 그들 대사들"(고후5:20)에서 이러한 부분들의 역할들로 살아 있습니다. 모든 교회구성원들은 - "평신도의 직무"처럼, "직무의 책임자들"이 - 함께 하나님의 말씀의 "명령적 위탁"하에 있으며 그리고 그것들을 역동적인 합의에서 언제나 새롭게 확인하는 것입니다.

b) 교회의 헌법

민주적 구조 원리의 완전한 수용은 - 하나님의 말씀에 대한 결합에서 - 이와 같이 교회로 부터 거절되었음에도 불구하고, 성경적 인간상에서 바로 요구하고 있는 강조점들을 발견하게 되는데, 그것들은 민주주의에 대한 유비적인 관계에서 교회법의 질서들 안에 구조 요소들을 도입하는 것들입니다. 19세기의 사회적 경향은 교회헌법(들)을 형성하도록 유도하였는데, - 그 이후 영적이고 신학적인 교회의 지도력의 책무가 점점 선출된 대표기관으로 분배됩니다. - 이것은 그러한 현상과 일치합니다. 이에 더하여, '교회의 날'(Kirchentag)이라는 평신도 운동과 여타 다른 교회단체들은 활동에 있어 교회의 결정 절차를 더욱 투명하게 하고, 여론 충돌을 드러내어 조정하기를 원하는 해방 운동을 장려합니다.

c) 민주주의 - 교회의 삶의 형태

모든 교회 지도부의 주된 목표들에 의심할 여지없이 '공동체의 참여'가 포함합니다. 그리고 남녀 목사의 성공 또는 실패는 교회구성원들의 무관심을 참여로 바꾸기를 얼마만큼 성취하는 지에서 측정되게 해야 할 것입니다. 다른 모든 인간 사회의 공동체처럼, 만일 교회가 내부 조직적 민주주의를 - 즉 '성령의 역사'라고 말하는데 - 지지하기를 원한다면, 교회 역시도 동일한 어려움과 임무들을 마주하여 보게 됩니다(F.Daiber).

- 안수 받은 것과 안수 받지 않은 주된 직무의 동역자들 사이의 신분 차이
- 주업으로 일하지만 동시에 고용되어 의존적 관계에 있는 사람들의 언권

- 이들 동역자들의 동기를 고양시키고, 자질을 개선하며 그리고 이로써 "단체들의 기능적인 것들의 영향력을 제한하는 동역자들의 교육
- 결단의 지평에서 그룹의 역동적 지식들의 넘겨받음
- 기회 균등과 교회 내에서 특별히 작동된 언어 패턴에 관한 극복을 위한 언어의 의미
- 먼저 전제적이며 성직적인 설교와 나란히 기독인들의 평등사상을 강조하는 예배의 형태들
- 책임 있는 지위들에 대한 기회를 더 적게 가진 사람들에 대한 주의력

2. 공적 질문들에 대한 교회들의 입장표명

기독인들은 땅에서 낙원인 각자의 가치를 만들기 위해, 국가와 사회 안에서 개인적이며 공동체적인 강요로부터 해방되었습니다. 그러한 원리적인 세상행복의 시도들은 역사에서 윤리적인 이상주의의 속임수를 쓰는 정점으로부터 대부분 국가의 공포정치로 전복되었습니다. 하나님을 통한 인간의 무조건적인 영접에 대한 믿음은 실제적으로 가능하며 그리고 의미 있게 인정된 사회적인 상태들의 개선들을 직접 주목하며, 전력을 다하여 변화하는 것으로부터 자유하게 합니다. 예수님의 사랑계명은 무엇인가 달성한 것으로 만족을 주지 못한다는 것을 돌보지만, 그러나 인간의 의미가 사회를 위해서 행하는 것에 의존되었다는 것에 영향을 미치지는 않습니다.

a) 교회는 세상 정치에 대해 의사를 표명해야 하는가?

그것은 로마가톨릭보다는 프로테스탄트들에게서 더욱 광범위하게 논쟁되었습니다. 그 이유는 여기에 개신교가 처음부터 로마가톨릭교회보다 종교의 개인화에 더 많이 뿌리를 내리고 있었기 때문입니다.

종교개혁자들은 개인의 양심과 세상적인 제도들 위에서 정신적인 통치권을 행사하는 중세 가톨릭교회에 대항하여 항거하였습니다. 대체로 이것은 개신교회가 탄생되는 일에 본질적으로 기여했었습니다. 제도권들에 대한 현행 교회의 유보적인 태도들은 또한 여기에 그 뿌리가 있습니다. 그러한 유보들의 진리의 핵심

은 모든 제도와 교회가 개인의 주도권과 책임을 약화하거나 또는 아예 차단해 버릴 수 있는 고유한 비중을 발전하려는 경향을 갖는 그 통찰에서 생겨납니다.

다른 한편으로는 신앙의 공통성을 분명히 드러내는 과제로써, 단지 제도적으로 인지되는 과제입니다. 예를 들면, 사람들이 그들 주변에서 하나님을 모욕하거나 인권을 짓밟는다면, 그것은 기독인들이 외면할 수는 없는 것입니다. 분명 이러한 상황은 개인에게 요청하는 바가 있습니다. 그러나 우리가 신앙적인 관심을 제도적 형태로 담아낸다면 그러한 폐해에 대해 더 잘 대처할 수 있을 것입니다. 그러한 까닭에 - 통상적으로 기독교적인 면에서만 요구될 뿐 아니라 - 교회들이 더 큰 사회적 질문들에 입장을 표현할 수 있는데, 방향감각 상실로 그들의 존재가 위협받게 된 다원적 사회에서라고 할 것입니다.

다음과 같은 질문들이 남아 있습니다.

- 대체로 다수는 그들의 신앙을 공적으로 관철시키기를 원하는가?
- 단지 그것은 무명의 한 최종판단으로 하여금 마지막에 책임을 내맡기는 모습은 아닌가?
- 주제넘게 교회는 오래전 사라져 버린 권위를 내세워 부당하게 하는 것은 아닌가?
- 종교의 자유는 각각의 종교 공동체가 공적인 입장표명을 하도록 권리를 부여하는가?
- 공적 권위와 개인 자신의 책임 사이의 내적 알력이 더 깊은 문제가 아닌가?

이러한 문제성의 의식으로 20세기 중반 이후 독일 개신교회는 연구와 검증 그리고 선언들을 통해서 입장을 알렸습니다. 이런 행동의 배후에는 제3제국 시절의 경험이 있었습니다. 즉, 교회들이 공적인 표명 가능성을 충분할 정도로 그리고 그 가능성을 충분히 비평적으로 사용하지 않았다는 것입니다. 특별히 독일개신교회협의회(EDK)의 진정서들은 매번 여러 확신을 가진 전문가들과 함께 한 "담당부서"에서 공동으로 작업이 완료되어 그러한 입장 표현들의 가장 중요한 형태를 설명하며, 각각의 주제에 충분히 준비된 토대에서 하나의 합의를 찾게 됩니다.

b) 교회의 정치적인 표현들의 현재적 실제

1954년 이후, 개신교회들은 사회적 질문에 있어서 이전에 그렇게 알려지지 않았던 규모로 입장을 표명했습니다. 특별히 비로마적인 세계교회연합이 사회적이고 정치적인 질문들에로 심도 있게 향하였으며, 1966년 이래로, 소위 제3세계 문제들에 대하여 우선적으로 다루게 되었습니다. 거기서 반인종주의-프로그램이나 빈곤한 나라들을 위한 부채탕감에 대한 논의들이 교회적인 범주 밖에서 의심 없이 문제의식을 강화하였습니다.

무수한 독일개신교회협의회의 진정서들에서 두 가지 아주 특수한 효과를 얻었습니다.

- "추방된 자들의 상황과 동쪽 이웃들에 있는 독일 국민과의 관계(1965)는 당시 서독 정치의 건설적인 변화를 비본질적으로 자극하지는 않았으나, 동시에 교회적으로는 잘못 추방된 사람들의 격렬한 저항을 불러 일으켰습니다.

- "자유를 보존하고 장려하고 새롭게 한다"(1981)라는 진정서는 개혁교회연맹 간부단이 그 다음 해 "예수 그리스도에 대한 고백과 교회의 평화에 대한 책임"이라는 반대 성명을 하도록 하는 동인을 제공하였습니다. 왜냐하면 경고의 군사적 균형을 수단으로 전쟁을 예방하는 정치적 옵션은 그리스도 안에 계시된 하나의 "공개적 부정과 조롱하는 것"이었기 때문입니다. 과격한 평화주의자의 입장처럼, 마찬가지로 독일개신교회협의회(EKD)는 그러한 결정이 기독인들을 위해서도 가능한 것으로 상세히 밝혔던 반면, 개혁교회연맹 간부단은 "삶과 죽임이 달려있는 신앙고백의 문제에 있어서 이웃하고 있는 교회가 상호 배타적 입장에 지속적으로 멈추어 서 있다는 것은 수용할 수 없는 일이라"고 주장하였습니다.

c) 교회는 무엇을 말해야 하는가?

독일개신교회협의회(EKD)의 진정서들은 두 신앙고백 공동체(루터교회/개혁교회)와 세계교회연합의 공적인 발표들의 큰 부분처럼, 국가적이고 국제적인 차원에서 우리 시대의 사회적인 문제들을 다루고 있으며, 포괄적인 의미에서의 사회 윤리적 입장을 제공하고 있습니다. 그 안에 이전 세기에 비교하여, 큰 진보가 놓여 있는 것입니다. 왜냐하면 윤리는 더 이상 개인의 근접영역에만 국한되지 않으며, 정치적 행동에 함께 관계되기 때문입니다. 오늘날 인류를 움직이는 질문들은 더 좁은 기반 위에서 다루어 질수가 없습니다. 즉 전쟁과 평화, 증대되는 다원적 사회에서 인종과 문화와 종교들의 관계 그리고 지구의 공간에서처럼, 지역적인 공간에서 발생하는 빈부의 대립, 자연 환경에서 인류의 생존 - 그 모든 것들은 교회로 하여금 적극적인 입장표명을 하도록 도전하고 있습니다.

그러면, 이런 주제 영역들에 대한 기독교의 특별한 기여가 있습니까? 그러한 기여는 분명 전문지식에 대해서 또는 윤리적 민감성에 대한 고도의 조치에서가 아니라 다음과 같은 양자의 관점들에서 존재합니다.

- 기독교 신앙은 확신 가운데서 이웃 사랑의 요구를 토대를 삼고 있습니다. - 이러한 계명은 하나님의 뜻을 꾸밈없이 보여줍니다 (1).

그것은 그렇게 독일교회협의회의 진정서에서 "사회적 질문들에 대한 교회의 입장들의 책무와 한계"에 대하여 말하는 것을 뜻합니다. 즉 "정치적이고 사회적 질문들에 대한 의견을 말하는 교회의 합법성은 말할 것도 없이, 교회의 주인이신 주님의 포괄적인 복음의 선포명령과 파송명령에 근거하고 있습니다. 올바르게 이해되었다면, 교회의 요구가 중요한 것이 아니라 하나님의 요청 하에서 그리고 사회의 고난들과 과제들과 함께 서로 연대하여, 세계를 향하여 말하게 되는 것이 중요합니다. 이러한 연대감이 개인적인 사랑의 행위를 통해서 홀로 충족하게 성취시킬 수 없는 그리스도의 제자의 명령에서 따르는 것입니다."

그렇지만, 이러한 근거는 충분하지 않습니다. 만일 이웃 사랑의 명령에만 머물러 있다면, 기독교는 그것 때문에 윤리적 지시들의 체계로 축소되어 버릴 것입니다. 이것은 확대된 통찰에 상응하지만 그러나 그것이 결정적인 것이 간과되고 있습니다. 즉 기독교 복음의 소식은 원수 사랑의 신적 명령을 포함할 뿐만 아니라, 특별히 무조건적인 하나님의 사랑과 용서에 대한 약속을 포함하고 있습니다. 이러한 복음의 소식은 - 신학적 전문용어가 표현하는 것처럼 - "율법과 복음"으로 이루어집니다. 신약성경에서 원수 사랑의 계명은 "하늘에서 비를 의로운 자와 불의한 자에게"(마5:44) 내려주시는 하나님의 원수 사랑에 근거를 두고 있으며, 인간적 용서는 미리 선언된 하나님의 용서(마18:23-35)에 그 토대를 그렇게 두고 있습니다.

그러한 까닭에, 기독교 신앙의 두 번째 특수성은 그분이 윤리적 행위 또한 상대화시키는 거기서 이루어집니다 (2).

그것은 오해되게 들리지만, 예수님이 하나님의 뜻으로 예를 들면, 산상설교의 반명제 (마5:21-48)에서 선포하셨던 것처럼, 단지 그의 급진적인 것의 가장 미미한 것을 상실하게 되리라는 것을 뜻하지는 않습니다. 그렇지만, 그것은 우리의 행위가 우리를 하나님께 마음에 들게 하는 것이 아니라, 홀로 하나님의 은혜가 그렇다는 것을 뜻합니다. 거기서 국가와 사회에 대한 기독인들의 관계를 위해서 기독인들은 그 어떠한 대가를 감수하고서라도, 지상 낙원(하나님의 나라)를 이루려는 강요로부터 자유하게 된 것을 따르는 것입니다.

d) 교회를 대변하는 자는 누구인가?

기독인들이 사회 안에서 말하거나 행동하는 것은 무엇이든지 '신적인 권한의 위임'을 필요로 합니다. 이것은 교회적 직무의 전권위임과 동일시 할 수 있는 것은 아닙니다. 왜냐하면 교황과 공의회, 개신교회의 총회와 감독들은 잘못할 수 있으며, 잘못했기 때문입니다. 그 때문에 복음적 이해에 따르면 교회의 대변인이 지닌 직무상의 위치에서 그의 발표들의 구속력에서 단정 짓는 것은 전적으로 배제되었습니다. 그러한 구속력은 '누가 말하느냐'가 근거할 수 있는 것이 아니라, 단지 말해진 것에 대하여 근거가 될 수 있는 것입니다.

그 누구도 하나님의 뜻을 의심할 여지없이 알아볼 수 있는 자는 없을 것입니다. 교회의 발표의 소임을 받은 사람이 시대의 표적을 올바로 읽고 있는지도 불확실하며, 성경을 하나의 '요리책'처럼 오늘날 필요한 정치적 행위를 위해 사용될 수 있는 것도 아닙니다. 그 때문에 교회의 발표들에 대한 "성경적 일치성과 실용적 일치성"은 - 원천적으로 확정되어 있는 것이 아니라 - "실행과정 중에 드러나게" 되어야 한다는 입장이 바른 것입니다. 교회 발표의 합법성을 입증하는데 있어서 교회 대변인이라는 직무상의 위치나 성경구절과의 문자적 일치로도 충분치 못합니다. 그 어떤 교회 발표도 양심을 결박하지 말아야 합니다.

그럼에도 불구하고 독일개신교회협의회(EKD)의 진정서들이 교회의 발표라는 특별히 축복된 형태로 나타나게 되었습니다. 왜냐하면 이 성명은 권위적 가이드라인으로서가 아니라 기여할 자격을 갖춘 논의들로 이해되고 있기 때문입니다. 물론 이러한 공동발표의 위험은 그 프로필이 아주 쉽게 불명료하게 처리되어진다는 점에서 여전히 존재 합니다. 그렇기 때문에 성명채택 중 최선의 단락들은 대체로 개별 저자로 소급시키며, 그렇게 함으로써 그러한 텍스트들의 한계를 들추어 내고 있습니다. 텍스트의 탁월함도 이후 훨씬 강력한 책임 있는 개인들의 논쟁적 입장을 절대로 대신할 수 없습니다.

e) 교회의 입장들에 대한 수신자들

원칙상으로 볼 때, 교회는 언제나 두 곳을 지향하고 있습니다. 내적으로는 자신의 구성원들이고, 외적으로는 교회와 멀리 떨어져 있는 사람들을 수신자로 하고 있습니다. 그러므로 누구든지 교회를 위해 말하려고 하는 사람은 교회 밖에 지배하고 있는 전제들을 분명히 확인해두어야 합니다. 왜냐하면 기독교 신앙의 기본 가정이 사회 속에서 자명한 가치를 점유하던 시절은 지나갔기 때문입니다.

이와 아울러, 교회생활에 대한 의심과 거리감은 생각했던 것 훨씬 그 이상으로 교회 내 사람들의 사고를 규정하고 있고, 수신자를 교회 다니는 사람과 그렇지 않은 사람으로 구분하는 것 역시 너무나도 쉽게 도식화될 수 있습니다. 교회의 구성원들은 교회와 동시에 교회 밖에 있는 사회에 속해 있다는 것은 분명한 사실입니다. 이와 마찬가지로, 교회와 멀리 떨어져 있던 사람들은 일부 교회에 충실한 사람들 보다 더 강력하게 기독교 정신으로 특성화되어 자신을 드러내는 경우가 드물지 않습니다. 기독교 신앙의 신념에 따르면, 결과적으로 이 두 집단 모두는 하나님의 사랑에 의존하고 있는 것입니다. 그래서 내부적 관점과 외부적 관점이 상호 스며들게 되려면, 교회는 "외부에 있는 자들"과의 대화의 장소를 공지해야 하고, 기독교 신앙을 고백하지 않는 사람들과의 협력 사업을 가능하게 해야 합니다. 그렇지 않다면, 교회는 정의와 평화 속에 인류 공존과 지구의 자연적 삶의 조건 보존과 같은 사회의 큰 목표들 중, 그 어떤 부분에도 근접하여 다가서게 하지 못 할 것입니다.

f) 교회는 언제 말해야 하는가?

매번 그렇게 해야 하는 것도 아니고, 공적으로 다루어지는 질문에 대해서도 아닙니다! 교회가 모든 것을 아는 것은 아닙니다. 그리고 기독교 신앙을 단순히 교회제도와 동일시하지 않아야 합니다. 현장에 관여하고 있고 능력을 갖춘 개별 기독인들이나, 단체에 위탁하는 경우가 드물지 않습니다. 분명히 특정 상황들은 넓은 교회적인 토대 위에서 그리고 가능한 거대한 공공의 비중으로 결연한 입장

표명을 요구합니다. 그것은 특별히 '신앙고백의 신분'에서 주어졌습니다. 즉 기독교 신앙의 자유로운 선포 스스로나 또는 기본적인 인권들이 무시당하게 될 경우입니다. 물론, 법치국가체제 하에서 이러한 사례의 발생은 우려될 만합니다. 아울러 이런 최극단적인 경고의 신호를 부풀려서 사용하는 것도 해로운 것입니다. 왜냐하면 그것은 요구되는 사건에 관한 토론을 차단시키기 때문입니다. 그래서 고백의 열정은 역시 편의의 징표일수가 있습니다.

물론 교회의 신앙고백의 신분은 공적인 발표에서 교회를 도전할 뿐만 아니라, 한 사회를 위하여 핵심적인 의미에 관한 모든 질문을 도전합니다. 거기서 교회는 결단코 행정부나 여론에 의해서 선호된 진로방향을 항상 수정하거나 또는 전적으로 거절해서는 안 될 것입니다. 오히려 교회에 부여된 과제는 사회의 긍정적인 설계가능성들을 장려함에 있습니다.

g) 교회는 어떻게 말해야 하는가?

교회는 교회 자신을 위해서가 아니라, 그리스도 예수에 대한 믿음을 위해 사람들의 마음을 사로잡아야 합니다. 구체적으로 말하자면, 사람들이 정치적이거나 신학적인 판단을 단순히 따라하는 것이 아니라, 하나님 자신과 그들의 관계를 책임질 수 있도록 하는 것입니다. 이러한 까닭에 교회의 공적 고지는 위엄 있는 규정적 성격이 아니라, 교회의 수신자들의 자립적인 책임성을 심각하게 받아들입니다.

설령 사람들이 대화에 기여하는 것 외에 아무것도 아닐지라도, 아래와 같은 것들을 통하여 그리스도 교회의 신앙의 증인으로 알려지게 되어야 할 것입니다.

- 성경과의 일치성(Schriftgemäßheit): 이것은 성경 인용을 되풀이하는 것을 말하는 것이 아닙니다. 사람들은 성경의 중심인 예수 그리스도를 향하여 질문해야 합니다.

- 사실과의 일치성(Sachgemäßheit): 신앙의 근거는 현재적 상태와 관계되어 나타나야 합니다. 여기에서 사실적 강제들(Sachzwänge) - 예를 들면, 수요와 공급 관계를 - 물어보며 그리고 사회윤리적인 목표 - 예를 들면, 분배의 정의 또는 실업자들의 수를

줄이는 것과 – 이들과의 연관성을 물어보는 것은 당연합니다.

성경과 사실과의 일치성의 종합은 신학적 근본 작업과 해당되는 전문 지식에 대한 접근, 즉 각 분야 공통의 절차를 요구하고 있을 뿐만 아니라 더 나아가 모든 참여자들 스스로가 가지고 있을지도 모르는 편견과 "이념적"인 색깔에 대해 비평적 점검을 하도록 요구합니다.

h) 교회의 공적 입장표명은 어떤 결과를 초래하는가?

'하나님의 말씀은 결코 헛되이 돌아오지 않는다.'(사55:11)라는 약속은 자기 믿음을 지켜 내도록 지도할 뿐만 아니라 돕는 사람들에게 마지막 평안을 가능하게 합니다. 교회의 표명이 양극화되는 때에도 불행한 것이 아닙니다. 예전부터 영들은 언제나 기독교 신앙을 기준으로 구별되었고(마10:34-36; 눅12:49-53), 그래서 가장 극단적인 경우, 16세기 종교개혁이 보여주는 바와 같이, 교회 내에서의 분열은 불가피할 수도 있습니다. 물론 교회적인 입장의 그러한 가능한 결과들과 함께 결코 간단하게 취급해서는 안 될 것입니다. 조심하면서 점검해 보아야 합니다.

- 기독교 신앙의 근거는 정말 양극화되도록 작용하는가?
- 또는 단지 너무나도 심한 인간적 독단이 문제인가?
- 또는 개인적 판단 문제는 신앙고백의 신분(status confessionis)과 혼동하고 있는가?

윤리의 영역에서, 대부분의 경우 엄격한 대안이 아니라 절충을 통하여 그다음 단계로 나가야 할 것입니다. 진리에 대한 문제인, 교의적 질문의 경우 대체로 여러 가지의 견해들을 나란히 두는 것을 권장하고 있습니다. 복음적 교회 내에 어떤 최종 판단기관이 진리의 지식에 대한 독점적인 권한을 원할 수 있겠는가? 열광주의적인 신앙에서 보여 진 바와 같이, 교회의 표명에 그 어떤 특색이 없다는 것은 '믿음이 분부하고 있는바'에 어긋나는 것입니다. 그러하기에 해결에 도달하는 유일한 가능성은 '타인의 양심 존중'과 '자신의 오류가능성'을 잊어버리지 않는 대립적 논의뿐입니다.

i) 편파적이지만 그러나 교권적이지는 않다.

교회는 사회의 한 부분입니다. 그러나 그 본질은 사회적 기능에 있지 않고 복음을 선포하는 임무에 있습니다. 교회의 본질은 사회적 산물이 아니라, 오히려 사회 문제에 대한 견해와 하나님의 사랑 사이의 긴장 관계 속에 드러납니다. 이 상태는 이중적 위험이 잠복하고 있는데,

• 교회가 자신을 정치적 파당과 일치시킵니다. 이런 경우, 여타 다른 그룹 중 임의의 사회단체 이상이 되지 않든지,

• 아니면 교회가 사회에 대해 하나님을 대신하는 양하며, 사회를 "교훈"하는 것입니다. 이런 경우, 교회는 섬기는 기능을 항상 가지고 있으며, 복음의 소식을 해석함에 있어서 잘못을 범할 수도 있다는 것을 잊어버린 것입니다.

편파성에 대한 거부는 교회가 "가난한 자들을 위한 편견"(R. Niebuhr)을 가지고 있다는 사실을 배제하지 않습니다. 이것은 의도되고 목적된 (사회적) 행동에서 표명됩니다. 그러나 교회가 자신의 이름으로 말하는 것이 아니기 때문에 "대중적 요청"이나 "파수꾼의 직분"과 같은 표현들은 적절하지 못합니다. 이 표현들은 단지 교권적 후견이라는 의혹만 일깨울 뿐입니다. 공적 효과에 적당한 형태를 위한 모델이 바로 '진정서'(Denkschrift)이나, '개신교 아카데미' 그리고 '교회의 날'(Kirchentag) 등에서입니다. 그럼에도 준거(準據)로서 이러한 모델들이 항상 정당하였다라고 말하는 것은 아닙니다. 단지 이런 형태들은 '자체교정'이 "내장된" 메커니즘을 소유하고 있습니다.

j) "진정서들-진정서"

2008년, 독일개신교회협의회(EKD)의 전문위원회는 소회 "진정서들-진정서"(Denkschriften- Denkschrift)를 소책자로 출간하였습니다. 그 위원회는 제출된 숙고해야 할 점들의 토대 위에서 "현재 개신교회와 사회를 위하여 '바른 시점에 바른 말'이 생겨나는 곳에서" 자극을 주면서, 계속적으로 주도하는 토론들이 있기를 희망했습니다.

[참고도서]

- 벤드게(Bethge,E.): 본회퍼(Dietrich Bonhoeffer).신학자-기독인-동시대인(Theologe-Christ-Zeitgenosse). 하나의 전기(Eine Biographie), 1986.
- 캄펜하우젠(Campenhausen,A.v.): 기본법 하에서 국가와 교회(Staat und Kirche unter dem Grundgesetz). 하나의 방향(Eine Orientierung), 1994.
- 다브록/크리네르트/샤르딘(Dabrock,P./Klinnert,L./Schardien,S.): 인간의 존엄성과 삶의 보호 (Menschenwürde und Lebensschutz), 2004.
- 에델만/하셀만(Edelmann,H./Hasselmann,N.)(Hg.): 모순 가운데 있는 국가(Nation im Widerspruch). 오늘날 루터적인 시각에서 본 관점과 전망(Aspekte und Perspektiven aus lutherischer Sicht heute), 1999.
- 독일개신교회협의회(EKD): 진정서들(Denkschriften)(Sammelbände, hg. vom Kirchenamt der EKD; homepage:www.ekd/EKD-Texte).
- 독일개신교회협의회(EKD): 유럽연합의 전망에서 교회와 국가의 이해에(Zum Verständnis von Staat und Kirche im Blick auf die Europäische Union, (Gemeinsame Texte 4), 1995.
- 독일개신교회협의회(EKD): 법적인 시대에 법적인 말(Das rechte Wort zur rechten Zeit). 독일개신교회협의회 위원회의 교회의 공공사회의 임무에 대한 각서(Eine Denkschrift des Rates der EKD zum Öffentlichkeitsauftrag der Kirche), 2008.
- 독일개신교회협의회(EKD): 연대감과 정의 안에서 미래(Für eine Zukunft in Solidarität und Gerechtigkeit)- (Gemeinsame Texte 9), 1997.
- 독일개신교회협의회의 텍스트 46(EKD Texte 46): 북남관계에서의 인권법(Menschenrechte in Nord-Süd- Verhältnis, 1993.
- 독일개신교회협의회의 텍스트 61((EKD Texte 61): 양심의 결단과 법질서(Gewissensent-scheidung und Rechtsordnung), 1997.
- 독일개신교회협의회의 텍스트 63(EKD Texte 63: 기독교와 정치문화(Christentum und politische Kultur), 1997.
- 독일개신교회협의회 텍스트 64(EKD Texte 64): 형성과 비판-새로운 세기에 프로테스탄트 주의와 문화의 관계(Gestaltung und Kritik. Zum Verhältnis von Protestantismus und Kultur im neuen Jahrhundert), 1999.
- 독일개신교회협의회의 텍스트78(EKD Texte 78): 종교자유의 위협(Bedrohung der Religi-ons freiheit), 2003.
- 독일개신교회협의회/개신교회연합회/독일개신교회루터교회연합회(EKD/UEK/VELKD): 바르멘 신학선언 75년(75Jahre Barmer Theologische Erklärung).Eine Arbeits hilfe zum 31. Mai 2009, 2009.
- 휘러르(Führer,Chr.): 그리고 우리는 거기에 있었습니다.(Und wir sind dabei gewesen), 2009.
- 후버/퇴트(Huber,W./Tödt,H.E.): 인권(Menschenrechte). 인간세계의 관점들(Perspektiven einer menschlichen Welt), 1988.
- 칸들러(Kandler,K.-H.): 교회와 사회주의의 종말(Die Kirchen und das Ende des Sozialismus), 1991.
- 로쿰의 문서기록(Loccumer Protokolle): 프로테스탄트주의와 세계책임(Protestantismus und Weltverantwortung), 2010.
- 마우(Mau,R.): 동독에서의 프로테스탄트주의(Der Protestantismus im Osten Deutsch-lands), 2005.
- 리트너(Rittner,R.)(Hg.): 질서-창조, 법과 국가(Ordnungen-Schöpfung, Recht, Staat), 1994.

- 뢰슬러(Rössler,A.)(Hg.): 유럽에서의 프로테스탄트적인 교회(Prostestantische Kirche in Europa), 1993.
- 로헤(Rohe,M.): 이슬람-일상의 충돌들과 해결들(Der Islam-Alltagskonflikte und Lösungen. Rechtliche Perspektiven), 2001.
- 푀겔레(Vögele,W.): 법과 신학 사이에서의 인간존엄(Menschenwürde zwischen Recht und Theologie), 2000.
- 빈터(Winter,J.): 독일연방공화국의 국가교회법(Staatskirchenrecht der Bundesrepublik Deutschland). Eine Einführung mit kirchenrechtlichen Exkursen, 2001.

4.3.2 여성들과 남성들의 공동생활

인지

독일 개신교회에서 여성들과 남성들의 법적인 동등의 위치는 점진적으로 이루어졌습니다. 이는 여성 목사들이 교회공동체 안에서 당연한 모습으로 활동하고 있는 것에서 확인됩니다. 그럼에도 불구하고, 남성들과 여성들의 공동생활방식이 어떻게 이해되어야 하는가에 대한 질문은 아직까지 논란 중에 있습니다. 이것은 다른 것들 중, 여러 가지 참여 가능성에서 나타납니다. 무보수로 섬기는 명예직 활동에서 여성들의 수가 분명히 압도적인 것에 비하여, 교회지도부의 직분들에서 여성들은 오늘날까지 종속관계의 역할이 이루어지고 있을 뿐입니다.

↗ 6.1.5 교회의 명예직

방향

1. 초기 기독교의 시작

남성들과 여성들의 공동생활은 교회역사의 과정에서 여러 가지로 구별된 많은 표현형식을 발견했습니다. 시작은 아주 희망적이었습니다. 바울은 교회에 관한 이해에서 유대적 관념들에서처럼 동일하게 고대 그리스적 관념들에도 연결하였습니다. 바울은 도시의 자유로운 남성 시민들의 모임에 상응하게 가정 공동체를 에클레시아(교회, ekklesia)로 이해하였습니다. 그는 에클레시아(교회)라는 지칭을 통해 주변 그리스의 문화 환경으로부터 초기교회에 대한 개념을 넘겨받게 됩니다. 동시에 바울의 공동체에서는 남성뿐만 아니라 여성과 종들도 교회에 소속하는 권리들을 인지하였습니다. 모든 사람들은 하나님의 교회의 '동등한 완전한 시민'이었습니다. 전체의 모임(총회)에서 여성들도 발언권이 있었습니다. "동일한 수준의 민주적 사회구조"의 가장 유력한 증거는 갈라디아서 3:28에서 발견합니다. 즉 "너희는 누구든지 그리스도와 합하기 위하여 세례를 받은 자는 그리스도로 옷 입었느니라, 유대인이나 헬라인이나 종이나 자유인이나 남자나 여자나 다 그리스도 예수 안에서 하나이니라". 모든 사람들 - 이들은 그들의 정체성을 이전에는 특정 종족, 특정 계층, 특정성에 속한 것으로 이해하였습니다. 그러나 - 세례를 통하여 "그리스도 안에서 하나"가 되었습니다. 지금까지 모든 신분의 차이나 "자연적인" 특권들은 이러한 관계에서 모두 사라집니다. 여성과 남성, 즉 사람들의 새로운 융화(隆化)가 이제 막 생성되었습니다.

신약신학의 학문은 갈라디아서 3:28의 기획된 핵심적 문장이 단순한 유토피아적 표현이었을 뿐만 아니라, 바울이 설립한 공동체에서 실제로 이루어졌다는 것에 큰 가치를 두고 있습니다. 또한 그리스도의 몸이라는 그림(고전12)은 비대칭성이 돌출되게 하는 원시 기독교적 사회성을 가시화시켜 줍니다. 바울에게 있어서 에클레시아(교회)의 실현(實現)은 그리스도에 대한 신앙고백적 진실성이 중심적인 기준이 될 것입니다. 여기서 사회적으로 앞서 주어진 모범들과 그리스도에게 속함으로 얻어진 오명(汚名)이 극복되었는지 그리고 그리스도 안에서 하나의 새로운 피조물이 경험되는지 또는 아닌지가 결정됩니다. `유대인과 헬라인, 주인과 종, 남성과 여성이라는 사회적 불균형성들은 전적으로 무시됩니다. 개별적 은사들로 지향된 세례 받은 자들의 하나의 공동생활이 결정적입니다. 왜냐하면 교회(ekklesia)는 새로운 창조의 표현이며, 이로서 동시에 가시적이며, 생존했던 동시대적(로마적)인 사회의 비판이기 때문입니다.

그렇지만 바울은 이러한 통찰 방식을 항상 고수(固守)하지는 않습니다. 사람들은 전통적인 가부장적 역할의 모습들을 해결하는 것이 얼마나 어렵고, 분쟁이 많은 것인지를 바울 서신들에서 몇 가지 논쟁들을 느끼게 됩니다. 바울의 편지들은 그 때문에 교회와 공동체 내에서 여성들의 역할과 관련한 두 개의 상반된 가치를 간직한 채로 있습니다. 바울 서신의 구절들 중, 오늘날의 입장에서 여성적대적인 것으로 느껴지는 모든 가부장적 구절들은 분명 바울만의 탓으로 돌릴 수는 없습니다. 공동체의 모임에서 여성들이 침묵해야 한다는 고린도전서 14:33-36의 말씀은 바울에게서 유래된 것이기 보다, 후대에 첨가된 혹평이었다는 견해가 오늘날 신약성경 연구에서 폭넓은 일치를 보여줍니다. 예를 들면, 로마서의 문안인

사 목록(롬16:1이하)이 보여주는 것처럼, 바울은 지도적 활동들에서 여성조력자들을 생각하고 있었다는 것은 아주 자명한 일입니다. 거기서 뵈뵈(Phoebe)는 겐그레아 공동체에서(성만찬 진행의 책임자) 여성 봉사자로 언급되고 있으며, 브리스길라(Priska)는 (아굴라와 함께 '내 생명을 위해 그들은 목을 내놓았던' 자라고 다른 구절에서 표현하듯이) 여성 동역자로 그리고 유니아(Junia)는 여성사도(롬16:7)로 불려 졌습니다. 세 명의 여성들 모두는 이에 따라 가장 높은 지도적 직분의 자리에 있었으며, 유니아(Junia)는 사도직에서 사도바울 자신과 완전히 동일한 위치에 세워졌습니다. 바울은 이들 여성들과 역시 가장 잘 이해하는 관계에 있었던 것으로 보여 집니다. 그러나 그것은 후대에 더 이상 상상할 수 없게 되었기 때문에 '여성 집사'에서 나아와 "공동체의 섬김"에서 한 여성이 되었으며, "사도들 중 유명했던" 유니아(Junia)는 중세 이래로 한 남자인 유니아스(Junias)가 되었습니다. 1996년, 초기 기독교의 여성 직분자들에 대한 신약적 연구물에서 가정공동체 내에서 여성들이 설교했으며, 복음 선교를 위해서 여행을 떠났으며, 사도로 불리게 되었다는 것이 확인되었습니다. 그들은 교회 공동체들을 지도했으며, 여자들과 아이들을 가르쳤으며, 추측컨대, 또한 남자들도 새로운 가르침에 함께 했던 것입니다. 그렇게 브리스길라(Priscilla)는 후기 사도가 된 바울의 동역자였던 아볼로를 가르쳤습니다. 심지어 한 기독인들 반대자는 교회가 여성들에 의해서 지배되었고, 여성들이 교회의 직분들을 분할하고 있다고 주장했습니다.

어떻게 초기 기독교 공동체들에서 여성들이 이러한 중요한 지위에 이르게 되었으며, 초기 교회 안에서 이렇게 독특한 성(性)의 정당성이 남성과 여성들의 공동생활에 이를 수 있었는지? 그것에 대한 원인은 그 누구도 제외시키지 않고, 모든 사람들이 동등하게 하나님의 자비에 참여하게 되는 하나님나라에 관한 예수의 복음소식에 있었으며, 먼저 여성들과의 고유한 대화에 있지는 않았습니다. 예수님은 여성들과 더불어 식탁 공동체에 함께 했으며, 여성들과 더불어 자신의 가르침에 관하여 대화를 나누셨습니다. 바로 여기에 특별히 언급될 수 있는 인물들이 마리아와 마르다 입니다. 요한복음은 예수께서 이 두 사람을 아주 좋아하셨고, 자주 그들 곁에 손님으로 모셨음을 기록하고 있습니다. 마리아와 마르다는 초대 공동체에 아주 잘 알려져 있었던 것이 분명합니다. 마르다가 어떻게 묘사되었는지,

그 방식은 초기 교회 공동체의 중요한 역할이 그녀에게 있었음을 알게 합니다. 요한복음 11장에서 그들의 믿음의 강도는 모범적으로 제기되었습니다. 누가복음은 그것을 뛰어넘어 특별히 (유복한) 여성 제자들의 존재에 관해 이야기합니다. 마가복음은 예수님의 죽음 전, 예수님께 기름을 부은 무명의 한 여인에 대해 반복해서 보도합니다. 기름부음은 예수님의 수난사의 서막입니다. 그 여인의 행동이 제자들에게 엄청난 불쾌감을 자아내었을 때, 예수님은 그 여인을 칭송하여 제자들의 불쾌감을 해소시켰습니다. 왜냐하면 그 여인은 예수님 앞에 어떤 길이 임박해 있었는지 알았기 때문입니다. 모든 복음서들은 한결같이, 예수께서 십자가에 못 박히실 때 제자들이 두려움으로 인해 예수님을 어떻게 떠났는지 알려주고 있습니다. 베드로는 예수님을 세 번 부인하였고, 심지어 유다는 그분을 배반하였습니다. 그것에 비하여, 여성 제자들은 엄청난 위험한 상황에서 예수님께 대한 신의를 견지하였습니다. 그들은 십자가 아래 서 있었으며, 부활절 아침, 빈 무덤의 첫 증인들이 되었습니다. 이로써 그들은 기독교회의 여성 창립자들이 되었습니다.

유감스럽게도 초기 기독교회의 남성들과 여성들의 '동등한 공동생활'은 그렇게 길게 유지되지 않았습니다. 이미 신약성경에는 로마제국의 가부장적인 질서 모델에 순응하는 과정이 묘사되고 있습니다. 더 이상 은사가 우선이 아니라, 구조들과 직분들을 제정하고, 자립하고 있던 교회의 여성들은 점차적으로 지도적 역할에서 물러나게 되었습니다. 이미 신약의 후기 서 신서들에서 발견되는 것은 대단히 날카로운 어조로 여성들을 통한 가르침이 금지되었으며, 결혼과 자녀 출산의 영역을 여성들의 주된 과제라고 보고 있기도 하였습니다(딤전 2:12이하).

2. 고대 교회로부터 현재에 이르기까지

고대 교회에서 여성들은 남성 직무들의 계급조직에서 배제되었습니다. 그럼에도 불구하고 여성들은 여성 예언자들과 여성 선교사들로서 계속해서 기독교의 저변 확대에 함께 일할 수 있었습니다. 게다가 기독인들에 대한 박해가 이루어지던 시기에는 사람들로 부터 거룩한 성녀로 존경받는 몇몇 여성 순교자가 되기도

했습니다. 동시에 여성들은 신학적으로 남성들 아래에 종속되었으며 (하와의 타락을 근거로) 도덕적으로 열등하게 취급받는 것이 확정되었습니다. 중세시대 교회 안에서 여성들의 지위는 더 악화되었으며, 그들은 거의 공적으로 가르치는 활동을 할 수가 없었습니다. 남성과 동등한 여성의 지위는 토마스 아퀴나스(Thomas von Aquin)에 의해 분명하게 거부되었습니다. 그럼에도 불구하고, 교회 내에서 적극적 협력자의 모습들로서 자신들의 길을 걷는 여성들은 항상 존재하였습니다. 빙엔의 힐데가르드(Hildegard von Bingen)와 마그데부르크의 메히트힐드(Mechthild von Magdeburg), 시에나의 카타리나(Katharina von Siena)와 같은 유명한 신비주의자들이나 또는 교훈의 권한과 판결의 권한이 부여되었던 일부 여성 수도원장들이 그 대표적인 예입니다.

종교개혁이 시작되는 첫 시기, 카타리나 첼(Katharina Zell)과 그룸바흐의 아르굴라(Argula von Grumbach) 등과 같은 여러 여성들은 교회 안에서의 가르침과 생활에 관한 새로운 형성에 눈에 띄게 참여하였습니다. 그들은 마르틴 루터의 '만인사제론'에 연관되었으며, 여기서 교회 내에서의 새로운 활동영역을 밝히는 근본 토대를 보았습니다. 그렇지만, 이러한 자극들은 특별히 남성들이 차지하게 된 직분들의 확립과 함께 계속적으로 묻히게 되었습니다.

종교개혁을 통한 혼인의 새로운 평가는 두 상반된 가치 병존적 결과들을 갖게 되었습니다. 그것은 성생활, 출산과 자녀들의 교육과 삶의 정황을 위해 대부분의 여성들에게 각인되었던 경험들에 관한 평가절상의 하나가 되게 했습니다. 이러한 맥락에서 종교개혁의 '위로의 문서'에서 임산부와 출산부들에 대한 영적 돌봄과 교회 규정들을 넘어서(특히 종교개혁자, 요한 부겐하겐) 특별한 관심뿐만 아니라 계속교육으로 개선되게 하는 출산도우미의 평가절상도 분명히 주목할 만합니다. 동시에 여성들의 법적 종속에 관해서는 아무것도 변경되지 않습니다. 여성 수도원의 해체는 단지 해방을 의미하는 것뿐만 아니라 가혹한 손실을 의미하였습니다. 왜냐하면 이와 함께 여성들을 위한 하나의 중요한 교회 내적 주거 공간과 행동 분야가 사라졌기 때문입니다.

하나의 아주 중요한 종교개혁의 자극은 청소년뿐만 아니라, 소녀들도 교육에 참여하게 되는 것이었습니다. 그러나 유감스럽게도 새롭게 설립된 소녀 학교들은 오래 유지될 수 없었습니다. 그 학교들은 30년 전쟁(1618-1648)과 함께 완전히 허물어졌습니다.

경건주의 운동(17세기 초엽)은 성직자 직분에 대한 그들의 비판과 함께 초대기독교에 대한 방향 설정 그리고 교회 생활에서의 여성들의 참여를 위한 강한 자극들을 동반하였습니다. 경건주의 운동에서 여성들은 비밀 회합의 모임들에서 적극적이었고, 저술 활동들과 논문들을 출판하는 일에 참여하게 되었습니다. 그들은 헤른후트(Herrnhut)에 있는 형제 공동체에서 교회의 직분들을 넘겨받았으며, 물론 여성들에게 부여된 가장 중요한 기능들은 놓치지 않았습니다.

19세기 '내지(도시) 선교운동'의 행렬 중 여성들은 특별히 교회 내에서의 봉사와 선교적 활동들에서 자신들의 사명과 과제를 발견하였습니다. 간병의 영역에서 전문교육의 가능성을 가진 '섬김의 집'(역자 주, 양로원과 같은 기관)들이 건립되었습니다. 계몽주의 결과로, 그것을 뛰어넘어 교회 내에서 첫 여성운동이 자리를 잡게 되었는데, 남성들 아래에 여성들이 종속되는 것이 하나님의 뜻이라는 생각에 대한 강한 의문이 제기되었습니다. 20세기에 초반 여성들이 대학에서 공부하는 것이 가능하게 되었으며, 1908년 이래로는 개신교 신학에서도 허용되었습니다. 여성들은 이를 통해 처음으로 성경의 전통과 교회 여성상과 함께 학문적이며 성찰적인 논의를 할 수 있게 되었습니다. 여전히 목사 직분은 여성 신학자들에게는 오랜 기간 허용되지 않았습니다. 그들 남성 동료들의 많은 분들은 여성 목사직이 성경과 창조 질서를 거역하는 일이며, 하나님에서 부여된 그들의 본성에 근거하여 여성이 교회를 지도하는 행위들을 수행할 상태에 있지 않다는 이해에 머물러 있었습니다.

전문교육을 받은 여성 신학자들은 몇 십 년이 지나도록 겨우 '여성보조설교자'나 '목사의 여성보조인'으로 (성직자 안수 없이)일하게 되었지만, 이들은 설교와 성례전을 직접 시행할 수 없었으며, 다만 배려하는 일, 간병의 봉사와 아이들의 교육적 과제들은 허용되었습니다. 성직수행은 1960년대 말까지 독신제의 약관 (約款)에 묶여있었는데, 이 약관은 여성 신학자들은 결혼과 함께 어머니가 되어야 하는 것 때문에 직업 활동이 조화될 수 없음을 근거로 교회의 섬김에서 제외되어야 한다는 내용이었습니다.

1960년대 말 이래로, 여성들은 대부분의 독일 주(州)지역 교회들에서 모든 권리들과 의무들이 부여된 성직자로 안수를 받게 되었습니다. 샤움베르그-립페(Schaumberg - Lippe)는 1991년 여성안수를 도입한 마지막 주(州)지역 교회(Landeskirche)이기도하였습니다. 이렇게 시간이 흘러오는 동안 지금은 독일 개신교회의 지(枝)교회들에서 약 30%의 여성 목사들이 섬기고 있습니다. 그리고 여성 감독들과 교회의 지도부들에서 교회최고위원회의 위원들에 여성들 수 또한 증가하고 있습니다.

독일에서 13개(전 세계적으로 140개)의 회원교회(단)들이 속해 있는 '루터교회 세계연맹'(Der Lutherische Weltbund, LWB)은 1997년 홍콩에서 개최된 세계연맹총회에서 '사회와 교회에 여성과 남성의 동등한 참여권'을 발표하였고, 이런 맥락에서 루터교회 세계연맹은 여성 성직안수를 위해 한 표를 던지기도 했습니다.

루터교회세계연맹(LWB)의 총회는 1997년 "복음의 증거에 의하여 그리스도 안에서 세례 받은 모든 세례자들의 공동체성의 표현으로서, 여성 성직안수를 위한 책임을 뒷받침하도록 다른 것들 아래에서 결정하였습니다....안수된 직분이 모든 회원교회(단)에서 여성들에게 개방되게 하며, 실용적인 조치가 취해지도록, 여성들의 신학교육의 접근성이 가능하도록 증대하며, 여성안수를 지원하도록 모든 회원교회에 호소하는 일입니다. 비록 아직 루터교회세계연맹 내에서 여성안수를 거부하는 교회들이 있으나, 그 수는 지속적으로 감소하고 있습니다.　　↗ 6.1.4 직분

목양적 직업군에서 여성 목사들의 분포가 점점 증가되는 많은 목사 직업의 모습을 바꾸었으며 그리고 교회는 신학과 현장에서 남성과 여성이라는 구도에 대해 깊이 생각하도록 도전합니다.

3. 여성들과 남성들의 관계목적에 대한 현재의 사고모형

a) 보수적인 해석으로 서로 다름에서의 동등성

첫 번째 사고방향으로서 전통주의자들(부분적으로 현대화된)이 언급되었습니다. 그들은 많지 않은 예외들에 이르기까지 여성들이 교회를 여성 목사들과 여성총회장들로서 함께 형성되었으며, 그러나 그밖에 여성들은 온전히 다르다는 것과 여성적인 선행들은 원래 분별 있는 태도에서 그리고 지도의 자질들에서 적게 발생하며, 남성들과 여성들의 원칙적인 차별성을 인정하기를 수용합니다. 그것에 따라, 여성들은 특별히 공감의 능력과 헌신의 능력들이 덧붙여진 반면, 남성들은 먼저 결단과 판단과 방향을 찾는 능력을 위해 있습니다. 그것을 뛰어넘어 이러한 그룹은 신적 창조질서에서 동성적인 결혼이 전개되는 것에까지 나아갑니다. 하나님은 사람을 남자와 여자로 만들었습니다. 그리고 하나님은 그들이 혼인을 통해 하나가 되도록 창조하셨음을 뜻합니다. 둘은 "다른 반쪽" 없이는 각각 결핍 상태입니다. 동시에 이로써 동성애 동반자 관계들처럼 공동생활의 모든 다른 형태들은 죄 있는 것으로 등급을 지우지 않는다 하더라도, 적어도 결손적인 것이 분명합니다. 왜냐하면 그들은 남성과 여성의 상이함을 표현하지 못하기 때문입니다. 이러한 사고의 배후에는 무엇보다도 19세기 동안 발전되었고 현대사회의 남성과 여성에 대한 지배적인 해석모델이 되었던 '상호보충이론'이 작용하고 있습니다. 그것에 따라 남성과 여성은 보완에 대한 목적을 통하여 형성되었습니다. 그것에 적합하게 한 개체 인간으로 조화로운 인격을 발전시키는 것은 불가능합니다. 개혁신학자 칼 바르트(1886-1968)는 이러한 이론을 특별히 수용하였으며, 신학적으로 배려하였습니다. 바르트에 의하여 사실상 '보충이론'은 인간중심적인 경향을 지니고 있음을 아주 분명하게 보여줍니다. 그것은 '동등가치'를 주장하며, 그러나 비동등성이 이루어지게 작용하지만, 혼인과 직업 그리고 사적이며, 공적인 영역에서, 남성과 여성의 전통적인 역할분배를 돕게 됩니다.

b) 여성해방적인 해석에서 서로 다름의 동등성

페미니즘적인 여성 신학자들은 두 번째 해석의 가능성을 제시하였습니다. 놀랍게도 페미니즘의 신학자들은 사람들이 가정하는 것처럼, 첫 번째 그룹과 그렇게 근본적으로는 구분하지 않습니다. 왜냐하면 페미니스트들 역시 일반적으로 성별들의 원리적 차이, 즉 서로 다름의 동등성에서 출발하고 있기 때문입니다. 그들에게서 '상이성(相異性)에서의 동등성(同等性)'은 제외시킴의 근거가 아니라 '포함시킴의 근거'입니다. 보충이론은 먼저 출발점에서 바르게 "다른 여성적" 스타일을 고소하는 것이며 - 이와 같이 교회적 영역에서처럼, 모든 사회적 영역에서 여성들의 참여를 허용하며, 장려하는 것에 대한 이의제기입니다. 여성들은 여기에 인류의 더 좋은 절반으로서 빈번히 이해되었습니다. 물론 여성들의 이러한 이상화는 그들의 가치를 가집니다. 즉 그것은 권력과 교회와 사회의 책임적 형성물의 불순한 일에 간격을 알려줍니다.

학문적 신학과 교회가 눈먼 오점을 지적하고, 이따금 인간을 말함에도 실상은 남자를 말하고 있었다는 것을 분명하게 한 것은 페미니즘 신학의 공로입니다. 또한 페미니즘 신학은 하나님의 상(像)에 대한 암묵적인 남성화를 주제로 삼았으며, 성경적 전통의 혁명적이며 해방신학적 보화를 재발견하였습니다. 여성해방 운동과 관계하여, 성경에 여성들의 함축적 현존을 뚜렷하게 만들려고 시도하는 하나의 성경번역인, "올바른 언어의 성경"이 또한 생겨났습니다.

몇 십 년 전, 독일 개신교회에서 여성들과 남성들의 새로운 공동체를 위한 기초석이 세워졌습니다. 1989년 독일개신교회협의회(EKD)의 총회는 바드-크로칭(Bad-Krozingen)에서 성적으로 정당한 교회의 미래를 위한 광범위한 결의들을 통과시켰습니다. 1년 후, 라이프치히의 동독 개신교회 연맹(BEK)에서도 동일한 주제를 다루었습니다. 결의들은 수천 년이 넘도록 교회와 사회에서 여성들의 차별화를 정당화했던 문화적이며 종교적으로 근거를 가졌던 전통들과의 결별을 최종적으로 선언하였습니다. 이러한 결의들과 함께 총회들은 신자들의 공동체가 성(性)의 정당성 없이는 살아 있게 할 수 없다는 입장을 명백히 제시하였습니다.

이러한 결의들은 개신교회가 여성들을 가장자리로 몰아내고 부차적인 도움의 능력으로만 바라보기를 더 이상 원치 않는다는 것을 보여줍니다. 오히려 여성들이 그들의 경험과 능력 그리고 그들의 영적 재능을 교회 내에서 온당하게 효과적으로 사용되어야 합니다. "여성들과 남성들이 서로 보완적이어야 하며, 상호관계로 확대해야 한다"는 것은 총회의 결의들 중 하나를 뜻합니다. 분명히 여기에 보충이론이 표현되고 있으며, 그것은 원천적으로 동일한 이론과 함께 단순히 교회의 지도부(목사직)로부터 여성들의 배제에 대한 근거를 찾았던 분들에 의한 것보다 온전히 더 다른 의도에서 유용성을 발견하는 것입니다.

c) 구성주의(構成主義)적인 해석에서의 성별관계

마지막 세 번째 사고방향은 페미니즘적인 운동에 연결되었으며, 동시에 여성학 연구에서 성별 연구에까지 변화를 수행했던 그룹에 관계를 가집니다. 그렇게 사회과학적이며 신학적 성별연구는 현재 단지 더 이상 "여성"만을 연구하지 않고, 성별 사이에 쌍방적 역동성에 우선의 관심을 가집니다. 이는 더 이상 여성을 "희생물"로서가 아니라, '동일행위자'와 '동일주체'로서 연구대상으로 보게 된 것입니다.

지난 수십 년간의 다원화 과정과 개별화 과정은 여성도 남성도 하나의 한정된 존재 양식에 고착될 수 없다는 것을 뚜렷이 주목하게 하였습니다. 남성과 구별되는 여성의 차이점이 무엇인지를 정의하려 하자마자, 곧 그러한 서술은 인습적 생각 없이 해결할 수 있으며 그리고 모든 사람들이 결코 성별 그룹에 포함하지 않는다는 것이 분명해진다는 것입니다. 그동안 삶의 스타일과 삶의 이해들에 대한 하나의 거대한 상이성(相異性)을 관찰하는 것은 여성을 단지 바라보는 것에서 뿐만 아니라, 남성을 바라보는 것에서도 분명해 졌다는 점입니다. 특히 남성들은 그들이 더 이상 순수 "직업 남자군"이나 "먹여 살리는 보호자" 역할로 자신들의 정체성을 동일시하는 것이 아니라, 활동적인 아버지가 되기 원하며, 부양하는 일에 있어서도 "문명적 결손"(Pasero)을 보상받기 원한다는 것입니다. 그 때문에 신체적 성(sex)과 사회적 성(gender)사이에서 이러한 사고의 방향은 구별됩니다. 한편으로 이것은 남성과 여성 사이의 차이가 예나 지금이나 "왜 그렇게 아주 예리하고 엄격하게 이루어졌는가?"라는 질문으로 인도합니다. 양성 사이의 신체적 차이는 자연적으로 존재합니다. 그럼에도 우리 서방문화는 두 성의 양극화를 생물학적 자료들의 범위를 훨씬 넘어서까지 몰아붙이고 있다는 것은 분명합니다. 본성적으로, 경계가 분명하지 않은 과도기와 중첩됨과 불분명성이 존재합니다. 그것에 비하여, 우리의 문화에서 출생에서부터 유효한, 상실될 수 없을 것 같아 보이는 그리고 절대적으로 동일하게 유지되며, 불변적이며, 심리적으로 되돌릴 수 없게 생각된, 단지 하나의 엄격한 양자택일만이 존재합니다. 자연의 물리학적 제시는 완벽하게 무시 되었습니다. 이렇게 엄격한 분류는 우리가 사회적 등급 구분과 관계를 가진 것이지, 간단히 "자연"과 관계를 가진 것이 아니라는 것을 보여주고 있습니다. 오늘날 양극적인 성별질서의 작용능력에 대한 신체적인 "간성(間性)적인 것들"에 관하여 오래 부정되었던 존재는 먼저 암시하지는 않습니다.

어디에도 귀속될 수도 없고, 동시에 "아무것도 아닌 것"으로 존재하는 '간성(間性)적인' 사람들에게는 이러한 현실이 극히 어렵고 쓰라린 일입니다. 따라서 그들의 "중간 위치"는 수용되지 않을 뿐만 아니라, 오히려 훼손되고 결핍된 존재나 병자로 취급당하거나 단순히 무시되고 있습니다.

창조 이야기들이 얼마나 고통스럽고 침울하게 영향을 미칠 수 있는가는 어떤 중간 성적인 여성 지휘자의 경우가 보여줍니다. 그녀는 오르간 의자에 앉아 있을 때, 창세기 1:27의 말씀이 교회의 결혼 예식에서 인용될 때 마다 매번 고통을 느낍니다. 만일 하나님이 인간을 특별히 남자와 여자로 만들었다면, - 그분은 그녀를 창조하지 않으셨으며 원하지 않으셨단 말인가? 그렇지만, 거기서 귀결되는 온전한 인간이 아니며 거기에 속하지 못한다는 엄청난 심적 압박감이 중대한 문제가 아닙니다. 그것을 뛰어넘어 많은 이들은 중간 성적 단계에 있는 사람들이 의학적 측면에서 중대한 치료와 외과적 시술을 하여, 그들에게 성별을 "명백하게 하며" 사회적 규준에 적용하게 하는 것이 필요하다고 보고 있는 것입니다.

그러나 단지 간성(間性)생활의 현상뿐만 아니라, 인간의 신체와 인간 몸체의 경험에 미치는 문화의 반작용들은 우리에게는 친숙했던 성별 질서의 엄숙주의(역자 주, 특히 도덕률에 의한)를 암시하고 있습니다. 이중적 성의 질서는 본질적으로 우리의 신체, 인격, 몸가짐과 경험, 인식의 범주, 감정과 느낌들에 있어 여성화와 남성화를 분명히 강화시키고 있습니다. 이와 함께 여성적이거나, 남성적인 존재로부터 그리고 모든 시대와 생활 조건을 넘어서까지 불가역적이고 우주적으로 유효한 성격의 고유성들을 말하는 것이 의미가 있는 것인가? 라는 질문이 제기됩니다. 그것은 특히 남자와 여자가 마치 두 개의 극점처럼 대립각을 이루게 하는 "존재론적"이며 본질적 형질에 대한 관념은 근대 사회와 함께 발전하였기 때문입니다. 이러한 배경에서 성별의 상이성(相異性)을 성경의 창조 이야기로써 근거를 삼는 것은 문제가 있는 것으로 여겨집니다. 본문에 대한 새로운 해석의 지식을 따른다면, 창조 이야기는 본질에 적합하게 성별의 차이들을 표시하거나, 기록하여 분명히 하려는 것은 중요하지 않다는 것입니다. 오히려 하나님을 닮은 남자와 여자의 신 형상에 관한 말씀(창1:27)은 모든 사람들이 세상에서 하나님을 대표하고, '파라오'라는 고대근동의 왕의이념에서처럼, 세상을 하나님의 뜻에 따라 형성할 수 있다는 점을 강조하려는 것입니다.

이러한 지식들은 가장 호의적인 경우 사회적 승인과 규범들의 저편에서 그들의 능력들과 숨겨진 은사들을 발견하는 사람들의 엄청난 재능의 다양성을 방출하는 것입니다. 동시에 그것들이 일상의 이해를 위하여 익숙하지 않으며 불안하게도 합니다. 그것들은 신학과 교회를 위하여 무엇을 의미하는 것일까요? 교회는 어떤 경우에라도 성의 규범들(Gendernormen)로써 적지 않은 사람들에게 엄청난 억누름의 낙인찍음 그리고 심적 뒤틀림을 수반한다는 사실을 자각해야 합니다. 이것은 규범에 상응하지 못하는 여성들뿐만 아니라, 역시 남성들에게도 그러하며, 동성애적인 사람들과 중간 성애적인 사람들 그리고 양극화 되어진 양성의 차이에서 고통하고 있는 사람들에게도 그러합니다. 교회는 교회로서 억압과 차별에 맞서서 사역하며, 이러한 것들을 그들의 편에서 어떻게든 강화시키지 않도록 하는, 바로 그러한 자유롭게 해야 하는 의무가 있기 때문에, 이 점에서도 역시 교회 자체의 신뢰성에 대한 질문이 제기되는 것입니다.

형성

여성학 연구에서 성별 연구로의 전환은 성이 단지 여성에 관한 문제가 아니라 모든 사람들에 관한 문제라는 것을 분명히 해주고 있습니다. 거기서 나아와 여성들의 법적 동등성에 따라 의미를 놓치지 않고 있는 교회에 대한 도전들이 생겨납니다. 마무리하면서, 세 가지가 본보기적으로 거론될 수 있을 것입니다.

1. 특별한 성적 프로그램

교회는 여성들과 남성들을 위한 그리고 소녀들과 소년들을 위한 특별한 성적 교양프로그램을 개설하며, 그들이 기대와 실망을 공개적으로 소통하며, 성찰이 동반될 수 있는 보호된 공간을 제시하도록 시도합니다. 이것은 성인교육과 세례 학습교육과 종교학습에서 그리고 상담에서도 이루어질 수 있습니다. 특별히 청소년들을 위하여 우리 문화의 여러 가지 남성상들과 여성상들과 함께 비판적으로 논의하는 것과 양성의 공동생활로부터 그들 자신의 생각들이 토론될 수 있도록 할 수 있는 것으로 기초되어야 합니다.

2. 가족과 직업의 조화 가능성

성별의 정당성의 중요한 주제는 가족과 직업의 조화가능성이 어떻게 장려되어질 수 있을 것인가에 대한 질문입니다. 여기에는 교회와 사회를 위해 하나님이 주신 카리스마와 은사를 사용하도록 여성들을 고무시키는 것뿐만이 아니라, 남성들에게도 그들이 활동적인 아버지들이 되며, 그들의 감성적인 측면들을 마음껏 펼쳐보도록 그들에게 기회를 주는 것이 중요합니다. 그것이 실천적으로 교회에 의미하는 바는, 보육시설과 유치원, 학교에서 종일반을 장려하고 교회 스스로 더 많은 것들을 제공하는 일입니다. 가족을 지속적으로 그들이 실감하도록 지원한다면, 이것은 곧바로 우리 사회에서 어린이들이 이전보다 더 많은 환영을 받는 것이 될 것입니다. 그리고 가족의 진가는 사회의 내일을 위하여 그 기초적 중요성에서 더욱 공세적으로 인정받고 존중받게 되는 것이 이어지게 될 것입니다. 게다가 가족과 직업 생활에서 개선된 일치와 조화는 혼인 관계있는 여성과 남성의 공동생활을 또한 촉진하게 될 것입니다. 연구들은 남녀가 비대칭적 혼인생활보다 대칭적 동반자 관계의 경우, 중장기적으로 확연히 더 높은 만족감이 있는 것을 보여줍니다. 이 점에 있어서, 교회는 직업과 가족의 조화를 위한 기여로 평생 혼인이라는 교회의 이상을 구체적이고 효과적으로 추진할 수 있을 것입니다.

↗ 4.2.3 부모와 자녀

3. 모범상으로서 부부관계와 동성애적인 동반자관계

개신교회는 이성애적인 부부의 모범에 대해서 한정된 입장을 견지하지 않습니다. 거기서 교회에 일부일처의 평생 동반자 관계에서 신실함과 구속력, 배려함과 동반자의 관계성 그리고 사랑의 이상향이 우선적으로 중요합니다. 서술된 인식들의 배경에서 그리고 평등한 공동생활의 초대 기독교적이며 도덕적인 기풍의 토대 위에서 동성애(同生愛)를 신학적으로 어떻게 평가하며, 그리고 교회현장에서 동성애적인 동반자 관계들을 하나님의 축복과 함께 어떻게 취급해야 하는지에 대한 질문이 이러한 맥락에서 제기됩니다. 그 사이 동성애는 개신교회에서 인간적 성향으로 계속 수용하였으며, 과거처럼 죄나 질병으로 더 이상 혹평하지는 않습니다. 몇몇 교회들은 동성애를 이성애와 마찬가지로 하나님의 선한 창조로 분명히 시인하기도 합니다. 그것에 상응하게 동성애 커플에 대하여 교회가 축복해 주기를 준비하고 있습니다. 다른 이들은 그러한 실천을 통하여 이성애적 부부의 모범이 위태롭게 된 것으로 보기도 합니다. 이점을 고려하여 축복의 대변자들은 다음과 같이 생각해야 할 점들을 제시하고 있습니다.

동일한 성적인 짝은 이성적인 짝처럼, 그들의 파트너 관계를 지속적이고 구속력 있게 살 수 있도록 동반자관계를 증진시키는 사회의 주변 환경에 의존되어 있습니다. 지금까지 사회적 선긋기와 교회의 평가절하는 동일한 성적인 동반자 관계에 있어 적절한 발전을 어렵게 하였습니다. 동성애적으로 지향된 사람들의 인격존엄성이 존중되어야 한다면, 역시 그들에게 하나의 구체적이며 공동적인 삶의 태도가 가능하다는 것입니다. 게다가 개방성과 공개적 수용의 분위기를 필요로 합니다. 바로 불수용과 거절과 선긋기에 대한 경험들에 근거하여, 동성애 쌍들은 그들이 함께 하는 인생길에 하나님의 위로와 보호를 바라는 것입니다. 그들은 거기서 사랑과 파트너 관계에 대한 기쁨과 고마움을 공적으로 나타내며, 또한 가족과 친구들과 함께하는 하나님 앞에서의 축복 예배에서 표현하기를 원하고 있습니다.

기독교의 결혼은 복음적 확신에 따라, 원래 두 사람이 그들의 결정을 서로에게 그리고 그것과 함께 지속성에 달린 공동생활을 위해 하나님 앞에서 공개적으로 알리는 것에서 그들의 근거를 가집니다. 결혼은 축복 가운데서 그러한 결합을 위해 하나님의 언약을 공인하게 됩니다. 만일 그렇다면, 동성애적 쌍의 축복이 예배 가운데서 삶의 동반자 관계의 공개적으로 밝혀진 근거의 계기와 마찬가지로 이러한 의미에서 이해되며, 관철될 수는 없는가에 대한 질문이 제기됩니다. 이것은 전적으로 부부됨의 모범이 다른 관계들이 형성되었던 전형이 될 수 있을 때, 이와 관련된 결혼의 전통적 의미가 축소되지 않아야 합니다. 그렇지만, 개신교회에서 여기에 대해 현재까지 그 어떤 합의가 생겨나지 않았습니다. 그 때문에 여러 가지 입장들의 남녀 대표자들이 서로 존중하고 건설적인 대화에 머무르는 것이 중요합니다.   ╱ 4.2.2 동반자 관계와 결혼

개신교회는 교회 안에서 여성과 남성의 공동생활의 실제와 여러 가지 해석에 대한 시각에서 넓은 길들을 총체적으로 가지고 있는데 - 독일에서만이 아니라, 역시 세계교회연합에서입니다.

예를 들어, 독일연방의 주(州)지역교회가 독일개신교회협의(EKD)를 통하여 대변되었던 세계교회협의회(WCC)는 1989년에서 1998년까지 여성들과의 연대에서 10가지 프로그램을 관철하였습니다. 국제적으로 함께 만들어진 교회연합팀들은 여러 나라의 교회들을 방문하였고, 교회와 사회 안에서의 여성들의 위치를 그 당시의 사회적 정황에서 인지하였습니다. 1998년 제8회 하라레(Harare)총회의 10가지 프로그램에 대한 마지막 보도에서, 회원교회들은 "그리스도께서 그들은 원하셨던 것처럼, "하나의 포괄적 그리스도의 공동체"를 만드는 사명을 알렸습니다.

제8회 총회 전체 회의에서 핀란드의 대주교 암브로시우스(Ambrosius)는 보수적 입장

의 교회 시각에서 이 10가지 프로그램의 경험들을 다음과 같이 서술 하였습니다: "보다 많은 전통으로 각인(刻印)된 몇몇 교회들은 시작부터 먼저 망설이며, 유보적인 입장에 있었습니다. 그러나 우리는 단계 단계마다 전체 교회가 교회로서의 자기 이해와 자기 본질에 해당되는 것임을 알게 되었습니다. ... 팀 방문 기간과 그 이후에 많은 사람들은 - 그 중에는 나도 포함되는데, - 세계 도처에서, 교회 내외에서, 문화적으로 한정되었던 그렇지 않던 간에 여성에 대한 폭력과 경제적 불평등이 어느 정도 높은 수준인지 처음으로 알았다는 사실에 충격을 받게 되었습니다."

지난 수십 년 이래로, 독일의 개신교 '지역 주 교회들'을 위해서 이러한 공동체가 정당하게 형성하는 것이 기정사실이 되었습니다. 바드-크로징엔(Bad-Krozingen)과 라이프치히(Leipzig)의 총회 결의들은 이를 분명하게 표현하였습니다. 그것들은 유망한 초기 기독교의 시작들을 연결하며 그리고 개신교회가 학습 능력과 수정 능력이 있음을 보여줍니다. 이러한 정당한 공동체의 구체적 모습에 대한 질문은 그럼에도 불구하고 여전히 존재하는 하나의 도전입니다.

[참고도서]

• 카터(Carter,H.): 그리고 그녀는 그의 옷깃을 만졌다(Und sie rührte sein Kleidan).관계의 여성해방 신학(Eine feministische Theologie der Beziehung), 1986.
• 아이젠(Eisen,U.E.): 초기 기독교에서의 여성 직분자들(Amtsträgerinnen im fruehen Christentum). 고대의 비명학적이며, 문서적인 연구들(Epigraphische und literarische Studien), 1996.
• 가우제(Gause,U.): 교회역사와 젠더연구(Kirchengeschichte und Genderforschung). 개신교적 관점에서의 도입(Eine Einführung in protestantischer Perspek-tive], 2006.
• 카르레(Karle,I.): 거기에 남자도 여자도 더 이상 없습니다(Da ist nicht mehr Mann noch Frau...). 성차별의 저편에 있는 신학(Theologiejenseits der Geschlech-ter differenz), 2006.
• 크레스(Kreß,H.): 법적이며 사회적 관계에서의 동성애적 지향과 동성애적 동반자 관계들(Gleichgeschlechtliche Orientierung und gleichgeschlechtliche Partnerschaften in rechts- und sozialehtischer Perspektive), in: Ethi-ca 8 (2009), Heft 4, 339-365.
• 파세로(Pasero,U.): 성에 관한 비주제화(Dethematisierung von Geschlecht), in: Ursula Pasero/ Friederike Braun(Hg.), 성의 구조(Konstruktion von Geschlecht). 1995, 50-66.
• 바그너-라우(Wagner-Rau,U.): 아버지 세계와 여성해방주의 사이(Zwischen Vater Welt und Feminismus). 여성의 목회적 정체성에 대한 연구(Eine Studie zur pastoral en Identität von Frauen), 1992.

4.3.3 의사소통과 미디어

인지

오늘날 우리는 이전 그 어떤 인간의 사회보다도 더욱 다양하며 더 격렬하게 직업과 미디어와 함께 하는 자유로운 시기에 살고 있습니다. 우리는 "미디어 사회"에 살고 있으며, 이미 우리의 아이들이 "미디어 유년기"(Medienkindheit)를 경험하며, 성장세대를 위해서 "미디어 사회화"는 성인들의 세계로 들어가는데 하나의 결정적 요소이기도 합니다. 그 누구도 TV나 핸드폰 없는 삶, 인터넷과 전자 우편이 없는 삶은 오늘날 상상할 수 없습니다. "디지털 혁명"은 사람들의 일상 세계에 도달되었습니다. 그러는 동안 독일의 거의 모든 가구들은 TV, 핸드폰, 인터넷으로 처리합니다.

(새로운) 미디어들의 장점들은 손에 달렸습니다. 순식간에 전해지는 전 세계와의 의사소통과 연결망, 정보와 교육의 자유로운 접근, 미디어에서 스스로 생산적이고 활동적이 되는 그동안 가늠치 못했던 가능성들, 이를 통한 서열구조와 민주정치를 위협하는 장애물의 감소. 또 다른 한편 미디어들의 세계가 인간에게 미치는 파급 효과에서는 분명 두 가지 얼굴이 있습니다. TV와 컴퓨터는 많은 사람을 교육하기보다 우둔하게 하는 것 같으며, 가득한 정보와 그림 자료들은 더 이상 가공되지 못하고 있으며, 데이터 오용과 조작과 같은 새로운 의존성과 현실성의 상실은 우리를 위협하고 있습니다.

기독교적 시각에서 나아와 다채롭고, 기대할 바가 많지만 그럼에도 불구하고 위험에 사로잡힌 미디어 세계는 무엇을 말하게 하는지? 이러한 질문에 대답할 수 있기 위해, 사람을 위해서 그리고 기독교 신앙과 기독교를 위해 매체들의 원칙적 의미에 대한 깊은 이해는 참으로 중요합니다.

방향

1. 인간 - 미디어에 서로 얽혀있음

　사람들이 "미디어"라는 넓은 의미의 개념이해를 통해 의사소통의 모든 수단들로 이해한다면, 사람을 위한 미디어의 근본 의미는 분명하게 될 것입니다. 이러한 의미에서 본다면 이 말은 원천적인 미디어를 가리킵니다. 이러한 의미에서 특히 언어는 원천적인 미디어인데, 그것은 '호모 사피엔스'(homo sapiens)를 동물의 세계로부터 구별하며, 의미를 가진 실재(實在)를 소홀이하는 것과 비현재적인 실재를 현재화하며, 새로운 실재를 만들어내는 것을 인간에게 허락하는 것입니다. 그밖에도 최초의 동굴벽화들은 인간이 이미 초기에 회화적이며 상징적 표현들을 통하여 가상의 실제들과 마찬가지로 신들과 영들 또는 악마들과 함께 있는 환상으로 가득한 장면들에 이르기까지 미디어의 힘을 가진 실제를 창안했던 것을 증명합니다. 그렇게 본다면, 인간은 처음부터 원리상 "미디어의 힘을 가진 인간"(homo medialis), 즉 매체들의 도움으로써 그의 세계를 해석하고, 구성하는 존재인 것입니다. 인간은 그것을 통해서 "문화"를 창출하며, 문화의 연결망에서 처음부터 의미들로 얽혀지며 미디어들을 통하여 문화를 계속 전수하게 됩니다.

　거기서부터 사람들은 중간에서 중재된 현실이 직접적으로 접근할 수 있는 경험적 실제에 비하여 낮은 단계라는 주장에 소극적일 것입니다. 왜냐하면 사람은 근본적으로 미디어에 의존된 존재이기 때문이며, 우리의 가시적이며, 직접적인 인지(認知) 역시 문화적으로-중간의 중재된 해석의 전망들로부터 불가피하게 각인(刻印)되었기 때문입니다. 즉 미디어들은 의미를 구체화합니다. 미디어들과의 논쟁은 마침내 사람들에게서 인지된 모든 현실이 여러 가지 방식으로 구성된 실제라는 것을 더 의식하도록 도와 줄 것입니다. 이러한 통찰은 실제 종교적인 해석이 다른 문화로 중재된 해석들과 함께 적법한 것에 속하며, 환상적인 상대로서 더 길지 않게 홀로 "실제적인"현실에서 부정적으로 평가될 수 있다는 것을 다른 것 가운데서도 강조합니다. 미디어들이 내용만 중재할 뿐 아니라 그들 각자의 특성을 통하여 우리 현실의 인식들에 영향을 미치게 한다는 경험이 이러한 통찰과 결합되었습니다. 그것은 우리가 사건을 읽어내며 그 사건을 들으면서 또는 TV에서 듣고 보면서 추종할 수 있는 지를 구별해 줍니다. 각 미디어는 우리의 문화역사 과정, 특히 결정된 매체들의 지배에 의하여 보이게 되는 장점들과 단점들을 가지게 됩니다. 예를 들면, '문서(文書)'라는 미디어 발전은 인간에게 엄청난 유익함을 가져다주었습니다. 왜냐하면 지식과 경험들은 사람에 의존적이며, 시대를 파악하면서 지금 저장될 수 있었기 때문입니다. 그러나 동시에 이와 함께 - 말해진 언어에 대한 비교에서 - 인격적인 관계들과 의사소통의 생동감에 대한 손실이 결합되었습니다. 비슷한 방식으로 문서언어의 대가 위에 '영상미디어들'의 현대적인 강한 진전과 함께 손실들이, 그러나 실제적인 소득들이(예를 들면, 더 쉬워진 접근성, 더 큰 직접성, 더 높은 감각성)결부되었습니다.

개신교적인 관점에서 미디어들은 위에 언급된 인간의 의사소통의 넓은 이해로 자신 스스로, 다른 사람들과 여분의 생생한 창조와 그리고 하나님과 함께 유익을 주고 있습니다. 인간의 의사소통 능력과 더불어 미디어를 사용하는 그의 자질은 그것들의 형식이 물론 아직은 불완전하며, 쉽게 부당한 남용을 위해 남아 있는 하나님의 선한 창조의 은사들로 이해하는 것입니다. 그 때문에 미디어는 중심에 예수 그리스도를 통하여 "여러 매체로"(그분의 말과 행위, 말씀들과 표지들, 그의 삶과 그의 운명을 통하여)로 의사소통이 어떻게 이루어졌는지, 하나님의 아가페-사랑의 표준을 지향하는 것처럼, 특히 하나님과 인간 사이에, 최종적인 것과 그 전 단계 사이에서도 기독교의 지도결단들에 비판적인 동행을 필요로 합니다.

↗ 3.1 예수 그리스도

2. 기독교 - 미디어의 종교인가?

인격적 관계, 즉 직접 "얼굴과 얼굴을 맞대는" 대화와 살아있는 공동체는 기독교 신앙을 위해 탁월한 역할을 하는 것입니다. 그럼에도 불구하고 역시 하나님은 우리가 인지할 수 있는 실제의 부분이 아니기 때문에, 그분의 실재는 미디어들 없이는 - 예를 들면, 여러 이야기와 영상 없이는 - 전혀 중재될 수 없다는 것이 현실입니다. 가시적 세계가 불가시적으로 관철되는 하나님과 더 높은 실제에 관한 기독교 신앙의 관념은 어떤 점에서 "가상적" 성격을 가지고 있습니다. 기독교의 생성과 확산은 성경 문서들의 매체들 없이는 전혀 생각할 수 없었으며, 기독교 신앙의 전승은 수 세기를 걸쳐 폭넓게 다중의 미디어로 말미암아 촉진되었으며, 그림들과 예술적 표현들을 넘어서 건축과 음악에 이르기까지 상징적인 것들로부터 시작되었으며, 오늘날 우리 시대의 전자 미디어들과 함께 신문들과 잡지들에서도 미디어의 영향은 참으로 중요합니다.

이러한 이중적인 의미에서 사람들은 기독교를 이처럼 실제로 '미디어-종교'라고 말할 수 있습니다. 즉 미디어는 대체로 종교적 현실의 표현에서처럼 기독교 신앙 경험들의 중재와 계속전달에 필요합니다. 만일 기독인들이 총체적으로 단순하게 현실의 미디어에 거부하는 입장을 취한다면, 거기서부터 의미는 축소됩니다. 오히려 그들은 미디어와 현실의 여러 층들과 반성적 대화에, 기독교의 풍성한 전통과 더불어 형성된 전문 지식을 참조하도록 충고할 수 있을 것입니다. 구약성경의 형상 제작금지(출20:4이하, 신5:8이하)는 이미 그렇게 미디어와 현실의 문제적 동일시와 마찬가지로 미디어에 대해 종교에서 지나치게 높이는 것을 비판적으로 보고 있습니다. 구약 예언자들의 종교비판은 사회적 현실에 관한 종교적이며-미디어적 현실의 배제에 대항하는 일입니다. 종교 숭배의 세계에 "잠겨있는" 자, 그러나 "실제적 삶에서" 그의 이웃을 착취하는 자는 하나님에 대한 그의 믿음에 대해 제대로 이해한 것이 아닙니다. 중세 시대와 종교개혁 시대의 '형상사용 논쟁'에서 하나님의 현존의 방식을 둘러싸고 - 실제적인가?, 가능세계의 것인가 - 형상과 표지들로 서로 다투었습니다. 그러나 성경본문의 적절한 이해를 둘러싸고(적절한 문헌해석을 위해) 수세기 동안의 논쟁들은 오늘날도 여전히 자극을 줄 수 있는 문서매체(文書媒體)와 함께 성찰적인 대화의 전망 속에서 읽혀지게 합니다. 그것은 "무엇이 거기에 있는지" 뿐만 아니라, 어떤 해석과 함께, 어떤 해석 공동체가 그것을 읽고 해석 했는지가 중요합니다.　　↗ **6.5.6 만드는 예술**

3. 미디어에서의 종교 - 종교로써 미디어?

　최근 기독교 전통의 전승이 교회 내에서만 시작된 것이 아니라, 새 시대 이래로 점차 독자적으로 증대하면서 예를 들면, 예술, 문헌 또는 연극처럼 자립적으로 이루어진 다른 문화영역에 또한 기여했다는 것에 대한 자의식(自意識)이 성장되었습니다. 현실에서의 대중 미디어 문화, 구체적으로 TV 연속극, 액션 영화, 팝 음악 또는 광고에서 기독교 전통요소들은(다른 종교들의 그러한 것들) 언제나 파편으로 변형되었거나 또는 일그러진 모습으로 발견됩니다.

　개신교의 시각에서 기독교 전통의 "자유로운 설정"이 일반적인 문화 안에서 원칙적으로 승인하는 것입니다. 교회는 기독교 상징들의 사용에서 그 어떤 독점권을 주장할 수는 없습니다. 게다가 대중 미디어 문화의 영역에서 그들의 수용은 예나 지금이나 효과적인 영향력과 의미성에 대한 하나의 암시일 수 있으며, 오늘날 삶의 세계에 복음의 중재를 위한 접촉점을 제시합니다. 이것은 분명 종교적 감정에 있어 금기 사항의 파기와 손실에 대한 기독교 전통 요소들을 일그러뜨리면서도 동시에 관심을 가졌던 유용성과 함께 비판적 토론을 포함합니다. 이러한 경우들에서도 비판적 토론들과 공동적 활동들, 예를 들면, 실제로 특정 생산품과 필름의 거부행위에서처럼 실제로 금지를 요구하는 것보다 더 좋은 기회들을 제공합니다. 형법 제166조와 같은 법적 규정들에 대한 질책은 특별히 극단적 경우들에서 최후의 수단(ultima ratio)으로 남아야 합니다. 그 조항은 "공적 평화를 훼손하기에 적용된 방식에서 특정 종교를 비방하는" 자들의 처벌을 예견합니다.

　다른 한편, 많은 사람들을 위해 현대 미디어문화는 전통적인 방식으로 종교에 해당된 기능들을 충족시켜주고 있습니다. 예를 들면 감각의 확인, 일상현실의 초월, 도덕적 방향설정, 인간존재의 거대한 질문과 같은 삶의 우연성에 대한 논쟁을 그렇게 가능하게 합니다. 미디어들은 전통적인 종교들에서 경쟁으로 빠져듭니다. 그 이유는 특히 그것들이 자유와 자결권과 남녀이용자들의 비구속력을 허용하기 때문입니다. 교회의 제시는 거기서 먼저 그들의 단회성, 특권 그리고 함축성에서 새롭게 개성 있게 되어야 합니다. 예를 들어, 영화관과 대중 콘서트 외 사람들이 교회의 예배에 가는 것은 무엇을 초래할까요? 두 번째, 대중 미디어 문화로부터 배우며 (보충할 만한)교회의 프로그램들에 대해 고찰해 보는 일일 것입니다. 그것들은 전통적인 것보다 오늘날 사람들의 자유와 자아목적의 감정에 더 강하게 상응하는 것입니다. 세 번째, 미디어 문화는 고속도로와의 연결지점과 접합(接合)점에서 교회의 종교 문화와 기독교 신앙에 긍정적으로 더 강하게 인지되게 해야 합니다. 그리고 네 번째, 미디어가 강화될 수 있거나 되어야 하며, "복음의 의사소통"에 신학적이며, 책임적으로 사용되어야 합니다. 게다가 "형성"이란 점에서 더욱 그렇습니다.

4. 미디어 문화의 비판적 동행 - 개신교의 미디어 윤리

많은 사람들에게 있어 윤리적 지향점을 더욱 어렵게 만드는 사회적 다원주의에 관하여 바로, 남녀 기독인들과 마찬가지로 교회는 미디어 윤리적 토론에 기여하고, 스스로 미디어윤리에 책임 있게 행동할 책무를 가집니다. 몇몇 문제를 가진 분야들이 본보기적으로 다음과 같이 거론되어야 한다고 봅니다.

a) 미디어 폭력

무엇보다 우리가 분명히 해야 할 것이 있습니다. 즉 책-매체인 성경과 기독교 예술의 영상 매체들은 엄청난 분량의 "미디어 폭력"을 포함합니다. 그것들은 대담함과 잔인함에서, 부분적으로 온통 영화와 TV에서 현대적인 폭력의 표현들과 함께 포함할 수 있으며, 역시 그것들은 역사의 과정에서 항상 다시 실제적인 폭력을 자극했거나 또는 그들의 합리화에 책임을 져야 만 했던 것들입니다(비교. 출32:26 이하; 삼상15장; 계). 그렇지만, 성경의 중심에는 폭력이 없을 뿐만 아니라 그리스도 안에서 폭력에 고통당함을 스스로 돌파하는 '하나님의 무조건적 사랑'에 관한 복음이 있습니다. 이러한 성경 전통의 중심으로부터 기독교 해석문화는 영향을 받게 됩니다. 그러한 해석의 범주에서 성경과 기독교 예술 전통에서의 미디어 폭력은 비판적으로 측정되며, 해석되었습니다. 이러한 중심에 전쟁과 폭력에 항거하는 것과 마찬가지로, 서로에 대하여 평화스럽고 배려하는 기독교 삶의 문화가 영향을 받는 것입니다. 그들에게 십자가에 못 박히신 그리스도 안에서, 폭력의 희생자들 편에 서 계신 한 분 하나님이 "눈에 밝히 보이기"(갈3:1)때문에, 남녀 기독인들은 우선적으로 희생자의 관점으로 인지하며, 약한 자들과 눌림 받는 자들과 연대하는 것입니다.

개신교적인 시각에서, 미디어 폭력 문제에 대한 가장 효과적인 대답은 위력적인 반대자의 상(像)과 반대자의 경험들을 제공하며, 희생제물관점과 함께 동일화에 자극하는 그러한 하나의 인간의 해석문화와 삶의 문화입니다. 미디어 폭력의 작용에 대한 연구는 이러한 시각 방식을 지지합니다. 남녀 수용자들이 폭력의 표현들을 불쾌한 것으로 거절하거나 또는 매력적인 것으로 경험하며 사정에 따라 모방하고 있는 지를, 그것은 앞선 입장들과 사회적 환경으로부터 의존적임을 결정적으로 암시합니다. 개신교 남녀 신자들은 미디어에서 과도한 폭력장면의 연출에 대항하도록 노력하게 될 것입니다. 그것들은 그것을 뛰어넘어 의미의 전망들과 가치의식과 미디어 문화에서처럼, 마찬가지로 우리 사회 안에서 사회적인 단결의 갱신(更新)을 위해 강하게 할 것이며, 사회적이며 교육 영역에서 개혁들의 필요성에 관한 방향전환을 위하여 미디어들이 일괄적이며, 단편적인 희생양으로서 제기하는 소리들의 이면에 회의적으로 머물게 될 것입니다.

b) 경제적인 사고의 지배

다른 사회영역들 옆에 특별히 미디어에 해당하는 원칙적 문제로서, 우리의 현대 사회에서 경제적인 합리성의 계속 이의가 없는 주도세력이 보입니다. 그것은 미디어 영역에서 특히 판매량, 시청률, 마케팅 전략적 근거들에서, 기술 발전의 의도적 가속화에서, 독점화 시도(예, 마이크로 소프트)에서, 미디어의 도움으로 모든 것을 상품화하는 정보, 의사소통, 교육과 오락 등 이러한 것들의 언급에서 보여줍니다.

개신교의 미디어 윤리는 이러한 맥락에서 볼 때, 경제학에 대한 의미의 수정으로서가 아니라 인간다운 가치들에 대하여 겨냥된 사고의 수정으로서 중요합니다. 신학적 시각에서 하나님은 각각의 사람에 대해 무조건적 존엄성과 측량할 수 없는 각 사람의 가치를 보증하십니다. 거기서부터 '하나님이냐 돈이냐'라는 양자택일의 입장이 유대-기독교적 전통의 핵심에 정당하게 속합니다. 여기서 경제적 합리성의 총체적 거절이 중요한 것이 아니라, 최종적 규범에 따른 질문이 중요하며, 미디어 영역에서 가능한대로 살아 있는 것이 정지되지 않도록 무엇이 인간성을 도우는 것인지, 그 질문에 대한 사회적 토론처럼 또한 미디어 경제에서 최상의 기준들로서 "인간적인 것의 잣대"가 중요합니다. 이러한 의미에서, 특히 그것들이 언론의 영역에서 존재하고 있는 것처럼 미디어 직업들에서 직업윤리를 요구하며 도와주는 것입니다.

특별히 우리 사회에서 인간성과 교양의 도움처럼 그렇게 각 사람의 존엄성에 대한 주의와 진리에 대한 관심이 필수 윤리의 표준에 포함돼 있습니다. 여기서 강조되는 것은 미디어 윤리의 책임이 단지 미디어 제작자뿐만이 아니라 또한 미디어 사용자에게까지 확장된다는 것입니다. (단연코 현존하고 있는 것들!) 경제적이며 윤리적인 인간의 합리성 사이에 중첩되는 많은 것들이 점점 더 크게 될 것이며, 더 많은 사람들에게 그들 미디어 사용 태도에 상응하는 요구들이 분명해 지게 될 것입니다. 그리고 예를 들어, 도덕적으로 문제적인 TV 채널들과 인터넷 사이트들은 기피하거나 또는 상응하는 TV방송사들이나, 인터넷 제공자들에 대한 공공의 압력이 생산됩니다. 일반적인 것처럼, 여기에 하나의 민주적인 사회를 위하여 (매체를 보증했었던)"공중성"이 엄청나게 중요한 비판적인 주무관청의 상급기관으로 등장하게 됩니다.

c) 인간의 과학기술 도구화

전자 미디어의 강력한 장악(掌握)력과 편재(偏在)성은 인간이 과학기술 도구화에 이르도록 우리의 자아 인식과 세계 인지를 아주 넓게 각인시킬 수 있을 것입니다. 인간은 자신(항상 정확하게 달리며, 고난 받으며 죽음을 맞지 않는 불완전한 자)을 기계로서 표현하고, 이해하며 그리고 기술적 지능들과 가상 세계들의 증대하는 완전함에 관한 그의 구원을 기대합니다. 가상 매체의 영향을 통하여 사람의 "탈장소화", "탈시간화", "탈신체화"에 이를 수가 있습니다.

개신교의 미디어 윤리는 인간의 자기 사물화와 자기 가상현실화의 경향에 비하여 인간성의 풍성함을 상기시키며 "멀티미디어 신화"의 비신화화에 기여할 것입니다. 신학적 미디어 윤리로써 개신교 미디어 윤리는 특별히 이러한 유사 종교적 기능들과 구조들을 종교 비판적으로 발견할 수 있으며, 기독교 구원론(구원의 가르침)과 종말론(마지막 일들에 관한 가르침)에서 인간적 구원과 인간적 미래의 대립 구조들을 미디어 놀이 안으로 끌어들일 수 있습니다. 거기서 그러한 기술화(技術化)와 미디어 비판은 역시 미디어 안에서 스스로 이루어지며, 삶의 세계에서 느림과 불변성과 직접적인 감각성 그리고 신체성의 새로운 가치평가를 인식하게 하는 매체화와 기술화에 역시 반대운동이 있다는 것을 간과하지 않아야 할 것입니다.

d) 사용자와 유실자 - 미디어의 틈

"지식의 틈", "미디어의 틈" 또는 "디지털 분열"(digital divide)이라는 제목을 가진 경험과학적인 연구의 조사결과는 교육을 받고 사회적으로 더 나은 입장에 있는 사람들이 사회적으로 약하고 교육받기 어려운 환경에 있는 사람들 보다 훨씬 더 많은 전자 미디어의 혜택을 받고 있다는 사실을 요약해 주었습니다. 수수하고 교육을 적게 받은 사람들의 미디어 이용 빈도는 더 낮고, 아주 단편적이며 피상적 오락을 위해 사용하는 경향이 있는 반면, 특별히 컴퓨터와 인터넷의 장점들은 인격발달과 직업적인 증진을 위해 주로 더 높은 교육계층으로부터 이용되고 있는 것으로 보입니다. 이러한 조사결과는 그 때문에 특별히 충격적으로 보입니다. 왜냐하면 인터넷의 민주화와 동등화하는 구조들에서 예나 지금이나 거대한 희망들을 제기하기 때문입니다. 원칙적으로 인터넷은 모든 지역에 있는 모든 사람들에게 전 세계를 연결하는 의사소통의 연결망에서 개인적 유익을 얻으며, 자기 스스로 잃은 것을 회복하는 것을 가능하게 합니다. 그 대신 새로운 미디어들은 사회적 차이들을 우선적으로 더욱 강화하고 있는 것으로 보입니다.

이런 문제성 있는 발전에 따라, 성경적이며, 기독교적인 "가난한 자들을 위한 선택"으로부터 '접근의 정당성'뿐 아니라, '교육의 정당성'의 의미에서 사회적 정의를 요구하는 것입니다. 한편, 이것은 할 수 있는 한 미디어에 대한 - 모든 사람이 재정 조달을 받아야 되는 - 자유로운 미디어 접근과 관계가 있습니다. 그리고 다른 한편으로는 생명을 장려하는 미디어 사용을 위한 전제를 마련해 주는 만인의 자유로운 교육과도 관련이 있습니다. 그 점에서 미디어교육은 대단히 중요한 사회적인 과업이 됩니다. 개발되어야 할 미디어 능력은(정치가들이 자주 단편적으로 교육정책에서 강조하는 것처럼) 기술적인 실력이나 완성도에 국한되지 않고, 오히려 정보 획득과 해석의 자격과 정보와 미디어에 대한 비판적인 판단능력들이 그 필수 내용이 되어야만 합니다. 미디어교육은 포괄적인 의미에서 교양을 준비하는 것이어야 하며, 특별히 그들의 윤리적이며-도덕적 차원에 관계되어야 합니다.　↗ **4.3.4 지식사회에서의 교육**

형성

기독교적이며 교회적인 미디어작업은 비록 그들 사이에 흐르는 과도기들이 있다 할지라도, 세 가지 큰 행동분야로 세분화될 수 있습니다. 첫째, 미디어작업은 기독교적인 내용과 관점들과 그리고 입장들을 중재적인 공중사회에 가져가는 일에 기여할 수 있습니다. 둘째, 미디어 작업은 교회 내적인 의사소통을 위한 미디어 사용을 포함하며, 셋째, 우리들의 미디어사회와 의사소통사회의 발전의 비판적이며 건설적인 동반으로 받아들입니다.

1. 미디어 공중사회에서 기독교적인 것

독일에서 미디어의 공공성에서 그들의 관심과 전망을 실현시키는 기독교회들의 가능성들은 기쁘게도 다양합니다. 기독교 저널리즘 문화의 본질적 질문은 자신이 저널기관을 지원할 것인가, 아니면 창립할 것인가 또는 세속 미디어 내에서 자신의 기여들을 우선 자리 잡게 해야 하는가에 대한 것입니다. 원칙적으로 양자 모두 필요하고 의미가 있습니다. 공영 방송사에서 법률상 규정화된 교회의 협동권과 세속적인 출판기관 안에 교회 채널과 기여들을 특별한 기회를 가져다주고 있습니다. 독일에서의 상황은 미국에서의 상황과 차이가 있습니다. 이런 것들을 통해서 교회와 거리를 둔 사람들에게 기독교 관점을 알게 하는 것과 교회의 관점들을 넓은 사회적 담론으로 끌어들이게 하는 것이 가능합니다. 바로 거기 선포의 양식에서 각각 매체들의 특수성이 각별히 주목되며, 전문적으로 형성되는 것입니다. 교회의 설교나 교회 공동체에서의 경건 시간에 비해, "주일의 말씀"이나 '라디오 경건시간'은 그들 각각의 특별한 독자성들과 강점들 그리고 약점들이 있으며, '영상예배'는 신학적이며 개념적 숙고들을 필요로 합니다. 교회적인 정보통신사들은 교회적인 미디어 생산 회사들과 마찬가지로, 공중의 영역에서 아주 다양한 미디어 시설들과 미디어 장르들을 돕는 것과 미디어들의 내용과 품질과 관련하여 모범적인 강조점들을 설정하는 가능성들을 가지고 있습니다.

2. 미디어를 통한 교회의 내적 의사소통

건실한 하나의 미디어 작업은 교회와 지역교구 내의 의사소통을 위해서도 중요한 요소입니다. 전자 미디어의 지속적인 발전, 특별히 인터넷을 통하여 여기 의사소통과 참여를 위한 다양한 새로운 방법들과 형식들이 생겨났습니다. 이것들은 부분적으로 교회 회람편지나 교회 신문과 같은 이미 입증된 소통수단과 통합될 수 있습니다. 전화와 인터넷 상담, 전자 공학적으로 중개되는 성구의 채택이나 또는 가상현실 예배와 같은 프로그램 제시들은 출입문턱의 낮춤을 통하여 지역공동체들의 현장 행사들에서 보다 많은 사람들로부터 실제적으로 인지되었습니다. 이로써 이들 매체들은 교회와 기독교 신앙에 있어 그들의 결속 정도를 스스로 차별성 있게 결정하도록 수많은 교회 회원들의 요구에 다가가게 될 것이며, 그것들 역시 실제적 지역교회들의 제시들에로 인도할 수 있을 것입니다.

교회 내적인 신문방송은 세속적인 것들처럼 과제와 정보 소식들을 계속 전달하는 것일 뿐만 아니라, 교회 내적인 발전과 마찬가지로 교회 지도부들이 비판적으로 동반하는 과제를 가지게 됩니다. 독일에서의 교회 미디어 작업은 계속해서 여러 언론조합들로부터 뒷받침되었던 건실한 의미를 만들게 됩니다. 그리고 개별적 주(州)지역 교회들에서 자유로운 연합체들로서 조직되었습니다. 교회의 지도적 사람들이 스스로, 예를 들면 그들의 비판적 자질을 잃어버림 없이 신문의 출판자들로서 얼마만큼 기독교 저널리즘 작업 내용에 대한 영향을 정리할 수 있는가에 대한 질문은 논쟁적입니다.

3. 우리의 미디어 사회의 발전에 비판적이며-구성적인 동반

게다가 교회들은 독일개신교회협의회(EKD)나 독일개신교루터교회연합(VELKD) 또는 주(州)지역 교회들 차원에서 방향을 제시하고, 동기를 불어넣는 입장 표명으로부터 시작하여 학문적인 신학과 기독교 저널리즘 영역에서 여러 가지 협력단체들과 출판기관들에서 구체화된 책들과 영화들의 추천들과 방송과 TV와 인터넷의 조언들에 이르기까지 여러 다른 차원에서 기여하게 됩니다.

특히 교회 미디어 자리들, 종교 교육적 기관들, 교회 청소년 사역에서 그리고 성인교육과 학교의 종교수업에서 진행되었던 미디어 교육학적 작업은 하나의 특이한 주목을 받고 있습니다. 그것은 미디어 교육이 미디어의 남녀사용자 편에서 품질 좋은 미디어 문화의 발전을 위한 본질적 조건들을 나타내기 때문에 그리고 위에 개략적인 것을 소개한 것처럼, 사회적 불평등의 강화에 대립하여 조종할 수 있기 때문에 아주 중요합니다. 그 때문에 개신교 시각에서 학교들과 대학들과 아이들과 청소년 작업에서 미디어 교육적 관여들에 관한 해체가 미디어들에서처럼 마찬가지로 요구하며 도우는 일이 될 것입니다. 종교교양을 위한 교회 프로그램들의 범주에서(예를 들면 종교학습) 그리고 위에서 밝혀놓은 의미에서, 미디어 문화와 종교 문화의 상호개방들을 주선하며, 거기서 미디어 교육적인 것들과 함께 종교교육적인 목표설정들을 연결하는 하나의 특별히 좋은 기회가 마련됩니다.

4. 연결모음 "인터넷에서의 교회"

a) 주제와 안내정보들

- 독일 개신교루터교회 연합: www.velkd.de
- 독일 개신교회협의회 공식 홈페이지: www.ekd.de
- 표제어별(A부터 Z까지) 에세이 250개이상 도메인과 연결:
  www.e-wie-evangelisch.de
- 하늘의 가상 공간에 기도문 작성과 기도에 유익한 정보 제공:
  www.wie-kann-ich-beten.de
- 초등학교 연령 어린이들을 위한 교회의 산책 게임:
  www.kirche-entdecken.de
- 세례에서부터 장례식까지 삶의 국면에 대한 주제에 대한 정보:
  www.evangelisch.info
- 링크모임, 혁신적인 것들, 프로그램 소개: www.geistreich.de
- 위로의 말들, 교회의 결혼에 대한 대략적 정보: www.trauspruch.de
- 세례 축복의 말과 유아세례를 준비하는 이들을 위한 조언들: www.taufspruch.de
- 종교개혁 500주년 기념 홈페이지: www.luther2017.de

b) 공동체와 네트워크

- 복음적인 관점의 실제 뉴스를 복음적인 공동체와 연결: www.evangelisch.de
- '세대 59plus' 복음적 네트워크와 그 주제, 그림, 글들: www.unserezeite.de
- 젊은이들의 만남의 광장: www.youngspirix.de

c) 상담과 자문

- 열린 채팅, 생활과 신앙을 위한 개별상담: www.chatseelsorge.de
- 장례를 준비하는 자들과 이들의 동반자들을 위한 프로그램들: www.trauernetz.de
- 전화 0800-1110111 번으로 24시간 상담: www.telefonseelsorge.de

[참고도서]

- 야노브스키(Janowski,H.N.(Hg.): 수로화 된 복음의 소식(Die kanalisierte Botschaft), 1987.
- 쾨니히(König,A.): 신학적인 관점에서 본 미디어윤리(Medienethik aus theologischer Perspektive. 미디어와 프로테스탄트주의 - 기회, 위험, 도전과 행동개념(Medien und Protestantismus – Chancen, Risiken, Herausforder-ungen und Handlungskonzepte), 2006.
- 프로일/슈밑트-로스트(Preul,R./Schmidt-Rost,R.)(Hg.): 교회와 미디어(Kirche und Medien), 2000.

• 제네트(Sennett,R.): 공중생활의 붕괴와 마지막(Verfall und Ende des öffentlichen Lebens).
  Die Tyrannei der Intimität, 1995.

4.3.4 지식사회에서의 교육

인지 ──────────

　학습능력은 우리의 숨겨진 재산입니다. 이러한 기획인 문장은 교육에 대한 유네스코-소식지에 실려 있습니다. "평생학습의 개념은 21세기 열쇠입니다. 이러한 첫 열쇠는 전문교육과 계속교육 사이의 전통적인 분리를 극복하며, 모든 것이 자신을 교육하며, 그의 달란트를 전개하는 기회로 인지된 학습사회의 개념을 규정해 줍니다."

　통합교육과 관련된, 예를 들면 국제학업성취도평가(PISA)와 학교기관의 조직에 대한 영향력에 관련한 토론에서 눈을 돌려서는 안 될 것입니다. 교육은 21세기 지식사회에서 개인의 방향설정을 위해 긴장해야 하고, 동시에 결코 종결될 수 없는 과정이며, 또한 함께 성장하는 세계사회에서 행동능력의 전제조건이기도 합니다.

　물론 "교육"이 의미하는 바는 평생학습의 개념을 고수하지만, 그렇다고 해서 평생학습 개념처럼 간단하지 않습니다. 교육은 하나의 한정된 목적에 고정되게 하는 것이 아닌, 모든 과정과 국면에서 인격성을 포괄적으로 포함하고 있는 하나의 과정입니다. 그래서 독일개신교회협의회(EKD)의 교육각서(敎育覺書)는 "인간성의 정도(定度)"를 정당하게 내 세웁니다.

　"배움은 그 자체가 목적이 되어서는 안 됩니다. '평생학습'에 대한 요청은 상반된 가치를 지니고 있습니다. 더욱이 우리 인간들은 결코 완성된 존재가 아닙니다. 사람들이 고령에 이르기까지 정신적으로 움직이며, 여전히 배우면서 이해한다면, 그것은 하나의 선물입니다. 그러나 만일 평생학습은 항상 바뀌어져 가는 경제적 요구나 목표에 일생동안 적응해야 하는 의무로 축소될 때, 우리는 이에 저항해야 할 것입니다. 우리 인간들은 우리가 배웠던 것이나 앞으로도 배울 수 있는 그 이상의 존재입니다.

　교회는 우리 사회 안의 가치들을 위해 전력을 기울이도록 거듭 요청받게 되었습니다.

우리는 이것을 즐겨 행하지만, 무료로 가치들을 갖지는 않습니다. 그것은 돈의 가치를 지향하는 시대에 환산될 수 없는 우리 존재의 특징들을 제공합니다. 애정, 사랑, 감사함, 존엄과 취향은 컴퓨터 소프트웨어를 제어하는 시간과는 또 다른 시간의 형태들을 필요로 합니다. 교육은 지식과 배움보다 더한 것입니다. 그것은 인간의 자기 이해와 세계 이해를 따라 질문합니다. 종교적 차원은 그 안에서 없어서는 안 되는 것입니다."

기독교의 시각에서 하나님과의 관계는 인간됨의 구성 요소입니다. 그 때문에 신앙과 초월을 향한 물음들 역시 본질적 교양에 관한 물음들입니다.

방향

1. 미래를 가능하게 하는 교육

산업사회에서 지식사회로의 변혁에서 귀결되는 과제들은 어떤 모습을 띠게 될까요? 교육 이론적 개념에 따른 추구는 첫째, 오늘날 연구를 통하여 생산되고 기술을 통해 중개되었던 것처럼, 지식의 복합성의 숨 막힐 정도의 상승을 통하여 작동되었습니다. 긴급하게 둘째, 삶의 생생한 행렬들의 세계화의 사회적인 결말들과 현대 문화의 복합성이 압도하는 교육 형태들이 될 것입니다.

지식사회의 개념이 사실적인 것들의 중재와 사용지식의 의미에서만 이해한다면, 미래를 가능하게 하는 교육의 이념은 잘못된 방향으로 유도될 수 있을 것입니다. 평생학습의 개념은 배움의 네 가지 차원들의 통합에서 구성됩니다.

- 지식을 획득하는 배움은 폭넓은 일반교양과 심화된 특별한 지식의 적용을 목표하며, 평생학습이 제공하는 기회들에서 그의 사용을 이끌도록 학습하기를 배우는 데로 지향합니다 (1).

- 행동하기를 위한 배움은 직업적인 자질에 관계될 뿐 아니라, 자신을 새로운 상황에 적응하도록 조절하는 것과 팀 가운데 함께 일하는 능력에 역시 관계됩니다 (2).

- 더불어 사는 것을 위한 배움은 타인을 위한 이해를 발전시키며, 서로서로 세계적 의존성을 파악하기를 요구합니다. 거기서 근본적이며, 종교적이며 문화적 가치들이 상호 교환적 이해와 평화 지향적 교제를 함께 필요로 합니다 (3).

- 삶을 위한 배움은 자체의 인격성을 더 잘 발현하는 것과 증대하는 자율성과 더 큰 판단력과 성장하는 책임의식과 함께 행동할 수 있다는 것을 의미합니다. 이것을 달성하기 위하여, 교육은 기억력과 판단력, 조작하는 노련미, 의사소통의 능력과 미적 감각을 위한 의미와 개인적 정체성 발견과 방향설정을 위한 의미를 해명하는 학습공간들을 열어줍니다 (4).

2. 기독교 교육

미래를 가능하게 하는 교육에 관한 요청들은 단지 교육에 관한 기독교적인 이해와 연결하게 할 뿐만 아니라, 더욱 복음적인 근본확신들의 되돌림으로서 해석될 수 있습니다. 종교개혁은 그들의 원천으로부터 기독교 관점에서 교육의 체계를 발전시켰던 교육운동이 결정적이었습니다.

a) 루터의 교육개념

마르틴 루터는 먼저 교육적대적인 근본주의자들과 열광주의자들과 맞섰으며, 새로운 교육시설들을 짊어질 운영자들을 얻으려고 노력했습니다. 그 때문에 그는 1524년 "기독교 학교를 설립하고 유지해야 할 모든 독일 전체 도시의 시장님들에게" 보내는 편지를 썼습니다. 그는 이미 1520년 "독일 국가의 기독인 귀족 분들께"라는 글을 써서 학교기관의 개혁에 지지해줄 것을 호소하였습니다. 루터는 성경을 학교교육의 중심에 세우는 것과 상급 학교들에 해당되는 학생들의 엄격한 선발이 있어야 할 것을 말하며, 특별히 소녀학교 설립을 요구합니다. 정치적 영역에서 루터의 이런 동기부여들은 그에게 교육과 교양이 가족 가운데서 시작되며, 가족이해로부터 종교적인 교양과정이 있는 것에 대하여 속여서 알지 못하게 해서는 안 되는 일이었습니다. 그런 점에서 종교적 관심은 학교기관을 장려하였으며, 질서의 정치적인 영향력을 가졌던 것입니다.

루터에게 있어서 교육과 훈계는 하나님과 세계관계 안으로 바르게 안내하는

지침입니다. 그리고 그 핵심이 종교적으로 각인되었습니다. 교육은 "지상에서 가장 고귀하고 값비싼 사역"입니다. 이러한 의미에서 '루터의 요리문답서'는 신앙을 가르치고, 그것의 이해를 연습하며 기독교 경건으로 인도하는 시도입니다. 그것은 세 가지 상호 교환적 단계로 시행됩니다.

- 첫 번째 기본질문: 내게 결핍된 것은 무엇이며, 나의 질병은 어디에 놓여 있는가? 나는 그것을 십계명에서 알게 됩니다.

- 두 번째 기본질문: 나의 삶의 목표와 근거에 무엇이 주어지는가? 그것은 나에게 믿음이라 말합니다(신앙고백 - 사도신경).

- 세 번째 기본질문: 나는 어떻게 이런 도움을 나 자신의 "처방약"으로 취하게 되는가? 기도(주기도문)와 성례전(세례와 성찬)을 통하여 찾을 수 있습니다.

문답형식과 함께('그것은 무엇을 뜻합니까?', '그것은 어떻게 이루어집니까?') 소요리문답서는 신앙의 내용을 대화로 자극합니다. 믿음에 지식이 포함된 만큼, 여기에 지식만 중재되는 것은 아닙니다. 요리문답서는 올바른 이해를 깨우치기를 원하며, 믿음의 개인적 적용에 도움을 제공합니다. 이러한 믿음이 훈련되도록 루터는 위에 언급한 5가지 주된 부분들을 소요리문답서에 첨부합니다. 즉 - 십계명, 사도신경, 주기도문, 세례와 성찬 - 이러한 내용에 참회와 죄사면(용서)이 포함되며 그리고 상호태도에 신약성경 본문의 요약(엡5-6장, 골3-4장, 딤전3-5장 등등)이 "그리스도 가정의 규례"로 한 단락 추가하였습니다. 이후에 출판된 개정판에서 아침의 축복과 저녁의 축복, 식탁에서의 기도, 세례서와 혼인서가 추가되었습니다. 루터는 전권에다 그 내용에 적당한 그리스어에서 지칭이 유래된 "소책자", "안내서"라는 표제를 붙였습니다. 기독인들은 그 안에서 모든 것을 발견해야 합니다. 그리고 신앙을 배우고, 다른 사람들에게 전달하기 위해 포기될 수 없는 것들이 그들의 "수중에" 있어야 합니다.

b) 멜랑히톤

필립 멜랑히톤(Phillip Menlanchthon, 1497-1560)은 교육의 실제를 서술하기 위해 라틴어 "erudicio" - "원래의 모습에서 이끌어낸다."는- 말을 사용합니다. 개념적 차원에서 이미 보여주듯이, 멜랑히톤은 기독교와 인문주의의 균형, 신앙과 교육의 균형에 힘쓰고 있습니다. 그는 이런 종합으로부터 개인을 위한 가장 큰 종교-윤리적 유익을 기대하고 있습니다. 멜랑히톤의 교육적 활동에 동기를 부여한 것은 무엇보다 신학이 아닌 인문주의였습니다. 그에서 있어서 교육은 특별히 풍습을 지키고 무질서를 막는 기능을 하게 됩니다. 멜랑히톤의 특별한 업적은 종교개혁의 새로운 신학을 교수법으로 중개하는 일이었습니다. 이로써 그는 종교개혁 신학에 대한 교육학적 근거를 세웠습니다. 루터는 가정을 교회의 기원 장소로 보고 복음적 가정에 일치하는 학교를 생각하였습니다. 반면, 멜랑히톤의 교육구상은 학교와 대학의 교육과 관련된 공중사회의 안정화를 지향하였습니다. 그는 독일민족의 교사 (praeceptor germaniae)가 되었습니다. 이러한 의미는 오늘날까지 결코 과장된 것은 아닙니다.

c) 아우구스트 헤르만 프랑케

사회 안으로 들어가는 이러한 개방은 아우구스트 헤르만 프랑케(A.Herrman Franke,1663-1727)로부터 폐지되었습니다. 즉 신학적으로 그는 하나님의 자녀와 세상의 자녀 사이를 급격하게 분리시켰습니다. 프랑케는 회심한 자들의 올바른 교회에서 자신을 인식하는 결정적인 기독교에 동기를 부여하기를 원합니다. 이런 확신에 상응하게 프랑케는 신앙중재와 교양의 영역들을 발전시킵니다. 그는 가족과 사회의 속박에서 벗어나 할레(Halle)의 글라카우(Glachau)에다 프랑케적인 교육시설들을 설립합니다. 프랑케는 가정은 교양의 자연스러운 장소로 적합하지 않으며, 역시 가정 공동체가 사회적인 폐해로부터 충분히 대응하지 못하기 때문에 이러한 길을 걷게 됩니다. 프랑케의 교양이해는 창세기 1:26 이하에 나타난 '하나님의 형상'에 연결합니다. 그리고 그는 인간 안에 있는 하나님의 형상은 파괴되었다는 것에 확신을 가집니다. 모든 학교들의 "가장 고귀한 최종목표"는 아이들이 살아계신 하나님과 그리스도의 인식과 정직한 기독교로 안내하는 것에 두었습니다. 모든 아이들이 창조의 목적에 일치하는 하나님의 형상으로 인도되게 하는 것을 목표로 삼았습니다.

프랑케의 교육학은 종교적 개인교육학이라기 보다 특별히 사회적 교육학이라고 할 것입니다. 그리고 그의 교육체계 모델은 기독교 전체와 세계 전체의 사용을 목표로 하는 전 우주적 기구로 이해하였습니다. 그러므로 프랑케는 경건의 보편적 개혁이라는 동기와 신앙으로부터 세계의 책임에 대한 삶의 모습이 구체화되도록 하는 포괄적 사회개혁과 교육개혁을 목표하였습니다.

d) 기독교 교육의 구조들

위에서 초안된 교육과 학교 구상의 형태 세 가지는 삼중적 관점에서 동등하게 구조화되었습니다.

- 교육과정은 종교적으로 정착되었습니다. 루터와 멜랑히톤, 프랑케는 구별된 강조에서 배움에 하나의 영적이며 지적인 차원을 첨가합니다. 배움의 과정은 대체로 학습과정과 형성과정이 될 것입니다. 그것들은 파괴된 옛 질서구조와 무질서한 현실에 직면하여 자신의 행위능력으로 되돌려 주어야 합니다.

- 교육과정은 제도적인 버팀목을 통하여 보장되었습니다. 루터는 가족이라는 제도 위에 교육을 세우며, 멜란히톤은 당국의 지원을 받는 교육제도에 대해 많은 것들을 기대합니다. 그리고 프랑케는 하나님의 자녀들이 글라카우(Glachau)의 보호된 시설의 공간에서 바른 길로 인도할 수 있음을 알고 있습니다.

- 종교개혁과 개혁이후 시대의 교육과정과 교육제도들은 문화비평적인 추진력을 통해서 특징 짓게 합니다. 루터는 인문주의의자들의 낙관론과 로마가톨릭 색채(色彩)의 교회 문화의 법칙성에 반대하며, 멜란히톤은 오로지 자격부여만을 지향하는 교육체계에 반대합니다. 그는 교육과정이 항상 공공의 선과 사회를 증진하는데 전적으로 기여되어야 함을 상기시키고 있습니다. 마찬가지로 프랑케는 교육에 관한 기능적인 편협한 지도에 대항하며, 고유한 권능 안에서 인간적인 세계형성의 문제성을 상기시킵니다. 그의 교육체계는 깊은 사회비판과 동시에 포괄적 교육개혁과 사회개혁에 있습니다.

종교개혁적인 교육구상은 내용적으로 침해할 수 없는 존엄성으로 준비된 하나님의 피조물로서의 성경적인 인간이해에로 되돌아갑니다. 루터는 "기독인의 자유"에 관해 말하며, 한편으로 인간은 하나님에 대한 관계의 인물로 힘입고 있는 것과 다른 한편으로 기독인의 행위와 양심은 장악하려는 모든 세상적인 시도들로부터 자유하며, 독립적이라는 것을 생각합니다.

- 기독교의 자유: 자유의 개념은 자체의 오만과 낯선 강요에서 독립적으로 인간의 행동능력을 결정하는데 긍정적으로 사용되도록 돕습니다. 기독교의 자유개념에서 유도된 행위의 개념은 보편적 교육이해에서 정립될 수 있는 인간론적 범주입니다. 교육은 일반적으로 행위능력의 개발로서 정의될 수 있습니다. 행위능력은 일차적으로 해석능력을 포함하며 그리고서 전체로서의 자신의 삶을 파악하고 형성하는 능력을 포함합니다. 교육의 정도는 사람들이 그들의 삶의 사회적이며 문화적이며, 종교적인 네트워크에서 어떻게 방향설정과 행동자질이 이루어지는지에 대하여 증명합니다.

- 기억문화: 이러한 교육프로그램은 사람에 의하여 설정하며 그리고 개인이 그의 최후의 자유를 어떻게 삶의 일상에서 보존하며, 그의 행동을 책임질 것인지를 질문합니다. 개체는 그의 반성과 행동과 체험 가운데서 자신 스스로에게로 축소되어 머물러 있지 않습니다. 그것은 삶의 경험들이 응축된 신앙의 전승가운데서 되물어볼 수 있습니다. 기독교 신앙의 토대가 되는 본문들은 사람들이 다시 자체의 경험들을 만들 수 있는 그러한 방식의 형태가 이루어진 경험들입니다. 그 전승은 결정을 위한 내용과 기준들을 제시하는데, 단지 일상적인 결정들을 위한 것만이 아니라 자기 정체성의 발생을 위한 결정을 위해서도 제시합니다. 기억과 실제적 체험의 상호작용에서 문화는 성장하며 인간들의 공동생활은 색깔과 의미를 얻게 됩니다. 지속적인 계몽과 자기계몽으로써의 교육은 사회적 관계들을 견실하게 해주며, 다시금 기억의 가치를 가진 하나의 삶의 문화를 스스로 형성합니다.

3. 계몽주의와 근대 사회의 교육이론들

계몽주의와 근대 시대(17-18세기)의 교양구상들은 종교개혁적인 자극들을 다시 붙잡으며, 인간적인 교양의 본질과 목표들에 대한 철학적인 목적들의 맥락에서 이러한 것들을 전개합니다.

a) 요한 아모스 코메니우스(Johann Amos Comenius)
프랑케 이전, 코메니우스(1592-1670)는 그의 정치적이며 사회 개혁적 활동과 긴밀하게 연관된 포괄적인 교육학의 체계를 발전시켰습니다. 그는 자신의 교육학을 하나님의 창조사역의 개선에 대한 인간의 협력관계(Mitwirkung)로 이해하였습니다. 코메니우스와 그와 함께 한 라이프니츠(Leibniz)는 30년 종교전쟁 이후 경제적이며, 문화적이며 정치적인 재건을 위해 학문과 교육을 최대의 수단으로 사용가능하도록 만드는 일을 시도하였습니다.

마치 교육학이 계몽주의와 함께 종교적 뿌리를 상실하고, 오로지 합리적이고 개인주의적 태도의 실현을 목표하고 있는 인간의 사역인 것처럼 종종 서술되었습니다. 그러나 좀 더 정확히 직시한다면, 여전히 경건주의의 신비적 사고의 연결선상에서 분명히 서 있는 인간교육이었음을 알 수가 있습니다. 즉 교육학적인 모든 노력은 인간이 그리스도 안에서 하나님의 형상으로서 자신을 느끼며, 인간 안에 이러한 신적인 것들의 살아 있는 지성과 덕성과 경건성(영성)을 참된 종교의 본질로 깨닫게 되도록 사람을 지도하는 교육이었습니다.

b) 프리드리히 슐라이어마허(Friedrich D.E. Schleiermacher)

19세기 교육이론가들과의 연결선들은 바로 이러한 사상으로부터 기록될 수 있습니다. 슐라이어마허(1768-1834)는 인간교육의 중심이 "자아교육"(Selbstbildung)이나 "내적 교육"(innere Bildung)에 있다고 보고 있습니다. 그러한 까닭에 자기 자신에 대한 사람의 자기감각은 자신의 사람됨과 교양을 위해 결정적입니다. 바로 이러한 자기감각에서 인간은 자신을 개별적이며, 자유로우며, 관계가 풍성한 본체로 인식합니다. 인간의 근본교육은 무한자와 우주에 대한 관계입니다. 근본관계에서 인간은 "절대 의존적"(schlechthin abhänig)인 자신을 앞서 발견하며 그리고 동시에 단지 이러한 근본관계가 전체 안에서의 삶을 경험하도록 그에게 도움이 된다는 것을 알게 합니다. 슐라이어마허의 교육은 고유한 인간됨의 과정입니다. 인간은 세상을 형성하는 활동에서 자신을 잃어버리려야 하는 것이 아니라 근본적으로 "전체"가 자신에게 작용하게 해야 합니다. 교육은 그렇게 항상 전체를 향한 그리고 전체를 통한 교육인 것입니다.

이러한 전우주적 교육의 설정은 빌헬름 훔볼트(Wilhelm v. Humboldt, 1767-1835)의 교육사상에 결정적인 영향을 미치게 되었습니다. 그에게서 교육은 인간성으로 상승하는 우주적이며, 총체적이며, 개인적인 통일과 그리고 전체로 나아가는 인간적 능력들의 조화로운 전개에서 이루어지는 것입니다.

c) 20세기의 교육비판

20세기 중 1960년대에 이르기까지, 앞에서 소개된 관념론적 교육이해는 - 국가 사회주의적 시절의 단절을 제외하고는 - 철학적이고 교육학적 사고의 지도범주를 제공하였습니다. 하지만 이것은 60년대 중엽, 19세기와 시작하는 20세기의 교육사상에서 원칙적 비판을 통해 급격한 변화를 맞이하게 됩니다. 우선적으로 교육의 개념은 "배움"(Lernen)이란 생각을 통하여 대체된 것과 교육과정의 중요성이 중심으로 옮겨져야 한다는 것이 요구되었습니다. 전통적인 교육개념은 그의 추상성과 변화된 삶의 관계들 때문에 더 이상 교육적 행위의 목표개념을 제시할 수가 없을 것입니다. 이상주의적 교육개념에 계속해서 대항하는 이의(異意)는 "교육은 주로 전통에서 이루어지며, 이와 같이 후퇴하며, 미래의 도전들에 맞서지 못한다는 흠을 들추어 내는 것"입니다. 그래서 교육계획의 개혁에서 이와 같이 내용들에 대한 질문이 배경에서 제시되어져야 하며, 질적인 것들에 대한 질문을 통하여 대체되어져야 하는 것입니다.

그렇지만 여기서 일반적이며 가치중립적으로 이해하기를 원하는, 그러나 어떠한 내용상에서 더 이상 전진할 수 없는 교육학의 딜레마가 드러납니다. 전제 없는 가치중립성의 학문과학으로서 의무를 지울 때, 그것은 교육과정과 학습과정의 조건 구조를 순전히 서술적으로 기술하는 것에만 국한되어야 하거나 또는 인간의 인간됨을 향한 교육과 교양의 목적에 대한 질문과 참된 삶에 대한 질문을 너무나 일반적이고 형식적으로 대답해야만 합니다. 이러한 대답들로부터는 그 어떤 지향적 능력도 더 이상 시작하지 못하는 것입니다.

이장의 시작에서 언급된 유네스코(UNESCO)와 유럽연합(EU) 그리고 '학문과 연구를 위한 독일 연방정부부서'의 교육연구들은 이러한 딜레마를 주제로 삼고 그리고 그 연구는 방향설정 지식의 강조와 함께 교육과정과 교양과정을 위해 깊은 신념들에 정박(碇泊)해야 하는 것은 포기될 수 없다는 것을 보여줍니다. 그것은 신학과 교육과학들 사이의 대화가 다시 가능하게 하는 하나의 방향을 보여줍니다. "복음적 책임"에서의 교육적 사고는 "복음을 향하여"는 아니지만, 그러나 "복음으로부터"의 교육을 구상하며, 미래를 가능하게 하는 교육의 모습을 위해 도움이 되며 구체적인 안내를 줄 수 있을 것입니다.

4. 기독교 교육의 장소들

교회와 지역교회는 국가적인 교육체계와 나란히 독일 연방공화국에서 가장 큰 교육기관들을 보는 것입니다. 교회적인 법인체 안에서의 교육은 거의 모든 연령층의 사람들에게 제공하며, 모든 삶의 상황들에 가까이 배움에 대한 가능성을 제공하고 있습니다.

a) 지역교회에서의 교육

특별히 지역교회 공동체들은 교회적인 교육체계의 부분으로 보는 것입니다. 가족이 그들에게 생각된 핵심기능을 종교교육에 의하여 단지 부분적으로 인지한 후에, 공동체들에서 아이들과 청소년들과 함께 교육사역에 특별한 의미로 다가갑니다. 입교자들을 위한 다른 교육에서도 그러합니다.   ／6.3 교회의 몸짓

개신교 유치원들의 많은 수는 취학 전 영역에서 주정부와 지자체를 위한 대리권을 지닌 교육으로 인지하고 있습니다. 결과적으로 지역교회공동체의 교육은 항상 더 많은 의미에 이르게 되었습니다. 그것은 지역공동체라는 학습장에서 교회의 교육적인 행위의 재발견, 즉 마찬가지로 새로운 발견에 기여하였습니다. 동독지역(DDR)의 개신교회에서 오늘날까지 영향을 미치고 있는 하나의 지역교회 교육학적 전통은 기독교 가르침의 장으로서 바라보는 거기서 형성되었습니다.

b) 개신교회의 성인교육

그 외에도 교회에서의 교육기구들은 교회의 법인체에서 성인들에 대한 교육사역을 이끌고 있는 것을 보게 됩니다. 이러한 시설들은 다양한 중점을 가진 교육프로젝트를 추구하고 있습니다. 이들은 직업적 교육과 계속(재)교육 또는 개인의 교양에 역점을 두거나 가족교양을 지향하고 있습니다. 이러한 맥락에서 먼저 지방의 영역들에서 또는 (마을국민대학들)로 불리는 것이 있으며 그리고 개신교의 가족교육의 장들이 있으며, 마지막으로 개신교의 아카데미들이 있는데 그것들은 교회와 사회 사이에서 비판적이며 건설적인 대화에 중요하게 기여하는 교육기관들입니다. 로마 가톨릭교회에서도 이에 상응하는 많은 교육기관들을 발견할 수 있습니다. 이러한 교회의 교육제도들은 열린 대화의 장소로써 존중받고 있습니다. 그리고 이들은 부분적으로 민주적인 사회의 교육형식을 위한 배움의 장소들

로써 드물지 않게 큰 영향력을 발휘하고 있습니다.

또한 형제-자매 결연단체와 공동생활의 단체 역시도 풍성한 교육사역을 발전시켰습니다. 여기에 교육(교양)은 다시 사신 그리스도의 숨겨진 현존에서 인생과 창조세계 전체를 영적으로 완성하는 일로 이해되었습니다. 독일 말 "빌둥"(Bildung)의 근원적인 의미는 삶 전체 안에 그리스도 형상의 닮음에 이르는 일로 새롭게 그 정당성을 가지게 됩니다.

c) 종교수업

독일 연방공화국에서 종교수업은 모든 공립학교들에서 헌법에 명시된 필수교과목입니다. 그럼에도 불구하고 종교수업의 위치는 언제나 비판적으로 거듭 질문되고 있습니다. 그래서 종교수업의 당연함과 학교 내 정규과목 안에서 이러한 교과목의 의미는 늘 새롭게 분명히 하는 것이 필수 입니다.

신앙 고백적 종교수업은 교회의 특권도 국가의 아량 있는 태도도 아닙니다. 기본법의 규정은 국가가 종교와 세계관적 지향점에 대한 합의들을 결코 스스로 만들지 않아야 하며, 또한 그것들을 법으로 규정하지 않도록 해야 한다는 통찰에 기인해야 합니다. 그밖에도 단 하나의 종교 내지, 단 하나의 세계관을 선호하도록 허락하는 그 어떤 상위의 견해도 없습니다. 자유 민주주의 법치국가는 살아갈 전제들과 윤리적 토대들 그리고 그 토대들을 각인하는 신념을 스스로 창출할 수 없습니다(E.-W.Böckenförde).

기독교 종교수업은 그것이 개신교적 수업이든지 로마 가톨릭적 수업이든지 간에, 종교에 관하여 배우는 것(종교학) 그 이상입니다. 종교수업은 기독교의 신앙 경험들을 결코 "중성화시키지" 말아야 할 것입니다. 그러한 까닭에 저마다 고백 속에 뿌리박고 있는 진정성 있는 종교수업은 한편으로, 어린아이들과 청소년들을 위한 결정된 교육학적 봉사입니다. 그리고 다른 한편으로 신학적인 측면에서 이러한 수업은 신앙의 원천으로부터 살아있는 것입니다. 종교는 일정한 부분에서 발현되지 않는다면, 종교 스스로가 실제 자신을 알지 못하고 있는 것입니다. 이것은 음악에 대해 말하자면 단 한 번도 음악 작품을 듣거나 어떤 악기도 만져본적 없는 사람이 음악에 대해 말하는 것과 비교될 수 있습니다. 만일 종교수업이 자신의 내용들을 자기 종교를 시인하는 인격성으로 구현할 경우, 그 수업은 생활의 가까운 것이 되고 대화로 인도하는 초대가 됩니다. 왜냐하면 소통과 정체성은 분명히 확인 가능한 입장들과의 논의와 체험된 신앙의 신념과의 만남 속에서 자라나기 때문입니다. 이러한 사실은 종교 교사들로 하여금 고도의 전문성과 교수법 그리고 인격적인 사항들을 요구하고 있습니다. 교회가 이러한 요구사항들을 확증하고, 이를 위해 동반하는 것이 중요합니다.

대부분의 주(州)연방들은 종교수업에 참여하지 않는 학생들을 위해 윤리수업을 개설합니다. - 이 분야의 명칭은 여러 가지로 달라질 수 있습니다. 종교수업의 특징은 특정 종교 공동체와 관련성이 있다는 것입니다. 이에 비하여 윤리수업은 중립적인 세계관으로 이루어질 수 있습니다. 그럼에도 불구하고 가치중립성에서 강조점을 찾는 것은 이중적인 난제를 초래합니다. 한편으로 남녀 학생들에게 그 어떤 방향도 주선해 주지 못하는 가치중립적인 교육 빈곤에서 오는 낙관주의를 발전시킬 수 있습니다. 다른 한편, 시종일관 잠재적인 이념화만 만들어 낼 수 있습니다. 왜냐하면 그 분야가 철학적이고, 세계관적이고 그리고 종교적인 질문들 속으로 깊이 들어가기 때문입니다. 그렇기 때문에, 윤리수업의 전제와 내용들은 세밀하게 해명되어야 합니다. 잘못 구비되고 시행된 윤리수업은 종교수업을 또한 해롭게 합니다. 반대로, 윤리수업에 비해 종교수업을 과소평가하지 말아야 할 것입니다.

주(州)연방 브란덴부르그는 "생활설계-윤리-종교"(LER)라는 획일적인 의무교과목을 도입하였습니다. 그리고 이를 통해서 이론(理論)이 엇갈리는 독자적인 길을 걷고 있습니다. "단일교과"라는 교육이론적인 관심은 자라는 학생들에게 기회를 제공하며, 학급단체 안에서 함께 언급된 질문들에 대해 깊이 생각하는 것에서 생겨납니다. 그리고 이러한 교육의 관심은 더 나아가 서로 차이가 있는 종교적인 세계관의 맥락에서 성장하고 있는 남녀 학생들 사이에 의사소통을 장려하는데 있습니다. 이러한 관심사는 인정받아야 할 것입니다. 그렇지만, 이것은 위에서 이미 언급한 교육학적인 근거에서 볼 때 의심스럽기도 합니다. 종교수업의 참여에 대한 격렬한 논의 이후, "생활설계-윤리-종교(LER)라는 교과목의 자유개설 가능성이 승인되었습니다. 연방헌법재판소는 2001년 비교제안이라는 틀에서 의무교과목으로써 엘이아르(LER)의 법적인 지위를 종교수업의 지위로 확인하였습니다. 2006년 이후 베를린은 7학년에서 10학년까지 윤리과목을 정규 교과목으로 하고 있습니다. 이에 반해 종교와 세계관 과목은 자발적으로 추가 수강하게 하고 있습니다. "종교를 위한(Pro Relligion)" 시민참여 운동은 2009년 국민표결을 거쳐 윤리와 종교를 의무적인 선택 교과목으로 도입하려고 시도하였습니다. 남녀 학생들은 종교와 윤리 사이에서 하나를 선택할 수 있었는데, 종교수업은 신앙고백과 분리되어야 했었습니다. 물론, 이러한 시도는 국민표결에서 완전히 좌초되었습니다.

형성

기독교 시각에서 볼 때, 하나님과의 관계는 본질적으로 인간으로서의 인간됨에 속해 있습니다. 그러하기에 교육에 있어서 인간의 삶의 종교적 측면에 관한 논의는 기초적인 것입니다. 이 말은 아무런 생각 없는 교육의 선교적 동기를 말하고 있지는 않습니다. 오히려 사람과 하나님과의 관계에서 비평적이고 건설적인 계몽을 말하고 있습니다. 바로 이러한 의미에서 2013년 독일교회협의회(EKD) 각서(진정서) "인간됨의 준거"는 초월과 신에 관한 질문이 교육에 속한다는 것을 밝히며, 이를 정당하게 강조하고 있습니다. 각서는 다음과 같이 상술하고 있습니다.

"1. 미래를 가능하게 하는 교육을 위해서 초월성(超越性)과 그 의미에 관한 질문은 계속 잊어버렸거나 밀어내었습니다. 교육이해에 관한 전문가의 감정서와 입장표명에서 볼 때, 오늘날 신앙과 종교와 초월성에 관한 것보다 더 거리를 둔 주제는 거의 주어지지 않는 것으로 보입니다. 종교는 특별히 전통과 결합되었는데 - 그리고 그와 함께 미래를 가능하게 하는 교육을 모색함에 있어서 생각할 필요가 없는 과거를 연상시킵니다. 이런 점에서 교육담론은 예컨대 과거를 보존하는 전통이나 기억과 연결된 것이 아니라, 단순히 낡아버린 것처럼 이해하는 순박한 현대화의 사고를 따르고 있습니다. 이렇게 현대화된 사고는 포괄적이면서 돌이킬 수 없는 세속화 과정의 견해와 연결합니다. 세속화를 근거로 점점 종교를 더욱 분명히 퇴색된 것으로 여기게 합니다. 그리고 종국에는 종교를 계몽된 공공영역에서 완전히 사라지게 하려고 합니다. 이러한 문제는 국제 종교사회학 토론에서 오래전 극복되었음에도 불구하고, 독일과 유럽의 일부지역에서는 그러한 세속화의 이해가 확고하게 자리 잡게 되었습니다. 페터 베르거(Peter L.Berger)와 같은 종교사회학자들은 그 사이에 "탈세속화"(desecularization)에 관하여 강하게 말하고 있습니다.

2. 독일의 통일은 총체적이며 새로운 상황을 이끌어 냈습니다. 동독에서의 종교와 교회적 상황은 크게 바뀌지는 않았습니다. 구동독지역에서 연방주민들의 70-80%는 예나 지금이나 그 어떤 종교의 신앙고백에 속하지 않습니다. 그것에 비하여 서독은 "탈세속화"의 기대에 상응할 수 있는 경향들이 줄곧 관찰되고 있습니다. '종교로의 회귀', '새로운 영성', '종교추구의 세대' 등과 같은 주제어는 우리가 단순히 종교상실이나, 종교에 대한 관심의 감소와 관련된 것이 아니라, 종교의 변화와 관계되어 있음을 분명히 말해 주고 있습니다. 교회 행사로의 참여에 대한 의미에서 후진적 교회성이나 또는 - 특별히 동독에서처럼 - 미미한 교회 소속감은 영성이나 종교성의 흔들림과 완전한 사라짐은 분명 아닙니다. - 물론 이는 불분명한 영성 때문입니다. 막상 젊은이들이나 성인들을 위한 개인적 의미 추구는 예나 지금이나 - 몇몇 연구들에 따르면 심지어 점점 증가하는 추세로 - 중요한 역할을 하고 있습니다. 동독에서 부분적으로 신앙고백이 없는 청소년들 50%이상이 개신교의 종교수업에 참여하며, 더욱이 호기심을 가진 자들이 열린 대화의 분위기로 인하여 참여하며 그리고 신(神)에 관한 관심 때문에, 종교수업을 듣고 있습니다. 물론, 새로운 주 연방과 마찬가지로, 구 동독지역의 교회와 종교 단체들도 아직 종교에 대한 다양한 관심의 중심 사항은 아닙니다. 개성의 강조가 역시 종교 영역을 붙잡았습니다. 아마도 그 안에서, 그들은 소위 종교변화의 광범위하며 풍성한 결과에서 동일시될 수 있을 것입니다.

3. 사회에 대한 관점에서 증대하는 종교 다원성이 종교적인 개성의 강조에 상응합니다. 그것은 기독교 내에서든지 또는 독일과 유럽의 서로 다른 종교들의 현재를 고려할 때, 그렇다는 것입니다. 세계화의 맥락에서 이미 상호 문화적이며, 상호 종교적 학습의 의미가 암시되었습니다. 그것은 종교 교양의 보편적이며, 인간론적인 그리고 윤리적으로 포기할 수 없는 것에 근거합니다. 아이들과 청소년들의 성장에서 적어도 종교 잠재능력의 의미를 지니는 인간론적 질문들은 불가피하게 깨어져 버립니다. 이것은 대체로 삶과 죽음에 대한 질문에서 특별히 분명합니다. 비슷한 것은 불의한 세계에서 의로운 행동을 위한, 깨칠 수 없이 지탱되는 근거를 찾음에서 윤리적으로 유효합니다. 아이들과 청소년들에게 올바르게 되기를 원하는 교육은 이러한 차원에서 원칙적으로 포기할 수 없습니다. 요컨대, 전체 안에서의 삶의 이해와 인간의 목적이 중요합니다. 기독교적인 시각에서 하나님에 대한 관계는 인간됨에 구성적으로 속합니다.

4. 오늘날 사회적인 교양담론들의 초월성망각의 배후에 소홀히 했던 세속화신앙 옆에, 역시 하나의 계속적인 발전이 있습니다. 일찍이 종교 교육에 관하여 윤리 교육에 대한

기여가 아주 당연히 기대되었던 반면에, 이것은 종교 세계관적 다양성에 직면하여 오늘날 사회 안에서 의문시되는 일입니다. 바로 하나의 종교 윤리의 근거가 더 이상 일치할 수 없기 때문에 종교적 토대가 아니라고, 그 때문에 다중 문화적인 사회에서 윤리 교육은 필요한 것임이 논증되었습니다. 거기서 물론 그러한 윤리 교육이 어디에서 상응하는 행위를 위한 동기들을 찾아야 하는가는 논쟁으로 남아 있습니다. 그 대답이 어떻게 이끌어낼 수 있을 지, 사회는 종교 윤리적인 담론을 필요로 하며 그리고 학교들은 아이들과 청소년들에게 근거가 기초되고, 가치와 관계된 판단을 도우며, 책임성 있는 행위를 위한 길을 트게 되도록, 종교 수업과 철학 수업 그리고 윤리 수업 사이의 협력을 필요로 하는 것입니다.

5. 초월성의 의식(意識)은 종교적 다수의 상황들 또는 소수의 상황들에 대한 암시를 통하여 간단히 근거를 만들거나, 아니면 거절될 수 있는 그 무엇이 아닙니다. 그것은 - 법과 정치에서처럼 비슷하게 - 물론 전 단계의 것을 최종적인 관점에서 바라보며, 판단되어야만 하는 최종적인 것과 최종전 단계의 것을 구별하는 뜻에서 공공복리에 봉사하면서 비판적인 자아상대화를 위해 있습니다(D.Bonhoeffer). 모든 것들은 (하나님의) 신앙으로 (되)돌려 인도되어야 하기 때문에, 그러므로 초월은 미래를 향한 도전이 아닌 것입니다. 모든 사람의 생명과 생존이 단지 인간성을 대가로만 잃어버리거나 손상되지 않아야 하는 한계들에 의존되어 있기 때문에, 그것은 오히려 그 이상인 것입니다. 이러한 관점에서 신(神)에 관한 질문은 곧 미래를 가능하게 하는 교육의 열쇠로 말해지는 것입니다. - 그것은 교육 이론적으로 하나님에 대한 신앙에 그 어떤 대안이 없는 것이 아닙니다. 그러나 신의 질문과 함께 연결된 질문들이 교육 이론적으로 피할 수 없기에 그런 것입니다."

[참고도서]

- 독일유네스코위원회(DeutscheNESCO-Kommision)(Hg.): 학습능력(Lernfähigkeit): 우리의 숨겨진 자산(Unser verborgener Reichtum), 21세기 교육에 대한 유네스코 보고서(UNESCO-Bericht zur Bildung für das 21. Jahrhundert), 2. Aufl. 1998.
- 드레슬러(Dressler,B.): 구별들. 종교와 교육(Unterscheidungen. Religion und Bildung), 2006.
- 독일개신교회협의회의 교회직무(;Kirchenamt der EKD): 인간됨의 기준(Maße des Men-schlichen).지식사회와 학습사회에서의 교육에 대한 복음적인 전망들(Evan gelische Perspektiven zur Bildung in der Wissens-und Lerngesel-lschaft). 독일 개신교회 원회의 각서(Eine Denkschrift des Rates der Evangelischen Kirche in Deutschland), 2003.
- 독일개신교회협의회의 교육직무(Kirchenamt der EKD)(Hg.)Orientierung in: zunehmen der Orientierungslosigkeit. Evangelische Erwachsenenbidung in kirchlicher Trägerschaft, 1997.
- 랑에(Lange,E.): 자유를 위한 언어학교(Sprachschule für die Freiheit). 문제로서의 교육과 교회의 기능(Bildung als Problem und Funktion der Kirche), 1980.

- 닙코(Nipkow,K.E.): 삶의 동반자로서의 교육, 새롭게 함(Bildung als Lebensbegleitung der Erneuerung).교회와 학교와 사회에서의 교회적인 교육책임(Kirchliche Bildungsverantwortung in Gemeinde, Schule und Gesellschaft), 1990.
- 그의 책(Ders.): 다원적인 사회에서의 교육(Bildung in einer pluralen Welt).Bd.1:다원주의에서의 도덕교육(Moralpädagogik im Pluralismus);Bd.2:다원주의의 종교교육(Religionspädagogik im Pluralismus), 1998.
- 그의 책(Ders.): 평화로 향한 어려운 길(Der schwere Weg zum Frieden). 에라스무스에서 현재까지 평화교육의 역사와 이론(Geschichte und Theorie der Friedenspädagogik von Erasmus bis zur Gegenwart), 2007.
- 로트강겔/슈뢰더(Rothgangel,M./Schröder,B).: 독일연방공화국의 나라에서 개신교적인 종교수업(Evangelischer Religionsunterricht in Ländern der Bundes-republik Deutschland), 2009.

4.3.5 직업과 경제

인지

경제는 우리의 삶을 결정합니다. 중세 전성기의 대형 성당들은 탄성과 경배와 힘과 희망의 장소였습니다. 오늘날에는 쇼핑센터와 은행을 가진 대형 빌딩이 소비의 성전과 돈의 성당으로서 이러한 기능을 넘겨받은 것일까요? 동-서 무력 충돌의 종식, 유럽연합의 견고한 모습과 함께 경제가 현대 정치를 대신하여 인간의 운명을 결정하는가의 질문이 거기에 연결됩니다. 왜냐하면 무역 관계들이 정치적 무덤들을 화해시키며, 숙적 관계들을 끝나게 하고 있기 때문입니다. 돈과 상품 거래의 세계화는 마침내 지역적이며 정치적이며, 사회적인 성과들을 시험대에 올려놓고 있습니다. 그것들은 무엇을 경험하는 것일까요? 그것들은 누구에게 유익이 되는 것일까요? 그것들은 우리에게 무슨 가치가 있는 것일까요?

오늘날처럼 경제의 힘이 그렇게 뚜렷해 보이지 않던 시절에서부터 경제는 기독교 신앙의 한 주제입니다. 노동과 돈과 소유에 대해 성경의 문서들은 처음부터 깊이 생각합니다. 사람들이 경제활동을 해야 한다는 것은 인류의 원역사에 따라 하나님이 그의 창조를 위하여 지니신 선한 의도 가운데 아담과 하와의 이야기에 놓여 있습니다. 인간은 창조를 자기의 것으로 만들어야 합니다. 그들은 그 안에서 하나님의 파트너들이며 그리고 창조사역에 함께 일하는 것입니다. - 성경의 참 뜻에서 경제와 노동은 물론 우리가 오늘날 경제라고 지칭하는 그 이상의 것입니다. 그것들은 지역 공동체와 시민 사회에서 자발적 협력처럼 바로 그렇게 돌봄과 배려의 일을 포함하고 있습니다. 그리고 그것들은 돈과 관계된 것이 아니라 삶에 연관되었습니다.

유대교와 기독교 전승에 따라 인간에게 정당한 경제에 대한 토론을 이끄는 세 가지 거대한 가이드라인이 그려지게 합니다.

• 노동과 안식: 하나님은 인간으로 하여금 창조세계를 함께 형성하며, 서로의 삶의 기

회를 보호하기 위하여 협력적으로 일하는 그의 창조 가운데로 들어오기를 원합니다. 그러나 노동은 모든 것이 아니며, 사람들이 최종적인 것을 자신에서 끄집어 내지 않아야 합니다.

• 소유와 선물: 하나님은 그로부터 만들어진 놀라운 세계를 '선재능(先才能)'으로 인간에게 마음대로 처리하게 하셨는데, 그것은 자신의 것으로 만들면서, 모든 사람들의 유익이 되게 해야 하는 일이었습니다. 그러나 소유권 획득이 모든 것이 아니며, 창조의 선재능 역시 보존되고, 그들 자체의 삶에서 존중되게 해야 했습니다.

• 정의: 성경은 정의에 관한 그 자체의 고유한 이해를 가지고 있습니다. 가난한 자들이 그들의 권리를 되찾는다면, 정의가 다스리는 것입니다.

20세기의 80년대 이래로 신학과 경제학에서, 경제 윤리의 르네상스가 이 세 가지에 연결됩니다. 그것들은 여기에서 총체적 토론의 몇 가지 관점을 다시 제시할 수 있는 경제 윤리의 장을 통하여 나아갑니다.

방향

1. 노동과 안식에 대한 성경의 접근들

노동은 성경에서 부수적인 주제가 아닙니다. 노동에 대한 유대교의 이해는 이스라엘의 두 가지 원 역사에 반영된 하나님과의 경험에서 두 가지 뿌리를 가집니다.

• 창조: 하나님은 하늘과 땅 그리고 그의 동형상의 협력자들로서 여자와 남자를 창조하였습니다.

• 출애굽: 하나님은 그의 백성을 애굽의 강제노역으로 부터 해방시켰습니다.

이러한 두 가지 뿌리에서 사람에게 공정하고 창조에 적합한 노동과 삶의 표준 조건이 생겨납니다.

a) 창조의 전통

창조와 관련된 두 개의 성경 이야기는 인간들을 하나님의 동역자로 소개합니다. "창조된 세계의 협력-창조자"[Ph.Hefner]로서, 그것은 하나님과의 동일형상으로서, 창의성이 부여되었으며, 하나님으로부터 축복되었음을 뜻합니다. 하나님은 인간들에게 돌보며, 주의 깊게 경작하는 창조세계를 주십니다.

여기서 안식의 전통을 만나게 됩니다. 즉 "그러나 일곱째 날에 너의 하나님 주 여호와의 안식일인즉..... 이는 엿새 동안에 나 여호와가 하늘과 땅과 바다와 그 가운데 모든 것을 만들고 일곱째 날에 쉬었음이라. 그러므로 나 여호와가 안식일을 복되게 하여 그날을 거룩하게 하였느니라."(출20:10-11). 이 본문은 창조의 6일 사역에 대한 관계와 일곱째 날에 하나님이 그의 사역들에서의 쉼을 가집니다(창 2:1-4). 그 안에 강한 상징적인 것이 놓여 있습니다. 즉 첫 사람들의 삶의 시간은 하나님의 쉼의 날과 함께 시작합니다. 하나님의 선한 일을 인지할 수 있게 하려고, 제시된 필수적 노동 이전에 사람들은 쉼으로 인도되었습니다. 즉 일하여 얻어질 수 없는 미리 주어진 현실입니다. 안식의 계명을 통하여 노동에 대한 몫과 하나님의 쉼에 대한 몫이 분리될 수 없게 서로 관계되었습니다. 하나님이 자유하게 하시며, 그의 창조적 행위 안에서 안식의 이중적 근거는 기독교와 유대교 문화의 중심적 리듬에서 노동과 쉼의 순환관계를 만드는 것입니다. 만일 그것이 이러한 문화의 양 차원들을 상실하게 되면, 그것은 인간성과 사회의 생태계에 대하여 더욱더 위협하는 것이 될 것입니다.　　　↗ **1.1.3 하나님의 창조**

b) 출애굽의 전통

이스라엘 사람들의 신앙은 궁전이나 성전에서 생성된 것이 아니라, 혹독한 노동조건과 비인간적 불협화음 속에서 갈대를 자르는 일과 벽돌을 굽는 일에 의해서 형성되었습니다. - 그리고 그 신앙은 하나님이 해방하는 일에 개입하시며, 파라오를 제압하시며, 홍해에서 바닷물을 다스렸던 경험에 힘입고 있습니다. 이스라엘의 노동 이해는 하나님이 자유하게 하는 행위의 경험에서 발전합니다. 앞서 부터 그것들의 중앙에 노동은 한정되어야만 하는 것이 자리하고 있습니다. 왜냐 하면 하나님의 권능은 인간들이 서로 노동을 통하여 압도하는 힘보다 더 위대하 기 때문입니다. 인식일 계명은 이로써 다시금 원칙이 될 것입니다. 생명의 힘은 노동보다 더 강합니다!

루터의 요리문답서로부터 우리를 신뢰하게 하는 것보다 달리, 안식일 계명은 가장 광범위하며, 가장 잘 토대가 놓여진 10가지 계명들입니다. "엿새 동안은 힘 써 네 모든 일을 행할 것이나, 일곱째 날은 네 하나님 여호와의 안식일인즉 너나 네 아들이나 네 딸이나 네 남종이나 네 여종이나 네 소나 네 나귀나 네 모든 가축 이나 네 문 안에 유하는 객이라도 아무 일도 하지 못하게 하고 네 남종이나 네 여 종에게 너 같이 안식하게 할지니라, 너는 기억하라 네가 애굽 땅에서 종이 되었더 니 네 하나님 여호와가 강한 손과 편 팔로 거기서 너를 인도하여 내었나니 그러므 로 네 하나님 여호와가 네게 명령하여 안식일을 지키라 하느니라."(신5:13-15).

c) 신약성경에서 노동

목공의 아들이었던 나사렛 예수는 작은 수공업자들과 품삯 일꾼들 세계의 출 신입니다. 그들은 온전히 글자그대로 '노동시장'에서 매일 고용될 때까지 줄 서서 기다리는 사람들이었습니다. 예수님은 그의 시대의 노동조건을 아주 정확히 그 리고 "아래로부터"의 것들을 잘 알고 계셨습니다. - 예수님은 노동 윤리를 뚜렷하 게 선포하는 것 없이 그의 삶의 실제에서 구약성경에서의 노동 이해와 관련된 두 가지 계기를 연결합니다.

- 예수님은 일하시며("그러나 나는 섬기는 자로 너희 중에 있느니라.", 눅22:7) 그리고 그밖에도 예수님은 여자나 노예들의 일이었던 것을 행합니다. 그는 온전히 저변에 있는 병자들과 소외당한 자들과 경멸당한 자들을 돕는 일을 행합니다.

- 예수님은 하나님의 나라에 관한 그의 선포와 함께, 남자와 여자에게서 그들의 노동 을 멈추게 하시며, 그들을 그 나라의 출발과 추종에 초대하십니다. 하나님의 나라와 관계를 맺는 자는 자신의 삶과 인간의 존엄성을 노동을 통해서 획득해야만 하는 괴

로운 근심이 더 이상 지배당하게 할 필요가 없는 것입니다. 그럴 때, 필요한 노동은 더 쉽게 이루어지며, 손으로부터 가벼워지게 됩니다.

• 마침내 예수님은 언제나 스스로 중단하신 후 기도와 쉼으로 자신을 되돌리며, 그 외에도 예수님은 - 금욕적이었던 세례자 요한과는 분명히 다르게 - "먹기를 탐하고, 포도주를 즐기는 사람"(눅7:33이하)이라고 언급된 그대로 기꺼이 쉬기도 하였습니다.

요컨대, 성경적 노동 이해를 위한 다음과 같은 기준들이 간단히 표현될 수 있습니다.

• 노동하는 사람들은 인간들로 머물러 있습니다. 즉 그들에 대하여 노동능력으로만 처리되게 해서는 안 됩니다. 그들은 자유롭게 처리하는 놀이공간들의 정의(定意)에 관계되어야 합니다.

• 노동하는 사람들은 하나님이 아닙니다. 사람들이 모든 것을 마음대로 처리할 수 있다고 믿는다면 그들은 마비될 것이며 다른 것들을 해치게 될 것입니다. 인간의 노동은 시간의 관점에서 그들의 한계성을 알아야만 합니다.

• 노동하는 사람은 하나님의 창조에서 함께 일하고 있는 것입니다. 영업직, 자영업, 육체노동과 정신노동 또는 처분하는 것과 생산하는 노동으로의 범주 분류는 하나님의 창조에서 인간의 협동의 다양함을 인지하기 위하여 유익할 수 있습니다. 그러나 이런 범주들이 평가와 결부되거나, 다른 일의 형태를 평가절하거나 또는 흔적도 없게 만들게 되었을 때는 주의 깊게 다루어져야 합니다.

• 노동은 또한 이처럼 중요합니다. 노동이 인간의 가치와 품위를 결정하지는 않습니다. 우리는 언제나 우리의 노동과 성과 앞에서 인정되었으며, 우리의 노동을 통하여 이러한 선물을 되돌려줍니다.

2. 성경에서의 소유와 선물

여기서 마찬가지로 소유는 두 가지 이스라엘의 원(原)역사들이 의미를 가지는 역시 성경적인 주변주제가 아닙니다.

a) 하나님의 창조 경제

창조의 원래 소유권자는 하나님이시며, 거기에 하나님이 머물러 있습니다. 그것은 소유권의 질문에 대한 성경적 원칙입니다. 즉 "땅과 거기에 충만한 것과 세계와 그 가운데 사는 자들은 다 여호와의 것이로다."(시24:1). 인간의 삶의 공간은 축복 가운데서 더욱 발전하는 하나님의 놀라운 작품입니다. 하나님의 창의력은 시간을 통하여 인간의 경제와 동행합니다. 구약성경에서 소유에 대한 긍정적 관계가 보입니다. 만일 하나님으로부터 부여된 재능으로 이해되고, 책임 있게 사용되어질 때, 그것은 하나님의 축복 가운데 있는 것입니다. 하나님의 축복에서 살며, 소유를 적절하게 사용하는 것은 같은 선상(線上)에 놓일 수 있습니다.

b) 소유 획득의 경계

성경의 전승에 따르면 하나님은 사람들에게 모든 것을 갖게 하지 않으시고 경계선을 그어 놓으셨습니다. 그것을 위해서 이미 에덴동산에는 생명과 지식의 나무가 있습니다(창2:16이하). 이와 유사하게 하나님은 창조 이야기의 시작에서 먼저 사람에게 씨를 가진 식물들(창1:29)을 주십니다. 대홍수의 심판 이후 그리고 노아와 맺은 새언약에서 하나님은 인간의 처분권을 확장시키게 됩니다. "모든 산 동물은 너희의 먹을 것이 될 지라 채소 같이 내가 이것을 다 너희에게 주노라"(창9:3). 인간이 아니라 하나님이 창조의 소유주이십니다. 그것은 안식년의 특이할 만한 제도를 보여주고 있습니다. 이스라엘이 그것을 어렵게 행하며 현실화시켰다면 이는 인간에 대해 사회법을 부여한 것으로 이해할 수 있을 것입니다. 왜냐하면 그것은 인간의 처분 권한을 제한하고 있기 때문입니다.

- 매 칠 년 마다 농토는 농사를 짓지 않고 쉬게 해야 합니다. 야생 상태에서 자라난 것들은 가난한 자들에게 혜택이 돌아가게 되어야 합니다. 여기서 자연에 대한 인간들의 통치는 제한되었습니다.

- 부채는 탕감되었습니다. 경제적인 어려움으로 인해 팔렸던 소유는 다시 원래 소유권자의 소유가 될 수 있으며, 이스라엘의 여러 종들은 누구나 자유민으로 그의 원지파

에로 돌아갑니다. 여기에 인간에 대한 사람의 통치는 제한되었습니다.

- 마지막으로 7년이 일곱 번 지난 후 원래의 소유 관계는 회복되었으며, "희년"(Jubeljahr)이 선포되었습니다('요벨'(jobel)은 여기에 사용되었던 뿔 나팔입니다).

구약성경은 먼저 이러한 시간적인 소유의 경계 외에 역시 하나의 사회적인 경계를 제시합니다. 선지자들의 비판은 사회를 고발(告發)합니다. 사회의 저변에 있는 자들, 즉 이방인들과 고아들과 과부들을 잊지 않아야 합니다. "가옥에 가옥을 이으며 전토에 전토를 더하여 빈틈이 없도록 하고 이 땅 가운데에서 홀로 거주하려 하는 자들은 화 있을 진저"(사5:8). 그것은 공의(公義)의 원리이며, 자비의 원리이기도 합니다. 소유와 함께 인간관계는 약한 자들의 삶의 기회로부터 제외되느냐 포함되느냐, 그들이 하나님의 백성에 속하느냐 또는 처분권의 양(量)으로서 위치가 변경되었는지가 항상 계산됩니다.

c) 신약성경에서의 소유

예수님은 소유를 비판적으로 보셨으며, 한번은 아주 노골적으로 말씀하셨는데, "낙타가 바늘귀로 지나가는 것이 부자가 하나님의 나라에 들어가는 것보다 쉬우니라"(막10:25)라는 것에서입니다. 예수님은 그 자신의 삶의 실제에서 시종일관 모으는 것과 안전하게 하는 것 그리고 근심하는 하는 것에서 철저하게 대립하여 등장합니다. 그는 아침까지도 그날 저녁에 어디에 누울 곳을 정해야 할지를 알지 못하는 유대교의 배회하는 랍비들의 자유로운 삶을 그의 제자들과 함께 나누게 됩니다(마8:20). 바로 거기에 예수님과 초대교회를 위한 삶에서 실제로 어디에 이르는지에 대한 이해의 열쇠가 놓여 있습니다. 사람들이 단지 모여들고, 안전하게 되면, 삶은 좁아지며, 작아지게 될 것이며, 소유와 돈은 그 양자가 하나님을 당신의 자리에서 몰아내고 대신 자신들이 사람들을 지배할 수 있을 것입니다. "한 사람이 두 주인을 섬기지 못할 것이니 ... 너희가 하나님과 재물을 겸하여 섬기지 못하느니라."(마6:24). 예수님은 돈과 재물이 결부된 방향 설정 패턴들의 역동성에서 깊은 통찰을 말해주며 그러한 경험에 대립합니다. 이따금 그것이 선물되었던 것처럼, 사람들이 나누고 그 안에서 알기를 배운다면 생명은 깊음을 얻게 됩니다.

그렇다고 해서 가진 것에 대한 예수님의 비판이 이번에는 소유에 대한 보편적인 거절로 쉽게 이동하지 않습니다. 예수님은 지원과 함께 초대도 받았습니다. 그는 축하하셨으며 그리고 기꺼이 좋은 것들을 사람들에게 주었던 창조의 선물을 즐겼습니다. 예수님은 자신의 비유 속에서 당시 상업과 신용 기관의 모습들을 지체하지 않고 있는 그대로 받아들이고 있는 것은 시사(示唆)하는 바가 많습니다. 우리는 돈을 농토에 파묻어 놓기 보다는, 이자를 받고 빌려주어야 합니다: "불의의 재물(Mammon)로 친구를 사귀라"(눅16:9). 비록 이런 진술의 다수가 비유들의 형상적인 면들에 속한다 할지라도, 그것들은 "고유하며", 내적이고, 영적인 과정들의 도해(圖解)보다도 더한 의리를 가진 것입니다. 역시 사업적인 생활, 역시 소유와의 창의적인 인간관계는 하나님의 나라를 위한 비유에 적합한 것이 될 수 있을 것입니다.

사도행전에서 초대 공동체는 재산 공유의 공동체였다는 것을 보여주고 있습니다. "믿는 사람이 다 함께 있어 모든 물건을 서로 통용하고 또 재산과 소유를 팔아 각 사람의 필요를 따라 나눠 주며"(행2:44-45). 그렇지만, 헬라적이며-로마적인 도시 문화에서 기독교 신앙의 확산과 함께 지역교회 공동체에서 부유한 사람들이 직면했던, 부(富)에 대한 비판이 어떻게 특정한 상황으로 옮겨지는지가 새롭게 논쟁이 되었습니다. 소유와 함께 인간관계를 위한 3가지 기준들이 성경의 전통에서 발견됩니다.

- 돈과 재산은 성취하는 삶에서 수단이지, 결코 그 자체가 목적은 아닙니다. 거기서 소유에 비판적인 거리감을 유지하며, 자유롭게 살며, 금식할 수 있는 것은 중요하며, '많은 소유"의 후광으로 자신이 파묻당하지 않도록 하는 일이 또한 중요합니다 (1).

- 돈과 재산은 자신과 다른 이들의 삶의 기회를 보존하고, 단절되지 않게 하는 사회적인 삶의 수단입니다. 소유를 통해 다른 이들을 도우며, 나눔을 연습하며, 스스로 고립되지 않는것은중요합니다 (2).

- 돈과 재산은 하나님의 창조와 책임성 있게 관계하는 매력일 수 있습니다. 그것은 자신의 재능을 발견하고, 함께 있는 피조물들을 위한 책임을 회피하지 않는 일들에서입니다 (3).

d) 연대감으로서의 정의

이러한 세 가지 기준은 "정의(正義)"의 개념에서 결정적 표준을 발견합니다. 정의는 성경 전승의 의미에서 가난한 사람들과의 연대감을 포함하고 있습니다.

주전 약 900년경, 고대 근동에서 정의(正義)의식에 관한 하나의 특별한 방식이 발전합니다. 이스라엘의 선지자들이 말했던 정의는 권리가 유보되었던 사람들로부터 생각하는 것입니다. 그것들이 표준입니다. 그것이 비록 부자들에게 맞지 않는다 할지라도, 하나님은 그들에게 권리를 만들게 됩니다. 작은 권리조차도 없었던 강제노역자들의 부족(父族)이 위대한 애급 왕 파라오에게 알리기를 감행했을 때, 그들은 애급탈출의 역사를 이야기했었습니다. 그리고 하나님이 충돌 가운데 있는 이러한 부족의 편에 개입하시고, 일곱 번이나 계속되는 투쟁의 조치들로써 "히브리인"으로 불렸던 그 작은 부족을 가게 하도록 파라오를 굴복시켰던 것입니다.

선지자들은 하나님의 정의는 그러한 것임을 말했습니다. 즉 그분은 '가난한 사람들에게 정의를 선물하십니다.' 그리고 그렇게, 너희들에 의하여 가난한 자들에게 가능한 것처럼, 그렇게 정의에서도 가능합니다. 그 이래로 기독교와 유대교 전통에서 정의가 생각되었습니다. 예수님도 마찬가지였습니다. 예수님은 그의 나사렛에서의 취임 설교에서 세 가지 중요한 정의의 주제를 히브리 성경에서 수용했습니다. 즉 가난한 사람들을 위한 정의! 배척된 자들을 받아들이심! 모두를 위한 평등한 삶의 관계들의 복구! 정의(正義)는 선물된 것이기 때문에 사람들 스스로는 정의를 이룰 수 없다는 것을 언제나 강조했던 바울 역시 그러합니다.

간혹 기독교의 역사에서 사회적인 정의는 배신당했지만, 한편으로 새롭게 발견되었습니다. 때로는 그것이 교회 안에서 거의 완전하게 사라지게 되었을 때, 그것은 유대인 칼 마르크스와 19세기의 노동운동으로부터 다시 요구되었습니다. 이러한 전통은 자유가 텅 빈 공간에 존재하지 않거나 또는 감정으로서도 존재하지 않는다고 그렇게 말합니다. 그것은 위기와 공포로부터의 구체적인 자유입니다. 그리고 남녀 모두는 다른 사람들이 그들 옆에 있는 것처럼, 그렇게 자유 합니다. 특별히 약한 자들이 그러합니다.

그것이 그렇게 존재하도록 모든 사람들은 그들이 동동한 신분에 있다는 것을 분명하게 해야 합니다. 사람들은 그것을 '연대감'이라고 부르며, 또한 예수님이 말했던 것처럼, '이웃사랑'입니다. 즉 그것은 인간이 내 곁에서 나와 같이 있는 것, 내가 그를 또는 그들이 그 때문에 역시 내가 스스로 취급하게 되기를 원하는 것처럼, 역시 그들을 그 때문에 취급해야만 하는 발견합니다.

정의(正義)와 연대감(連帶感)의 개념은 "연대감과 정의에서 미래를 위하여"(1997)라는 교회의 공동적인 입장표명에서 상세히 프로그램대로 수용되었습니다. 즉 "정의추구는 가난하고 힘없는 자들로서 사회와 경제적인 삶의 주변에 존재하며, 자력으로 사회적인 관련성과 사회참여를 개선할 수 없는 이들을 향한 운동입니다. 이러한 점에서 사회정의는 편파성(偏頗性)의 성격을 온전히 권리로 가지게 됩니다..."

'공동적인 입장(말)'은 그것을 뛰어넘어서 일종의 "정치-기술점검"(Politik-TÜV)을 공식화합니다. "하나님사랑과 이웃사랑의 통일성은 사회적인 행동의 주된 동기로써 가난한 자들을 위한 우선적인 옵션에서 구현됩니다. 그러므로 기독교윤리의 관점에서 모든 행위와 사회, 정치 그리고 경제 안에서의 결정이 가난한 자들에게 얼마나 적중되며, 그들에게 유익하며, 그들이 자체의 책임적인 행위에 자질을 얼마나 가지게 되는 지, 그 질문에서 측정되어져야만 합니다."

이러한 시각에서 '분배의 정의'와 '기회의 정의'는 반대개념이 아니라, 오히려 "배당(몫)의 정의"라는 개념 하나에서 나아갑니다. 독일개신교회협의회(EKD)는 최종적으로 "정당한 배당"에 대해 2006년의 각서(진정서)에서 이러한 의미로 발표하였습니다.

"그것은 기독교 사회 윤리를 주목하고 있는 것처럼, 참여의 정의는 분배의 정의 그리고 능력의 정의와 서로 결부됩니다(62). ... 배당, 능력 그리고 분배의 정의는 신학적이며-사회 윤리적으로 근거된 정의 이해의 토대를 분명히 강조합니다. 이러한 토대 위에서 모든 사람들을 위한 개신교 윤리는 사회의 근본재산(根本財産)으로의 접근을 요구하고 있습니다(63)."

3. 노동과 소유재산에 관한 역사에서

노동과 소유재산 이해의 역사에서 작지만 의미심장한 길의 표지들이 언급되었습니다. 초기 교회와 중세, 마르틴 루터, 계몽주의와 산업화, 로마 가톨릭교회 - 현대 사회를 위한 경제의 의미를 항상 더 명료하게 보여주고 있는 장소들입니다.

a) 초기 교회와 중세 시대

신약성경처럼, 비슷하게 초기 교회는 역시 소유재산의 법적인 물음들에 언급하지 않으며, 기독인이 소유재산과 함께 관계해야 하는 신념에 대해서만 말해줍니다. 첫 세기의 교회 교부들은 자연으로부터 오는 그 어떤 사유재산도 주어져서는 안 된다는 인식할 만한 스토아학파 철학에 연결하고 있습니다. "재산공유의 공동체는 사적인 소유보다 더 높은 정도에서 우리의 삶의 적절한 형태입니다."(크리소스톰, 354- 407). 인류의 죄 상태는 "사적인"(privatus,lat.= geraubt, 라틴어 '약탈한') 소유의 특별한 질서가 요구됨을 위한 근원일 수 있습니다(암부로시오스, 339-397). 이것은 사유재산 폐지라는 사회개혁을 통해서가 아니라 새로운 마음을 통하여(롬12:2)바꾸어질 수 있습니다. 즉, 개인은 재산소유가 마치 자신의 것이 아닌 것처럼 생각해야 합니다. 중세 시대에 이르러서야 현행 사유재산 제도가 어떻게 윤리적으로 정당화될 수 있는지를 고찰하게 됩니다. 사람들은 오늘날까지 토마스 아퀴나스(Thomas von Aquin, 1225-1274)의 논증을 주목하고 있습니다.

- 각 사람은 저마다 공동체의 재산 소유보다 자기 자신의 소유를 더 염려합니다. "대체로 저마다 노동을 기피하기 때문에 공동체와 관계된 그것을 다른 사람에게 양도하게 됩니다."

- 인간적인 일들은 만일 거대한 뒤범벅 가운데서 "저마다 차별 없이 모든 가능한 것들을 보살필 수 있을 경우" 더 잘 관리되게 합니다.

- 평화는 "저마다 자신 개인의 일에 만족할 때" 더 잘 보존하게 됩니다. "거기서 우리는

무엇인가를 전체가 공동으로 소유하는 이들에게 더 잦은 싸움이 발생하는 것을 봅니다."

실증적인 증거입증보다 더 적은 이러한 철학적인 증거입증에 대한 것이 주목할 만합니다.

• 사유재산제는 소유에 대한 주체적인 권리에서가 아닌, 사회적인 질서에 기초되었습니다. 왜냐하면 각자는 정확하게 나누어진 책임 영역을 가지기 때문에 마찰가능성이 더 적은 것입니다.

b) 종교개혁자들의 경제윤리

노동과 직업에 관한 이해: 사람들은 실적과 성공, 노동을 통하여 성공적인 삶과 하나님의 은혜를 획득할 수 없습니다. 오직 믿음으로 이루어지는 이러한 칭의의 은혜는 루터의 직업윤리의 결정적 통찰이 될 것입니다. 그 때문에 하나님의 은혜와 하나님의 사랑은 각자의 신분과 각자의 노동에 자격을 부여합니다. 모든 사람은 하나님으로부터 - 영적이거나, 세속적이거나, 엘리트이거나 하층이거나 상관없이 - 부름을 받았습니다. 그들의 재능으로써 하나님과 이웃을 섬기는 것입니다. 만일 그것이 믿음 안에서 이루어지며, 사랑의 봉사 안에서 이루어진다면 각자의 노동은 예배가 됩니다. - 루터의 전통보다도 더 강하게 칼빈주의는 노동의 현대적 이해를 각인(刻印)시켰습니다. 칼빈에게서 인간 행동의 목표는 하나님의 영광입니다. 왜냐하면 우리는 이 세상의 재물들이 자신의 능력이 아니라 하나님께 힘입고 있기 때문입니다. '후기 칼빈주의'는 경제적 성공을 하나님의 선택 여부의 징표로 이해하였습니다. 칼빈주의는 힘든 노동과 절약하는 삶의 스타일을 물론 하나님의 은혜에 대한 믿음에 상응하는 하나의 금욕적인 근본입장을 이러한 성공과 연결합니다.

소유와 이자에 관한 이해: 종교개혁적인 노동 이해는 산업화를 향한 길을 터 주었습니다. 그럼에도 불구하고 적어도 마르틴 루터는 그 시대의 초기 자본주의적인 발전들(Fugger, Medici)을 비판하였는데, 그것은 성경의 이자 금지에 대한 재음미에서 이자에 대항하여 신용위탁의 은폐인 - 특히 이자 거래를 비판한 것입니다.

그 시대의 경제생활에 대한 루터의 비판은 일부 사람들이 주장했던 것처럼 반유대주의적 표현이거나 퇴행적인 중세 시대에 대한 동경은 아니었습니다. 그것은 그의 신학의 정수에서 직접 나온 것입니다. 루터는 고리대금에 대한 비평을 성경 중심, 특별히 사랑의 이중 계명에 근거하였습니다. 루터는 제1계명에 대한 해석에서 말하고 있는 것처럼 두려워하며, 사랑하며, 신뢰해야 하는 모든 사물 위에 계신 분인 하나님의 자리에다 사람들이 어떻게 경제적인 성공을 놓고 있는 지를 보았던 것입니다. 그리고 사람들이 경제적으로 가해지는 압력들로 인해, 자기 자신처럼 사랑해야할 이웃사랑을 어떻게 거절하고 있는지를 또한 직시했던 것입니다.

시장의 자동기능들과 조직화된 이기주의가 종국에 사람의 의지에 대립하여 무엇인가 선한 것에 영향을 미치리라는 생각은 루터에게 있어 삶을 결정하는 양자의 현실에 가장 깊은 모순이라는 것입니다. 즉 어떤 반대급부도 없이 나를 죄인에서 의인으로 만들어 주신 은혜로운 하나님과 이러한 은혜가 그대로 지체 없이 그에게로 전달되어야 하는 가난한 이웃입니다.

경제활동은 기독인들이 얻었던 자유로부터 각인(刻印)되어야 합니다. 왜냐하면 그들은 그 어떤 공로(功勞)를 입증할 필요도 없이 하나님으로부터 용납되었기 때문입니다. 이것은 시장 이론가들이 말하는 무제한적인 이익추구와는 또 다른 근본적인 자유입니다. 루터가 칭했던 것처럼, "한 기독인의 자유"는 그 자체가 목적이 아니며, 자신에 대한 자유도 아닙니다. 그것은 두 가지 관계들에 단단히 묶여져 있습니다. 그 두 가지는 하나님을 향한 사랑과 이웃을 향한 사랑입니다. 자유로운 것은 시장이 아니라 하나님의 은혜입니다. 이런 은혜에 도달한 모든 사람은 자유하게 되었습니다. 그들은 자신이 원하거나 시장이 명령하는 것을 행하도록 자유하게 된 것이 아닙니다. 오히려 그들은 궁핍한 동등한 사람들을 위해 존재하도록 자유롭게 해방된 것입니다.

루터는 부상하는 초기 자본주의에 대한 반응으로서 복음에 적합한 나눔을 위한 경제의 3가지 정도를 발전시키며, 예수님의 삶의 실천을 지향합니다.

• 비록 어떤 사람이 강도를 만났다 하더라도 빼앗김은 소유와 근심으로부터 자유 안에서 갖게되는 훈련받는 일이 될 것입니다(마5:40). 루터는 예수님께서 폭력의 순환을 깨트리신 그 사랑으로부터 복음에 부합한 생활의 원칙을 만들었습니다.

- 모든 사람은 타인이 무엇인가 필요로 하는 곳에 자신의 재화를 선물해야 합니다(마 5:42).

- 만일 어떤 사람이 무엇인가 빌려준다면, 이자를 취하지 말고 이를 기꺼이 제공해야 합니다.

루터는 사회적인 관계들 안에 편입하고 있는 - 소유와 재산의 이면에서 단순성으로부터 각인(刻印)된 그리고 하나님에 대한 신뢰로부터 수반된 서로가 주고받음의 경제학을 묘사합니다. 이웃에 대한 섬김에서 소유의 관계는 예를 들어 스칸디나비아에서처럼, 루터적으로 각인(刻印)된 나라들에서 사회적인 법부여의 뿌리의 하나입니다.

c) 계몽주의와 산업화: 전환기의 시대

실적으로서의 노동과 자아실현: 종교개혁자들을 통한 노동의 긍정적인 평가는 시작되고 있는 산업화를 위한 하나의 핵심적인 충동력이었습니다. 그럼에도 칭의 믿음과 직업의 연결성은 산업화로 가는 도상에서 깨어졌습니다. 루터는 노동과 직업에서 하나님이 인간의 존엄을 위해 선물하신 '은총'으로 보았던 반면, 계몽주의 시대는 노동을 점점 더 사람이 자신을 스스로 정의하며, 자기의 세계를 구축하기 위한 '수단'으로 이해하였습니다. 계몽주의는 낙관적인 시대였습니다. 하나님은 낙원에서 인간을 쫓아내었으며, 그러나 그들은 자신의 이성에 힘입고, 이제 - 말하자면 "맨 뒤에서부터" - 다시 낙원에 이를 수 있을 것입니다. 사람들은 이러한 것에서 신적 선물을 보았거나, 아니면 아주 정반대로 신적 타율(他律)로부터 해방되는 능력으로 보았습니다. 물론 계몽주의는 진보적으로 지향된 시대였습니다. 지금까지 "위로" 하나님을 향했던 에너지들은 미래세대가 더 행복하게 살 수 있도록 지금은 "앞으로" 향하고 있습니다. 모든 것은 인간들이 스스로 구현해야 할 것을 가졌던 지금 합당한 행동에 놓여 있습니다.

칼 마르크스(Karl Marx, 1818-1883)는 헤겔과 함께 변증법적으로 발전하는 미래 역사관(觀)을 공유하였습니다. 역사는 인류가 더 이상 스스로 소외시키거나 지배하지 않고, 자기 자신을 향하여 자유롭고 자율적으로 살 수 있는 것을 목표로 합니다. 이 부분에 있어서 마르크스는 헤겔의 "발 위에 서기"를 원합니다. 마르크스에게 있어서 관념론적 사상의 단계는 중요한 것이 아닙니다. 이를 넘어 유물론적 인간의 생산 조건의 여러 다른 단계가 중요합니다. 노예제와 자본주의라는 대립 명제는 역사의 목적, 즉 "자유의 나라"의 역사를 재촉합니다. 이러한 자유의 나라에서는 더 이상 생산조건이 지시되거나 인간 노동의 부가가치가 어떤 사람은 취하고 다른 사람에게는 유보되는 것이 없습니다. 결국 인류는 노동의 부가가치를 사회화시키는 생산관계에 있어 주권적 주체가 됩니다.

사람들은 자기 손에 발전을 붙잡고 더 나은 세상을 향하여 길을 걸어가며 일합니다. 이런 신념은 현재도 특징적으로 나타나고 있습니다. 그러나 인간의 존엄은 노동 저편에 자신의 기초를 두고 있습니다. 그리고 사람의 노동으로 이룩할 수 없는 것, 즉 노동으로부터의 쉼(노동중단)이라는 비평적 요소는 노동의 근거와 한계를 정확히 지적하고, 마르크스주의 입장의 가치를 낮추고 있습니다.

신분 사회에서 시장 사회로: 노동의 이해에서 변화는 사회 안에서의 변동과 함께 손을 맞잡고 있습니다. 루터는 정치적이고 종교적 신분 사회로 조직된 전통적 고급문화에서 여전히 생각하고 살았습니다. 그 문화 속에는 신분과 출생이 거의 모든 것을 결정합니다. 상인, 자유 시민과 더불어 성과와 소유재산이 출생과 나란히 사회적 신분의 기준으로 점차 나타났습니다. 새로운 "기업가"들은 상업, 교환과 돈을 수단으로 사회를 뒤바꾸어 놓았습니다.

시장과 돈은 전통적인 고급문화에서도 잘 알려져 있었습니다. 이 둘은 결코 근대 사회의 발명품이 아닙니다. 그러나 근대로 넘어가는 과도기에 경제적 규모는 사회 속에 이들의 기능과 장소를 바꾸어 놓았습니다.

- 시장은 정치적으로 배양 되었습니다: 특정 물품들은 정해진 시간에 정해진 장소에서 - 경우에 따라 정치적으로 결정된 가격으로 - 거래되어야 했습니다. 상공업자들이 이러한 시장 규정의 열쇠를 가지고 있었습니다. 교환, 돈 그리고 돈과 결부된 경영적인 사고방식들이 확산되었습니다.

- 교환 수단으로써의 돈은 동시에 가치 저장 수단 이었습니다: 암소 거래를 위해 사용

할 수 있었던 귀금속 주화는 암소와 동등 된 정확한 값어치를 가지고 있었습니다. 그러나 은행은 지불 교환을 단순화시키려는 목적으로 이제 지폐를 발행하였습니다. 지폐는 그 소유주에게 언제라도 "원래"의 대등가치를 금이나 은으로 상환시키는 권리를 주었습니다.

• 대부의 기능 또한 변화 되었습니다: 성경과 교회 윤리는 이자가 사람의 위기를 자본으로 만들어 버린다는 이유로 이자를 금하고 있습니다. 그러나 물질적 귀금속 대용물인 돈으로 상환함으로써 대부는 설비투자 대부금으로 중요하게 되었습니다. 은행이 기업에 돈을 빌려줍니다. 그리고 그것으로써 기업에게 자원과 생산 요소들에 대한 처분권의 가능성들을 약속합니다. 반대급부로 그 기업가는 돈으로 무엇인가 생산합니다. 그리고 사전에 주어진 생산 요소들로 경제적 값어치들을 만들어 내는 것을 약속합니다. 그는 대부금을 보증하는 은행을 이 가치창출에 참여시킬 수 있습니다. 그리고 이런 교환적 이윤은 엄청난 역동성을 만들어 내었습니다.

d) 가톨릭적인 경제윤리

로마 가톨릭교회는 그들의 경제윤리를 교황교서(敎皇敎書)의 사회교리(社會敎理)에 두고 있습니다. 이들 중 가장 주목받는 기본 문서는 교황 레오 13세가 저작한, 새로운 일들["Rerum novarum,1891] 입니다. 그 중심은 자본주의적인 자유주의 경제체제와 사회주의적인 공산주의체제의 충돌을 다루고 있습니다. 여기에서 양자 모두 거부되는 대신 노동과 자본을 상호 화해시키는 "제3의 길"이 선포되었습니다. 거기서 교황은 자본(소위 노동주의)이면에서 노동에 언제나 원리적인 우선권을 용인하고 있습니다. 물론 20세기 후반부터 경제체계의 반목(反目)은 학문분야 사이에서 토론되고 있는 새로운 주제들(환경, 세계화, 사회체계, 경영윤리)로 인하여 후퇴하고 있습니다. 여기에 본질적 동인을 부여한 것은 1967년 교황 바울 6세의 민족들의 진보("Populorum progressio"]입니다. 여기에서 그는 세계의 포괄적인 지평에서 사회적인 질문들을 받아들이고 있습니다. 2009년 교황 베네딕트 16세의 첫 번째 사회교서인 진리 안에서의 사랑("Caritas in veritate"]은 세계화라는 기회(幾回)와 도전(倒順)이란 전망에서 "민족들의 진보"를 현실화하는 보충기록으로 이해합니다. 그는 전 세계적 금융위기에서 "새로운 윤리"와 "심원한 문화적인 혁신과 기본가치의 재발견"의 긴급성을 언급하고 있습니다.

가톨릭의 사회교리는 원칙적으로 단지 기독인들을 위한 사회 윤리보다 더 많은 것을 제공하기를 원합니다. 이러한 교리는 특정 사회의 모든 구성원들을 위한 구상을 힘쓰고 있는 것이며, 여러 다른 신앙과 다양한 세계관을 가진 사람들에게 구속력을 확보하기를 원하는 것입니다. 그 때문에 사회교리는 자연법에서보다 기독교의 전통들 안에서 더 적은 그들의 규범을 근거하고 있습니다.

교리는 다음의 세 가지 근본원리를 공식화하고 있습니다.

- 연대원칙: 공공의 안녕이 개인적 관심사보다 앞서 있습니다. 사회는 모든 개인의 삶의 토대입니다.

- 자원주의원칙: 공동 사회적 기능들은 가능한 아래로 작은 사회 단위들까지 주어져야 합니다. 즉, 국가는 극히 제한된 공동 발언권을 가집니다. 국가는 개인 스스로 할 수 있는 것을 사회로부터 기대하지 말아야 합니다.

- 인간원칙: 개인의 인간 존엄이 핵심입니다. 사회는 저마다 개별 구성원의 공동체로 구성되어 있으며, 파생적 현실을 지니고 있습니다. 인간 자체는 단순히 시민 그 이상입니다.

4. 돈에 대한 인식패턴과 행동패턴

우리의 의식과 평가 속에 폭넓게 들어와 있는 인식패턴과 행동패턴은 돈과 결합되어 있습니다.

a) 돈의 기능들

돈은 "가치저장과 교환성립에 균등하게 봉사하며, 처분권의 맥락에서 추상적 가치측정의 구체적 역할을 수행하는"(D.Kath) 하나의 매체입니다. 돈은 모든 전통적인 교환행위를(석탄으로 감자를 교환) 분리시킵니다. 그래서 돈은 이전에는 비교 불가능했던 것을 비교할 수 있게 합니다. 돈은 연결고리가 되어 공간과 시간에 교환행위가 의존되도록 만듭니다.

b) 돈과 결합된 인식과 지향점

돈의 이런 기능들은 사회에 대한 관점을 위협하며 사회의 윤리적 방향을 위협적으로 변경하고 있습니다. 다음의 시나리오는 상당한 현실성이 있습니다.

- 사람들은 서로를 교환 파트너로만 인지하거나 경쟁자로 인지합니다. 인간적 혐오나 애정은 더 이상 역할을 하지 못합니다. 돈은 적대감과 포악함이 가능했을 법한 곳에 관계부담을 해소시켜줍니다. 이와 동시에 연대의식과 다른 사람에 대한 호기심이 있을 법한 곳에 서로의 관계를 상관없는 것으로 만들어 버립니다. 재화이든 노동력이든 시장에 아무것도 가지고 갈 수 없는 사람은 더 이상 사람으로서 인식되지 않습니다.

- 사람들은 자기 자신과 다른 사람들 그리고 인간이 아닌 피조물들을 이용적 측면에서 보고 있습니다. 그들의 시선 안에서는 현실의 다른 차원은 사라지고 없습니다. 피고용자의 가족관계나, 개간된 강, 계곡의 아름다움은 그 어떤 역할도 하지 못합니다.

- 사회적, 생태적 선결 조건들은 당연히 있습니다. 하지만 우선적으로 이를 맛볼 수 없고, 단기적으로 볼 때 아무것도 산출하지 못합니다. 이 조건들에 대한 관심은 사라지고야 맙니다.

- 무엇인가를 "착수하려"는 사람들은 자신의 수익목표를 - 경영을 위한 동기가 자발적이든 아니면 강제되든 간에 - 만들어야 합니다. 왜냐하면 그들은 경영에 필요한 대부금을 이자로 변제해야하기 때문입니다. 그래서 족함을 모르며 보다 많은 처분권의 가능성에 매진하는 인간상이 언제나 생겨납니다. 나누며 선물하는 것처럼 다른 태도 방식들은 비합리적인 것처럼 보이는 반면, 이러한 자세는 화폐경제에서 합리적인 것으로 증명됩니다.

- 사회는 자신들의 이익에만 관심을 갖는 모든 개인들이 행동하고 생산하고 교환하는 거대한 시장입니다. 그리고 그렇게 함으로써 모든 사람의 이익이 늘어나기를 희망합니다. 최대의 실적과 최대의 사적이익은 사회적 행동으로 변종되는 듯합니다.

- 여기에서 돈의 교환으로 체계화될 수 없는 사회의 모든 차원들(공기, 물, 광물, 에너지)은 서서히 사라집니다. 그러나 바로 이것들은 선물과 나눔의 경제학이 교환과 생산의 경제학을 앞서고 있다는 사실을 의식하게 할 수 있을 것입니다.

결론적으로, 이러한 관점에서 국가는 시장이 작동되기 위한 작은 기본적인 것들만 해야 합니다.

- 계약권과 소유권은 보장되어야 합니다.

- 개인이 절대 설비할 수 없는 사회 기간시설 - 가령, 도로와 교육 같은 것 - 은 국가에 여전히 남아 있습니다.

- 경제활동의 규칙들이 감시되어야 합니다.

- 그리고 마지막으로 내외적인 안보에 힘써야 합니다.

시장과 돈의 조화력에 대한 신뢰가 점점 특정화될수록, 국가는 점점 더 적은 역할을 수행합니다.

벌써 아담 스미스(Adam Smith, 1723-1790)는 그의 책 "국부론"에서 다만 개체의 이기주의는 공급과 수요 그리고 모두를 위한 최상의 행복을 도울 수 있으리라는 것을 증명하려고 시도하였습니다. 그에 따르면, 이 모든 일은 마치 신의 손처럼, "보이지 않는 손"과 같은 것을 통하여 일어난다는 것입니다. 시장의 자유로운 활동은 거의 만인을 위한 자연적인 최선을 만든다고 합니다. 이런 신앙은 오늘에 이르기까지 신계급주의 학파의 경제학 속에 유지되고 있습니다. 신 계급주의는 실제적인 돈의 인식패턴을 자유시장의 규범적인 형이상학으로 탈바꿈시키는 것을 그 핵심으로 하고 있습니다. 이런 면에서 신계급주의는 종종 종교의 특징을 보여주고 있습니다. 19세기 유럽에서처럼, 화폐경제의 방향지침들은 정치적 대등관계가 사라지는 곳에 거의 변형되지 않고 나타나는 듯합니다. 현재 사람과 토착 전통에 남아있던 자연을 대함에 있어서 초기자본주의적 행동양식은 제3세계 나라로 떠밀려오고 있습니다. 돈으로 거의 모든 것이 통합니다. 돈이 없다면, 사람은 모든 것을 잃어버립니다. 심지어 사람으로서 자신의 존엄도 상실하게 됩니다.

c) 화폐경제의 두 얼굴
일과 소유재산에 대한 성경의 판단에서 보여 준 양면적 가치는 부인될 수 없습니다.

• 돈의 패턴과 그와 긴밀하게 결합된 시장의 제도는 사회적 현실 위로 밀려들어오고 있습니다. 돈은 각양각색의 재능과 필요들의 효과적 협력을 허락하며 그리고 돈은 가장 다양한 자원과 실적의 협조를 가능하게 합니다. 이러한 새로운 경제적 방향지침은 기술적 발전과 결합에서, 전례 없는 흥왕과 깊은 변화에 대한 공동책임입니다.

• 이와 동시에 돈은 사람들을 몰아내고자 합니다. 왜냐하면 돈이 안식과 안전을 암시하며, 그것으로써 가능한 모든 것을 마음대로 처리되게 할 수 있기 때문입니다. 거기에 돈에 대한 노력이 있으며 - 모든 다른 재물들에 의한 것보다는 다르게 - 만족함의 한계가 존재하지 않습니다. 자신을 수단에서 최종목표로 절대화시킬 수 있는 것이 바로 돈의 논리입니다. 발터 베냐민(Walter Benjamin)은 이미 1929년에 관찰하여 투시하고 있습니다. 바로 이 지점에서 자본은 종교가 영원 속에 약속한 것을, 이승에서 약속한 종교로 변종되어집니다. 소비사회에서 돈은 모든 소원을 이루어주는 수단이 됩니다. 소위 '컬트 마케팅'(Nobert Bolz)은 모든 것, 심지어 가치나 삶의 행복 또한 상품으로 구입할 수 있다는 것을 제시합니다. 그리고 종교적 욕구는 무한하다는 사실을 이용하고 있습니다.

자원의 경제적 이용은 한편, 평균 수명의 기대가 넓게 상승하게 하는 많은 사람들을 위한 번영을 초래했으며 그리고 직업선택과 유동성(流動性)과 문화와 삶의 형태에서의 생활설계에 대한 조망에서 더 많은 자유로 이끌었습니다. 그러나 이와 동시에 사회의 경제화는 생태적 자원을 이전에는 찾아볼 수 없을 정도에서 위협하며, 전통적이며 사회적 지향점들과 지혜들을 파편화시키며, 가난한 자와 부자 사이의 틈을 더 악화시키며 그리고 증가하는 속도로써 문화 혁명을 위협적으로 몰아가고 있습니다.

돈은 순수한 화폐경제 내에서 더 강한 한도로 (2008년에는 97%까지) 옮겨졌으며 그리고 계측할 수 없을 정도로 증식되었습니다. 어느 날 부동산 증서나 부동산 양도서와 같은 화폐경제 상품들이 실제적 가치로 수축된다면, 재화(財貨)경제는 밑바닥으로 떨어질 것이 분명합니다. 2008년 중반 이후 세계 국가들은 이러한 위기를 반대방향으로 돌리고자 노력하고 있습니다.

5. 노동사회와 그 위기

노동은 사람의 유일한 삶의 목표가 아닐지라도, 자신에 대한 본질적 표현입니다. 그럼에도 돈의 방향 패턴 하에서 노동에 대한 이해는 근본적으로 변화됩니다. 여러 사람들이 많은 활동을 하고 있기 때문에, 경영인이 찾고 보수를 지급하는 사람들이 밖으로 나오게 됩니다. 일하는 시간은 비정규적 임금노동으로 인해 단축되고, 인력 자체도 시장에서 거래됩니다. 이 관측은 노동 수요와 공급의 효율적 조합을 가능하게 하고 있습니다. 이러한 점에서 우리는 이제 노동만이 상품이라고 이해할 수가 없게 되었습니다. 일한다는 것은 사람의 자아표현이며 사회에 협력하는 하나의 본질적 방식입니다. 노동은 일이 산출하는 것과 분리될 수 없습니다. 그러하기에 노동을 마치 상품처럼 요구할 수 없습니다. 피고용인은 자신과 자기의 가족을 부양하기 위해 일을 하여 돈을 벌어들이는 것에 의존합니다. - 만일 그 사회 자체가 경제적으로 체계화되어 있다면, 특별히 그렇습니다. 이러한 근본 인식은 피고용인으로 하여금 이른 시기에 조합에 가입하여 노동시장의 배타적 경제패턴에 대한 평형추를 만들도록 합니다. 정치가와 피고용인의 대표자들의 협력 속에 포괄적 '일자리보호입법'이 탄생하게 되었습니다. 이 법은 노동시장을 경제적 힘의 자유로운 활동으로부터 끄집어내어서 법리적이고 정치적인 사전원칙 속에 붙잡아 두고 있습니다.

a) 독일 노동법의 기본 특징
다음은 노동시장의 법적이고 사회적인 틀을 분명하게 해줄 것입니다:

- 노동법: 노동법은 자립하지 못하는 피고용자들을 위한 특별법입니다. 이 법은 고용주(근로조건)와 국가(근로자 보호, 노동재판권) 그리고 노동조합과 고용주 내지 경영인 조합(집단적인 노동법) 간의 규율입니다.

이들 중 가장 중요한 영역 중 하나가 근로시간입니다. 이전에는 거의 전적으로 임금협상에 모든 것이 결정되었습니다. 하지만 점차 근로시간에 대한 경영합의의 중요성이 증가하고 있습니다. 이로써 근로시간이 더 유연해지는 경향이 생기게 됩니다. "평상근무주간"은 점점 개인적 모델로 유연해지거나 경영적 관심의 근로시간 모델에 의존하게 됩니다. 해고보호법에 대해 의견이 엇갈리고 있습니다. 고용주는 어떠한 방식으로 그리고 어떠한 근거에서("사회적 정당성") 피고용인을 해고해야 하는가? 여기에서도 임금협상이 기본 조건(해약기간)을 정하고 있습니다.

- 참여권: 공동결정은 근로 생활 중에도 민주적 구조들이 가능하도록 한다는 사고에서 출발하여, 경영과 기업에 확립되었습니다. 이 제도는 경제 민주화의 시작을 알립니다. 공동참여와 열린 의사소통은 시장, 돈과 더불어 공동의 목표치를 정하고 갈등을 말하는데 있어서 중요성을 얻고 있습니다.

- 경영참여: 산업, 경영, 서비스 업종을 위한 경영참여는 1972년 경영법에서 조정되었습니다. 공공 서비스와 교회 분야에서 법적으로 더 약화된 규정들이 있을지라도, 이와 비슷한 경업법이 존재합니다. 상이한 관심사에도 불구하고 경영참여는 원칙적으로 기업의 번영을 위한 의사소통 위에 기반을 두고 있습니다. 이를 위한 중요한 기구는 피고용주 측에서 선출한 '경영근로자대표협의회'입니다. 이 협의회는 사회적, 개인적 그리고 경제적 사안들에 대한 공동결정권을 가지고 노동조합의 지원을 받을 수 있습니다.

- 임금협상과 노동쟁의: 고용주와 피고용주 사이의 임금협상은 "자율적"으로 타결되어 집니다. 임금협상 주체들은 기본법 9조 3항(결사자유)에서 파생된 제3자의 개입, 특별히 국가의 개입 없이 임금협상을 체결할 권리를 가집니다. 임금협상에서는 계약적 토대들(경계현황, 노동생산성, 업종의 수익성)이 사실적인 기준일 뿐만 아니라 언제나 "협상권", 즉 자신의 요구를 경우에 따라 관철시킬 수 있는 능력이 문제시되고 있습니다. 타결되지 않을 경우 노동쟁의의 위협이 있습니다.

독일의 노동법에는 분쟁조정을 위한 "유도적" 형태가 있습니다. 이러한 형태의 주요 요소가 파업, 즉 '집단적 근로포기'입니다. 그것에 대해 고용주는 퇴출로 반응할 수 있습니다. 노동쟁의에서 "무기들의 동등성"이 주장됩니까? 고용주들은 구조적으로 지렛대의 더 긴 부분을 차지하고 있습니다. 그 때문에 노동조합은 이에 대해 반대합니다. 실용적 측면에서, 대부분의 산업 국가들과 비교해 볼 때 독일의 노동쟁의의 의미는 극히 미약합니다. 왜냐하면 타협을 위한 준비가 탁월하기 때문일 것입니다. 그러나 점점 세계화에 직면하여 이러한 공동 관심사가 그대로 유지될 수 있는가는 아직 대답되지 않은 체, 그 대답을 기다리고 있습니다.

- 지속되는 대량실업: 노동은 생업(生業)으로서 자아실현의 장소가 되었습니다. 그래서 만일 사람들이 생업에 참여할 그 어떤 기회도 없다면, 이것은 곧 우리의 일 문화와 사회적 자기이해의 밑바닥을 흔드는 것입니다.

- 현황: 대량실업은 30년 이상 경제와 사회적 발전을 뒤흔들고 있습니다. 대량실업 사태는 가장 시급한 정치적, 사회적 도전을 나타내 보이고 있습니다. 여기에 더하여 독일 연방의 동서 노동시장은 분할되어 있습니다. 신생 연방들에서 실업률은 지속적으로 높은 수준을 유지하고 있습니다.

- 사회적이며 개인적인 파급효과: 실업(실직)은 단지 경제적인 문제가 아닙니다. 실업은 오히려 전체 사회에 해당되는 것입니다. 왜냐하면 실업은 삶의 의미에 대한 심각한 위기를 발생시키고 있으며, 또한 사회 안전체계를 엄청나게 위태롭게 하기 때문입니다. 실업은 경제 전체에 의해 영향을 받고 있습니다. 이 실업의 위험은 사람을 고립시켜서 수많은 변두리 집단으로 몰아넣는 개인적인 운명으로 만듭니다. 노동성과가 가치기준이 되어버린 사회에서 실업자의 자존감은 파괴되고야 맙니다.

b) 대량실업의 이유들

구조적 실업은 다중적인 이유들이 있기에 단순 논리로 설명될 수 없습니다. 원인의 다양성은 원인에 대한 해석이 이해상황에 따라 저마다 아주 다양하게 나타난다는 것을 의미합니다. 다음 이유들이 중요한 역할을 합니다.

- 경제성장은 새일자리를 자동적으로 만들어내지 않습니다.

- 노동생산성의 엄청난 증가는 산업분야(마이크로 전자공학)의 구조적 변화로 곁들여집니다.

- 경제 주체들은 더 이상 국가적인 일과 사회 문화와 묶여있지 않고, 임금비용에 따라 여러 나라의 다양한 입지조건을 비교해 봅니다.

- 이런 "세계화"와 동시에 국제 자본시장의 관련성이 자라나고 있습니다. 지역주의적

목적들과 회사의 주변 사회 환경과의 연결성은 분명 있습니다. 하지만 이 연결고리는 상승하는 주식시세(주가)의 동향을 통해서 볼 때, 부차적으로 밀려나게 됩니다. 일자리를 축소하여 자본 소유자의 이익 증대를 꾀하는 것이 이에 대한 간접적인 증거일 것입니다. 그렇지 않다면, 자본시장은 상승하는 시세로 보답하는 듯합니다.

c) 교회의 입장들

1997년 독일 양대 교회는 "연대와 정의의 미래를 위하여"를 공동으로 표명하였습니다. 자문과정은 이 "공동의 말"을 준비하였고, 이에 토대를 두었습니다. "쓰라림과 절망은 우리 사회의 민주적 형성 가능성에 대한 신뢰를 파괴합니다. 사회 침체에 대한 아무런 전망이 없음과 불안은 폭력을 행사하고 극단주의와 이방민족에 대한 적대감을 위한 근거들이며, 이것은 단지 실업자들 아래서만 있는 현상은 아닙니다. 각별히 청소년들은 그들의 발전과 미래관측 주변에서 방황하게 됩니다." 이것은 개별적 운명이 사회의 구조적 위기와 함께 엮어진다는 것을 암시하고 있습니다. 몇 가지 핵심 부분을 정리해 보면 다음과 같습니다.

- 직업교육과 노동의 기회가 없는 청소년들은 인생 전망을 상실합니다. 일찍부터 늙은 피고용자들은 "고철"로 여겨집니다. 여자들은 전통적인 주부 역할을 위하여 생계활동을 포기하고 남녀평등으로 비롯된 권익들을 상실하고 있습니다.

- 실직은 사회의 긴장을 발생시킵니다. 이룰 수 있는 것이 너무 적다는 감정은 외국인들에 대한 충동으로 표출되게 됩니다.

- 실직에 대한 공포는 고용주의 입장을 강화시킵니다. 근로조건이 악화되더라도 피고용자들은 그것에 저항할 수 없습니다. 노동조합 인원이 감소된다는 것은 또한 서서히 스며들고 있는 탈연대화와 연관이 있습니다. 일부 실직자를 위한 시민연대나 자치단체들의 활동에도 불구하고, 그 어떤 이해를 대변하지 못하게 됩니다.

- 실직은 또 하나의 "새로운 빈곤"으로 이끌었습니다. 수많은 실직자와 그들의 가족들은 사회복지 규정 이하의 수입을 가지고 있으며, 이들의 수는 거의 6백만에 육박합니다. 그들은 보통의 생활수준을 유지할 수 없으며 사회 아웃사이더로 전락하고 있습니다.

- 정규 직장에서의 활동에도 불구하고 사람들은 그들의 일을 통해서 충분한 돈을 벌어들이지 못하며, 가족들에게 일반적인 생활수준이 보장되지 않음이 증대되고 있는 현실을 주목합니다. "일하는 빈민들"은 그들의 소득을 실업수당 II(Hartz IV)으로 증액시켜야 합니다. 그도 아니라면 더 많은 직업을 동시에 가져야 합니다. 2006년 일자리 시설의 통계는 약 천백만의 정규 직업인들이 빈곤 문턱에서 살고 있음을 보여주며, 이들 4명 중 1명의 생계활동은 저소득 분야에서 일하고 있음을 말해줍니다.

6. 사회국가와 사회적 정의

a) 사회적 시장경제

소유와 재산은 성공적인 삶의 수단이며, 역시 사회적 영역에서 더욱 그렇습니다. 각자의 자유로운 처분권은 우리에게 사용되지 않고 약자에게 유리하게 합니다. 즉, 자연과 지나간 세대들의 업적은 믿음이 항상 하나님의 선물로 이해되었던 그 성과들입니다. 그래서 실제로 사유재산에 대한 완전하고 자유로운 처리는 정상적인 경우로 자리잡은 소유형태들의 변동폭이 있는 경우에 한정됩니다. '사회적 시장경제'는 소유의 사적처리의 문제가 될 수 있는 결과들에 반응하는 성공적인 시도로 평가될 수 있습니다. 기본 인식은 사유재산의 자유로운 사용이 기업인들의 자체 관심에서 모두를 위한 좋은 삶의 관계들을 귀결시키도록 규정을 필요로 합니다. 따라서 사회적 범주의 질서들은 공공복지를 이루어낼 수 있습니다.

독일에서는 제약이 없는 시장에 대한 사회국가적 균형들의 반열이 생겨났습니다. 자유시장의 원리는 사회적 평등과 원리에 밀접하게 연관되었습니다. 그래서 사회적 시장경제의 조상들이 이것들을 국가적 계획경제와 자유 시장경제 사이의 "제3의 길"로서 이해할 수 있었습니다. 생활위협들의 개인적 보장이 물질적 기반이나, 씨족들을 통해서 더 이상 가능하지 않았던 이후, 멤버십의 토대 위에서 견고한 보험체계를 위한 결정이 이루어지고, 소득노동에서의 기여를 통하여 자금이 지원될 수 있습니다.

사회국가적 개입의 두 계급은 사적인 재산처리에 대한 비교에서 구별됩니다.

- 사회국가적 균형은 경제적 가치창출의 사회적이며 생태적인 기여가 존중받게 되었다는 것에 기인합니다. 경제 전망들에 대해 하나만 예를 들면, 다음의 사항들이 불충분하게 인지되었을 것입니다. 즉 교통과 교양에 대한 기간설비구조, 환경보호부담금, 가족들을 위한 서비스나 극빈자 보호와 같이 가족의 범위를 벗어나는 분야, 시민참여운동과 명예직 ─ 경제적 가치창출의 앞마당이나 주변에서 더욱 분명하게 가시화된 기여입니다.

- 사회국가적 균형들은 아직 생계활동에 참여하지 않거나, 더 이상 참여할 수 없는 사람들을 사회로부터 제외시켜 버리지 않도록 기여하고 있습니다. 사람들은 병들거나, 실직자가 되거나, 늙게 되면 사람들에게 유익을 끼치는 사회적 안전 시스템을 생각하게 됩니다. 기독교의 신념이 사회적 합의에 영향을 주게 되는데, 사회적 연대는 바로 경제적 약자들과 일이 끝난 사람들 그리고 반자립적 사람들을 필요로 합니다. 이러한 사람들이 얼마만큼 그리고 대체로 내일의 삶의 기회들을 유지할 수 있는지는, 사회국가를 위한 실험적 질문이며 그리고 기독교 시각에서 인간의 정당한 사회를 위한 생존의 질문이기도 한 것입니다.

b) 가난한 자들을 위한 선택

저변에 있는 사람들에 대한 이러한 초점에 의해 교회들의 거대한 자선전통 외에 자신에 대하여 이러한 사람들과 함께 다시 한 번 생존에 이르는 것을 온전히 달리 배우는 통찰이 하나의 역할을 하게 됩니다.

- 어떤 대가를 치르더라도 고통의 회피가 아니라, 위기와 아픔들을 함께 이겨내는 것,

- 자신만 ─ 스스로 ─ 획득하는 것뿐만 아니라, 선물을 나누고 받는 것이 삶의 본질적 원천들입니다.

모든 사람들이 하나님의 형상이라는 것, 그들의 존재 속에는 하나님의 존재로부터 무엇인가를 반영하고 있다는 철저한 진지성이 중요합니다. 사회 윤리적 토론에서 거론된 "가난한 자들을 위한 선택"은 신앙의 근본 통찰에서 나타납니다. 인간은 자신의 공로(성과)나 소유재산을 통해서 귀중한 존재가 되는 것이 아니라, 형용할 수 없는 존엄성을 지닌 하나님의 형상이며, 그 때문에, 하나님의 주목은

특별히 이러한 존엄으로 살게 되도록 거의 기회를 갖지 못한 자들에게 특별히 유효합니다. 모든 사람에 대한 하나님의 '비편파성'에서 인간을 위한 하나님의 편파성이 가장자리에 나타납니다.

사회적 시장경제의 구상은 유대교와 기독교 전통에 깊이 뿌리를 두고 있으며, 개신교 문화에서 충동력들이 힘을 입고 있습니다. 1945년 이후 그것들의 창설자들로 발터 오이켄(Walter Eucken), 알브레드 뮬러-아르막(Alfred Müller-Armack)과 알렉산더 뤼스토브(Alexander Rüstow) 등이 속해 있습니다. 이들은 자기 책임적 행위를 자극하고 효과적인 재화조달을 보장하는 시장경제의 경쟁 질서를 공포하였으며, 약자들에게 기초적인 사회적 안전을 보증하는 국가적 경제정치와 사회질서를 통해 보충합니다. 그래서 사회적 시장경제는 기독인들이 아주 잘 동의할 수 있는 역동적이고 개방적이며 개발 가능한 경제 질서가 되었습니다. 왜냐하면 이러한 경제체제는 "신앙이 지시하는 행동방향과 모순되지 않고, 이웃 사랑과 정의의 동기를 추구하는 기회를 열어주기 때문입니다."; 물론 이러한 체제는 시종일관 "하나의 생태적이고 세계적인 의무를 지닌 사회적 시장경제"로 더욱 발전되어야 할 것입니다(EKD 1991).

1997년 교회의 "공동의 선언"에서 사회적 시장경제의 윤리적 기본 토대를 강조합니다. "경제적인 성과와 사회적인 균등화가 동급의 목표들로서 저마다 또 다른 개념의 실현을 위한 전제로서 하나의 관점이 되는 것은 사회적 시장경제의 이해에 있어서 본질적인 것입니다. ... 그러므로 사회국가는 부차적이거나 목적에 따라 임의적으로 "축소"되는 시장경제의 부속물로 이해하지 말아야 됩니다."

c) 도전들

사회적 시장경제의 개념은 몇 해 전부터 시험대에 놓여 있습니다. 더 높은 보수외의 비용에 대한 압력은 의심 없이 경제의 획득 기회를 어렵게 하고 있습니다. 만일 더 이상 투자할 가치가 없고 자본 유출이 검토되어져야 한다면, 이것은 경제에도, 연대적 사회에도 도움이 되지 않습니다. 사회적 보장의 미래에 대한 토론은 그럼에도 단지 단축가능성을 찾아도 좋을 뿐 아니라, 사회 전반에 걸친 새로운 설계를 힘써야만 될 것입니다. 가담된 이해집단들 스스로 사회국가가 멈추어서는 안 된다는 기본 합의에 일치 할 수 있다고 한다면, 연대와 자립주의 그리고 자기 책임적 삶의 준비와 집단적 삶의 준비의 긴장분야에서 감당할 수 있는 절충안들이 목표에 도달 될 수 있을 것입니다.

기독교 사회윤리의 시각에서 이러한 도전들은 사회적인 시장경제 개념을 결코 문제시 하지 않고, 이러한 체제의 기본 사상을 더욱 발전시켜야 하는 지점을 표시해야 합니다. 자유와 연대는 번갈아가며 서로 의존합니다. 소유에 대해 사적인 자유처리권은 다른 사람들에게 부정적인 효과를 미치는 곳에서 조정되어야 합니다. 그것은 만인을 위한 섬김에서 창의적으로 인지된 거기서 강화되어야 합니다.

사회적인 시장경제의 개념은 먼저 후에 가시화되었던 그의 생성기에 세 가지 발전들을 참작할 수는 없었습니다.

• 경제의 세계화를 통한 재화시장과 노동시장의 장벽철폐, 사회적 시장경제가 기본 토대이며, 사회조건을 돌볼 수 있을 그 어떤 국가적인 권위도 없습니다 (1).

• 금융시장의 장벽철폐와 독립은 그것들에서 더 이상 사람의 필요들이 중요한 것이 아니라, 특별히 많은 자금의 증대와 안전이 중요한 것입니다 (2).

• 자연의 지탱능력을 통한 인간적 경제활동의 제한. 1997년의 "공동의 선언"은 그 때문에 "생태사회적인 시장경제"로의 계속적인 발전을 정당하게 요구합니다 (3).

오늘날 "사회적 시장경제"라는 개념을 사용하는 사람은 모두 동일한 것을 생각하지 않는다는 것은 분명합니다. 주창자들이 서로 필수적인 것들로써 모든 사람들을 조달하려는 목표와 함께 경제적이고 사회적인 노력에 관하여 원했다면, 오늘날 비상의 경우들을 위한 사회적 돌봄과 함께 단순히 자유로운 시장경제를 생각하는 정치가들과 기업들의 연합체들이 그 개념을 책임져야 합니다.

d) 하르츠-4(Hartz Ⅳ)-법부여
2002-2005년 까지 소위 하르츠 개혁은 독일 사회체계와 전후 사회적 시장경

제의 한 단면을 표시합니다. 예전에는 최종 급여를 기준으로 생활표준의 보장을 목적으로 하는 실업부조와 통계적으로 조사된 필요에 기초한 사회부조로 구분되었다면 지금은 최소 수준에 대한 사회적 지원방식이 있습니다. 그것이 실업수당 Ⅱ 또는 사회기금입니다.

추진되었던 목표들은 다음과 같은 것이었습니다.

- 실업자와 지원에 의존된 사람들은 단지 "후원을 받게" 될 뿐만 아니라, 자기 주도적으로 일어서야 하는 것이 요구되어야 합니다.

- 사회협력 행정은 체제들의 결합을 통하여 간소화되어야 합니다.

- "기본보장"의 최소 수준은 모든 사람에게 유효해야 합니다.

현재 상태에 따라, 그 자체에 의미 있는 이러한 목표들은 제한적으로 이루어졌다고 말해질 수 있을 것입니다. - 특히 신생 연방주(州) - 곧 일자리가 없었던 곳에서 "자기 주도로 일어섬의 요구"는 그의 의미를 잃어버렸습니다. 역으로, 사람들은 그들의 사적인 삶의 태도의 광범위한 통제를 통하여 금치산 선고를 받고 의욕을 상실하게 되었습니다. "하르츠 4"에 대한 공포로 인하여 점점 더 많은 피고용인들은 최저임금으로 견딜 수밖에 없었습니다.

마찬가지로, 행정단일화는 단지 시작점들에 도달하였을 뿐입니다. 소위 지방자치주와 노동청에서 이루어진 노동단체들은 그 개시를 위해 다년간 경과 시간이 필요했지만, 연방헌법재판소로부터 위법으로 밝혀졌습니다. 사회 법정들은 소송 물결이 쇄도하게 되었으며, 소송절차 중 절반 이상의 고소인들이 승소하였습니다.

'사회법전 Ⅲ'의 최소 기준은 무엇보다도 어린이들에게는 불충분합니다. 예를 들면, 어린이의 학교생활 요건을 월 3유로[Euro]보다 적은 금액으로 해결하려는 것은 생각할 수 없는 일입니다. - 그래서 "디아코니"는 다른 복지단체들과 함께 통상 규정을 상향하기와 허용치의 주택 크기들과 저축 자유의 한계들에 관한 대규모

조정을 요구합니다. 예나 지금이나 교회는 "하르츠 4" 대신, 사회보장을 의무적으로 하는 노동을 요구하고 있습니다.

형성

윤리적으로 책임 있는 경제생활의 설계가 중요하다면 두 가지 전망으로 구별됩니다. 그것은 인격적이며, 윤리적인 책임의 전망과 경제적으로 예기치 않은 사건의 조건들과 구조들의 책임적 설계의 전망입니다.

첫 전망은 2008년의 진정서인 "복음적인 전망에서 경영적인 행위"를 현저하게 수용합니다. 그것은 인격적으로 보증하는 경영자의 활동적 남녀들이 한편으로 경제적으로 성공과 혁신적이며, 다른 한편으로 해당되는 사람들과 사회에 대하여 책임성 있게 행동하는 것에서 시작합니다. 거기서 거대한 책임은 경영의 결단들의 거대한 자유에 상응하는 것입니다. 사회적 시장경제의 구상은 개별 남녀 기업인들의 행위가 정치적으로 설정된 범주에서 시장에 동승되었음을 예견하며, 약자들이 홀대받지 않도록 돌보며, 자본주들과 피고용자들 그리고 고객과 공중의 여러 가지 관심들이 적절히 참고 되도록 돌보게 됩니다.

물론, 경제 안에서 단지 기업가만 책임 있게 행동하는 것이 아니라, 남녀 소비자와 남녀 피고용주 그리고 - 잊지 말아야 할 것은 - 시민 사회와 복지시설에 참여하고 있는 사람도 책임 있게 행동하는 것입니다. 역시 그들을 위해서도 여전히 책임, 연대와 정의에 연결하여 자유의 기본규칙들이 효력을 가집니다. 물론 개별적인 윤리적 책임 외에도 그것에서 취급된 구조들을 위한 책임도 등장합니다. 구조는 대항하거나 부여된 것으로 간주되는 노동활동과 경제활동에 있어서 개인을 가볍게 하거나, 거의 가망성 없게까지 곤란하게 만듭니다.

2007년 이래로 재정위기는 그것을 실례로 보여주었습니다. 공적 통제들이 축소되었다면, 경쟁 조건들과 충동들은 오로지 주식가치(주주의 가치)를 경제적 성공의 표준으로 표현하도록 제정되었으며 그리고 개인의 책임을 위한 놀이공간이 엄청나게 협소해져 버립니다. 그들은 - 그들 선임자들의 사전조건을 통하여 몰아붙이고 그리고 더 높은 보너스 지불의 유혹을 - 그것들의 실제적 가치에서 그것을 잊어버리거나 또는 고객에게 의식적으로 침묵하는 생산품들로써 거래해야만 합니다. 안전한 투자와 기업에 들어오는 재원이 바닥을 치게 될 때, 이에 대해 어떤 책임이나 이익에도 관여하지 않았던 소규모 기업과 피고용인이나 연금생활자들이 그 결과를 담당하게 됩니다.

더욱이 자연 법칙적으로 작용하는 시장체계에서도 돈으로 환산될 수 없는 신뢰나 정직성과 같은 가치들이 얼마나 삶에 중요한 것인지가 나타나게 되었습니다. 이들이 없는 은행 시스템은 붕괴되었습니다. 그 때문에...

소위, 말하는 진정서(독일개신교회협의회의 각서(覺書))가 무엇 때문에 통상적으로 몇 가지를 실행하는지, 구조와 경쟁규칙, 도전의 체계에 대한 질문들은 경제의 윤리적 설계에 속합니다. 2009년의 재정시장 위기에 대한 독일개신교회협의회(EKD)의 표명인 "높은 담장 속의 균열"에서 체계수정들이 서술되었으며, 긴급히 권고되었습니다.

개신교회는 광범위한 구성에 대한 질문에서 언제나 입장을 다시 표명하였습니다. 1968년 진정서에서 피고용인들의 참정권이 그렇게 사회 윤리적으로 기초되었으며, 1973년에는 "산업시대의 사회보장"에 관하여도 숙고하였으며, 1991년 "공동번영과 사적욕심"이란 주제 하에, 미래를 위한 책임성 있는 경제적 행동을 마련하였습니다. 1995년, "만인을 위한 노동"과 1997년, 공동번영과 생태학적 시장경제 안에서 "기회로써 수공업"서술했으며 그리고 "고유한 책임과 연대성에서의 공정한 배당능력"이라는 2006년의 각서(覺書)에서 독일에서의 빈곤에 대한 입장을 수용하였습니다. 그리고 1997년, 양편의 거대한 교회의 여기 위에서 언급된 "독일에서의 경제적이며 사회적인 상태에 대한 공동문"이 최종적인 것으로 거론하는 것은 아닙니다. 이러한 모든 텍스트들에는 상황적 서술들과 윤리적 기본 지침들 그리고 실천적 결론들이 포함되었습니다.

그리고 거듭 고용주와 토지 소유자로서 그리고 교육과 시민사회 안에서 소비

자와 주체로서 그들 행위에 대하여 교회의 책임 역시 스스로 언급되었습니다. 다른 이들에게 겨냥된 표준 - 이러한 표준은 교회의 거절을 통해 가치가 상실되는 것 없이 가능성에 따라 스스로 상응해야 합니다.

[참고도서]

- 독일개신교회협의회(EKD)의 진정서, 공동번영과 사적욕심(Gemeinwohl und Eigennutz). 미래에 대한 책임으로서의 경제적인 행위(Wirtschaftliches Handeln in Verantwortung für die Zukunft), 1992.
- 독일개신교회협의회/감독모임(Bischofskonferenz)(Gemeinsame Texte 9): 연대감과 정의 안에서 한 미래를 위하여(Für eine Zukunft in Solidarität und Gerech-tigkeit. 독일의 경제적이며 사회적인 상태에 대한 독일감독회의와 독일개신교 협의회위원회의 입장(Wort des Rates der EKD und der Deutschen Bischofskonferenz zur wirtschaftlichen und sozialen Lage in Deutsch-land, 1997 (zit. als "Gemeinsames Wort").
- 독일개신교회협의회(EKD): 협의과정(Der Konsultationsprozess). 경제적이며 사회적인 질문에 대한 토론에서의 교회들(Die Kirchen in der Diskussion zu wirt-schatlichen und Sozialen Fragen), 1997.
- 독일개신교회협의회의 진정서 100개(EKD-Texte100): 높은 벽 사이에 하나의 틈과 같이(Wie ein Riss in einer hohen Mauer). 세계적인 재정위기와 경제위기에 대한 독일개신교회위원회의 입장(Wort des Rates der Evangelischen Kirche in Deutschland zur globalen Finanz- und Wirtschaftkrise, 2009.
- 케슬러/로스(Kessler,R./Loos,E.)(Hg.): 소유(Eigentum): 자유와 저주(Freiheit und Fluch) , 2000.
- 넬브로이닝(Nell-Breuning,O.v.): 자본주의의 방향틀기(Den Kapitalismus umbiegen), 1990.
- 프리엔(Prien,H.-J.): 루터의 경제윤리(Luthers Wirtschaftsethik), 1992.
- 리치(Rich,A.): 경제윤리(Wirtschaftsethik), 1985/1990.
- 슈타인만/뢰흐(Steinmann,H./Löhr,A.): 기업윤리의 토대(Grundlagen der Unternehmens-ethik), 1992.
- 울리히(Ulrich,P.): 통합적인 경제윤리(Integrative Wirtschaftsethik), 삶을 섬기는 경제학의 토대 (Grundlagen einer lebensdienlichen Ökonomie), 1997.

4.3.6 자유 시간

인지

  휴가(休假)는 고가의 재산입니다. 그것은 밀접한 상호관계에서 여러 곱절의 노동에 해당합니다. 자유 시간을 가지기 전, 우리는 자유 시간에 대해 이미 노동으로써 대가를 지불했습니다. 노동시간은 일반적으로 점점 짧아지게 되는데, 산업사회가 시작된 이래로 사람들은 오늘날처럼 그렇게 많은 자유 시간을 결코 갖지 못했습니다. 그렇지만 노동은 줄어들지 않았습니다. 결과적으로 점점 더 짧은 시간 동안 더 많은 일들이 수행되어야 합니다. 인간이 노동의 속도를 몇 곱으로 결정하지 못하고 대신 기계가 정하게 됩니다. 공장의 작업실에는 컨베이어 벨트들이, 거대한 사무실 공간에는 컴퓨터가 있습니다. 이러한 발전은 노동을 노동으로 축소시키며, 사람들과의 접촉과 긴장 해소를 자유 시간으로 전가시키는 경향을 갖게 합니다. 이따금 영리 행위의 의미는 거의 인식하지 못하기 때문에, 노동의 내용과 의미의 자리에 추상적인 것이 등장합니다. 즉 사람들이 그것에 대하여 대가로 받는 돈입니다. 이로써 노동은 "목적에 대한 수단"으로 변신하고 있습니다.

  노동과 직업이 사람에게 충족과 만족감을 적게 느끼게 하거나 또는 기대 이하가 되게 하더라도 휴가에 대한 기대감은 자라고 있습니다. 성공한 삶에 대한 동경이 자유 시간을 향하여 있기 때문입니다. 노동과 직업은 하루의 일을 마친 후 그리고 주말 또는 휴가에서 연출되는 자유 시간을 위한 "고유한 삶"의 전제들이 되고 있습니다. 휴가는 많은 사람들에게 일상적인 생활을 떠나 자유롭게 지내거나, 자기 자신에게로 돌아가서 삶을 가치에 맞게 찾고 행복해 하는 것을 의미합니다. 이러한 간격은 실제로 역시 공간적으로 표현합니다. 즉 일터와 휴가 장소 사이에서 되돌려진 수많은 거리들 안에서입니다. 자동차로 달려가기 위하여 각자의 기회는 더 큰 의미로 사용되었습니다. - 휴가는 여행과 함께하는 동일한 의미가 될 것입니다.

자유 시간이 그러한 방식으로 점점 늘려진 기대감을 되찾게 할 수 있을까요? 대략, 노동세계가 실제적이거나 또는 상상적으로 억류하는 모든 것이 시간들과 날들 또는 휴가의 주간들에서 경쟁적으로 이루어지거나 만회되어야 한다면, - 평화와 만족, 행복과 평온함, 자결권과 자존감 등을 가질 수 있을까?

휴가가 매우 과도하게 요구되었던 곳에서는 이따금 그리워했던 것들이 주어질 수 없을 것입니다. 휴가의 현실은 이것을 보여주고 있습니다. 휴가는 종종 즐거움 대신 실망을 만들어내고 있습니다. 노동세계가 각인(刻印)하는 이와 같은 서두름은 여가시간에도 드물지 않게 나타납니다. 휴가가 긴장된 즐거움이나 또는 산만함을 제공하는 그 이상의 것일 때, 휴가에 담겨진 의미는 드러나게 되어야 합니다.

방향

1. 일상생활의 중단으로서 여가(자유 시간)

"여가(餘暇)"라는 단어를 탐색하는 사람은 휴가의 원천적인 의미에로 더 가까이 다가가서, 기대했던 놀라운 발견들을 경험하게 될 것입니다.

- "여가"(Freyzeit)라는 말은 원래 중세 사람들이 말했던 것처럼, 근원적으로 "평화의 시간"이었습니다. 평화의 의무 아래 서 있었으며, 전투적인 논쟁으로부터 자유로워야 했던 "시장의 평화시간"때문이었습니다. "여가"는 면책특권을 가진 법적으로 보장된 시간보호공간이었습니다. 만일 우리가 그것을 '여가'에 관한 오늘날의 이해로 옮긴다면, 우리는 여가와 휴가에 대한 법적 요구를 가지게 됨을 뜻하는 것입니다. 우리는 긴장해소와 내적인 평화와 그리고 보호된 공간들을 찾는 것입니다. "면책"은 자체의 존엄과 인격이 손상되는 일들에서 보존되어야 하는 것입니다.

- 여가는 사회정치가이면서 개신교 신학자인 프리드리히 나우만(Friedrich Naumann, 1860-1919)이 1889년에 그의 "노동자-요리문답서"에서 요구하는 것처럼 노동하지 않는 자유로운 휴양기간입니다. 나우만은 우리의 여가가 단지 "오락산업"에 내맡겨

지지 않아야 한다고 했습니다. "휴양산업"이 노동자들에게 "정화된 여가"가 마련될 수 있도록, 그는 무엇보다도 주도권을 교회로부터 요청하고 있습니다. 우리의 언어로 말하면, 우리가 대체할 만한 인간상에 요구된 것으로 알고 있는 관광경영을 필요로 함을 뜻합니다. 그리고 우리는 휴가 중에도 개방된 건물로서 그리고 하나님의 기쁨의 전령자로서 교회를 필요로 하는 것입니다.

• 여가는 "영적준비시간"입니다. 여가는 기도, 묵상, 노래와 성경말씀과 같은 "무기들"로 "일상의 투쟁"에서 이기도록 사람을 돕는 것입니다. 교회 청소년사역은 20세기 초반에 "영적준비시간"인 – 휴양시간, 산책시간, 체조시간, 성경말씀의 묵상과 기도 – 등으로 시작하였습니다. 이러한 사역들에서, 우리는 같은 뜻을 품은 사람들을 찾고 있으며, 현재적인 격려를 필요로 하고, 풍족한 휴가를 위한 도움과 지도를 추구하고 있다는 것을 알려주는 것입니다. 여가는 이전에 경건한 언어로 말하자면, "신앙적인 교화"의 시간이었습니다.

• 여가는 "여유"입니다. 우리는 내적으로 강하게 되어야 할 사람을 위해 시간을 내어야 합니다. 한가함(여유)은 무위나 지루함이 아닙니다. 여유는 시간을 허비하거나 어떻게 시간이 흘러가는지 주목해 봄으로써 이룰 수 있는 것이 아닙니다. 여가는 좋은 사유와 대화, 가치 있는 책을 만나게 해 줍니다. 그리고 이해해 주는 사람들 또는 "레크리에이션 담당자"들이 풍성한 시간을 만들어 주고, 아름다움으로 가득한 자연에 머물며 감상하도록 시간을 선물해 줍니다. 여하튼 여유는 우리가 해야 하는 일의 연속이 아닙니다. 여가는 일상을 기쁘게 하는 중단입니다. 한가함(여유)은 우리를 생각하도록 해 줍니다. 그렇게 함으로써 우리는 "존재의 가벼움"과 함께 여가시간을 경험할 수 있습니다. 여가시간은 행동의 엄격함에 대해 재미있고, 우아한 성격으로 바꾸어 줍니다.

2. 안식 - 주일 - 인간의 존엄성

a) 성경의 창조이야기

창세기 1장의 창조이야기는 노동과 휴식의 마주함을 하나님에 대한 상(想)으로 그려 넣고 있습니다. 하나님은 6일간 일하시고 제7일에 쉬십니다. 이러한 맥락에서 인간에게 부여된 "하나님의 형상"은 사람의 창조적인 작업뿐만 아니라, 그에게 소망된 휴식과도 연관되어야 합니다. 인간의 존엄 속에는 본질적으로 휴식이 있습니다. 하나님의 형상은 일하면서 나타납니다. 그러나 무엇인가를 가만히 두면서도 나타납니다. 활동에서 나타날 뿐만 아니라 관조(觀照)에도 노동뿐만 아니라 휴식으로도 나타나는 것입니다.

"너희는 안식일을 거룩히 지키라"는 성경의 세 번째 계명(한국교회는 네 번째 계명으로 이해함)은 창조의 두 극을 이루는 근본 원칙을 지향하며, 사람에 관계될 뿐만 아니라 동물도 관계되어 있습니다. 너는 그 날을 성별하여 "안식일을 기억하라!"(출20:8-11). "너는 6일간 일하고 네 모든 일들을 행하여야 한다. 그러나 일곱째 날은 너의 하나님 여호와의 안식일이다. 너는 그 어떤 일도 하지 말고, 네 아들, 네 딸, 네 남종이나 여종, 너의 성읍에 사는 이방인들도 또한 일하지 않아야 한다. 이는 주님께서 6일 동안 하늘과 땅과 바다와 그 안에 있는 모든 것을 만들었으며, 일곱째 날에 쉬었기 때문이다. 그러므로 여호와께서 안식일을 축복하시고, 그날을 거룩하게 하였다."　　　↗ 1.1.3 하나님의 창조

b) 기독교의 일요일(주일)

예수님은 안식의 본래 의미를 드러내기 원하십니다. 그분은 공포함으로 지켜지는 의무적인 것 대신에 휴식이 인간과 동물에게 선행되어야 함을 강조하십니다. 그 날에 모든 사람은 하나님이 선물하신 그대로의 자유, 위엄, 인정을 체험하는 것입니다. "안식일이 사람을 위하여 있는 것이요 사람이 안식일을 위하여 있는 것이 아니니"(막2:27)라는 예수님의 말씀에서 안식일의 의미는 더욱 분명해집니다.

신약시대의 교회 공동체는 주간의 일곱째 날, 곧 '안식의 축제'를 포기하고, 한 주간의 첫날인 그리스도가 부활하신 날을 새로운 표지로 삼게 되었습니다. 모든 노동일에 앞서 선물된 삶이 있습니다. 노동주간이 축제일을 각인(刻印)하는 것이 아니라, 축제일이 노동주간을 각인하게 해야 합니다.　　　↗ 4.3.5 직업과 경제

아마도 이미 1세기에 더 정확하게 유대교적인 시간계산의 주간 첫날인, 일요일에 예

배의 축하에 함께 모이는 것을 뜻하는 기독교 관습이 되었습니다. 일요일 한밤중에서 부터 다음 날 깨어나는 아침까지였습니다. 바로 이러한 시점의 선택은 임의적이거나 단순히 관습적인 것 보다는 달랐습니다. 그것은 상징적 특징을 가졌습니다. 성경대로 삼일 째 된 날에 십자가에 달리신 자의 부활이 그 안에서 뜻에 적합하게 현재화되었습니다. - 십자가에 못 박히신 자의 부활이 어두움과 어두움의 사라짐으로 빛의 드러남에서 현세적인 비교를 발견할 수 있었던 것에 전적으로 의미가 있습니다. 갑작스러운 태양의 솟아오름과 함께 공동체는 예수 그리스도의 부활을 기억하였습니다. 일요일 한 밤중에 예배하는 축하가 인상적이고 명확한 방식으로, 기독교 신앙이 우리의 삶에서 보여주는 것처럼 표현되었던 것입니다. 그것은 한편으로 인간 스스로 자유하게 할 수 없는 어두움에서 소진되었던 한 생명으로서 그리고 동시에 부활한 자의 빛이 모든 흑암을 해체하는 한 생명으로서 묘사되었던 것입니다.　　↗ **3.3.2 칭의**

　　현대 기독인들은 이렇게 자유하게 하는 진리에 빚지고 있습니다. 우리 인간들은 우리의 삶의 의미와 행복을 창출할 수 있거나 해야 하는 것이 아닙니다. - 우리가 해내는 것을 통해서도, 스스로 해낼 수 있는 것을 통해서도 아닙니다. 그것은 전적으로 하나님의 선물입니다. 루터는 전적으로 이러한 의미에서 다음과 같이 말합니다. "사람은 휴식과 여유를 통해서 하나님을 섬깁니다. 그렇습니다. 사람은 그것을 통한 것보다 아무 것도 없는 것을 통해서 그분을 더욱 많이 섬깁니다!"

c) 기억의 시간으로서 여가시간

　　일상에서 많은 것들이 등한시되고 직업은 전적인 현재를 요구합니다. 사람들이 말하는 것처럼 여가는 "작동을 멈추는 것"을 돕습니다. 그러나 그것 역시 "작동하는 것"입니다.

- 자신의 삶에서, 파트너와의 관계에서, 아이들과의 공동생활에서, 좋은 것에 대한 기억은 자기 존재의 뿌리와 사람이 살아가는 경험의 내면으로 하나의 길처럼 인도하는 것입니다.

- 행복과 위기, 성공과 좌절, 건강과 질병의 의미에 대한 자각. 만일 자각이 감각에 이

르게 될 때, 말하자면, 눈과 귀와 코와 피부로 일상에서 어렵사리 들을 수 있는 메시지에 귀를 기울이도록 사람을 열어주는 것입니다.

• 축제를 축하하는 즐거움: - 노래와 음악, 먹을 것과 마실 것, 아름다운 의복과 익숙한 환경 - 그것은 목소리를 높여 개인의 축일(생일, 결혼, 기념일) 뿐 아니라, 한 해의 색깔을 만들어 주는 집단적 축일로 가는 접근로를 평탄하게 만듭니다. 그것은 우리를 회상으로부터 살게 하는 우리들의 종교적인 영역에서 드러냅니다. 성탄절, 부활절, 성령강림절. 성경은 한 해가 경과하는 동안 축하하기에 유효한 자유하게 해주는 경험들로 가득합니다.

3. 위협받게 된 일요일(주일)

초기의 교회에서 노동휴식에 대한 그 어떤 엄격한 명령은 없었습니다. 콘스탄티누스 황제시대였던 주후 321년, 처음으로 일요일에서 하나의 법적인 축일이 되었습니다. 이로서 그것의 의미가 교회와 사회를 위하여 높게 충분히 평가되어질 수 없는 하나의 제도가 만들어지게 되었습니다. 그것은 독일연방공화국의 헌법에도 또한 표명되어 있습니다.

기본법은 규정하고 있습니다. "일요일과 국가적으로 인정된 휴일은 노동휴식과 영적인 교화의 날로 법적으로 보호되었습니다."(바이마르공화국 헌법 제139항의 수용 안에 제140항).

일요일 제도는 오늘날 점점 더 위협받고 있습니다. 경제적인 관심은 점점 판매가 자유로운 일요일로 만들고 있습니다. 사람들은 열려있는 상점과 백화점으로 몰려들고 있습니다. 그 안에서 원칙적인 문제가 역시 보여 집니다. 사람들은 오늘날 일요일의 제공을 어떻게 의미 있게 사용할 수 있을까요? 일요일은 단지 표면적인 것뿐만 아니라 내면적으로도 잠식되었습니다.

가수 볼프 비어만(Wolf Biermann)은 일요일의 이러한 의미의 위기를 정확하게 언급합니다.

"그래도 그것이 전부일 수는 없다 / 약간의 일요일과 아이들 울음소리 / 그것은 어디론가 가야만 한다. / 초과근무시간 약간의 돈 저녁에 텔레비전 수상기 낙원 / 그 안에서 나는 어떤 의미도 찾아볼 수 없다. / 이것이 전부일 수는 없어 그래도 거기에 뭔가가 와야만 해! / 아니야! 삶은 삶으로 와야 해!"

이로써 방향설정의 과제는 교회를 위해서 제일 중요하게 내 세웁니다. "일요일은 사람들이 주간의 피로로부터 휴식을 취하거나 소진된 기력을 다시 새롭게 하는 날만은 아닙니다. 사람과 사회는 생산과 수익성이 삶의 의미를 만들어 줄 수 없다는 것을 체험하기 위해 일요일을 필요로 합니다." 일요일과 여가는 사람을 사람됨 안에 머물도록 보호하고 있습니다. 일요일을 잃어버린다는 것은 아주 끔찍한 상상일 것입니다.

그럼에도 불구하고 시계추는 반대 방향으로 움직이고 있습니다. 장차 다가오는 "여가사회"의 예언자들은 "여유의 시대", "교양의 호경기", "인간 존엄성의 시작"과 그리고 그 안에서 "3000년대의 문명"의 징조를 기대하고 있습니다. 그러나 그들은 여가라는 것을 노동과 동일한 모토에 따라 사람을 실적의 압박에 종속시키는 이념으로 만들고 있습니다. "동일한 시간에 더 많은 것을 해내는 것"입니다.

가치 체계와 의미의 구조들은 변화합니다. "자신만의 여가는 주관적 느낌으로는 너무나 작다고 생각되기 때문에 그것은 더욱 값어치 있고 더욱 소중한 것으로 평가되고 있습니다. 피고용자들은 다양한 형태의 여가기회를 찾아서 질주하고 있습니다. - 무언가를 놓칠 수 있다는 공포로..."(Horst W. Opaschowski). 인간은 여가의 소원들에서 깊이 자리 잡고 있는 갈망들을 표출합니다. 원천적으로 종교적인 기대감들은 여기에 중지되었습니다. 이러한 기대는 여가산업과 관광회사의 언어에 분명히 반영되고 있습니다.

형성

1. 교회와 관광

"사람들과 소통하고 싶은 사람은 여가시간에 그를 만나야 합니다. 여가시간에 사람들을 만나기 원하는 사람은 여가동기를 가지고 그들에게로 나가야 합니다."(Horst W. Opaschowski). 교회 역시 이것을 말하게 해야 합니다. 교회생활 참여는 여가시간에 시작되기 때문입니다. 교회 공동체의 일상에서 이러한 사실은 크게 주목되지 않았습니다. 그러나 사람들은 교회의 요양사역과 휴가사역의 긍정적인 경험들을 배울 수 있을 것입니다. 왜냐하면, 독일에 있는 대부분의 관광 명소와 수많은 캠핑장에서 휴가객과 요양객을 위해 다양한 행사를 제공할 수 있는 교회가 존재하고 있기 때문입니다.

이에 대해 영, 혼, 육에서 모든 사람들을 보는 '작업형태'가 발전되었습니다.

- 사람은 자유가 필요하며
- 자연을 만나기 원하며
- 창의적이고자 하며
- 다른 사람과 함께 하고자 하며
- 방향을 찾으며, 사람의 의미를 물으며, 평안함을 찾기를 원합니다.

이러한 방식으로 사람은 일상생활의 결손을 적어도 한 부분 더 만회하려 하고, 휴가를 향한 삶에 대하여 자극을 주기를 원하고 있습니다. 그 때문에 '낮 시간 예배'는 인간의 삶의 리듬에 아주 강하게 적응되어 있으며, 공간적으로는 휴가자들에 더 가까이 다가오게 되었습니다. 예배는 일요일 오전에 그리고 교회에서만 개최되는 것이 아니라 주중에, 이따금씩 저녁에, 가족예배, 녹색의 숲에서, 산악에서의 예배로 이루어졌으며, 교회 순방, 산책과 함께한 경건회 그리고 초롱불 축제 후 저녁기도회 또는 명상 축하로서 이루어집니다.

이러한 중심점을 주변으로 - 각 지역적 가능성들에 따라 - 일련의 계속적인 행사들이 꾸려졌습니다. 가족을 위한 프로그램, 오후 놀이, 축제, 주변으로의 산책, 예를 들면 자연의 오솔길, 경내 구경 또는 명소 방문, 야간 산책, 조각품 만들기 프로그램, 야외 노래와 음악회, 연주회나 대화시간에서입니다. 많은 이러한 행사들을 위해서, 그것이 단지 한 가지 중점만을 가지는 것이 아니라, 사람들을 그들 인격성의 여러 지평들에서 여러 필요들을 보면서 의견을 들어보는 것이 특징입니다. 이러한 방식으로 믿음은 전 사람들에게 생각하며, 모든 삶의 분야들을 새로운 감동과 함께 젖어들게 할 수 있다는 것이 분명하게 될 것입니다.

2. 일요문화

"영혼에 일요일을, 일요일에 영혼을 주라!"(Peter Rosegger). 일요일은 '여가의 보화'로서 새롭게 발견될 수 있는 날일 것입니다. 연방차원의 독일 개신교회의 "주일보호"시민연대와 "하나님께 감사하라, 그것이 일요일(주일)입니다."라는 주제와 함께 기독교 교회의 사역공동체도 그것을 목표하고 있습니다.

하노버에 있는 주 연방교회는 가족, 부부(연인) 그리고 홀로 사는 사람들에게 휴일의 즐거움을 주기 위해 "일요일의 아이디어"(Sonntagsideen)라는 핸드북을 발간했습니다. 일요일(주일)은 예배의 시간이며, 가족과 친구들을 위한 시간이며 또한 일상에서 방향을 전환하는 시간입니다. 그러기 때문에, 일요일(주일)의 영감은 "커피 마시며 수다떨기"(Kaffeeklatsh)에서부터 책 파티를 넘어, 비용이 전혀 들지 않는 소풍에까지 이른다고 소개하고 있습니다. 여기에 저마다 적합한 성경이나 교회의 주제들을 기입한 텍스트들을 넣었습니다. 또한 각양각색의 직업 활동에 있는 사람들에게 일요일(주일)이 중요한 또 하나의 이유는 그들에게 특별한 무엇인가를 제공해 줄 수 있기 때문입니다. "독일남부지역신문"의 편집장 마티아스 드로빈스키(Matthias Drobinski)는 로마 가톨릭적인 특색으로 자신의 어린 시절을 회상하며, "여러분의 삶이 멈추고 일상이 환기되는 하나님의 날에 대한 그리움"이라는 글을 쓰고 있습니다.

[참고도서]

- 담(Dahm,K.W.): 일요일에 결코? (Sonntags nie?), 1989.
- 프라이(Frey,R.)(Hg.): 실제의 책, 여가노동(Praxisbuch Freizeitarbeit), 1987.
- 오파쇼브스키(Opaschowski,H.W.): 노동, 여가, 삶의 의미(Arbeit, Freizeit, Lebenssinn), 1983.
- 프라할(Prahl,H.-W.): 여가의 사회학(Soziologie der Freizeit), 2002.
- 뤼헤나우/징겔(Rüenauer,H./Zingel,H.): 일요일을 축합니다(Den Sonntag feiern), 1992.
- 일요일에, 한 해 전체를 위한 아이디어,(Sonntags. Ideen für das ganze Jahr). Hg.: Ev.-luth. Landeskirche Hannovers, 2007.

www.sonntagsruhe.de

4.3.7 스포츠

인지

스포츠는 우리 일상문화의 본질적인 부분입니다. 그것은 한 날의 과정과 삶의 리듬을 결정합니다. 라틴어 '데스포라테'(desportare)라는 말의 의미에 따르면 스포츠는 "분산시키다", 원기를 되찾다 또는 즐기다"는 뜻입니다. 그것에 따라 놀이적이며 목적에서 자유로운 요소가 스포츠에 적용되며, 동시에 스포츠의 경험들이 그들의 실존적 깊이에서 사람들을 만나게 됩니다. 인간의 가장 좋은 가능성과 그의 가장 깊은 한계들이 낮 시간 시합에 등장합니다. 그렇게 스포츠는 현대적 체험문화 안에서 감정적으로 가장 강하게 지배된 삶의 영역들 중의 하나입니다. 스포츠는 집약적 삶의 최고 성취감을 약속합니다. 스포츠는 개별적인 것과 같이 사회적으로 의미심장한 영향력을 소유하며, 그 때문에 현존의 가치 체계와 문화적 해석의 맥락에 하나의 배열을 필요로 합니다.

1. 스포츠와 신학

a) 성경과의 관련성

무술시합과 권투시합처럼 고대의 운동종목들이 성경에 언급되었습니다. 사도바울은 기독교 덕행(德行)의 가시화에 그러한 경기의 능력을 사용합니다. "운동장에서 달음질하는 자들이 다 달릴지라도 오직 상을 받는 사람은 한 사람인 줄을 너희가 알지 못하느냐 너희도 상을 받도록 이와 같이 달음질하라"(고전9:24) 스포츠 선수들의 노력과 자신을 희생하는 훈련의 노력은 믿는 신자들이 그리스도 안에서 새로운 생명을 위하여 진력해야 하는 경주를 위한 보기가 될 것입니다.

같은 맥락에서 비교의 한계가 분명하게 됩니다. "이기기를 다투는 자마다 모든 일에 절제하나니 그들은 썩을 승리자의 관을 얻고자 하되, 우리는 썩지 아니할 것을 얻고자 하노라"(고전9:25). 스포츠의 가치는 분명합니다. 스포츠의 높은 실적은 무엇을 향한 노력인지, 궁극적으로 유익이 없는 사라져가는 목표에 해당합니다. 어디를 향하는 내용적 차이가 분명히 등장하는 형태적인 면에서 운동과 믿음 사이의 유비관계가 그렇게 남아 있습니다.

마지막으로, 시합과 경주는 인생의 삶의 도전에 대한 상징이 될 것입니다. 레슬링에서 우승하고 경주가 끝나게 된 것처럼, 사도는 자신의 믿음을 굳게 붙잡았습니다. "나는 선한 싸움을 싸우고 나의 달려갈 길을 마치고 믿음을 지켰으니"(딤후4:7). 이러한 맥락에서 운동선수의 열정적인 노력과 자신의 약점과 외적인 유혹에 저항하는 그의 투쟁은 신앙 존재의 모범이 될 것입니다.

b) 전체적 인간상

성경 증언에서, 인간은 육체적이며-영적인 통일체로서 하나님의 형상으로 지음 받게 되었습니다(창1:27). 그의 개별적인 단회성과 마음대로 할 수 없는 존엄성은 몸과 영과 함께 그에게 관계됩니다. 평화(히브리어, 'Shalom')는 성경의 전통에서 다른 여러 영생차원의 균형과 조화로 성취되었습니다. 그렇게 예수님의 치유는 전인격적으로 이해된 자아의 관계와 하나님과의 관계인, 영적이고 육체적인 구원이 하나가 되는 통합성의 회복을 지향하였습니다. 기독교적인 서방문화의 발전은 육체적인 것을 평가절하 하도록 조성하였습니다. 그러나 성경의 최종적인 구원의 전망은 총체적인 창조에 대한 정신적이며 육체적인 통일에서 성립됩니다.

기독교 신앙은 '이와 같이 육체가 없는 영적인 가르침'의 근본적인 혐의로부터 필히 해방되어야 하는 동안 이것은 스포츠와 단편적으로 인간의 육체성을 찬미하려는 그의 의심에 관하여 반대적인 방법에서 효력을 가집니다. 스포츠에서 하나의 이상적인 영역을 발견하는 '몸의 숭배'와 '실적에 대한 망상'은 그러한 현상들이 분명합니다. 그럼에도 불구하고 신체와 정신의 건강한 연결이 바로 스포츠의 이상적인 상(像)으로 적용하는 동안에, 이로써 단지 주객전도의 현상들이 표현되었습니다. 로마의 시인 유베날(Jevenal, 60-125)로부터 각인(刻印)된 문장 "건강한 신체에 건강한 정신"(mens sana in corpore sano)은 고대로부터 스포츠의 올바른 이해의 핵심이 되고 있습니다.

2. 스포츠에서의 자기이해

a) 스포츠의 의미성

육체성과 운동경기 그리고 연대감이란 관점에서 언급된 특별한 "집념"은 스포츠와 결합되었습니다. 스포츠에서 인간은 자체의 삶의 자연적 조건들로부터 습관을 만들게 됩니다. 운동하는 사람은 직접적으로 자체의 가능성, 제한성과 함께 자신 스스로를 체험합니다. 훈련과 단념, 목표지향성과 집중 그리고 지속성은 삶의 다른 영역들을 책임 있게 형성하는 상태에 있는 성숙한 인간성의 구성에 의한 중요한 관점들입니다. 자기경험을 뛰어넘어, 연대(連帶)와 같이 비교되는 스포츠의 만남에서 상호작용에 대한 능력들이 형성되었습니다. 스포츠 활동은 홀로 연습되게 할 수 있습니다. 시합과 비교는 근본적으로 인정되었습니다. 이로써 그의 사회적인 체제처럼, 개인에 동등하게 유용하게 되는 에너지들이 방출되었습니다. 스포츠에서 성과는 특별히 실적능력에서가 아니라 행운과 같은 성취와 마음대로 할 수 없는 우연성에 의존됩니다. 그러므로 행동(운동)하는 자들의 근본적인 연대감은 동시에 경쟁과 함께 형성되었습니다. 만남의 성취를 위한 표준으로서 출연자들에게 유익하게 하는 규칙 총서의 인정은 이런 것과 관계되어 있습니다.

b) 세계관적인 중립성

스포츠의 내용과 집념은 스스로 벌써 윤리적으로 지향하는 능력이 스포츠에 내재하고 있다는 그 방향으로 이해되지 않아야 합니다. 경기를 하는 순간은 그의 본질에 속합니다. 스포츠는 그 자체로 보면, 항상 목적에서 자유로우며, 세계관적으로도 중립적입니다. 사람들은 운동이 좋은 것이라고 생각하기 때문에 운동을 합니다. 이러한 가치평가의 근거는 각 사람들의 신념에 있지, 운동 자체에 있지는 않습니다. 스포츠는 이러한 개방성에 근거하여, 다른 의사소통 수단과는 달리, 사람들이 다양한 가치체계들과 연결시키는 입장에 있습니다. 자체의 집념을 승인하는 모든 사람들은 스포츠의 활동에서 자신들을 만나게 할 수 있습니다. 문화, 종교, 환경이나 출신 등으로 인한 차이들은 스포츠에서는 의미가 없습니다. 이것은 본질적으로 그의 의사소통적이며, 통합하는 능력을 위한 것입니다.

3. 사회 안에서의 스포츠

a) 문화현상-스포츠

1950년대 이래로 교회는 그간 스포츠와 거리를 두었던 태도를 극복하기 시작했습니다. 스포츠는 점점 문화의 한 부분으로 이해되었으며, 확장의 부분에서 공적으로 우러러 봄의 중심으로 옮겨가기를 시작하였습니다. 오늘날 스포츠와 함께 고전적 경기종목과는 더 이상 아무런 공동성을 갖지 못하는 더 많은 활동성이 표현되었습니다. 스포츠는 더 이상 개별 현상으로 주목받지 않으며, 사회를 그들의 전체성으로 관통합니다. 스포츠는 경제적 생활유지의 수단이며, 평생의 동반자가 되는 것입니다. 그것은 유아기부터 시작하여 삶 자체와 함께 끝납니다. 일상문화의 부분이 되었으며, 사람들의 입장과 가치에 영향을 미치고 있습니다. 그리고 외면할 수 없는 방식으로 엄청난 주목을 받게 되었으며, 모든 문화로부터 형성된 능력에 많은 영향을 미치는 파트너로 인지되어야 합니다.

b) 전 세계적인 사회에서의 몫

스포츠는 번영의 현상처럼 가난 현상과 균형을 이루고 있습니다. 스포츠는 특권층의 고급 저택에서처럼 마찬가지로 대도시의 주변도시에서 시행되었습니다. 성공을 향한 소원은 부자들처럼, 가난한 자들을 최고의 업적에로 몰아가고 있습니다. 어떤 운동종목들은 연습하는 자들이 스스로 머무르고 있는 공간의 확장부분으로서 잘 가꾸어졌습니다. 신생 트렌드 종목은 이따금 천편일률적인 수식어와 특수한 역할행동과 함께 나타납니다. 더 많은 스포츠 종류들은 보편적으로 접근할 수 있게 될 것입니다. 왜냐하면 스포츠의 업적에서 사회적인 불균형이 상대성을 경험하는 기초적인 신체상의 완성에 대한 직접적인 집중이 이루어지기 때문입니다. 스포츠는 그것으로써 모두를 위한 삶의 기회에 대한 공정한 몫에 너무

과소평가하지 않는 기여를 수행할 수 있을 것입니다.

방향

1. 사회적 역량

a) 주의

스포츠는 관용을 위한 학습 분야입니다. 스포츠 가담자들은 이루어낸 실적의 평가를 넘어 존경과 함께 자신을 대하게 됩니다. 존경은 그의 패배와 개성과 바로 상이성에 있는 사람에게도 역시 유효합니다. 교회와 스포츠는 그러한 사회적 능력의 강화에서 함께 작용할 수 있을 것입니다. 교회는 스포츠에서 단편적이고 과대한 실적지향성을 지적할 것입니다. 그러나 다른 한편, 시합과 성공에 긍정적인 접근들을 열어놓게 하며 그리고 스포츠를 통한 신학적 성찰에 격려할 수 있게 될 것입니다.

b) 공정성

스포츠의 자기이해에 있어서 공정성은 인간고유의 윤리적 특성으로서 유효할 수 있습니다. 공정한 태도와 함께 그의 신뢰성이 세워지거나, 무너지는 것입니다. 공정한 태도의 이상적인 것에 의식적으로 대립하며 그리고 모욕적인 행위, 심한 굴욕적인 태도 또는 물질적인 피해를 돈으로 취하는 하위문화적인 투쟁종목과 같은 주변 현상들은 본래의 의미에서 스포츠로 여겨지게 할 수 없으며, 오히려 왜곡된 것으로 취급되어야 할 것입니다. 스포츠에서 공정한 태도는 규정일치보다 더한 것입니다. 그것은 단정함과 명예와 연대감 그리고 인간성을 포함하고 있습니다. 공정한 태도의 도덕적 기품은 교회와 더불어 '평화사역'으로 파악될 수 있을 것입니다. 스포츠의 공정한 태도는 성공적인 이웃 공동체를 위한 행동패턴이 될 것입니다.

2. 스포츠와 건강한 삶의 방식

a) 제한된 자원으로서의 육체적인 것

스포츠가 건강에 도움이 된다면, 그가 스스로 운동을 하지 않더라도 각 사람은 건강에 대한 그의 염려와 함께 운동에서 하나의 관계를 취하게 됩니다. 스포츠와 건강한 삶의 방식은 인간의 책임성에 대한 측정기가 될 것입니다. 신학과 교회는 그의 육체적인 것과 함께 인간의 책임 있는 교제를 지원하게 될 것입니다. 다른 한편, 그것은 건강의 우상화에 동의할 수는 없을 것입니다. 건강은 매우 필요하지만, 그러나 모든 것을 필요하지는 않습니다. 그리고 삶의 가치에 대하여 결정하지 않습니다. 이런 이의제기는 필요합니다. 왜냐하면 기독교 신앙의 약속은 같은 방식으로 약화시키며 해치는 생명처럼 능력 있게 하는 삶에도 유효하기 때문입니다.

b) 자아와 함께 책임적인 인간관계

건강함을 위한 인간의 책임성과 함께 중요한 합리성의 압력이 발생합니다. 운동을 한다는 것은 좋은 것이며, 운동에 무관심은 나쁜 것으로 간주됩니다. 운동을 하거나, 금하는 사람들에 대한 판단은 쉽게 옮겨집니다. 병이 들거나, 쇠약한 사람은 그의 책임에 정당해지지 않게 되는 일반적인 혐의에 빠져듭니다. 기독교적인 관점에서 스포츠는 책임적인 삶의 설계가 가능한 수단으로 말해질 수 있습니다. 그러나 사회적으로 부과된 의무나 또는 스스로 재촉한 숭배로서 스포츠는 그의 성숙함에서 사람을 잘라내고, 그의 결단의 자의성을 한정하는 우상으로 전락됩니다.

c) 감관 충족으로서 신체숭배

육체적인 것에 이념적인 짐을 지우는 것은 몸의 긍정적 인지로부터 구분하는 것입니다. 미와 젊음, 노련함이 감관적인 의미를 얻는다면, 몸은 자기구원의 장소가 될 것입니다. 강하고 더 젊은 몸의 조작성에 대한 하나의 믿음은 궁극적으로 비인간적인 것으로 작용해야 합니다. 왜냐하면 그 믿음은 현존재의 연약성과 제한성에 대해 그 어떤 대답들을 갖지 못하기 때문입니다. 육체적인 것의 찬양에서 인간은 동시에 그의 힘의 사라짐과 함께 그의 인간존재에 결손으로서 경험되어야 합니다. 기독교의 전망에서 인간에게 앞서 나아가는 위로로서 그리고 저편에서 모든 것의 조작가능성으로서 남아있는 인간의 존엄성은 이러한 상(像)에 반론을 제기하는 것입니다.

3. 휴양으로서의 스포츠

a) 재생과 재창조

사람은 자연적 성질로 인하여 신체적이고 정신적인 회복이 필요합니다. 수면이 이러한 목적에 도움이 될 뿐만 아니라, 일상을 중단하고 긴장을 해소하는 것에 도움을 줍니다. 이런 행위는 현존극복을 위한 그 밖의 활동들과 잘 행하면서 구분될 때, 전적으로 집중과 노력과 결합될 수 있을 것입니다. 이러한 의미에서 스포츠는 생명력의 회복을 돕게 됩니다. 스포츠의 창의적이고 놀이적 특징은 건설적인 효과를 보증합니다. 기록향상을 위한 스포츠와 전문적으로 수행되는 스포츠는 이러한 관점과는 거리가 멀어질 수 있습니다.

b) 일요일의 휴식

스포츠와 교회는 일요일의 그들 양자의 요구에서 서로 만나게 됩니다. 그것들은 이와 같은 한정된 시공간을 요구합니다. 스포츠 활동은 원칙적으로 일요일의 보호와 그의 의도에서 결코 상충되는 것이 아닙니다. 그 때문에 교회는 스포츠를 동반자로 그리고 의미 있는 여가 프로그램의 스포츠행사의 주체자로서 가치가 평가될 수 있을 것입니다. 동시에 교회는 예배시간이 내적인 새롭게 함의 기회로서 존중되는 것에 대하여 인상 깊게 상기시키게 될 것입니다. 하나의 성공적인 의사소통의 면들이 존재한다면, 상호간의 배려가 가능한 것입니다. 그럼에도 불구하고 태연함과 상호존중 안에서 평가되고 수정되어야 한다면, 그것은 중첩되는 부분에서의 최선의 노력에 의하여 이루어지게 될 것입니다. ↗ **4.3.6 자유시간**

4. 스포츠의 과도한 외국의 영향

a) 스포츠의 이념성

스포츠가 사회적인 공중성에서 의미성분들의 운반자로서 인지되었을 경우에, 그것은 대중의 현상으로서 그 자체 안에서 이미 정치적인 것입니다. 이러한 성분내용들이 여러 가지 영향들에서 제외되었으며, 각기 각색과 연출로부터 의존되었습니다. 예를 들어, 올림픽 경기는 미묘하거나 공공연한 방식으로 이념적인 자기연출이 작동되었던 탁월한 장소가 되었습니다. 관중들의 해석의 능력에서 특별히 스포츠의 대중 이벤트에 의하여 높은 요구가 제기되었습니다. 왜냐하면 그들은 결합된 관심들을 알기위하여, 내적인 참여에도 불구하고 일정한 거리를 유지해야 하기 때문입니다.

b) 종교적인 색채

특별히 축구는 종교적 인상을 주는 성격의 종교 의식적 관계를 알고 있습니다. 축구는 자신만의 거룩한 시간을 가지며, 순례자들과 성전을 알고 있습니다. 추종자들은 그들 자체의 언어를 말하며, 예전적인 노래를 반복하며, 그들 유명한 축구선수들의 사진을 구입하며, 말과 표지로 고백합니다. 동시에 그들은 내부의 지식으로 봉헌된 자들이며 그리고 잔디 위에 펼쳐지는 현상들을 완벽하게 해석할 수 있습니다. 그럼에도 불구하고, 스포츠는 종교가 아니며 그 어떤 구원의 소식이 아니며, 그 때문에 자신의 경계에 스스로 주의 깊게 되도록 잘 조언되었습니다. 독일 축구협회장 테오 쯔반치거(Theo Zwanziger)가 2009년 국가대표 골키퍼인 로버트 엥케(Robert Enke)의 장례식에서, "여러분들은 인간 안에 있는 것, 의심과 연약함을 생각하기 바랍니다. 축구가 전부는 아닙니다."라고 말했던 것처럼, 스포츠 활동가들이 인간존재의 최종질문 앞에서 그것을 기억한다면, 이것은 진실한 방법으로 일어나게 됩니다.

c) 스포츠사건들 주변에서의 폭력

스포츠 경기에 의한 폭력발생은 전혀 새로운 현상이 아닙니다. 스포츠에서 일어난 사건은 여러 그룹들로부터 반복되면서, 그 밖의 하나의 일상에서 억압되었던 감정들이 발휘되도록 거의 종교의식적인 방식으로 이용되었습니다. 규칙위반에서 중압감과 준비에 대한 어느 정도는 적중하는 운동종류들에서 이따금 스스로 형성되어 있는 것으로 보입니다. 더구나 사건의 의례적 색체는 거룩한 진지성을 가진 참여가 이루어지도록, 각자 선호하는 선수 팀에 대한 말이나 또는 상징적인 과소평가는 희생제물로서 평가하는 것에 기여합니다. 경기장에서 전적으로 보호받는 하나의 유사 종교적 열광주의는 여기에서 그의 그늘진 면들을 마음껏 펼치게 됩니다.

5. 성공과 도덕

a) 실적과 돈

스포츠는 실적을 만드는 일과 불가불 결합되어 있으며, 그 때문에 실적에 대한 생각을 실제보다 언제나 높게 평가하는 위험에 놓여 있습니다. 최고의 기량을 만들어내는 선수는 대중 스포츠에서 돈과 방송 매체의 관심사로부터 막대한 주목을 받습니다. 그러나 그 선수 역시도 그 순간 성공을 만들어낸 한 사람이라는 점에서 주목할 뿐입니다. 선수는 일반적으로 존재하는 욕구를 달래주지만, 선수 자신은 이와 다릅니다. 전체적으로 스포츠 기량들은 집약적으로 고용된 일에 종속되어 있습니다. 스포츠의 상업적인 영향은 돌이킬 수 없는, 동시에 질문되는 실제 사실입니다. 스포츠 문화가 책임성 있는 형태를 경험하도록 경제적 관심사와는 비평적 거리를 항상 견지해야 합니다. 청소년 스포츠와 대중 스포츠에서 경제적 관심사와 과도한 실적 지향성은 아직 말하지 않았습니다. 그들은 스포츠가 가지고 있는 통합적 작용에 대립하고 있습니다.

b) 도핑과 조작

도핑과 허락되지 않은 조작현상은 실적에 대한 사고의 상업화와 이념화가 밀접하게 결합되었습니다. 그러한 돌발사건들이 공개되는 일과 더불어 스포츠의 고유한 의미는 손상을 입게 되었습니다. 신뢰성과 공적인 수용은 급격하게 상실되는 것이 당연합니다. 통제는 스포츠의 외형적인 모습만을 보호할 수 있으며, 그 요구 자체는 이러한 것들이 공중의 신뢰를 품위 있게 증명할 때, 운동선수를 통하여 스스로 지속적인 검증이 필요합니다. 실적을 도울만한 수단(약물금지)의 해제는 운동선수들 가운데서 다만 기회균등을 안전하게 해 주지만, 그러나 고유한 의미와 선두 스포츠의 영역에 대한 내재하는 가치성의 요구는 포기될 것입니다.

c) 도덕과 이중 도덕

여러 스포츠 종류에서, 공식적 규정작업 외에 원초적인 규약과 그의 윤리적 원칙을 파괴하는 병행적인 행동 모범은 알아 볼 수 있습니다. 반칙(파울)은 벌이 주어졌습니다. 그러나 파울은 선택의 적합한 수단이며, "응급 브레이크"로 사용됩니다. 축구 경기장 곳곳에서 "따귀" 때리는 소리는 실상을 재해석하며, 하나의 부당한 이익을 얻게 하려는 입체 음향적 시도입니다. 경기의 첫 번째 규정이 공정하게 진행되는 동안, 두 번째 규정은 필요한 경우 허락되지 않은 수단으로 정당화하는 성과로 요구되었습니다. 교육적 효과는 회의적이지만 그것은 메시지를 전하고 있습니다. '너는 무엇보다도 들키지 않아야 한다!' 인성에 미치는 영향에 교활함과 허가되지 않는 냉정한 태도는 공정, 존경, 연대감보다 가능한대로 더 큰 힘을 펼치고 있습니다.

형성

1. 교회와 스포츠와의 관계

a) 존중과 인정

종교와 스포츠가 서로 어떤 관계를 갖는지 질문한다면 먼저 이 둘은 전적으로 이질적인 분야를 묘사하고 있음을 분명히 할 수 있습니다. 우선 스포츠가 여가현상을 보여주고 있다면, 종교는 현존의 의미와 목적 그리고 실존적 차원을 질문하고 있습니다. 이러한 근본적 차이의 인정은 서로가 존중하며 만나도록 하는 자유를 줍니다. 서로 번갈아 가며 배제 시키는 일은 없어집니다. 운동하는 사람이 기독인일 수 있습니다. 그리고 동시에 자신을 기독인으로 인정하는 자는 스포츠에 대한 감명을 받을 수도 있습니다. 그러므로 교회와 스포츠의 대표자들은 비평가로서 서로를 만나는 것은 아닙니다. 특별히 스포츠를 감독하고 나서며, 고차원적인 해석을 요구하는 것은 교회의 임무가 아닙니다. 그러나 교회는 스포츠 현상의 자기 논리를 넘어서, 스포츠의 내적 역동성을 전체적인 관점에서 정돈하는 그런 대화의 관점을 제공할 수 있습니다.

b) 공동 책임에서의 동맹

스포츠와 종교는 공히 그들의 교육적 책임을 인식합니다. 그들은 스스로 사회적이고 개별적으로 끼치는 효과를 의식하고, 눈높이에서 동맹을 맺습니다. 이둘은 인간의 핵심적 가치를 대변하며, 사회 속에서 사회의 미덕들을 강화합니다. 그들은 서로 연합 동맹할 수 있는 공통성을 여러 가지 시각에서 추구합니다. 교회와 스포츠 사이에서 차별화된 국제동맹은 신체적, 영적, 개인적 그리고 사회적 측면이 받아들여진 인간적인 삶의 관계들에 대한 총체적인 시각에서 각인되었습니다. 그것은 공동의 입장 표명과 캠페인과 활동 등으로 표현됩니다.

2. 스포츠 행사와 교회

a) 스포츠 행사에서 교회의 존재

중요한 시합은 경기자로 하여금 고도의 열중하는 방식을 요구합니다. 모든 에너지는 한 번의 결정적인 순간을 향하여 준비되어 있으며, 그 순간은 운동선수의 체험 가운데서 무한정 채워진 의미를 견지하게 됩니다. 성공과 실패는 0.001초에 달려 있습니다. 성공이냐, 실패냐의 문제는 단지 그 순간만 아니라, 동시에 전체적인 훈련과 삶의 실행에도 해당됩니다. 교회는 보호된 공간을 이용하게 하며, 명상과 만남을 가능케 하고, 선수들에게 모든 역량들의 저편에 놓여 있는 하나의 승인(承認)을 말해 줍니다. 예배적인 형태들은 압박받고 고조되고 있는 감정을 위한 표현공간을 제공하며, 유익한 전망을 위해 우선하고 있는 성공지향점을 보완합니다.

b) 운동경기장 교회

여러 도시에서 운동경기장 내에 있는 작은 예배당은 교회와 스포츠 사이에서 생생한 파트너 관계에 대한 보다 확실한 가시적 표현입니다. 경기장 내의 예배당은 회중들을 포함하고 있지는 않지만, 경기행사가 진행되는 한 매번 회중이 모이게 되는 것입니다. 예배당은 스포츠 행사를 넘어서는 차원의 현장을 가시적으로 표현합니다. 특별한 경우에 경기장 자체가 하나의 예배 장소가 될 수 있을 것입니다. 2009년 하노버에서 국가대표 골키퍼였던 로버트 앵케(Robert Enke)의 장례식이 경기장에서 진행되었던 것처럼, 이런 경우는 극히 드문 상황입니다. 왜냐하면 스포츠는 본래적 의미에서, 그 자체가 생명과 죽음에 대한 그 어떤 해석능력을 요구할 수 없기 때문입니다. 교회와 스포츠와의 협력은 바로 그러한 극단의 상황에서 생겨나며, 매우 유용한 것으로 경험되었습니다. 경우에 따라 경기장 안은 그러한 협력의 장소가 되기를 바라며, 원리적으로 보통 공간에 비해 교회 공간의 다름이 놀람과 슬픔의 감정을 초월하는 넓은 공간으로 인도하는 것과 동시에 하나의 분리처럼 행사의 통합이 거기서부터 가능하게 되는 것이 우선 적용되었습니다.

3. 접촉의 표면들

a) 노동연구회인 교회와 스포츠

1964년 교회의 사회 봉사적 과제를 인식하여 교회와 스포츠라는 "노동연구회"가 설립되었습니다. 그 이래로 독일 개신교회와 독일 스포츠연맹 사이에 파트너 관계가 뚜렷한 윤곽선을 그렸습니다. 정기 모임에서 실제적 문제들이 관심을 끌게 되었으며, 이에 대한 입장을 얻게 되었습니다. 많은 만남이 세계 교회연합으로 형성되었습니다. 1990년 독일교회 감독 컨퍼런스와 독일개신교회협의회(EKD)의 위원회의 "스포츠와 기독교의 도덕적 품성"이라는 공동선언이 본질적으로 만들어졌습니다. 정기적 노동관계들이 동맹차원에서 집약적 네트워크에 토대를 두고, 그 당시 대표적 선두주자들의 대담에서 절정을 이루게 되었습니다. 독일개신교회협의회(EKD)의 "노동연구회, 교회와 스포츠"는 주 연방교회의 위임을 받은 대표들이 더 넓게 결합된 파트너들과 함께 회집하고, 교회와 스포츠 사이의 만남을 근본에서 지원하고 있습니다.

b) 스포츠와 교회공동체

교회공동체는 스포츠 연합단체와의 증대하는 협동 가능성과 공동체 사역의
부분으로서 스포츠를 스스로 발견합니다. 교회공동체 내의 스포츠는 환경의 좁
힘을 극복하도록 도우며, 새로운 접촉면을 만들어내며, 점점 공공단체 지향의 공
동체 건설의 관점으로 파악되었습니다. 스포츠는 교회의 단편적인 내면 지향을
깨뜨리고, 전체의 피조성에서 인간됨을 인지하도록 하는데 일조하고 있습니다.
종교교육학에서 스포츠의 덕행은 근본적이며 윤리적인 지향점을 위한 이해를 돕
는 것이 될 것입니다. 동시에 스포츠에서 단지 잠재성뿐만 아니라, 인간 가능성의
남용과 한계를 가시적으로 보여주게 될 것이며, 현존의 부가가치에 관하여 질문
하는 단초들을 제공해 주고 있습니다. 교회공동체는 스포츠 단체들과 신실한 동
반자 관계를 위해 노력할 수 있으며, 만남을 통해 양측 모두의 유익을 도출할 수
있을 것입니다.

[참고도서]

• 독일개신교회협의회의 텍스트 32(EKD Texte 32): 스포츠와 기독교적인 도덕적 품성 - 스포츠에
　　　대한 공동선언(Sport und Christliches Ethos-Gemeinsame Erklärung der Kirchen zum Sport),
　　　1990.
• 그루페/미이트(Grupe,O./Mieth,D.): 스포츠의 윤리사전(Lexikon der Ethik im Sport), in:
　　　Schriftenreihe des Bundesinstituts Sport, 2000.
• 헤름스(Herms,E.): 스포츠. 교회의 파트너와 신학의 주제(Sport. Partner der Kirche und
　　　Thema der Theologie), 1993.
• 울리힉스/엥겔하르트(Ulrichs.H.-G./Engelhardt,T.),연구-가르침-배움(Forschen-Lehren-
　　　Lernen), Band 17, 2003.
• 노스(Noss,P.)(Hg.): 축구에 미침(fußball verrückt): 축구에서의 감정, 이성과 종교
　　　(Gefuehl, Vernunft und Religion im Fußball). 특별한 세계에 대한 접근들(Annäherungen an
　　　eine besondere Welt), in: Gabriel, K.(Hg.): Forum Religion & Sozialkultur Abt. B: Profile und
　　　Projekte, 2004.

4.4 세계적인 책임

4.4.1 자연적인 삶의 근본토대

인지 ─────────────────────────────────

수천 년간 "자연적 삶의 토대"보다 더 믿을 만한 것은 아무것도 없는 것으로 보였습니다. 그것은 근본적으로 바뀌었습니다. 독일은 1994년 헌법 개혁 과정 중 자연적 삶의 토대를 "국가의 보호 아래"에 두었습니다. 헌법 제20조 a는 그 이래로 다음과 같습니다. "국가는 다음세대를 위한 책임에서, 입법을 통한 헌법에 적합한 질서의 범주에서 집행하는 권력과 판결 재판을 통한 권리를 보호합니다."

우리의 지구로부터의 세계의 공간 사진은 인류 공동의 고향이며, 사파이어 청색 행성 중 무한히 값지며, 사랑할만한 가치가 있는 것으로 한정되었지만, 반면 대단히 손상된 것을 보여주고 있습니다. 새로운 "지구윤리"(Aldo Leopold)와 함께 우리는 이러한 경이로운 선물에 대한 책임과 함께 "삶에 유용하게" 취급하는 상태에 놓이게 될 것입니다. 원시시대 자연에 대한 공포감과 부분별 했던 발전에 대한 신뢰성이 여기에 계속적인 도움을 주지는 못합니다. 남녀 기독인들은 다른 종교와 함께 창조의 보존과 자연적 삶의 토대 유지에 기여를 수행하도록 도전받게 되었습니다.

생태학적 책임을 생각하고 있는 기독인들은 거기서 더 겸손하며 온화한 삶의 스타일인 옛 덕행에 관계하고 있습니다. 그들은 동시에 알고 있습니다. 자연적 삶의 토대와 주의를 기울이며 아끼는 태도가 정의와 평화를 위해 절대적으로 필요한 전제조건임을 말입니다! "하늘과 땅의 창조주로서" 모든 삶이 그에게 힘입고 있는 하나님에 관한 신앙고백의 첫 조항은 새롭게 근본적인 신앙과 삶의 방향이 될 것입니다.

방향

1. 성경의 창조 소식과 삶의 토대를 위태롭게 함

a) 성경적인 근본역사들

"태초에 하나님이 천지를 창조하시니라"(창1:1). 이러한 말씀으로 성경은 시작하며, 이것으로 인간과 그의 세계, 세계상 그리고 믿음에 대하여 본질적인 것이 말해졌습니다. 인간은 곳곳에서 하나님을 만나며, 그분의 흔적을 따르며 그리고 그분의 손으로 쓴 필적을 읽게 됩니다. 엄청나게 많은 수의 기독인들이 이러한 확신을 공유하게 됩니다. 그들은 세상과 무엇인가 부여된 것으로서의 생명을 인지하고 있습니다.

창세기의 첫 장들(창1-3장)은 - 오늘날의 언어로 표현되어 - 아주 인상적인 생태학적 전망을 이미 열어주고 있습니다.

- 창조는 특유한 방식의 "시작"을 가집니다. 창조는 그 자체로부터 스스로 생겨난 것이 아니라, 하나님의 실제에서 나아옵니다. 그렇기 때문에 창조는 절대로 어느 한 단계에 머물러 있는 것이 아니라 나아와서, 현저하게 지속적으로 발전합니다. 인간은 창조의 부분으로서 "하나님의 형상"으로 지음 받았습니다. 만일 인간이 "땅을 정복해야"한다고 할 때, 직접적인 정황을 주목해 보면 그 어떤 임의적인 처치가 아닌, 세상에 대한 책임입니다. 인간의 행동 가운데, 창조주의 선한 의도는 모사되어야 합니다. "하나님은 그가 만드신 모든 것을 보셨으며, 보라, 그것이 아주 좋았다". 세계와 생명에 대한 이러한 긍정적인 총평과 함께 전체로서의 세계가 - 많은 위협적이며, 인간들에게 어렵게 이해되는 현상에도 불구하고 - 그것은 삶에 유익한 것임을 뜻하는데, 원칙적으로 좋다는 확신 - "믿음"- 깨어나게 되었으며, 강화되었습니다. 왜냐하면 하나님은 창조 가운데서 인간에게 관심을 기울이기 때문입니다. 성경의 이러한 첫 장은 "그것이 어떠했는지"에 대하여 알려줄 뿐만 아니라, 이러한 소식과 함께, 특히 신뢰의 신적 창조로서 우리를 둘러싸고 있는 여러 층으로 만들어진 자연의 놀라움으로 우리를 인도하고 있습니다.

- 세계와 삶이 무엇인가 주어진 것이며, 동시에 삶에 있어 유익한 것이라는 사실은 창세기 1장에서 창조의 날을 7일 동안 지체의 분류를 통하여 표현되었습니다. 하나님

의 각각의 창조 작품은 저마다 삶의 공간을 가지는데, 삶에 필요한 모든 것입니다. 빛에서 휴식에 이르기까지 그의 자리와 과제를 가지게 됩니다. 거기서 사람은 창조의 목표가 아닙니다. 창조의 목표는 전창조 사역이 완성되는 하나님의 안식이며, 쉼과 그만둠은 하나님의 창조적인 활동을 만들며 - 그리고 그것과 함께 인간에게도 해당되는 - 전체적인 것입니다.

• 하나님은 "아담"(독일어: 흙 냄새나는 자, 인간)과 "하와"(독일어: 모든 산 자들의 어미)를 에덴이라는 이름의 큰 정원에 두셨습니다. 이로써 인간은 스스로 만들지 않았던, 전제(前提)들로부터 어떻게 사는지를 알게 될 것입니다. 그는 그것들에 영향을 미칠 수 있을 것입니다. "경작하고 보존하라"(창2:15)는 과제는 기본적으로 인간의 삶에 속하며, 다음과 같은 것을 뜻하는데 한편으로는 주어진 것을 그대로 두는 것이며, 다른 한편으로는 주어진 것에 형태를 부여하고 바꾸는 것입니다. 인간의 문화 사역은 생명을 증진시키는 행위와 생산이며, 생명을 위태롭게 하는 것들 사이의 중단할 수 없는 긴장관계로부터 특징지어 졌습니다. 그것은 사람들이 처음부터 그들이 피조물이라는 것을 잘 다루지 못하기 때문에, 특별히 그러합니다. 그들은 "하나님과 같이" 되기를 원했던 것입니다. 그들은 자신들의 창조주와의 결합에서 자신을 분리하며, 이와 같이 창조와의 관계에서도 분리하기를 시도합니다. 아담과 하와는 인간 태도의 근본전형들이자, 인류 전체를 뜻하는 것입니다. 창조가 계속 진행되는 것처럼, 그렇게 죄의 타락도 계속 진행됩니다. 이러한 양자의 실재들은 - 하나님의 선한 창조와 사람의 죄책을 통한 장애 - 현재적 현존을 각인(刻印)하고 있습니다.

그 때문에 "창조의 보존"에서 인간을 통하여 세계 전체의 유지가 이해되었다면, 그것은 불손으로 인도하게 되는 오해입니다. "자연적 삶의 토대의 유지"는 인간들을 위해서 이미 포괄적이면서도 끝낼 수 없는, 그의 최선의 능력과 온전히 요구된 과제 - 마찬가지로 더 불가피하며, 단지 불충분으로 시작된 과제라 할 것입니다. ↗ **1.3. 하나님의 창조**

b) 세상과 거리를 둔 인간

성경의 과제에 적합하게 문화를 창출하는 인간은 한정된, 말하자면 그의 방식으로 자연을 자기 것으로 만들고 있습니다. 이를 통해 인간은 그에게 주어진 그리고 그를 둘러싸고 있는 세계와 거리를 두는 쪽으로 빠져갑니다. 사람이 성경의 위탁에서 명시적으로 말한 것처럼, 자연적 생활토대를 규모 있게 하거나 그리고 생명의 보존과 생명의 지속이라는 목적으로 사용하는 것이 아니라, 오히려 지구 자원을 주어진 한도에서 벗어나 무제한적으로 경제적 관심사에 따라 약탈한다면 이러한 거리는 깊은 무덤이 될 것입니다. 그렇다면, 좋은 생활을 위한 사람의 의지가 자연적 삶의 토대를 통제하게 될 것입니다. 그 배후에는 어떤 주도(主導)하는 사상이 감추어져 있을까요?

이에 대한 하나의 해명을 한스 요나스[Hans Jonas, 1903-1983]가 제공하고 있습니다. 그는 그의 책 "책임의 원리"(1979)에서 논제를 내세웁니다. 새로운 시대의 생태학적 위기는 고대 후기의 "영지주의"에 대한 현대적 표현 형태와 거의 일치하는데, 그들의 세계관은 창조와 구원을 아주 위험한 방식으로 대결시키면서 다음과 같이 간략하게 정리하게 합니다.

- 두 가지 신적 원리는 세계를 지배하며 둘러싸고 있는데, 말하자면 하늘의 선한 신과 땅의 나쁜 신입니다. 사람의 영혼은 하늘로부터 오는데, 악한 신은 그 영혼을 하늘로부터 가로챘습니다. 그는 - 하늘의 선한 신이 아닌 - 이러한 가시적인 불행한 땅을 만들었으며, 영혼들을 쇠락해가는 육체로 옷 입혔습니다. 단지 이를 꿰뚫어 보는 사람만이 참된 "지식"(그리스어, Gnosis)에 이를 수 있습니다. 그리고 그 사람만이 이 "가련한" 귀양살이로부터 구원됩니다.

- 인간이 여기 낯선 세계에 내 던져져 있고, 세계는 신과는 완전히 멀리 떨어진 것이라면, 우리가 "창조"라고 부르는 모든 것은 그 어떤 품위를 지니지 못합니다. 요나스는 일찍이 신약성경에서 투쟁되었던 이러한 종교적 흐름 속에서 새시대의 허무주의에 대한 주춧돌을 보고 있습니다.

- 단지 "영혼"(Seele)만 계산에 넣고 육체는 착취당하게 합니다.

- 물질은 중요하지 않습니다. 식물과 동물은 "자원"(Ressourcen)이나, 인간의 환경에서 황폐하게 됩니다.

- 사람들은 그 "지식"의 정도에 따라 측정되었습니다. 예를 들면, "제1, 제2, 제3세계"라는 형태에서 엘리트 교육을 유리하게 하며, 아직 그만큼 이룩하지 못한 다른 사람들 모두를 "개발도상국"의 수준에다 밀어 넣습니다. ↗ 2.1 하나님의 피조계

c) 창조주의 찬양과 창조에 대한 감사

기독교의 환경 책임은 동시대의 유행을 따르는 것이 아닙니다. 그것은 자체의 유산에서 먹이며, 그것은 처음부터 있었던 것으로서 자체를 증명하는 오랫동안 오인되고 낮게 평가되었던 근원들을 다시 발견합니다. 즉 유대적 기독교 전승의 구성적 요소입니다.

이러한 유산을 각인시키는 추진력은 "경탄"과 "감사"를 뜻합니다. 탄원적 기본 어조를 가진 많은 시편이 있습니다. 후기 "영지주의자"에 상응했을 수 있는 것처럼, 그 누구도 창조에 대하여 고소하는 소리는 없습니다. 오히려, 모든 창조의 시에는 찬양의 노래들(예, 시104편)뿐입니다. 이러한 감사의 기본 어조는 직·간접적으로 창조를 주제로 가지는 성경의 모든 본문들을 관통하고 있습니다. 그것은 두 창조 이야기에서 시작하며, 안식일 계명에서 지속 됩니다. 하나님의 인자와 그분의 창조에 대하여 신뢰하고 있기 때문에, 사람들은 안식일에는 모든 노동과 동물과 땅을 쉬게 할 수 있습니다. 안식일에 쉬는 사람은 창조주의 인자를 다시금 상기시키며 하나님은 새로운 복으로 응답하심을 경험합니다! 이스라엘은 매 칠 년마다 안식년을 가졌고, 매 50년에는 미리 "은혜의 해, 모든 것을 원소유자에게로 되돌리는 희년을 예견하였습니다. 거기서 모든 채무들은 면제되었으며, 원천적 소유관계로 복원되었습니다. 그것은 단지 창조주의 인자로부터 압도당한 민족에게 감행할 수 있을 것입니다.

예수님이 자신의 활동(사역)을 "은혜의 해"의 모습(눅4:19)과 연결시키는 것은 그가 원했던 것에 상응합니다. 사람들이 염려의 포로 생활에서 해방하여, 그들을 실제로 믿는 자들이 되게 하는 일입니다. 그것은 그들 자신의 생명을 위하여 하늘 아버지의 자비를 다시 신뢰하는 것을 뜻합니다. - 하나님은 참새도 먹이십니다(마10:31). 그러나 사람들이 이것을 어떻게 알아차릴 수 있을까요? "하늘의 새들과 들의 백합화"(마6:26, 28)를 바라봄을 통하여, 즉 창조를 묵상하는 방식을 통해서입니다. 누구든지 동일한 피조물들이 전하는 메시지를 믿는 사람들은 "염려 없이" 살 수 있으며(마6:25), 그들은 동일한 피조물이 될 것이며, 생명의 기본 토대를 존중합니다. 그렇게 사는 자는 자신을 "하나님의 자녀"로 나타내며, 그리고 - 바울이 말하듯이 - 모든 피조물들(롬8:18이하)이 그들의 삶의 방식과 화해하는 능력을 동경합니다.

"모두가 단순하게 살 수 있도록 단순하게 사십시오!" - 그것은 전 세계의 교회에서 그렇게 말합니다. 그러한 단순한 삶의 스타일은 올바른 것이며, 평화에 기여하며, 창조를 보존하는 것입니다. 이러한 삶은 궁극적으로 창조주에 대한 신뢰에서 인도되는 것입니다.

2. '의제 21'과 교회의 기여

'자연적 삶의 토대의 보호'란 주제는 그 사이에 국가적이며 국제적으로 그리고 제도적이며 법적 정착에서 최고 수준의 관심을 경험하고 있습니다. 유엔 컨퍼런스에서 기후 보호, 산림 보호, 자연종 보호를 위한 규정들이 제시되었습니다. 리오데 자네이로에서 개최되었던 '환경과 개발을 위한 유엔 컨퍼런스'에서 소위 의제 21(Agenda 21)이 가결되었습니다. 그것은 모든 참여국들이 여기에 기여하고 모든 정치적이며 경제적인 행위가 "지속가능한 개발"이란 기준을 지켜낼 때만이 자연 전체의 보존은 가능하게 된다는 것을 분명히 하고 있습니다. 그래서 전 세계의 모든 지역에 - 자치구와 교회공동체도 마찬가지로 - 사회적이며, 경제적인 그리고 생태적 지속가능한 "미래를 가능하게 하는" 발전을 내용으로 하는 "지역 아젠더"(협의사항)를 제기하기를 요청하고 있습니다. 의제 21(Agenda21)은 "정의, 평화, 창조보존을 위한" 기본 사상과 경제적 "공의회의 과정"을 수용하고 있습니다. 그리고 지구의 모든 구역과 국가와 장래 세대들을 지향하는 경제, 사회, 교육 등의 건강한 정책을 가진 환경정책과 개발정책과의 관련들이 그 특색을 이루고 있습니다.

의제 21(Agenda)의 몇 가지 소망:

a) 사회적이고 경제적인 최소 기준을 주목하라!

1994년에 가결된 세계무역협약은 경제적 분야를 자유화시키는 반면, 사회적이고 생태학적인 최소기준을 무시하고 있습니다. 그리고 이러한 협약은 사회적 삶의 조건과 생태 체계에 대한 결과를 생각하지 않고, 세계의 경제를 세계화시키고 있습니다.

일찍부터 교회는 "전 세계적 지도자"였습니다. 교회보다 세계적으로 더 많은 "지사"들을 가진 "회사"는 없습니다. 그 때문에 새로운 세계 경제의 사회, 생태 형성에 있어 교회에는 특별한 기회와 책임이 있습니다. 교회는 대형 NGO로서 자연보호연맹, 환경단체와 시민참여운동과 더불어 미래의 질문에 대한 토론에 참여하고 있습니다.

b) 생태적으로 만족할만한 토지법을 마련하라!

국가적 범주에서 아직 생태적으로 만족스러운 토지법이 없습니다. 사유 재산권과 사적 사용권은 공공의 자연보호 관심사 - 예를 들면, 보편재화인 공기와 물 -을 불균등하게 직접으로 경쟁하고 있기 때문에, 삶의 기본토대를 보호하는 문제에 대해서 항상 의견이 엇갈립니다. 게다가 일정 정도 토양은 여타 매체들의 방출물이나 정화과정을 통한 방출물이 침전되는 마지막 저장소입니다. 토양은 개방되어 있으며, 순환과정에서 해결되지 않거나 종종 장기간 위협이 될 수 있는 옛 부산물들을 - 정화시설 침전물에서부터 핵폐기물까지 - 그대로 수용해야 합니다.

"미제레오르"(Misereor)와 "분트"(BUND)가 위임받았던 1996년의 첫 연구인 "미래를 가능하게 하는 독일"은 우리의 생각에 대해 재래의 농업경제를 생물학적 경제활동 형태뿐만 아니라 토양자원의 소진이 줄어드는 방향으로 대폭 전환하도록 요구하고 있습니다. 물론, 우리는 재래식 농업경제가 세계적 맥락에서 인류 식량 공급에 필수불가결한 기여를 할지 두고 봐야 합니다. 농업경제는 기나긴 실험의 여정을 통해서만이 지속 가능한 경제활동 형태로 전환될 것입니다.

2008년 가을, "세계를 위한 빵"과 "개신교 개발사역"이 후속연구인 "세계화된 세상 속에 미래를 가능하게 하는 독일"을 발간하였습니다. 이러한 연구의 핵심 주제 중 하나는 기후변화와 환경보호입니다. 환경에 대한 주제들은 약 15년 간, 효과적이고 세계적인, 특별히 산업 국가들에서 시작된 거의 모든 정치 분야 - 여기에 에너지 획득과 소비 그리고 CO_2 방출 등이 있습니다. - 재조정을 필요로 하고 있습니다. 지속가능한 환경 - 기후보호에는 유지 가능한 공정한 무역 - 경제관계가 있습니다. 왜냐하면 환경 훼손과 기후 훼손은 부

(富)의 결과뿐 아니라 빈곤의 결과이기 때문입니다! 여기에 경로전환은 반드시 필요한데, 경제 번영이 동일수준의 지속 가능한 목적으로서 적절한지 질문합니다. 그리고 경제 번영은 재정시장과 세계 경제위기를 통해 강화되고 있는 빈곤과의 직접적인 전쟁과 더불어, 기후와 환경의 안정화에 우선권을 두고 있는지를 질문하고 있습니다. 교회는 성경 전통을 통해 알고 있습니다. 땅은 하나님의 소유재산으로 남아 있으며 그리고 사람에게 맡겨진 이러한 "유산"은 절대 단순 소유로 전락시키지 말아야 합니다(비교. 왕상 21장). 현재 토지 소유권자로 교회는 좋은 예를 보여줄 수 있으며, 더욱 열심히 다음의 것을 실천할 수 있습니다:

- 임대프로그램으로 생태적 경영을 하는 농부들의 임대료를 경감시킵니다.
- 지 교회들은 그들의 토지를 지역 생물서식 구역으로 지정하거나, 토지 자연보호 조치를 합니다.
- 청소년들은 침식위협이 있는 비탈에 식물을 심거나 "산림 대부권"을 위탁받음으로 문자 그대로 "토양"을 보호합니다.
- 교회의 땅에 정화처리 침전물을 버리지 못하도록 하며, 유전적 변이가 이루어진 유기체물이 자라지 못하게 합니다.

c) 삶의 토대인 물을 보호하라!
깨끗한 물은 세계적으로 소중한 자원이 되고 있습니다.

- 가계와 산업, 농업경제의 오염으로 인하여
- 넓은 면적은 관계수로나 지하수 저하로 인하여
- 에너지화 과정과 생산과정에서 사용 증가로 인하여
- 세계적으로 서방 표준을 따르려 하기 때문에
- 기후변화로 빙하가 점차 녹은 이후 담수 감소로 인하여

이러한 이유로, 전문가들은 강우량이 부족한 지역에서 생활토대인 물을 둘러싼 폭력적 충돌을 염려하고 있습니다.

교회 아동교육과 성인교육은 특별히 '물'이라는 요소를 통하여 새창조로 접근하게 합니다. 어찌 달리 방법이 있겠습니까? 성수(聖水)로 세례를 시행하는 교회가 '물'을 통해 발생하는 사건에 무관할 수 없습니다. 물을 담은 유리병도 추수감사의 제단에 있습니다.

d) 에너지 소비 감소가 기후를 구출한다!

공기라는 매체와 기후개발에 대해, 무엇보다도 먼지와 유황부담의 영역에서 분명한 진보를 관찰할 수 있습니다. 산업과 교통 분야의 질소방출 문제에 있어서도 진일보는 마찬가지입니다. 1997년 '교토 환경 컨퍼런스'는 이산화탄소 방출에 대한 첫 번째 결의('교토 프로토콜')를 유도하였습니다. 2009년 '코펜하겐의 유엔 환경 컨퍼런스'에 큰 기대가 있었습니다. 그럼에도 "코펜하겐 선언"은 법적 구속력이 부재한 지구온난화에 대한 최소치(2도씨 보다 낮춤)의 합의만 고려되었습니다. 교토 프로토콜에 대해, 구체적인 목표명시와 상응하는 실행계획을 갖춘 후속협약은 이어지는 유엔 기후 컨퍼런스의 과제로 있습니다. 산업국가와 개도국들이 더 이상 미래 세대를 대가로 그들은 복지를 증진시키지 않을 준비가 그것에 대한 전제가 될 것입니다. 만약 미래의 여러 해 동안, 특별히 산업 국가들이 온실가스를 엄청나게 줄이는데 성공하지 못한다고 해봅시다. 그렇게 된다면, 세계기후는 평균기온이 상승하게 될 것이고, 이것은 지구 생명체에 대한 재앙적 파장을 가져다줄 것입니다.

온실가스를 줄이기 위한 세 단계의 "샛길"이 있습니다. 에너지 절약 - 더 높은 에너지 효율성 - 화석에너지에서 재생가능하고 CO2 중립적인 에너지 개발. 여기에 메탄가스 방출을 감소시키기 위해 축사를 제한하는 것도 덧붙여질 수 있습니다.

민간 태양광 시설과 교회 건물의 에너지관리 - 양자는 상투적으로 보일 수 있겠으나, 현재에 있어 우리가 말에서 행동으로 옮기는 필수적이고 상징적인 단계일 것입니다. 교회 공동체는 교회 환경관리 단체인 "녹색 닭", "녹색 수탉"과 더불어 일관성 있고 포괄적인 창조보존을 실천할 것입니다.

e) 범주의 조건들이 바뀌어야 한다!

그렇다면, 자발성에 기대거나 개인의 환경 도덕에 호소하는 것만으로는 충분하지 못합니다. 오히려, 생산과 소비를 위한 개정된 '범주의 조건'이 필수적인 것으로 보입니다. 이에 대해 몇 년 전부터 조세와 징수체제의 단계적 생태화 과정이 논의 중에 있습니다. 예를 들면, 원료와 에너지에 대한 비용을 단계적으로 사회공익에 기여하도록 상향조정합니다. 그리고 인력비용은 이에 상응하게 내립니다. 이러한 조치는 단지 환경 부담을 느껴지리만큼 줄어들게 할 뿐만 아니라, 부대적인 일자리도 창출합니다. 경제 상승과 경제 방향을 위해 미래시장에는 에너지 절약과 재생 에너지가 더 많은 집중을 받게 될 것입니다. 열처리가 되지 않거나 활성이산화탄소 분리나 저장되지 않는 화석연료 전력생산은 기후보호라는 목표에 반하고 있습니다. 또한 환경보호와 관련하여 영업용 차량을 포함하여 호화자동차 세금징수를 단념하는 것도, 이와 마찬가지입니다. 연방행정부는 각별히 건물 내의 에너지 절약과 재생 에너지 상품에 대하여 지속적으로 더욱 개선된 장려책을 내놓고 있습니다. 계측할 수 없는 환경변화에 직면하여 교회는 창조주에 대한 그들의 신앙고백, 예를 들면 국가가 후원하는 에너지 절약 정책을 이용하거나 재생 에너지를 소비함으로써, 현장으로 이행하는 과제 앞에 서 있습니다.

19세기에 소위 "사회문제"는 결정적인 정치 분야였습니다. 이 문제는 경제 세계화 속에 지구의 인구 중 압도적 다수가 처해있는 사회적 상황에서는 결코 해결될 수 없습니다. "지구 정치가" 바이체커(Ernst-Ulrich von Weizsäcker)는 이러한 문제를 21세기 초에 아주 긴급하게 제기했는데, 지속가능한 환경보호와 기후보호 정책과 아주 긴밀하게 연결되어 있습니다.

"지속가능한 발전"이라는 주제로 정치에서 구체화되고 창조계의 보존을 위한 경제역동성 방향 재설정은 교회 아카데미, 교육 행사와 설교에 있어서도 예나 지금이나 일정상의 주제로 남아 있습니다. 독일개신교회협의회(EKD)는 벌써 20세기의 80년대 이래로, 생태적으로 의무화된 사회적인 시장경제를 위하여 옹호합니다. 그리고 이러한 태도를 수많은 문서와 각서(覺書)에서 더욱 정밀하고 세부적으로 구체화하였습니다.

f) 생물의 서식공간은 실험실이 되지 않아야 한다!
삶의 토대 보존이라는 견지에서, 생명공학이나 유전공학에 대한 "미래기술학"의 논의는 의견이 엇갈리고 있습니다. 공학기술의 응용이 인간유전공학 분야나 약품 생산에서는 비교적 폭넓게 수용되고 있습니다. 다만 소위 "녹색유전공학"은 이를 원리적 이유로 거절합니다. 왜냐하면 그것은 "최종위협"(Hans Jonas)이라는 범주에 도달하고 있으며 전체 생물의 서식권을 "실험실"로 만들고 있기 때문입니다.

"녹색유전공학"(Grueden Gentechnik)에 대해 비평하는 사람들은 대안적인 농촌마을 모델이 무시되며, 농촌 경제를 대기업에 의존하도록 합니다. 또한 "녹색유전공학"은 종(種)의 다양성이 위협당하며, 연구자금들은 편향되어 사람들의 공공적인 참여발언이 무력해질까 염려하고 있습니다. 사람들은 세계적 차원에서 전반적인 종의 다양성 위협만을 거론할 때, 이런 비평은 받을 만합니다. - 예를 들면, 독일에서는 집약적인 농경이란 맥락에서 허가된 종보다는 상대적으로 더 적은 수의 종들이 재배되고 있습니다. 세계적 차원에서 접근 가능한 '종자은행'(Gen-Bank)은 종의 다양성을 보존하고 있어서, 보관된 종들 중 단 하나의 종이라도 상실하지 않고 필요한 경우 다시 사용할 수 있을 것입니다.

공공적인 참여발언은 포기할 수 없는 인권입니다. 물론 이 권리는 가능한 포괄적인 의미에서 전문적이 되어야 한다는 요구와 맞물려있습니다. 이 부분에 있어, 공공적인 토론에서 교회의 책임은 증대하고 있습니다. 들판의 유전변이체로부터 동물계와 식물계로 옮겨가는 위험이 완전히 배제될 수 없는 한, 독일의 대부분의 교회는 교회부지에 유전변이 식물을 재배하는 것을 허락하지 않고 있습니다.

이를 통해서 교회는 단일 방향적 입장을 견지하는 것이 아니라, 오히려 대화의 여지를 열어두고 있습니다. 여기에는 기회에 대한 왜곡되지 않은 시선도 있지만, 잠재적 위험에 대한 슬픈 시각도 있습니다.

현 상황을 살펴보면, 농경 분야에서 유전변이 식물들은 식물배양과 재배에 응용되고 있습니다. 이런 방식은 유럽권역 이외의 나라들에 있어 극에 달하였는데, 이들은 기술응용에 있어 "복원가능성"에 대해 더 이상 이야기할 수 없게 되었습니다. 그 결과 유전변이체가 없는(GVO) 프로테인이 함유된 사료가 - 예를 들자면, 콩 - 세계시장에서 희박한 상품이 되어 버렸습니다. 현재 농경유전공학은 세 가지 분야에 응용되고 있습니다. 첫째, 해충에 방어물질을 가진 식물들(옥수수, 유채) 개발; 둘째, 일반적으로 사용되는 식물보호물질에 대해 저항성 있으며, 특수 개발된 잡초제거제에 반응하는 식물; 셋째, 세계 식량상황개선을 위해 개발된 신품종 - 식물 자체가 유전자 변이 생물(토마토, 감자, 멜론)이거나 또는 살아있거나(유산박테리아) 더 이상 살아있지 않는(효소, 비타민, 건강보조제) 유전적인 변이 체를 가지고 있는 경우. 기술의 후속적인 잠재위험성에 대한 평가는 대체로 불완전하고 의견이 분분합니다. 여기에는 결정에 기여할 수 있는, 다방면에서 인정된 독립적인 기구가 부재하다는 것도 한몫하고 있습니다. 교회 스스로가 더욱 이러한 토론에 참여해야 하는 것이 당연한 논리적 귀결일 것입니다. 이런 참여는 단지 '그대로 둠'과 '변화시킴'의 긴장 중에 이루어져야 할 것입니다.

찬반을 확인해 보는 차원에서 볼 때, 성경의 창조기사에는 이중적 기본범주가 존재합니다. 창조의 지혜와 미 그리고 그 특유성은 사람의 군림의지(전능에 대한 환상)에 희생되어서는 되지 않으며, 복원불가능성이 미래 행위가능성 - 무엇보다도 다가오는 세대들을 위한 몸짓 - 을 막아서도 안 될 것입니다. 즉 더 나은 통찰력을 통한 방향전환을 원천적으로 배제시키지 말아야 합니다. 성경 메시지의 의미에서 결정을 위한 제3의 요건도 이와 마찬가지로 중요합니다. 신기술 의존은 저지되어야 하고, 옛기술 의존은 감소되어야 합니다! 결국, 이러한 의미에서 교회는 임대차계약을 근거로 하는 교회 재배지 고수함을 통해, 유익한 비용으로 유전변이체로부터 영향을 받지 않는 농경기술을 보살필 필요가 있습니다.

소위 "유기생물 특허"는 특별한 사례를 보여줍니다. "새로운" 생명체에 대해 특허를 받는다는 관점에서 - 유럽연합의 권리와 실행방침과는 구별되는 - 교회권역은 생명체에 대한 특허를 전적으로 창조에 거역 된 것이라는 견해를 표명하고 있습니다. 오히려, 모든 생물체들은 - 이미 있는 것이건 아니면 배양에 의해서 변형된 것이건 간에, 인간적인 접근에서 벗어나야 합니다. 대기업에 대한 경제 의존성은 "유기생물 특허"를 통해서 더욱 확산되고 강화될 것입니다. 그 이후에는 국제적 협약뿐만 아니라 일반적인 조약에 모순될 것이고 헛수고로 돌아갈 것입니다. 더 정확히 관찰해보자면, 자유를 지향하는 경제방식과 시장질서에 봉착하여 난파될 것입니다. ↗ **4.4.2 기술과 생명공학의 윤리**

형성

환경과 창조라는 주제에 있어 신학과 교회 그리고 교회사역에 있어 분쟁의 여지가 많지만 그래도 피할 수 없는 활동의 장이 생겨났습니다. 공중의 에너지 정책, 생태세금개혁이나 유전공학에 대한 교회의 입장을 기다리는 것은 당연할 것입니다. 교회의 아카데미와 교육기관들은 이러한 임무의 한 부분을 감당하고 있습니다. 이러한 기관들은 여러 다른 입장들이 거론될 수 있도록 하여, 서로를 관련시킬 수 있는 공정한 대화 분위기를 보존하고 있습니다.

1997년 폭넓은 대화의 과정 속에서 생겨난 '생태-사회적 시장경제'에 대한 상세한 구절들이 포함된 교회의 '공동선언', "독일 경제와 사회적 상황에 대하여"는 이에 대한 성공적 예일 것입니다. 2008년 기후변화와 창조를 향한 책임에 대한 독일개신교회협의회(EKD)의 결의들은 위협의 비극을 지적하고 있으며 기독교회의 행동을 위한 분명한 방향을 제시하고 있습니다.

만일 교회 공동체들은 이 서술들을 자신의 사역으로 받아들인다면, 그 효과는 더욱 풍성해질 것입니다. 생태학적 프로젝트는 동시에 공동체 설립의 프로젝트입니다. 사람과 환경이 공동의 미래를 가지고 있다면 이 기본인식의 이행은 창조를 보존하고, 미래를 가능하게 하는 행위가 될 것입니다. 경건은 전체적인 방향으로 나아가며, 공공의 번영을 돌보며 믿는대로 살게 되는 것입니다.

여기에 교회가 그들 자체의 영역에서 생태학적 참여가 포함됩니다.

- 교회 소유의 수천 채의 건물들이 난방되며 청소가 아루어집니다. 그리고 건설이나 보수공사가 진행되면서, 종이, 에너지와 물이 사용되었으며, 가구와 도구들, 생필품과 소비물품들이 어느 정도 환경을 의식하며 구입되었습니다. "미래를 사들입니다!"라는 교회연합운동 차원의 프로그램은 교회 공동체가 책임질 만한 소비방법을 보여줍니다.

- 에너지 절약은 예나 지금이나 엄청난 잠재성을 가지고 있습니다. 많은 교회에서 에너지 절약 프로젝트가 진행되었습니다. 교회 환경관리청인 "녹색 닭", "녹색 수탉"은 참여한 모든 교회 공동체를 위해 환경 부담을 줄이는 방안을 안내하고 있습니다.

- 교회는 토지소유주로서 토양의 생태학적 가치성을 유지하고 임대차규정을 통해서 외연적인 경제활동 형태들이 유리하도록 해야 합니다.

- 교회 공동체들은 결론적으로 그들의 삶의 스타일을 통하여 "설교합니다." 교회는 친환경적으로 생산되어 공정하게 거래된 물품들의 시장성에 영향을 줄 수 있기 때문에 창조를 위태롭게도, 보존하게도 합니다. 기독인들의 시장 책임성은, 엄격하게 말하자면, 대단한 변화 잠재성을 제시하고 있습니다. 기독인의 존재는 판매대에서도 입증됩니다.

생태학적인 영역에 참여하면서, 교회는 구약의 안식 전통과 신약의 산상수훈이 말해주는 바와 같은 "근심 없는"(마6) 삶을 영적으로 훈련할 수 있습니다. 창조에 대한 자의식은 하나님의 존전에서 창조를 찬미하고 하나님의 선한 은총을 예배로 축하하면서 표현될 수 있습니다. 또한 생태적으로 응답하는 교회 생활은 실용적인 생활 상담이요, 때로는 영혼 돌봄이 된다는 것을 자연스럽게 보여줄 수 있습니다. 생명 요소들을 향한 애정은 치유하게 할 수 있습니다. 왜냐하면 그것은 바로 우리의 감각기관들에 말을 걸기 때문입니다. 이뿐만 아니라 교회구성원들의 전문지식을 포섭하고, 청소년들에게 동기를 부여하며, 교회로부터 멀어진 사람들을 다시 통합하고 공공적인 선한 모범들을 제시합니다.

교회의 이러한 활동의 근본은 항상 이중적 입니다. 그것은 구체적으로 생활의 기본토대를 보존하는 것이고, 동시에 시대에 걸맞는 진정성 있는 기독인이 되는 것입니다.

너희는 먼저 하나님의 나라에 뜻을 두라!
마 6장 33절 주목

너희는 자신을 설득하지 말라! 그것은 작은 것이라도, 만일 한 사람이 자기 영혼에 해를 입힌다면 - 만일 그 사람이 이에 대해 이 세상의 재화를 충분히 획득하고 있다면

너희는 세간의 연간 성장률 그 이상의 것, 다른 것을 요구하라;
너희 자신을 위한 계산할 수 없는 것을 행하라: 너희 영혼의 갱신과 변화,
비록 비교가 안 될 정도의 더 많은 그리움과 참여가 이와 결부되어 있을지라도,

너희 자신을 위해 시간을 내어 바라보라 - 백합화를 앞세우고 -
자칭 폐쇄된 문을 두드리며, 정도를 구하고 찾으라:
하나님의 자녀들아! 그분의 뜻이 아니라면 너희 머리털 하나라도 떨어지지 않으리라!

분별하라! 너희는 모든 것에 유익하기도 하고, 또한 해가 되기도 한다.
너희는 업종들을 거절하지 말라! 생각을 허용하지 않는 업종들
너희가 실제 행할 것을, 너희가 실제 진행해야 할 것을,
너희는 너희 삶을 파손시키는 역량에 두지 말라! - 너희 자신과 모든 것을

너희는 너무나 값어치 있도다. 그러므로 너희는 가장 심연한 욕구들을 허용하며,
가장 고상한 은총을 향하여 너희의 자신을 열어두라! 너희를 멍청하게 내버려 두지 말라!
또는 다르게 말하자면,
너희는 먼저 하나님의 나라에 뜻을 두라!

헨니히(R. Hennig)

[참고도서]

• 알트너(Altner,G.)(Hg.): 생태적인 신학(Ökologische Theologie). 방향설정에 대한 전망
(Perspektive zur Orientierung), 1989. 세계를 위한 빵(Brot für die Welt u. a.): 세계화된 세계에서
미래 가능한 독(Zukunftfähiges Deutschland in einer globalisierten Welt) (2. Studie des Wuppertal
Instituts für Klima, Umwelt, Energie), 2008.
• 독일개신교회협의회의 텍스트 10(EKD Texte 10): 높은 벽 사이에서의 틈(Wie ein Riss in einer
hohen Mauer) - Wort des Rates der EKD zur globalen Finanzmarkt- und Wirtschaftskrise,
2009.
• 독일개신교회협의회 텍스트 27(EKD Texte 27): 온전한 창조를 위한 정의 안에서의 평화(Frieden
in Gerechtigkeit für die ganze Schöpfung), 1989.
• 독일개신교회협의회의 텍스트 38(EKD Texte 38): 정의와 평화 그리고 창조의 보전을 위한
세계교회연합회총회(Ökumenische Versammlung für Gerechtigkeit, Frieden und Bewahrung der
Schöpfung), 1991.
• 독일개신교회협의회의 텍스트 52(EKD Texte 52): 위협받는 기후- 하나님의 창조에 대한우리의
책임(Gefährdetes Klima – Unsere Verantwortung für Gottes Schöpfung, 1995. Von Weizsäcker,
E.-U.:Erdpolitik, 5. Aufl. 1997.
• 독일개신교회협의회/독일감독컨퍼런스(EKD/Deutsche Bischofskonferenz): 연대감과
정의에서의 미래(Für eine Zukunft in Solidartität und Gerechtigkeit), 1997.
• 독일개신교회협의의 텍스트 81(EKD Texte 81): 큰 영향을 미친 발전의 발자취(Schritte zu einer
nachhaltigen Entwicklung). 유엔의 환경발전목표들(Die Milleni-umsentwicklungsziele der UN),
2005.
• 독일개신교회협의회 텍스트 89(EKD Texte 89): 기후변화에 대한 대답은 너무 늦지 않다(Esist
nicht zu spät für eine Antwort auf den Klimawandel), 2007.
• 독일개신교회협의회 텍스트 95(EKD Texte 95): 에너지생산에 대한 식품안전- 생계안전의
영향을 미치는 유익에 대한 기준들(Ernährungssicherheit vor Energie-erzeugung - Kriterien für
eine nachhaltige Nutzung von Biomasse), 2008.
• 게츠만/미텔스트라스(Gethmann,C.F./Mittelstrass,J.)(Hg.): 장기간의 책임-윤리-기술-생태
(Langzeitverantwortung – Ethik- Technik-Ökologie), 2008.
• 요나스(Jonas,H.): 책임원리(Das Prinzip Verantwortung). 기술문명을 위한 윤리의시도
(Versuch einer Ethik für die technische Zivilisation), 1993.
• 케슬러(Kessler,H.): 문화와 종교들과의 대화에서 생태적인 세계의 도덕품성(Ökologisches

Weltethos im Dialog der Kulturen und Religionen), 1996.

• 몰트만(Moltmann,J.): 창조에서의 하나님(Gott in der Schöpfung). 생태학적인 창조론
   (Ökologische Schöpfungslehre), 1993.

• 마이어-아빅(Meyer-Abich,K.M): 실천적인 자연철학(Praktische Naturphilosophie), 1997.

• 슈티켈베르그(Stückelberger,C.): 환경과 발전(Umwelt und Entwicklung). 사회윤리적인 지향점
   (Eine sozialethische Orientierung), 1997.

4.4.2 기술과 생명공학의 윤리

인지 ─────────────────────────────

기술은 각 사람의 일상을 각인합니다. - 세계적으로: 가장 단순한 업무들은 기술적인 보조수단의 사용에 묶여있습니다. 그 누구도 의복, 숙박, 생필품의 제조와 작업도구와 마찬가지로 삶의 수단들의 준비에 대하여 포기할 수 없습니다. 더 나아가 기술을 통해 가능해진 의사소통(복사기, 우편, 전화, 무선전화, 라디오, 텔레비전, 인터넷)과 기동성(자전거, 자동차, 기차, 배, 비행기)도 일상에 속한 것입니다. 자연과학-기술적으로 각인된 의술은 건강 유지와 건강 회복에 도움을 주는 것입니다.

기술은 모든 나라에서 사회적인 생활을 각인시킵니다. - 비록 다양한 정도와 다른 형태들이지만: 기술적인 에너지 생산, 상품생산과 정보처리는 농경제와 생산하는 가공업, 서비스영역을 위한 기초입니다. - 그래서 전체 경제와 정치 권력 구조를 위해서 동일합니다. 국가의 생활 형편들(예를 들면, 복지, 빈곤과 부, 노동시장, 사회적 분배, 국내-, 국외 정치적 안정)은 본질적으로 국가 경제의 기술인 능력에 의해서 결정됩니다. 기술화 정도와 투입된 기술의 특성(자원 소모적인가, - 소중히 여기는가)은 자연적인 삶의 토대를 유지하고 소모하는데 큰 영향력을 가지고 있습니다.

기술은 문화적 진화의 본질적인 부분입니다. 그것은 스스로 항상 발전 중에 있는 것으로 이해되었습니다. 인간의 정착생활 이전의 '요행 기술'은 중세시대로 전수되고 특수화된 수공업기술이 되어, 이후 근대까지 발전되었습니다. 산술적이며-자연과학적 지식과 수공업의 경험지식의 결합은 18/19세기 소재, - 에너지 변환 분야(예를 들면, 석탄채굴, 철강생산, 기계제작, 전자기술, 화학)에서 광범위한 산업화를 유발하였습니다. 전자정보처리기술의 발전은 기술 분과의 능률을 배가시키면서 그들 간의 연결망 구축을 가능하게 하였습니다. 20세기 말엽 생명공학의 발전과 더불어 기술 과학적 방법과 경험들은 식물("녹색 유전공학"), 동물

(복제) 그리고 사람(인공수정, 줄기세포연구, 조직배양)에 응용되었습니다. 다음 단계의 공학적 발전의 영역들은 사람이 체세포나 장기를 '생명반응장치'에서 배양하거나, 자연계에서는 여태까지 출현한 적이 없는 세포들을 구성하는 것이 가능할 것이라는 점에서도 알아볼 수 있습니다. 생물학과 의학이 기술공학과 점점 더 강하게 결합 되면서 우리는 사람을 대상으로 하는 인공수정의 기술화에만 관계된 것이 아니라, 자기 자신 또한 생명공학적인 조립과 생산의 대상으로 삼게 되었습니다.

기술의 고도 발전상태, 개인과 사회의 일상으로의 침투 정도 그리고 예상되는 다음 단계의 생활의 기술화는 우리 시대를 "기술의 시대"로 특성화하는 작업을 정당화시킵니다. 기술적인 발전의 의미와 양면성은 기술을 윤리적으로 성찰하고, 그 책임을 묻는 것이 필요하게끔 하고 있습니다. 이 점에서 다음과 같은 질문들은 부각 됩니다:

- 기술은 어느 분야까지 뻗어 있는가(책임영역)?
- 기술발전과 기술사용에 있어 누가 책임이 있는가(책임주체)?
- 책임성 있는 기술발전과 기술사용에 대한 범주는 무엇인가(책임범주)?
- 실제에 있어 윤리적으로 대변할 만한 기술설계는, 특별히 예기치 않는 기술사용의 결과가 출현한다는 조건 하에서 어떻게 성공할 수 있는가?

교회사와 신학 역사에서의 조망은 교회가 먼저 교회 건축 내지 건축술, 도시 건설 그리고 수도원에서 비롯된 농경기술발전에 강한 충동력을 주었다는 사실을 보여줍니다. 이것은 근대에까지 미치는 교회와 수공업 간의 올바른 밀접한 관계를 위한 근거입니다. 산업화 이래로 그들의 메시지와 함께 기술적인 지성과 기술적인 생산품 제시에 종사하는 사람들이 그들의 삶과 직업 세계에 이르기와 윤리적인 자극들을 통하여 기술발전을 함께 만들기가 교회에 거의 성공적이지는 않았습니다. 그리고 기술적 삶의 세계로부터 각인된 사람들에 비하여, 상호간의 이해의 어려움이 나타납니다. 신학은 자연과학과 기술과학에 비하여 정신과학으로 이해되었으며, 이해되고 있습니다. 이들 양 문화 사이의 결실 있는 대화는 과거

예외적 경우에서 성공했습니다. 불충분한 이해는 때때로 신학적으로 할 말이 없는 또는 기술에 비하여 원리적인 불쾌감으로 인도하지 않았습니다. 기술은 한편으로 이용되었지만, 그러나 다른 한편, 문화퇴락으로 해석되었습니다. 왜냐하면 기술은 견딜 수 없게 "사람을 기계에 종속시키는 결과를 초래하기 때문입니다.

생태학운동은 1970년대부터 그리고 생명공학 논의는 1980년대부터 기술 발전에 대한 새로운 주목을 받았는데, 만일 교회의 입장과 신학적 기여들이 사회 속에서 인지되었고, 기술발전의 결정에 참여해야 할 때, 특히 교회와 신학은 공동학문적이며, 학문분과를 뛰어넘어서 기술과학, 기술철학과 기술 사회학, 의학과 생명공학과 함께 담론을 이끌어야 하는 인식을 갖게 되었습니다. 이것은 기독교적 사명이 21세기에 인간을 그들의 기술적으로 각인된 삶의 정황으로 그리고 그들의 기술로부터 강하게 결정된 삶의 이해에 가까이 데려갈 수 있도록 특별히 필요한 것으로 보입니다.

방향

1. 무엇이 기술윤리의 책임 영역에 속한 것인가?

"기술"은 일찌감치 우리의 일상개념이 되었습니다. 그러나 이것과 함께 무엇이 생각되었을까요? 그리고 기술윤리의 타당성은 어디에까지 미치는 것일까요? 기술의 인공물(Artefakt, 그리스어, '인위적으로 만들어진 것'; 기계, 장치, 도구)이 기술에 속합니다. 이러한 기술적 사실 체계는 그것들이 소재, 에너지와 신호들을 기술적 규칙에 따라 변환하고, 유도하거나 저장되었다는 것에서 자신을 특별히 대우합니다. 규칙에 유도되고, 기술과학으로 지지 되는 행위가 살아있는 물질(식물들, 동물들, 인간들)과 관계를 가질 때, 사람들은 생명 실체에 관해서 말합니다. 인공물과 생명 실체는 구체적 환경에서 한정된 결과를 가지게 됩니다. 이러한 기술의 결과들은 - 의도된 결과와 소위 부작용들 - 기술결과 연구의 범주에서 부분적으로 예측될 수 있으나, 인공물이나 인공물-환경-관계가 너무 복잡하거나 또는 객관적 사실에 맞지 않는 인공물과 사용되었을 때, 역시 예측할 수 없을 것입니다. 기술후속결과는 자연에서 미치는 효과 내지 개별 사람들과 사회에 미치는 (사회적, 경제적, 정치적) 파장을 헤아리게 됩니다. 그러한 까닭에 윤리적인 관점에서 공동 학문적이거나, 학문분과를 넘어서는 기술후속결과를 추정해 보는 일은 필수적입니다(Technology Assessment). 하나의 공동 학문적인 기술후속결과 평가는 다른 여러 관점들에서 서로 독립적으로 인지되었던 기술결과들을 종합합니다. 학문분과를 넘어서는 기술후속결과사정(assessment)에서 분과들은 기술후속결과 연구계획을 통해 함께 협력합니다. 이렇게 하여 기술후속결과의 간과확률을 최소화합니다.

철학적 관점에서 기술은 기술지식과 기술 활동이라는 형태 속의 기술적 행위입니다. 고유한 "기술언어" 내지 기술의미론은 기술 활동과 마찬가지로 기술지식을 위한 기본토대가 됩니다. 기술 의미론에는 다음과 같은 요소들이 있습니다. 1. 작용하는 사실 체계: 사실의 모델화, 2 자연과학적 규칙, 3. 기술적 규칙(예. 경험치), 4. 법적 구속력 있는 규정(예. 한계치, 근로보호 규정, 보안), 5. 기술규격(DIN, EN, ISO 등등), 6. 산업표준, 7. 이상, 편성문화와 조합스타일 등 입니다.

기술적 의사소통의 논리는 '그것이 작동하느냐', '작동하지 않느냐'의 차이를 따르고 있습니다. "기술의 언어"로 포착될 수 없는 실제적 차원들은 기술지식과 활동에 있어 방법론적으로 제외되어 있습니다. 방법론적 제외는 모든 기술학문적 접근에서는 불가피한 것입니다. 이 제외된 실제 영역들(예를 들면, 개인적이며, 사회적이며, 정치적인 결과)은 그럼에도 윤리적인 시각에서 매우 타당한 거기서, 공동 학문적이거나, 학문분야를 뛰어넘는 소질을 가진 기술후속결과들의 연구와 포괄적인 기술윤리적인 깊은 생각들의 범주에서 하나의 윤리적인 기술평가는 더욱더 중요해질 것입니다. 이것은 각별히 20세기와 21세기의 "대공학기술"에 해당될 것입니다(원자력, 통신기술, 생명공학, 군사기술).

사회적 견지에서 "기술"은 사회 체계로 지칭될 수 있습니다: 기능에 따라 분화된 사회 속에서 기술은 경제, 법률, 학문, 정치, 종교 같은 다른 체계와 이웃하는 소통체계입니다. 이러한 관점에서 본다면 자체 규칙과 언어체계를 가진 기술은 "자연적으로 주어진" 것이 아닙니다. 오히려 그것은 경제적, 기술학문적 그리고 정치적 행위의 결과이며, 그런 점에서 특정 문화의 맥락에서 벗어날 수 있고 윤리적 책임에 응할 수 있습니다. 그래서 예를 들어보자면 기술후속결과 평가와 기술의 윤리적 평가로 인하여 중요한 것으로 알려졌던 사회나 생태학적인 측면들은 기술 의미론의 측정치와 규격으로 번역되고 기술적 행위에 응용되어 집니다. 그러한 이유에서 기술윤리는 기술이 윤리적 고찰을 피해가는 "자기역동성"에 순종하지 않는다는 점에서 출발할 수 있습니다. 물론 기술윤리는 "기술"이란 사회 체계의 "고유의 역동성"을 고려하고 - 공동분과 또는 분과를 넘어서는 대화의 전제가 되는 - 그 사회의 윤리적 범주들을 기술 의미론으로 옮겨야 합니다.

2. 기술발전과 기술사용에 대해 누가 책임지는가?

기술윤리는 기술행위에서 책임 주체와 책임의 최종 판단기관에 대한 질문을 가집니다. 거기서 기술발전이 중요한 방식으로 경제적인 필요성과 관심에서 결정된 점을 참작하는 것입니다. 기술형성의 윤리적으로 필요한 결단은 a) "기술적인 의미론"의 형성에 의한 것과 같이 b) 역시 형성과 구체적인 인공물이나 또는 생명실체의 다룸에 의한 것으로 나타나게 됩니다.

a) 사실 체계의 범주와 기능

기술과학에서 사실 체계의 범주와 기능은 구상되었습니다('**방향**' 1에서의 요소 1을 보라). 여기에 어떤 실제영역이 기술형성에 의하여 참작하거나, 배제해야하는지 그리고 어떤 실제영역이 공동학문분과 간의 또는 학문분과를 넘어서는 협력을 통해서 연결되었는지가 선택되도록 결정합니다. 기술과학, 산업연구와 연구정책은 자연과학적이며 기술적 연구에 영향을 미치며, 그것의 결과는 기술형성 안으로 흘러 들어갑니다(요소 2, 3). 법적 구속력이 있는 기술규정과 기술규범은 사회와 정치와 산업과 연맹의 힘겨루기에서 발전합니다(요소 4, 5). 산업표준은 기업과 연맹의 결단의 결과입니다(요소 6). 모범들(예를 들면, 정보사회, 지속적인 영향, 순환경제), 조직문화들 그리고 구조스타일들(요소 7)은 사회적 차원과 개별 조직체의 차원에서 복합적이며, 부분에서 세계적 의사소통을 통하여 나타납니다. 여기에 기업과 미디어, 연맹단체 그리고 마지막에 그의 소비행태와 기술사용을 통한 각 시민처럼 정치적인 제도가 참여되었습니다.

b) 책임성

결정적인 단계에서 생산에 대한 삶의 순환과정에서 갖는 사람들은 특별한 책임을 짊어집니다. 이들은 계획, 조성과 생산의 단계에서 엔지니어와 기술자들, 의사들, 생명공학자들 그리고 경제인들입니다. 그리고 이용에 있어서 그것은 사용등급과 이용방식처럼 그렇게 그들의 구매결정과 기술결과에 대한 영향을 통하여 가지는 모든 기술이용자들입니다. 기술적 인공물과 생명실체가 어떻게 평가 되어질 수 있는가에 대한 질문에 의하여(예를 들면, 재활용, 소각, 예탁), 기술과학과 기업 편에서처럼, 정책과 개별적 기술이용자에서와 같이 책임이 놓여 있습니다.

기술결과처럼 기술생성연구인 기술역사는 기술시대의 기술발전이 개별결단의 얽힘을 통하여 결정되었다는 것을 명확히 해주고 있습니다. 이러한 개별결단은 각각 미시적 차원(개별적인 사람들을 통한 결단 - 기술개발자와 기술사용자), 중간 정도의 차원(기업인, 연맹, 학문적인 연구소 등등) 그리고 거시적 차원(국가, 매체, 교육체계 등등)에서 마음에 들게 됩니다. 결단들은 거기서 항상 개인윤리적이며, 사회윤리적인 관점을 가지는 것입니다. 책임성은 상응하게 다양합니다. 그것이 인지될 수 있도록 학교와 대학에서 포괄적인 윤리교육이 필요합니다. 그 학교는 기술에 관련된 전문교육과 연구과정에서 기술 사회학과 기술윤리학의 근본토대를 포함해야 할 것입니다. 엔지니어들이 그들의 개별적인 책임에서 강화되도록, 기업윤리적인 것 내지, 조직 윤리적이며, 직업정책적인 조치들이 중간정도의 차원에서 사로잡힐 수 있게 될 것입니다. 기업가들은 모범적인 모습과 결단의 연습에서 윤리적 기준을 참고하며 그리고 윤리적으로 성찰된 기술발전을 촉진시킬 수 있을 것입니다. 연맹은 엔지니어 서약(가령, 의학에서 히포크라테스의 서약에 대한 의존)의 도입에 영향을 미칠 수 있을 것입니다. 거시적 차원에서 국회의원들이 지속가능한 기술발전(환경보법제정, 기술 공학진흥책 등 등)을 확고히 제시하며, 촉진하는 법률적인 범주의 조건들을 마련해야 할 과제를 가지는 것입니다. 거기서 그것은 전문가들을 통하여 경제 윤리적이며, 기술윤리적인 정책자문에(예를 들면, 기술결과들·독일연방국회에 의한 평가, TAB) 또는 시민참여의 방식을 통하여(특별히 광범위한 기술공학의 샛길에 대한 결단에 의하여) 도움을 제공할 수 있을 것입니다.

남녀 기독인들과 '교회와 디아코니'(섬김)라는 그들의 기관들이 하나의 오래 영향을 미치며, 사회적이며, 경제적인 그리고 생태적으로 준비된 기술의 다룸을 위한 책임을 짊어지게 될 것입니다. 각각의 개인은 그의 기술사용의 방식과 범위를 책임지며 미시적인 차원에서 그의 소비태도와 그의 삶의 스타일에 대하여 확신하면서 책임적으로 자연적인 삶의 태도와 함께 다룰 수 있을 것입니다. 국가시민으로서 기독인들은 거시적 차원에서 윤리적이며 타당한 결단을 위하여 공동의 책임이 있는 것입니다. 그리고 그들이 기술자요, 엔지니어요, 경제인들이며, 생명공학자들과 의료인들로서 직업적으로 일하고 있는 만큼 그들은 해당되는 기업인들과 기관들과 연맹체들이 중간적인 차원에서 공동의 책임을 짊어지는 것입니다.

교회와 디아코니(섬김)는 그것을 뛰어넘어 기관들로서 자체의 활동이 있습니다. 교회는 엄청난 규모의 토지와 같은 부동산의 많은 것을 보존하고 있습니다. 그것들은 생태적으로 책임 있게 경영해야 하며, 잘 관리해야 합니다. 그것으로써 교회는 생태적이며, 경제적이며 그리고 사회적으로 책임성 있는 부동산관리와 에너지관리를 시행해야 하고, 예를 들면, 잘 꾸며진 농경제적으로 이용된 땅에 대한 기술공학적인 방식의 이용에 대하여 결단하는 일입니다(예를 들면, 유전공학적으로 변형된 식물의 재배). 디아코니(섬김)는 보건사역 맥락에서 무엇보다도 의료 기술적이고 생명공학적인 치료절차(예. 응급의학, 줄기세포치료, 세포배양, 재상의학)에 있어 책임을 지는 것입니다.

교회는 그것을 뛰어넘어, 복음 선포와 교육사역(예배, 입교준비수업, 성인교육 등등)에서 기독교 양심교육과 기술의 타당성 문제제기에서 윤리적 지향점을 위한 책임을 지는 것입니다. 교회는 기술과 경제(영적인 상담, 노동 세계에서의 교회의 섬김)의 개별적 동역자와 조직체에 비하여 상담사역과 교육사역을 통하여 기술영역에 있는 활동가와의 직접적인 대화에 등장할 수 있을 것입니다. 교회는 아카데미의 집회를 프로그램을 통하여 제시하는 것과 같이 진정서와 방향판단 보조물(참고문서)의 출판을 통하여 그들의 공적인 책임의 과제를 인지합니다.

3. 책임적인 기술발전과 기술의 책임적인 다룸의 신학적인 기준들

기술의 다룸은 인간적인 삶의 태도에 직접 속한 것입니다. 그 때문에 그것은 기독교적인 책임의 우선적인 분야입니다. 성경의 소식(메시지)은 이미 청동기와 철기시대의 조건 하에서 때때로 매력과 회의에서의 혼합과 함께 기술사용을 단순히 전제하고 있습니다. 예를 들면, 농부들과 목축하는 자들, 도시 건축자들, 음악가들과 금속 제련가들(창4:17-22) 사이의 노동의 분배, 노아 방주 이야기(창 6-9장)에서 생명구원의 사역에서 조선(造船), 바벨탑 건축(창11장), 광산 건설(욥 28:1-12), "히스기야의 터널" 기공(왕하20:20) 등에서 입니다.

성경의 종말론은 기술적인 구조물인 수레바퀴로 묘사된 마지막 시대의 사건 (겔1:15-21), "새예루살렘"의 도시 환상(계21-22)처럼, 그렇게 기술적 상으로부터 관통되었습니다. 성경은 기술의 불안이나 기술의 악마화(惡魔化)에 기술숭배나 기술신앙처럼 아주 적은 공간을 제시합니다.

하나님이 사람을 세우는 넓은 삶의 공간은 기술발전과 기술사용을 통하여 형성되게 합니다. "결핍 존재인 인간"은 그의 능력 안에 있는 만큼, 기술을 통하여 삶에서 자신을 유지할 수 있으며, 생명을 가볍게 할 수도 있으며, 다스리게 할 수도 있을 것입니다. 그 안에서 성공에 대한 기쁨을 경험하게 될 것이며, 또한 문화가 형성될 것입니다. 그렇게 기술은 포기할 수 없는 것입니다. 그렇지만, 모든 다른 삶의 성취에서처럼, 이것들은 지혜와 통찰로써 수행하게 됩니다. "보라 주를 경외함이 지혜요 악을 떠남이 명철 이니라"(욥28:28).

인간은 주어진 생명을 그렇게 계속 이어주도록 기술발전과 기술사용에 능력을 부여받았습니다. 그 이유는 미래세대의 사람과 동물과 식물처럼 동일하게 현재의 인류와 동물과 식물세계에 넉넉한 삶의 공간을 제공하기 위해서입니다. 이러한 의미에서 인간은 하나님의 동역자입니다. 하나님과 인간은 물론 서로 구별되는 차원에서 활동 합니다: 하나님은 인간의 책임적 행위를 가능하게 합니다. 그분은 인간적 행위에서 동반자(라틴어, concursus '함께 걷다')와 공동행위자(라틴어, cooperatio '공조')로서 활동하십니다. 이러한 역사적인 하나님의 활동은 하나님의 지속적인 창조행위에 속한 것입니다. 인간은 세계에서의 (기술적인) 행위에 가능성과 위임을 철저히 이용하도록 가지고 있습니다. 거기서 그는 계속 진전하며 변화시키는 형태와 육성하며 아끼는 보존행위 사이의 긴장 속으로 빠져갑니다. 이러한 긴장감이 가득한 서로는 "경작하고 보존하라" 이 양자의 개념에 포함되었습니다. 그것과 함께 창세기 2:15에서 성경적 사명은 인간들에게 표현되었습니다.

자유의 상반된 감정의 병존과 인간 존엄의 요구에 의식되어 있는 것은 문화적인 것에 그리고 그것과 함께 기술적인 행위에 속한 것입니다. 이것은 하나님의 동형상(창1:26이하)으로서 근본적인 목적에 대한 기억에서 이루어집니다. 즉 하나님의 것이 인간에게 부여되며, 그 때문에 책임 가운데서 보존되는 소실될 수 없는 존엄성과 자유입니다. 사람들이 창세기 1:26의 정황을 주목할 때, 하나님이 인간들에게 주시는 표준적인 행위 가운데서 상응하는 것은 이러한 책임에 속한 것입니다. 그것은 마음대로 처리하는 능력을 인간에게 위임하였음을 뜻합니다. 그는 그러나 자신 스스로 그의 삶의 토대를 벗어버리기를 원하지 않으며, 생명은 원칙적으로 "주어진 것"인 모든 생명의 특성을 존중하는 것입니다. 자유는 항상 유한한 자유입니다. 그것은 자신 스스로 한계를 지을 수 있을 때, 즉 포기할 수 있으며, 제자리에 있게 하며, 단념할 수 있을 때, 기독교적인 자유입니다. 사람들은 기술이 계속해서 발전하면 할수록 기술에 대한 입장과 그 기술사용이 더 겸손하며, 더 만족하며, 더 아끼게 되는 것임을 거의 말할 수 있을 것입니다.

근대기술의 개입 - 파급 - 그리고 작용의 깊이는 그의 자유의 사용에서 가지는 행위능력에 대한 높은 정도가 드러납니다. 이것은 바울이 로마서 12:1에서 요구하는 "합당한 예배"(원문, '분별하는 제사' 또는 '이성적인 제사')에 속합니다. 바울에게 있어서 이성과 자유는 사람이 자신의 삶의 의미와 목표를 자신의 행위로부터, 즉 기술적 발명, 발견, 습득을 통하여 얻기를 시도하는 그러한 새로운 "법"에 스스로 복종시키지 않는 것에서만 지각될 수 있습니다. 그러므로 사회의 기술의 존도와 기술 의미론이 행사되는 위력에 대한 질문이 바로 기술윤리입니다. 만일 사람이 세상과 삶 그리고 자신의 사람됨을 기술적 도구화라는 일차원적 도식에 따라 이해하고 있다면, 그 사람은 자신의 위엄과 자유와 이성을 포기한 것입니다.

마르틴 루터[Martin Luther]는 인간과 그들의 행위와 마찬가지로 (그들의 활동) 사이를 구별하였습니다. 행위나, 인간의 활동이 인간을 만드는 것이 아니라, 인간이 활동과 행위를 결정합니다. 더 정확히 말하면, 믿음이 그의 행위들의 강요와 포박들에서 인간을 해방시킵니다. - 다시 말하자면, 기술적 인공물 또는 그의 기술적 행위가 그에게 가해지는 힘에서 - 인간을 해방시킵니다. 기술적 인공물과 행위는 결코 목적 자체가 되게 해서는 안 됩니다. 루터가 "오직 믿음으로 의롭게 됨(칭의)"을 말했던 것은 "땅을 정복하고", 활기찬 자연을 지배하는 성경적 "땅의 다스림"(창1:28)의 맥락에서 기술의 의미에 대하여 깨우치는 통찰을 던지는 것입니다. 이러한 과제는 선한 가정살림(경제)이 잘 경영되는 것을 뜻하며, 반대로 생각 없이 무분별한 지배와 망가트림과 약탈행위를 거절하는 것을 뜻하는 것입니다. 그것에 따라 의심스러운 경우, 더 안전한 길을 선택하는 "안전채택주의"(tutior='더 안전하며', '더 위험 없이')와 상응하는 기술사용이 우선권을 갖는 것입니다.

'지속가능한 발전의 표본'은 세속적 윤리와 정치 분야에서 요약되었는데, 그 표본은 1992년 리오데 자네이로에서 개최된 '환경과 개발에 대한 유엔 컨퍼런스'에서 유엔의 규정으로 수용되었으며, 신학적이며 윤리적 시각에서 뒷받침될 수 있으며 또한 그렇게 되어야 했습니다. 표본의 기본원칙은 "개발의 권리가 그렇게 채워져야 한다는 것, 오늘날과 미래적 세대들의 발전의 필요와 환경의 필요에 정당한 방식에 상응되도록 하는 그것입니다". 즉 지속성의 구상에 관한 다수의 내면에 '세 기둥 구상'이 확정되었습니다. 지속성은 생태학적이며, 경제학적이며, 사회적인 관점에서 안전하게 하는 것이며, - 전 세계적이며 세대를 뛰어넘어 확산되는 것입니다.

- 기술개발은 기술후속연구 내지는 기술후속검사와 윤리적 기술평가와 함께 가야만 합니다. 여기에서 기술사용의 위험성에 관한 검사도 속합니다. 아주 기대되는 기술 결과(의도된 결과와 부수적인 결과)가 책임자들로부터 그리고 전 사회적으로 용인 될 수 있어야 합니다.

- 인공물과 생명실체의 기획된 생존기간에 대한 기능의 능력은 안전하게 하는 것입니다.

- 수정 능력과 오류의 친절성: "항상 당신의 행위의 결과를 통해서 수정될 수 있는 준 비성과 전망에서 행동하라." 모든 위험을 피하며 오류 없이 행동할 수 있는 인간에게 속한 최종적인 자유는 아무리 적다해도, 그럴지라도, 수정준비는 책임 행위에 속한 것입니다. 사람의 모든 행위에 대한 원칙적 수정 필요성에 대한 지식은, 그들이 전혀 해(害)를 끼치지 않거나, 가능한 전사회적으로 용인되어질 수 있는 그러한 손해(害) 를 끼친다는 의미에서, 기술적인 체계와 인공물과 생명실체를 "오류의 친절"로 구성 하도록 촉구합니다. 이것은 인간적 처리능력이 모든 행위의 후속결과를 인식할 수 있는 가능성 보다 더욱 크기 때문에 합당하게 보입니다.

- 당면한 개발의 좁은 길과 구체적인 개발참여에 대한 결단들의 투명성과 의사소통은 당사자들의 참여발언권의 보장을 포함하여(주주보다 당사자의 우선권).

지속성의 표본과 이 네 가지 기술윤리적인 공리들은 정의와 배당과 자연적인 삶의 근본토대의 보존에 관한 결정적이며, 근본적이며, 성경적이며 윤리적인 관 점에서 중요하기 때문에, 그것들의 오랜 기간의 책임을 겨냥하는 판단력의 규정 들입니다.

윤리적으로 책임을 가진 기술발전과 책임성 있는 기술의 다룸에 대한 결정적 인 전제는 특별히 다음과 같이 질문되는 하나의 투명한 목표에 관한 토론입니다. 우리는 어떤 사회에서 살기를 원하는가? 무엇이 우리의 삶의 모델이며, 우리의 기 술행위의 목표가 무엇이어야 하는지? 그들이 빠른 기술개발과 함께 가지 못하기 때문이며, 그들에게 물질적이거나 또는 교육의 전제들이 결여되거나 또는 그들이 저(低)개발된 지구상의 지역들에 살고 있기 때문에, 전체 백성의 그룹들이 총체적인 발전의 정상에서 벗어나 있는 것을 어떻게 막을 수 있을 것인지?

4. 특별히 예민한 기술 분야에 대한 기술 윤리적인 숙고

핵에너지와 유전공학은 인체의 영역과 줄기세포연구와 합성생물학에서 본보기로 원칙적이며, 윤리적인 질문의 시각에서 윤리적으로 예민한 수많은 기술 분야들에 관하여 표현되었습니다. 이러한 기술 분야들은 특별히 예민합니다. 왜냐하면 어느 정도 기술적이며-윤리적인 숙고들이 현재의 인간존재의 근본 질문에 해당되는지를 그들에게 알게 되도록 하기 때문입니다.

a) 핵에너지

산업화된 나라에서 포괄적으로 기술을 정형화한 생활방식은 엄청난 에너지 수요를 유발시켰으며, 대략 100년 남짓한 기간 내에 수백만 년간 축적된 석탄, 석유 그리고 천연가스산출의 계속적인 소비로 이끌었습니다. 이러한 배경에, 1960년대 이후 에너지 생산과 공급에서 핵에너지가 화석연료 사용에 대한 대안으로 개발되었습니다. 그러는 사이 핵에너지는 세계적으로 이용되고 있으며, 유럽과 북아메리카와 같은 생활수준을 목표로 하고 있는 개발도상국인 중국과 인도도 이러한 행위에 가담하였습니다. 1990년대 이후 기후 보호에 대한 논의는 핵에너지를 본격적 주제로 삼았습니다. 그것에 비하여 비판자들은 타고 남은 핵연료가 만들어지고 축적되는 과정에서 생태계의 영역에 방사능 물질의 방출을 통하여 사람과 환경에 극히 장기적인 고도(高度)의 유해위험을 초래한다는 것과 실제적으로 안전한 핵폐기물의 최종처리장소가 발견되지도 않았으며, 그러한 곳의 발견을 기대할 수도 없다는 것 등을 지적합니다. 이러한 비판은 이따금 핵발전소는 대단위의 기술적인 설비들이 근본적으로 제어할 수 없는 기술체계들인 것처럼, 생각하는 확신과 결합되었습니다. 이에 대해 핵에너지 설비 운영자들과 옹호자들은 안전에 최적화된 새로운 유형의 핵발전소의 건설이 가능하다는 주장으로 맞서고 있습니다. 더욱이 GAU(가정되는 초대형사고)는 전적으로 배제시킬 수 없을 것입니다. 그러나 그것의 출현가능성은 보통 일상에서 수용 가능한 교통사고나 자연 상태의 방사능을 통한 건강상으로 유해할 위험들에 크게 비할 바가 되지 못한다는 것입니다. 이로써 근본에서 "아직 배제할 수 없는 모험"은 하나의 이론적인 가정이라는 것입니다. 핵에너지가 실제로 비용에 유리하며 기후를 보호하는 에너지 자원의 공급을 표현하며, 미래에 어떤 에너지 수요가 사실적으로 존속하게 될지는 여전히 논쟁적입니다. 그 시기는 핵에너지의 이용이 필수적이며, 책임적이라고 생각하는 많은 사람들로부터 단지 아직도 이러한 것들을 "가교기술공학(架橋技術工學)"으로 주목되었습니다. 핵에너지는 에너지 절약과 대안적이고 재생 가능한 에너지원(태양, 바람, 물)의 발굴을 통하여 충분할 정도의 에너지 공급이 확보되는 한에서 이용되어야 합니다. 그것에 비하여 비판자들은 고도 방사능과 발열을 일으키는 폐기물에 대한 최종처리장소가 찾아지지 않는 한, 핵에너지 생산과 핵 이용의 지속은 그 어떤 경우에도 책임질 수 있는 것이 아니라는데 이의를 제기합니다.

핵에너지를 둘러싼 정치적으로 급격하고 대단히 상반되는 논쟁은 기술적이며-윤리적인 갈등들이 합의될 수 없는 가치관들 사이의 신념갈등이 될 수 있다는 것에 대한 보기가 되기도 합니다. 이러한 맥락에서 핵에너지의 비판가들은 대단위 기술설비들의 기술공학적인 작은 길로부터 원칙적인 전환을 요구하고 있습니다. 그러한 종류의 갈등의 구조는 예나 지금이나 여전히 풀지 못하고 있는 최종 저장소를 둘러싼 논쟁을 보여줍니다. 이러는 와중에 국제적 합의가 성사되었는데, 합의에 따르면, 안전한 최종 저장소는 필히 생태권역에 미치는 자연과 인체에 유해한 방사선으로 부터 약 1만 년 간 무제한적인 보호를 제공해야 할 것이라는 사실입니다. 여러 번 생각해 보기가 제시되었는데, 이런 시간의 지평은 원리적으로 인간의 예측과 행위 가능성을 넘어서고 있다는 것입니다. 광석, 소금 또는 점토가 더 적합한 '주된 암석'을 묘사하는 것인지는 아직도 대답되지 않은 질문입니다. 다른 유럽 나라들과는 달리, 독일에서는 대안적 지점을 찾는 대신에 고어레벤(Gorleben)에서의 소금 암석의 탐사가 집중되고 있습니다. 여기에 대해 비판가들의 두려워함이 거기서 생겨났는데, 즉 안전의 기준이 주어진 여건에 맞아야 한다는 것입니다. - 단 한 번도 공정하고 투명한 현 위치비교가 이루어지지 않게 될 것이며, 그밖에도 대안적인 에너지공급모델을 찾음이 제시된 시급성과 함께 추진되지 않으리라는 것입니다. 그래서 한편으로부터 핵에너지는 - 적어도 유기한적으로 - "창조의 보존"에 전례 없는 기여로 주목되었으며, 반면, 다른 한편, 그것을 이러한 위탁명령에 대한 생각할만한 가장 심각한 모순으로 바라보는 것입니다.

그 논쟁이 어떤 방향으로 나아갈지는 지켜볼 수밖에 없습니다. 논쟁은 교회 내에서도 상반된 방향으로 이루어지고 있습니다. 독일개신교회협의회[EKD]의 총회는 지 교회들의 총회의 결정을 수용했던 2008년 11월 4일의 성명발표에서처럼, 자연과의 관계, 소비자의 태도, 생산조건, 에너지 절약과 생산, 이용 그리고 경제정책에서 변혁이라는 형태의 미래를 가능하게 하는 삶의 변화에 분명한 "예스"[Ja]는 물론 표명하였습니다. 이러한 "긍정"(예스)은 에너지자원공급이 재생 가능한 에너지원으로 변경 그리고 기후에 해악을 끼치는 에너지 공학뿐만 아니라 핵에너지 이용으로부터 탈퇴를 내용으로 하고 있습니다. 이러한 표명은 공공의 참여와 투명한 기준이라는 조건 하에, 대안적 지점을 찾는 최종 저장소 모색을 확대함으로 가능한 한 신속히 최종 저장소 문제를 해결하는 것을 포함합니다. 에너지 생산과 공급에 있어 오늘날의 체계는 '미래를 가능하게' 하지 못하는 것으로 간주되었습니다. 독일개신교회협의[EKD] 총회의 이해에 따라, 높은 유해 잠재성과 해결할 수 없는 최장 저장소 문제로 인하여 핵에너지는 기후보호에 그 어떤 책임성 있는 기여가 될 수 없으며, 에너지 공급의 시급한 전환의 장애로 드러나고 있음을 묘사하고 있습니다.

b) 인체 영역에서의 유전공학

인체 영역에서의 유전공학과 관련하여, 뮌헨의 윤리연구소에서 '기술-신학-자연과학들'은 에른스트 루드비히 빈낙커[Ernst Ludwig Winnacker]와 트루츠 렌토르프[Trutz Rendtorff]의 지도하에 유전공학의 윤리적 평가를 위한 하나의 모델을 개발하게 되었습니다. 이들이 개발한 '점차적 상승모델'의 목표는 총괄적으로 거절하거나 찬성하는 심판에 대하여 유전공학의 사례별의 윤리적인 평가의 필요성을 나타내 보이는 것입니다.

다음과 같은 것에서 간략한 형태로 묘사된 "점차적인 상승모델"은 그들 개입(介入)의 심도(深度)와 그들의 의학적인 소원 가능성과 윤리적인 대표성에 따라 유전공학적인 개입의 단계를 7단계로 정리합니다. 그것은 단지 의사와 인간 존엄의 직업 품성과 함께 일치되게 하며, 인정된 질병의 취급에서 처리되었으며, 공공성을 부끄러워하지 않아야 하는 유전공학적인 개입을 인간에게서 윤리적으로 인정할 수 있는 것으로 주시합니다.

- 점차적인 상승모델의 제1단계에서 비인간적인 특종의 유전공학적인 변이는 박테리아나, 효모세포처럼, 인간에 의하여(예를 들면, 인슐린) 유전공학적으로 제조된 약품의 생산과 사용에 대하여 윤리적으로 생각할 수 없게 상승되었으며 그리고 전통적인 의약품과 함께 요법으로 동일시되었습니다.

- 제2단계에서 유전적인 결함에 적중된 신체 세포나, 손상을 입지 않은 유전인자를 가진 유기체들이 설치되어져야 하는 신체적인 유전치료는 효력을 가집니다. 더 큰 개입심도에도 불구하고(불가역적인 개입과 신체에 적용), 이러한 개입이 질병의 치료에 도움이 되며, 사전에 환자의 해명과 동의에 따라 행하여지며, 인간 존엄이 훼손되지 않으며, '학문공개의 원칙에 부합한다면, 윤리적으로 정당화 되었습니다.

- 제3단계서, 출생하지 않은 태아에게 그러한 경우에 따라서 가능한대로 사용된 신체적 유전치료는 주시되었습니다. 이러한 시술형태는 기형을 유발하는 유전적인 손상을 그들의 발육이 방해되었던 것을 이른 시기에 치료하는 것을 도울 수 있습니다. 이러한 시술형태를 윤리적으로 평가함에 있어서 고려되어야 할 것은 출생하지 않은 태아의 비의도적 배아발생의 변이위험이 출생 후 신체적인 유전치료 보다 더 크다는 것입니다. 출생하지 않은 태아에게서의 유전치료는 마찬가지로, 만일 배아발생(난세포가 생식세포로 바뀌는 것)의 변이들이 특수한 운반도구를 수단으로 차단되었다면, 윤리적인 인정으로 보여 집니다.

- 제4단계-7단계는 생식세포를 겨냥했던 유전적인 개입에 해당합니다. 그것은 독일에서 1990년 태아보호법에 근거하여 허용되지 않고 있습니다. 그러나 - 그 기술이 먼저 사용된다면-, 그것은 한 가족 내에 매 세대마다 늘 반복하여 나타나는 유전병을 단 한 번에 소멸시킬 수 있는 가능성을 제시하는 것입니다. 이러한 근거에서 당사자들이 배아발생치료의 금지에 대한 윤리적인 이유에 대한 문의가 증가하고 있습니다. 우선적으로 배아발생치료를 통한 미래 세대를 위한 유전병의 예방(제4단계)은 최소한 의학적인 견지에서는 소원할 가치가 있는 목표처럼 보입니다. 그럼에도 그 모델은 이미 배아발생치료를 확립하는 길이 윤리적으로 수용할 수 없는 것임을 보여주고 있습니다. 동물에 의하여 벌써 적용된 생식세포를 유전적으로 변경하던 방법이 사람에게로 이전시켜야만 했습니다. 의학적인 견지에서, 여성의 난자를 시험목적으로 충

분히 획득해야 하는 어려움이 생긴 것입니다. 특히 인간적인 생명체를 목적에 대한 수단으로서 대체하는 것은 인간 존엄에 대한 모순입니다.

• '점진적인 상승모델'은 배아발생의 개입으로부터 계속되는 단계를 다른 목적설정들 로써 구별하고 있습니다. 다른 윤리의식이나 덜 엄격한 법을 가진 다른 나라들에서 배아발생의 개입기술이 개발될 수 있다는 가능성을 배제할 수는 없습니다. 그러하기 에 이러한 시술에 대한 독일에서와 같은 금지가 장기적인 시각에서 유지될 수 있을 지 의문시되기 때문에, 장래를 내다보는 윤리적 성찰이 제기되고 있습니다. 배아발 생개입의 다음 단계의 목표는 새로운 유전자(Gen)를 인체의 유전 질에 넣는 것일 것 입니다. 이러한 시술은 전통적인 주사와도 견주어 볼 수 있는데, 특정한 감염성 질병 에 대한 면역력을 형성시켜주는(제5단계) 유전자를 집어넣는 것입니다.

• 제6단계는 반드시 질병으로 분류될 수 있는 것은 아니지만, 일어날 수 있는 규범이탈 (예. 비만)을 수정할 목적의 배아발생에 개입하는 것입니다. 그러한 수정이나 다른 양 식의 규범이탈을 수정할 목적의 유전학적인 개입은 '점진적인 상승모델'에 따른 윤리 적인 견지에서 거절됩니다. 왜냐하면 그 어떤 사람도 통계적으로 계측될 수 있는 의 미에서 완벽하게 "정상적"이지 않으며, 그 누구도, 심지어 그 어떤 의사도 "정상"이라 고 정의할 수 있는 권리가 없기 때문입니다. 게다가, 시대의 변천에 종속된 "정상"이 라는 문화적 시각이 이어지도록 모든 세대들에다 옮겨놓는 것은 인간의 존엄성에도 부합하지 않기 때문입니다.

• 인간에게 있어서 유전적인 개입들의 가장 표면적인 단계로서(7단계), 점진적인 상승 모델에 따라 대략 지성이나 또는 자연적인 공격태도처럼 인간의 복잡한 속성들의 영 향의 미침이 해당됩니다. 여기에 그러한 속성 중 어떤 형태나 어떤 정도가 미래적으 로 소원할만한 가치가 있는지 또는 유리하게 될지 아무도 결정할 수 있는 자격이 없 습니다. 그래서 이러한 개입 역시 엄격하게 거절되었습니다.

c) 줄기세포연구

현대 의학과 생명공학의 영역에서 줄기세포의 연구를 통하여 세포 형성과 세 포 성장에 관한 근본적 지식에 도달하여, 가까운 시일에 지금까지의 불치병들에 대한 새로운 치료가 이루어질 것이라는 전망이 생겨나고 있습니다. 거기서 배아 세포의 지식에 관한 근본적이고 포괄적인 결과가 기다리고 있습니다. 자궁 밖에서 체외수정으로 난자와 정자가 결합되는 것을 통해, 상대적으로 단순하게 이루어지는 "배아 줄기세포"(ESt)에 대한 연구는 오늘날 과학의 상태에 따르면 그들 연구의 사멸을 의미합니다. 1990년 독일의 배아보호법에 따라 "소모성 줄기세포 연구"는 금지되어 있습니다. 윤리적인 관점에서는, 학문적이며-기술적으로 천명된 발전과 "생명보호" 사이의 뿌리 깊은 갈등이 놓여 있습니다.

한편으로 논증되었는데, 자신에 대해 스스로 결정할 수 없으며, 전적으로 타인에 의존되어 있는 아직 생성과정에 있는 생명이 유전병들이 다른 사람들에 의하여 후에 한 번 치료되어질 수 있도록 희생되게 해야 하는가? 다른 면에서 이의가 제기되었는데, 이러한 질문은 중요한 사실을 지나쳐버린다는 것입니다. 왜냐하면 사람은 최소한 14일(Nidation '착상기' = 라틴어, nidus='보금자리')까지는 생겨나는 인간의 생명에 관하여 결코 미리 말할 수 없기 때문입니다. 이 단계까지는 아직 보호될 만한 인간으로 승인될 수 없다는 것입니다(영국의 규정) 그리고 그 때문에, 전혀 제시되지 않을 때, 고급지위의 의학적 목표들에 대한 관점에서 배아 줄기세포의 연구는 허락되어야만 했습니다.

윤리적인 분쟁에서의 해결책으로서 "성인의 줄기세포"에 대한 연구가 인식되었습니다. 이미 완전히 형성된 체세포, 특별히 탯줄의 혈에서 채취된 체세포는 초기 단계로 다시 프로그램화 되었으며, 그로부터 "귀납적으로 다변적 잠재성을 지니는 체세포"(iPS)를 획득하여, 그것으로써 세포성장을 연구합니다. 예를 들면 이식을 위한 세포조직과 장기가 배양되어질 수 있게 됩니다. "세포공학"(tissue engineering, 세포배양)에 대한 기초연구는 널리 번창하고 있습니다. 배아 줄기세포는 활동 비교를 위해 아직 필요할 것이지만, 연구를 위한 배아 줄기세포의 소모는 불필요하게 될 것 같습니다. 그밖에 배아 줄기세포가 높은 수준의 생의학적인 특질요구 항목들에 일치하며, 그래서 선택적인 수단이 될 수 있을는지는 아직 연구에서 논쟁의 여지가 있습니다. - 여타 질문들과 나란히 다음과 같은 근본적인 질문들이 있습니다.

• 인간 생명의 시작은 언제부터인가?

- 인간은 인간으로 발전되는가? 아니면 항상 인간으로서 있는 것인가?
- 인간은 언제부터 인간 존엄의 계명에 따라 모든 보호법을 가진 인격체가 되는가? 아니면 사람은 "인간"이라는 종에 속해 있기 때문에 항상 인격체인가?
- 다르게 표현하자면, 자신을 발전시키는 인간의 생명은 처음부터 제한 없는 인간 존엄을 지니는가? 아니면 이후의 시점에서인가? (예를 들면, 착상기 이후 또는 신경조직 완성 이후나 출생 이후)

줄기세포 연구의 옹호자들은 자신들을 비판하는 자들을 향해 "생물학적 오해"라고 비난합니다. 즉 '무엇이 자연적이며', '생명은 결과적으로 언제 시작되는지', '그에게 인격의 존엄성은 언제 동의할 수 있는 것인지, 저마다의 정의에 의존되어 있는지, 이는 문화적으로 약정된 것이기에 다양하게 말할 수 있는지, 즉 이런 가변성은 기술시대의 표지이며, 그것은 그 어떤 초시간적인 규범성을 알지 못하나, 그때마다 최대 다수를 위한 최대한의 유익중 하나가 결정적이어야 합니다. 사람의 존엄성을 어떻게 이해하는지에 대한 질문과 더불어 윤리적인 문제제기의 맥락은 분명해 집니다. 생명보호는 사람의 존엄성을 동반하는지, 사람의 존엄성은 인간이 생각할 수 있는 가장 이른 시초부터 함께 주어진 것인지 또는 존엄을 발전과정의 탓으로 돌려야 하는 것인지.

독일에서의 기독교회들을 이러한 논쟁에 아주 집중적으로 가담하였습니다. 적지 않은 기독인들이 배아줄기세포연구에 대한 범주에서 거절하는 입장을 표명하고 있습니다. 왜냐하면 이러한 연구를 위해서는 아직 생겨나는 과정에 있는 인간의 생명, 즉 정자와 난자가 수정시점부터 주어졌으며 이미 인간 존엄이 무제한적으로 내재하고 있는 그런 생명을 죽여야 되기 때문입니다. 또 다른 기독인들은 보호법과 보호 의무의 단계별 등급을 제외시키자는 견해에 반대하고 있습니다. 인격적 판단형성에 도움을 주고 있는 개신교회 대부분의 입장표명은 '안전채택주의'의 입장을 대변하고 있습니다. 생명의 정확한 시작 시점과 인격적 지위에 대한 모든 문제와는 관계없이, 사람의 정자와 난자세포의 결합으로 발생한 배아는 책임성 있는 대우와 함께 무제한적인 보호 그리고 생명보존적인 타인의 배려에 맡겨져야 합니다. 그것은 그 생명 자체에 도움이 되지 않는 사용(타인에게 유익되는 용도)을 배제합니다. 그 때문에 단지 성인 배아세포연구만이 받아들일 수 있는 길로써 타당할 수 있습니다. 그리고 우리는 태아 줄기세포에 대한 연구의 거절에 머물러야만 한다고 봅니다. ↗ 2.2.1 하나님의 피조물

d) 합성 생물학

나노(Nano)공학과 나란히 "합성생물학"은 훨씬 큰 발전 잠재성을 가진 미래공학으로서 간주되고 있습니다. 이미 1974년 폴란드계의 미국 유전공학자인 바클라브 스치발스키(Waclaw Szybalski)는 분자생물학과 분자유전학이 공학과학의 융합에서 생겨나는 그 잠재성을 발견하였습니다. 여기에서는 생명공학적인 절차에 있어서 표준화된 "생체블록"(bio-bricks)의 도움으로, 생물적인 체계와 유기체의 공학적인 원리에 따른 디자인이 관건이 됩니다. "합성생물학은 지금까지 자연에 존재하지 않았던 생물학적 체계를 모델로 연구하여, 우선적으로는 생명의 발현을 더 잘 이해하도록 하고, 두 번째로 특정 기능지향적인 생체구성소를 생산하여 맞추어 넣고 그리고 세 번째로 새로운 용도나 과정을 개발하려는 그런 노력을 보여줍니다."(유럽공동체의 프로젝트 TESSY 2007 "Towards a European Strategy for Synthetic Biology").

두 가지 연구방법과 발전 단초는 구별될 수 있습니다.

- 하나는, 존재하는 박테리아의 유전인자를 신진대사와 번식이라는 기본기능으로 축소시켜서, 기대하던 다른 기능을 위한 "조립(助立)대"로 사용합니다.

- 또 다른 하나는, 처음부터 미생물체인 것을 실험실에서 생산하는 것입니다. 원세포를 발전시키거나, 아니면 존재하는 생물학적 '생체블록'을 지금까지 자연 상태에서 찾아볼 수 없었던 인공세포를 조직하기 위해 이용해야 합니다.

다음과 같이 가능한 응용영역은 그 시기에 두드러지게 나타납니다. 약품(예, 말라리아 치료), 대체연료 생산, 가장 초기에 질병증후군을 찾아 병의 발전을 예방할 수 있는 생태 동기회로를 가진 생태족 센서의 개발(예. 종양형성).

21세기 초반에 합성생물학의 특성적인 지식과 발전단계는 1900년대 합성화

학처럼(생명 공학적) 창조를 목적으로 하는 (유전공학적) 조작의 단계를 보여주고 있습니다. 그 어떤 명확한 것도 실제 (기술)윤리적인 문제를 지배하지 못합니다. 다음의 의문과 질문이 토론되고 있습니다.

- 방출된 합성 유기체를 통해서 어떤 해가 생겨날 것인가? 유전공학에서처럼, 만일 실험실에서 배출된 것들이 실험실 외부 하천에 도착하여 다른 유기체들과 아직까지 알려지지 않는 상호작용을 할 경우, 새로 만들어진 유기체는 "생태안전"(biosafety)이라는 의미에서 인간과 환경에 대한 위협과 부작용을 유발할 수 있습니다. 또한 '생태보안'(biosecurity)이라는 측면에서, 생물학적 체계의 오용 - 특별히 테러의 목적으로 - 이 문제가 되고 있습니다.

- 경제 공정성을 침해하는 것은 정당화될 수 있는가? 일부 기업에서 "합성 생물학" 제품의 특허출원을 통해서 독점화가 두드러지게 나타납니다. 만일 시골과 자연 속에서 자라나는 유기체로부터 필수적인 작용물질을 대량으로 합성시켜야 할 경우, 당연히 개발도상국가의 수입원은 말라버릴 것입니다.

- 살아있다는 것을 이해하는데 있어서 어떤 변화가 생길 수 있는가? "실험실 출생의 생명", "살아있는 기계", "살아있는 공학", "인공 세포"와 같은 표제어는 축소된 생명에 대한 개념들을 제안하고 있습니다. 즉, 부여되지 않았을 뿐만 아니라 살아있는 것과 기술적인 것 (제작된 것과 만들어진 것) 사이의 그 어떤 차이도 없는, 생명의 진행과정이 통제받을 수 있습니다. 만일 우선적으로 이러한 것들이 기술적인 생산품으로 주목되었다면, 이로써 가치성에 따른, 즉 살아있는 것의 품위에 따른 문제가 제시됩니다. 결국, 인간은 그의 생산한 것들을 그에게서 스스로 만들어진 그의 대상들로서 이해할 수 있을 것입니다. 그렇다면, 윤리적이며-존재론적인 견지에서, 인공물과 생명체로써의 "인공적인 세포"는 "자연적인 세포"와 다른 신분을 가지게 될 것입니다. 그럼에도 불구하고 인공 세포를 곧바로 기술적인 생산품으로 보아야 할 것인가요? 마찬가지로 인간적인 자기이해의 가능한 변화에 있어서도 주목하게 되는 것입니다. 기술자로서 인간은 - "만들 줄 아는 인간"(homo faber) - 자연적인 공정의 조작자(전권을 지닌 생명의 창조자)와 다를 바 없을 것입니다.

일찍이 1928년 사회철학자 헬무트 플레스너(Helmuth Plessner)는 인간을 "자연적인 인조성", 즉 생명체로 지칭하였습니다. 그러는 사이에 "초월인문학"(라틴어,

trans=인간적인 것의 저편에, jenseits von humanismus=인간적인)이란 전문분야에서 언급하였습니다. MIT의 인공지능연구소의 톰 나이트(Tom Knight) 교수는 머리기사로 다음과 같이 쓰고 있습니다. "유전암호는 나이가 36억 세입니다. 다시 기록해야 할 때입니다." 정말 유전자 코드를 새롭게 써야 할 때일까요?

형성

기술은 가장 단순한 도구의 사용에서부터, 농기구, 살림도구, 전쟁도구나 신전도구 그리고 기계-, 전자, 건축기술의 발전을 거쳐, 현대 의학-, 에너지-, 공정-, 정보-, 정보통신기술과 우주선 기술까지 모든 생활의 분야와 상황에 기술이 이용되었습니다. "기술 의미론"의 계속적인 전달은 기술발전과 영향을 받은 언어와 과학과 그리고 문화전통들의 본질적인 동력입니다. 문화는 기술 없이 - 또한 그것과 함께 종교 역시 - 생각될 수 없습니다. 그 사이에 인간은 식물과 동물 그리고 자기 자신을 기술적인 개입과 변화들 그리고 새로운 개발의 대상으로 만들고 있습니다. 계속적 삶의 영역들의 기술화와 기술적인 발전의 진보들과 함께 헤아리는 것입니다.

사람이 하나님의 역할을 하고 있는가? 그 질문은 단지 '사람이 하나님의 역할을 하고 싶어 하는가?'로 의미 있게 제기될 수 있습니다. 왜냐하면 모든 변화 잠재성에서 인간과 기술적인 행위는 원칙적인 조건에 묶여있기 때문입니다. 그렇게 모든 행위를 가능하게 하는 "하나님의 활동"과 인간의 "행위"사이에서 구분하는 것입니다. 이러한 구별로써 표해진 경계선은 - 합성적인 생물학에 의도하는 것처럼 - 지금까지 자연에 없었던 특성들을 가진 생명체들이 생산되었을 때, 거기서 생겨나게 됩니다.

이러한 배경에서 하나의 초월학문의 기술발전은 기술개발에 대한 그리고 기술사용에 관계하는 생태적이며, 경제적이며, 사회적인 기준을 필요합니다.

학문분야를 뛰어넘는 기술형성과 윤리적인 지향점의 교육이 서로 손을 잡고 행하는 하나의 중심적인 교육목표입니다. 게다가 한편으로 정신과학과 다른 한편으로, 자연과학과 기술과학 그리고 생명공학 사이에 벌어진 간격을 극복하는 것입니다. 즉 기술과학은 문화과학을 이해하는 것이며, 정신과학은 자연과 신체의 결합을 가지며, 모든 사고와 행위의 기술과의 관련성을 진지하게 다루는 것입니다.

1. 학문분야를 뛰어넘는일은 기술적 자아 망각을 극복한다.

단지 인간이 기술에 영향을 미칠 뿐만 아니라, 기술 역시도 항상 인간에게 영향을 미쳤으며, 특히 인간의 인지가 결정하는 모습에 영향을 미쳤습니다. 인간은 빈번하게 먼저 기술적인 가능성을 통하여, 그의 의도와 목표를 새롭게 정리하는 것에 이르게 됩니다. 적어도 핵분열은 기술이 가치중립도 아니며, 윤리적으로도 중립이 아니라는 것을 늦게 보여주었습니다. 학문분야를뛰어넘는 것은 더욱더 필요 되었습니다. 즉 "기술적인 의미론"은 생명을 결정하는 총체적인 가치가 자신으로부터 파생되지 않는다는 것을 방법적으로 주목하고 스스로 제한합니다. 생명과정에 대한 자연과학적인 접근방법에서 유효한 논리와 권위가 깃들어 있으며, 그들의 조건성과 제한성, 즉 그것은 단지 현존하는 이용의 특정 목적을 위한 시야에서 놓칠 수 있다는 것입니다. 그렇다면, 자연과학적인 접근(그것들)은 실제로 그들의 제한된 가능성을 통해서 결코 덮혀지지 않는 유사종교적인 특성의 총체성에 이르게 됩니다. "손으로 만들어진 그것은 결코 어떤 신들도 아닙니다."(행 19:26). 그렇게 기술적인 자아 망각이 발생합니다. 즉 인간은 단지 양(量)과 수(數)의 한정된 시각방식에 사로잡혀 있다면, 그가 더 큰 삶의 관계에 대하여 얼마나 타율적이며, 맹목적으로 생각하고 행동하는가를 잊어버립니다. 이러한 자아 망각은 어렵게 알아차리게 됩니다. 왜냐하면 인공물과 생명물질에 대한 시각에서 기술적인 의미론에 대한 적응인식이 필수적이며, 행동을 결정하는 것이기 때문입니다. 우리가 몰두되어, 우리를 요구하는 그 일을 뛰어넘어 나아와, 역시 기술이 동승된 더 큰 삶의 관계에 주의 깊게 되기 위하여, 특별한 정신적인 노력과 스스로 우리에게 그리고 우리의 작품들에게 비판적인 간격을 필요로 합니다. 특히 유한성과 의존성과 기술은 부분적으로 평준화시키지만, 그러나 결코 제거할 수 없는 인간적이며, 모든 다른 삶의 훼손성에 결정적인 결단이 속해 있습니다. 적어도 기술의 위험성이라는 견지에서는 늦게나마 분명해질 것입니다. 즉 인간됨은 경계상황 가운데서 사는 것임을 뜻합니다. 인간의 현존재의 이러한 근본형태는 모든 인공물과 생명물질을 위한 의미지평을 만들게 합니다.

2. 학문분야를 뛰어넘기는 기술적인 자아제한성을 교훈한다.

공학자와 생명공학자가 무엇인가 앞서 존재하지 않았던 것으로서 개발하는 인공물과 생명실체물은 지구라는 행성의 기후적이며, 생물학적으로 부여된 것들처럼 그렇게 인간의 삶의 세계를 인간으로서 스스로 바꾸어 놓고 있습니다. 이런 변화의 과정들은 오랜 시간의 책임을 요구합니다.

기술자와 엔지니어, 그렇게 언제나 건강하며 사회적인 기술의 결과들이 반응하며 그리고 기술적 행위에서 상황을 고려했던 만큼 그렇게(예를 들면, 기술적인 안전성, 건강손상), 오늘날 일반적으로 기술개발과 기술사용에 의하여 생태학적이며 경제학적이며, 사회적인 관점을 참작하는 것입니다. 여기에서 학문분야를 뛰어넘는 대화가 필요 됩니다. 해결하는 문제분야가 여러 다른 관점들에서 조명되며, 초월학문적인 공동 작업에서 정의되며 그리고 그것으로써 한계가 지워져야합니다. 실제의 영역으로부터 전망의 의존적이며, 전망의 엄격하게 의존적인 끝냄이 그렇게 이해되며 성찰에로 통합될 수 있을 것입니다.

그러한 발단에 의하여 어떤 해결법을 의미 있는 방식으로 선택되어야 하며, 어떤 활동이 여기서 하나의 윤리적인 책임을 짊어지는 지가 인식될 것입니다. 이를 바탕으로 하나의 어떤 기술적인 해결책이 선택된다면, 생태학적이며, 경제학적이며 그리고 사회적인 기준이 기술적인 의미론에서 번역되고, 기술개발에서 고려될 수 있을 것입니다. 동시에 개별적인 기술사용자와 중간 차원과 거시적인 차원에서 조직들은 책임적인 기술개발과 책임적인 기술사용을 위해 어떤 기여를 수행할 수 있을 것인지를 알게 될 것입니다.

공학적인 발전은 핵심에서 되돌릴 수 없으며, 미래에도 열려있습니다. 가장 위대한 변화의 잠재능력은 수렴공학 가운데 놓여 있을 수 있으며, 나노공학, 정보학, 생명공학 그리고 인식과학과(NIBCS)의 연결에 달려 있을 수 있습니다. 책임적인 삶의 설계의 의미에서, 허용되고, 그대로 두며, 중단되어야 할 것은 짐작하기로 단지 평가되지 않을 개별결단과 세부갈등의 많은 수 가운데서 조사되며, 사회적인 세력 사이에서 협의되어야 할 것입니다. 가장 주의 깊은 기술후속결과와 기술평가 내지 위험성평가는 가장 어려운 저울질과 판단을 준비하게 될 것이며, 그러나 결코 대체할 수는 없습니다. 바로 기술의 사용은 삶에 유익한 것을 지향함에서 감행되는 신뢰로서 믿음의 용기를 요구합니다.

[참고도서(선별하여)]

- 바볼드/뮐러/아른트/뮐러(Bold,J./Müller,O./Arndt,K.M./Müller,K.M.): 창조에 대한 조정에 관하여(Von der Manipulation zur Kreation). 합성생물학의 윤리적이며 존재론적인 관점(Ethische und ontologische Aspekte der synthetischen Biologie), in: Jahrbuch für Wissenschaft und Ethik, Band 13, 2008, S. 153-180.
- 챠르보니(Charbonnier,R.): 기술과 신학(Technik und Theologie). 신학의 특별한 고려 하에서의 간학문적인 기술담론에 대한 신학적인 기여(Ein theologischer Beitrag zum interdisziplinären Technikdiskurs unter Besichtigung der Theologie) F. D. E. Schleiermachers, 2003.
- 헤을레(Härle,W.): 핵에너지에서의 하강? (Austieg aus der Kernenergie?) 책임에서의 상승 (Einstieg in die Verantwortung!) 1986.
- 겔츠만/미텐스트라스(Gethmann,C.F./Mittelstraß,J.)(Hg.): 오랜 기간의 책임. 윤리와 기술과 생태학(Langzeitverantwortung. Ethik-Technik-Ökologie), 2008.
- 카라필리스(Karafyllis,N.)(Hg.): 생명체물(Biofakte). 인공물과 생명체들 사이에서 인간에 대한 시도(Versuch über den Menschen zwischen Artefakt und Lebewesen), 2003.
- 쾨르트너(Körtner,U.H.J.): 우리를 인간으로 만들게 하라(Lasset uns Menschen machen). 생명공학적인 시대에 기독교적인 인간학(Christliche Anthropologie im biotechnologischen Zeitalter), 2005.
- 로폴(Ropohl,G.):일반적인 기술론(Allgemeine Technologie:) 기술의 체계이론(ein System-theorie der Technik), 3. Aufl. 2009.
- 빈나커/렌토르프(Winnacker,E.-L./Rendtorff,T.u.a.): 인간에 대한 개입(Eingriffe am Menschen). 윤리적인 평가의 점진적인 상승모델(Ein Eskalationsmodell zur ethischen Bewertung), 4. Aufl. 2002.

4.4.3 정의 안에서의 평화

"…. 인애와 진리가 같이 만나고 의와 화평이 서로 입 맞추었으며, 진리는 땅에서 솟아나고 의는 하늘에서 굽어보도다, 여호와께서 좋은 것을 주시리니 우리 땅이 그 산물을 내리로다, 의가 주의 앞에 앞서가며 주의 길을 닦으리로다."(시 85:10-13)

정의와 평화가 서로 입맞춤할 것입니다. 인간의 공동생활에서 안정과 친밀성에 관한 그 얼마나 아름다운 시적인 그림일까! 그것은 의로운 평화에 대한 비전속에서 표현되는 것이 응축되어 있으며 그리고 정의와 평화를 향한 우리의 동경을 명료하게 설명합니다. 그렇지만, 이러한 동경은 고도의 무장과 정의롭지 못한 것과 분배의 투쟁으로 특징지어지는 혹독한 현실을 마주하고 있습니다. 군비와 군대의 유지에 대한 세계의 지출은 2008년 1,339억 US 달러에 이르렀습니다. 그것은 2007년에 비하여 6% 증가를 의미합니다. 그것에 비교하여 예를 들어, 2008년 유엔의 총 예산은 삭감, 감축됩니다. 즉 2008년에 국가들의 특별한 지불금 없이도 417억 달러에 달했습니다. 이것은 세계적인 차원에서의 군비가 외교적인 방책과 유엔 평화유지군 투입비용 보다 300배 이상 지출되었다는 것을 의미합니다. 그리고 가장 부한 나라와 가난한 나라 사이에 벌여놓는 세계적인 소득에 또 하나의 다른 간극이 벌어지고 있습니다. 그러나 대규모의 정의롭지 못한 것은 폭력과 테러의 모판입니다. 평화를 위한 기본전제는 모든 사람들이 지구의 재물에 참여할 가능성입니다.

그 어떤 경우에도 전쟁은 사람을 무력하게 내동댕이치는 운명적 권력에 속하지 않습니다. 전쟁은 질병처럼 발발하지 않으며, 정치가 좌절되고 사람들이 거절할 때 발생합니다.

오늘날 "평화"(Friede)를 생각하는 사람은 자발적이거나, 강제된 무기의 침묵과 함께 만족하지 않아야 합니다. 인도주의와 정의와 땅에서의 삶의 가능성에 대한 분배를 위한 긍정적인 참여가 오히려 중요합니다. 2007년 독일개신교회협의회

(EKD)의 평화진정서 "하나님의 평화로부터 살며 – 의로운 평화를 돌보자!"라는 평화와 정의의 이러한 관계를 "의로운 평화"의 모범으로 받아들이고 있습니다.

방향

1. 성경과 교회의 역사

지난 세기의 세계대전까지 교회사를 주목하는 자는 1948년 암스테르담에서 일어난 사건이 얼마나 특별한 것이었는지를 보게 됩니다. 그때 교회의 세계자문위원회는 다음과 같이 확신을 가졌을 때입니다. "전쟁은 하나님의 뜻을 따르는 것이어야 합니다. 오늘날 전쟁이 국제적인 삶에서 수행하는 역할은 하나님을 대적하는 죄요, 인간의 품위를 욕보이는 것입니다."

- 기독인들이 얼마나 신속히 폭력으로 대응했던 정치에 휘말리게 되었던지에 대한 경험은 교회가 이러한 확신에 이르도록 도왔습니다.

- 교회는 자체의 죄책고백과 세계 연합적 공동체의 경험에서 성숙되었습니다.

- 교회는 평화를 향한 올바른 길에 대한 열정적인 논쟁 가운데서 발전되었습니다.

a) 샬롬

구약성경이 "샬롬"(Schalom, 평화)에 관하여 말할 때, 그것은 단지 전쟁에 대한 대립 때문이 아닙니다. 누구든지 "샬롬"으로 인사하는 사람은 포괄적 의미에서 번영을 희망하고 제안하는 것입니다. 즉 피난처, 음식, 쉼과 안정, 복 등에 관한 것입니다. "샬롬"에는 싸움과 갈등이 주어질 수 있습니다. 왜냐하면 이러한 "평화"는 정지된 어떤 상태가 아니라, '역동적인 과정'이며, 종교적이며, 정치적인 것이 내포되었으며, 이스라엘의 하나님은 자기 백성의 위협, 말하자면, 폭력, 불법, 빈곤과 적대감을 쉬지 않고 제거하였습니다. 흥미롭게도 성경의 원어는 "평화"에 대하여 현재의 상태로서의 말이 아니라, 단지 "해방"의(하나님의) 행위를 알고 있을 뿐입니다. 이러한 말 안에서 히브리인들은 인간에게 관여하기를 바라는 항구적인 과정을 보고 있는 것입니다.

우선, 히브리어 성경은 하나님은 그의 백성에게 승리를 주시는 "거룩한 전쟁"(heilgier Krieg)과 적들을 내려치며 창조의 삶의 질서를 회복하는 "하나님의 평화"인 이러한 양자를 알고 있습니다. 후에, 이러한 세계에서 참된 하나님의 평화는 실현시킬 수 없다는 인식이 관철되며, 그 배후에 하나의 큰 비전이 나타나게 됩니다. 즉 역사의 마지막에 하나님은 친히 그의 평화의 왕국을 가지고 오실 것이며, 이러한 "샬롬"은 온 백성들의 세계와 심지어 동물까지도 미치게 될 것입니다. 그런 다음 백성들이 '그들의 칼을 쳐서 보습을 만들고 그들의 창을 쳐서 낫으로 만들 것이며, … 그리고 그들은 이제 이후로부터 전쟁하는 것을 배우지 않을 것이다.'(사2:2-4). 모든 국가는 예루살렘의 산, 시온에 모이게 되고 화해를 축하하게 될 것입니다.

성경의 이해에 따라 시대의 마지막까지 이와 같이 전쟁이 주어져야 하는가요? 그러한 추론은 전적으로 틀린 것은 아닙니다. 왜냐하면 예언자들은 그들의 환상적인 장면을 결코 순박한 유토피아로 이해하고 있지 않기 때문입니다. 그들은 이스라엘이 군사력과 정치적인 동맹을 의지하지 않고, 그들의 하나님을 신뢰해야 합니다! 예를 들면, 이사야는 애급과의 군사적인 협력을 경고하며, 다음과 같은 분명한 결과를 보게 됩니다. "만일 너희가 군게 믿지 아니하면 - 즉, 너희 하나님을 신뢰하지 아니하면 - 너희는 군게 서지 못하리라 하시니라."(사7:9)

그러나 정치적인 분쟁 가운데서 하나님을 신뢰하는 것은 구체적으로 무엇을 말하는 것일까요? 구약 성경은 평화윤리의 딜레마와 단순한 말씀의 문구들이 도울 수 없는 곳에서 책임을 짊어지는 그 일의 고독함을 알고 있습니다. 예를 들면, "살인하지 말라!"라는 계명은 전쟁과 평화를 둘러싼 토론에서 아무런 역할을 하지 못한다는 것은 놀랍기만 합니다. 본래 이 계명은 단순히 개인적인 반대자를 살해하는 것을 금하고 있지, 전쟁에서 죽이는 것을 반대하는 것은 아닙니다. 그것은 오늘날 우리를 헷갈리게 합니다. 모든 인간은 훼손되지 말아야 하는, 그의 창조자의 동형상이라는 통찰이 훨씬 이후에 이스라엘에서 싹트기 때문입니다: "다른 사람의 피를 흘리면 그 사람의 피도 흘릴 것이니 이는 하나님이 자기 형상대로 사람을 만들었기 때문입니다."(창9:6). 바로 이 인도주의적 신앙의 기본신념은 폭력을 방해하기 위하여, 힘으로 위협하거나, 힘을 사용하는 데로 인도할 수 있을 것입니다.

그 때문에 전체 성경에서 전쟁 섬김의 문제는 없는 것입니다. 이스라엘이 위협받을 때, 무기를 들 수 있는 모든 사람들이 이에 가담하게 됩니다.

놀랍게도 느헤미야가 파괴된 예루살렘의 재건에 대해 이야기 하는 것(주전 5세기)은 그 자체로서, 오늘날 유엔-개입의 관점에서 이해합니다. "그때로부터 내 수하 사람들의 절반은 일하고 절반은 갑옷을 입고 창과 방패와 활을 가졌고 민장은 유다 온 족속의 뒤에 있었으며, 성을 건축하는 자와 짐을 나르는 자는 다 각각 한 손으로 일을 하며 한 손에는 병기를 잡았는데, 건축하는 자는 각각 허리에 칼을 차고 건축하며 나팔 부는 자는 내 곁에 섰느니라."(느4:16-18).

b) "화평케 하는 자는 복이 있도다!"

예수님은 그의 복음소식에서 온전한 평화는 하나님의 선물임을 강조합니다. 물론, 그에게는 군사적이고 정치적인 것을 앞세워 놓지 않았습니다. 오히려 인간은 마침내 하나님과 세상과 화해할 수 있어야 합니다. 그 때문에 그는 "수고하고 무거운 짐 진 자들아 다 내게로 오라 내가 너희를 쉬게 하리라"(마11:28)고 부르고 있습니다. 예수님은 스스로 모든 것을 포용하는 샬롬을 가지고 오시는 분이십니다. "맹인이 보며 못 걷는 사람이 걸으며 나병환자가 깨끗함을 받으며 못 듣는 자가 들으며 죽은 자가 살아나며 가난한 자에게 복음이 전파된다 하라"(마11:5).

예수님은 산상수훈에서 다음과 같이 말합니다. "화평하게 하는 자는 복이 있나니 그들이 하나님의 아들이라 일컬음을 받을 것임이요"(마5:9). 우리는 여기서 선지자들이 느낄 수 있었던 긴장을 발견하게 됩니다. 평화는 하나님의 선물이지만, 정작 평화는 사람의 손 안에 놓여 있습니다. 이것은 단순히 - 일부 성경번역가들이 제안하는 그러한 - 평화 애호나 타협적인 자세로서는 충분한 것이 못됩니다. 오히려 평화는 모든 공교한 규칙들에 따라 적극적으로 "이루어내야"하는 것입니다. 여기에 - 우리 시대의 통찰력에 따르면 - 군사적인 평화기술도 포함합니다. 1988년 유엔평화유지군의 노벨상 수상은 바로 이러한 대열에서 있는 것입니다.

예수님은 제5계명을 극단화시키고 있습니다. 그 이웃의 생명을 빼앗는 자가 이러한 금지 규정을 범하는 것이 아니라 "나는 너희에게 이르노니 형제에게 노하는 자가"(마5:22) 위반한 것입니다. 그 누구도 이러한 계명에서 "죄를 짓지 않았다"고 말할 수 없는 것입니다. 예수님은 아주 작은 '개별적인 사례를 중단시키시고, 사랑의 기본질서로 인도합니다. "또 누구든지 너로 억지로 오리를 가게 하거든 그 사람과 십 리를 동행하고"(마5:41), 다시 말하면, 너는 너의 행동 율법을 손에서 놓거나 단순한 반응에 고정되게 하지 말고, 평화를 위해 무엇인가를 행해야 합니다! 그렇다면 이제 대략 오해되었던 예수님의 그 말씀은 새로운 빛으로 드러나게 됩니다. "나는 너희에게 이르노니 악한 자를 대적하지 말라 누구든지 네 오른편 뺨을 치거든 왼편도 돌려대며"(마5:39)라고 말합니다. 예수님은 단순한 수동성이 아니라, 새로운 방식의 능동성을 위해 변호하며 그리고 그것은 사랑의 판타지와 "소단위의 진행단계"의 현실주의와 함께 있는 것입니다(Pincha Lapide).

후에 바울은 로마인들에게 다음과 같은 것을 말씀으로 기록합니다. "악에게 지지 말고 선으로 악을 이기라"(롬12:21) 단지 악한 것만 전염되는 것이 아니라, 선한 것도 전염됩니다. 바로 이러한 배경에서 오해된 예수님의 말씀은 다음과 같이 밝혀집니다. "내가 세상에 화평을 주러 온 줄로 생각하지 말라, 화평이 아니요 검을 주러 왔노라"(마10:34). 예수님은 이러한 비유의 말씀으로 평화가 얼마나 전력투구를 요구하는지 그리고 "썩은 평화"는 노력할 가치가 얼마나 적은지를 보여줍니다. 그러므로 그분의 원수 사랑의 계명은 결코 감정이 아니라, 이성에 호소하고 있는 것입니다. 그 계명은 행동을 요구하지 신조를 요구하지 않습니다. 핀차 라피데(Pincha Lapide)는 이를 적절하게 다음과 같이 요약합니다. 그는 "탈적대화(奪敵對化)의 사랑"을 말하고 있는데, 그것은 작지만 심사숙고한 발걸음들로써 '친구적-생각'의 구도를 깨트리며, 흑백-희화의 구도를 해결하며 그리고 지극히 힘든 작은 노동에서 신뢰를 만드는 조치들을 찾는 것입니다. 하나님도 스스로 다르게 만들지 않음을 예수님은 다음과 같이 말합니다. "이같이 한즉 하늘에 계신 너희 아버지의 아들이 되리니, 이는 하나님이 그의 태양을 악인과 선인에게 비추시며 비를 의로운 자와 불의한 자에게 내려주심이라"(마5:45).

신약성경은 상대적으로 편견 없이 병사들을 만나는 것에 대하여 놓여 있을 수 있습니다(눅3:14; 마8:5-13; 행10:1-35). 유대인들처럼, 기독인들은 로마의 용병대 입대에 전혀 강요되지 않았습니다. 문제는 만일 병사들이 기독교로 개종한다면, 다만 드러날 수 있었습니다. 이러한 갈등은 종교적인 것보다는 윤리적인 성격이 더 적었습니다. 즉, 그것은 이러한 갈등이 우선적으로 전쟁 임무와 관련된 것이 아니라, 군대와 황제숭배 사이에서 밀접한 연결성과 관계되어 있었습니다. 그것은 기독교화 되었던 병사들이 그들의 복무를 자동적으로 그만둔 것이 아니라, 오히려 반대로 기독교 박해가 군대에서 시작되었으며, 놀랍게도 군대에서 많은 순교자들이 나왔다는 것에서 바로 설명됩니다. 황제 막시밀리안(통치기간: 284-305)은 쾰른(Koeln)에서 318명의 목을 친 일과 발리스(Wallis)에서 302명의 남자를 섬멸되게 했던 테베(애굽)에서의 이 두 지역이 가장 잘 알려지게 되었습니다.

c) 기독교 평화윤리의 역사에서의 조망

첫 황제, 콘스탄티누스(306-337)는 교회에 대한 그의 공적인 인정과 함께 상황을 근본적으로 바꾸었으며, 기독인들은 어떻게 국가 권력을 책임지며, 어떻게 그들 국가적인 권력남용에 맞서야 하는지에 대한 질문을 제기하였습니다. 어거스틴(354-430)은 그것에 상응하게 하나님이 허용하시는 일에서의 전쟁을 생각하게 됩니다. "하나님은 스스로 행하거나, 정당한 방법으로 일어나게 하는 것 외에 그 어떤 것도 일어나지 않는다." 어거스틴에 따르면, 전쟁 자체는 어떤 경우에도 그 자체가 악은 아니며, 기독교의 사랑에도 모순되는 것이 아니라는 입장을 제시합니다. 만일 어거스틴은 사람이 어떤 근거에서 그리고 어떤 것들의 권위에서 전쟁을 이끌게 되었는지를 정확히 주목해야 한다는 것을 경고한다면, 정당한 전쟁에 관한 가르침의 첫 기본선은 예고됩니다.

12세기에 중세기 신학자 그라티안(Gratian)은 기독교 평화윤리의 발전에 동력을 부여하게 되는데, '전쟁의 목표는 평화에 있다'라고 한 말에서입니다. 그 때문에 한편으로 강요되었거나 악을 약화시키는 그 같은 전쟁은 윤리적으로 대변될 수 있다는 것입니다. 그러나 다른 한편, 단순 파괴욕이나 통치욕이나, 복수욕에서 전쟁을 획책하는 것은 금지되어야 한다는 것입니다. 그 때문에 병사는 상급자에게 그 명령이 하나님의 계명에 충돌하지 않는다면 복종해야 했습니다. 의식적으로 불의한 명령을 시행하는 자는 자신에게 죄를 짓게 하는 것입니다. 토마스 아퀴나스(Thomas von Aquin, 1225-1274)는 전쟁행위가 윤리적으로 정당하거나 또는 윤리적인 의무가 있다고 주장하는 참전자들과 참전반대자들 사이를 구별하도록 새로운 윤리적인 원칙을 첨가합니다. - 오늘날 국제 전쟁법이 되었던 "정당한 전쟁"의 규정에 관한 것입니다. 단지 대량살상무기나 지뢰들은 무차별적으로 사용하고 있으며, 그 때문에 확산금지조약을 통하여 금지되었거나, 적어도 제어되었습니다.

d) 마르틴 루터 - "사람에게 보다 하나님께 더 순종하라!"

루터는 먼저 '정당한 전쟁'에 관한 그들의 교리와 함께 그 당시 교회의 전통에 머물고 있으나, 그의 "두 왕국의 가르침"은 토마스의 갈등에 신학적으로 더 잘 정당하게 되도록 그를 도웁니다. "검(劍)의 직무"는 하나님의 보존질서에 속하며(비교. 롬13:4), 그것은 창조의 보존을 섬기며, "신적이며, 세계에 필요하며 그리고 먹으며 마시는 것처럼 필수적입니다." 물론, 루터는 단 한 번도 단순히 전쟁과 타협했거나 전쟁을 찬양하지 않았습니다.

루터는 하나님이 명령하여 수행하시는 전쟁들과는 - 대략 십자군전쟁과 여타 종교전쟁 - 거리를 두었습니다. "만일 내가 전투하는 사람이라면, 들판에서 성직자나 또는 군기를 보게 될 것이며 - 심지어 십자가 위에 그리스도의 상(像)이라 할지라도 - 마치 악마가 나를 사냥하는 것처럼, 나는 거기서 달아나기를 원할 것입니다." 루터는 "정당한" 근거에 대한 논의에서 교회뿐만 아니라 영주들의 임의에 저항하며 그리고 "권리는 평화에 길을 내주어야 하는 것이지, 평화가 권리에 길을 내주는 것은 아니다"라는 것을 주장합니다. 루터에게 있어서 전쟁을 시작하는 자는 부당하다는 것이 분명합니다. 봉기(蜂起)나 공격적인 전쟁도 합법적일 수 없습니다.

이러한 배경에서, 1526년 루터는 많은 논쟁을 불러일으켰던 자신의 문서에서 브라운슈바이크의 기사 앗사 폰 크람(Assa von Kram)의 "전쟁하는 사람들도 구원의 신분을 얻을 수 있을지"에 대한 의문에 긍정적으로 대답합니다. "비상전쟁"(Notkrieg)이 있을 수 있습니다. 그 전쟁은 "영원하고 무법한 불법에 저항하는 작은 짧은 비평화 때문에 아무것도 달리 행할 수 없는 상황에서 발생하는 것입니다." 왜냐하면 용병 시대의 군복무는 여타 다른 사람들에게서처럼 하나의 직업이기 때문에, 그것은 "사랑의 법"에서 평가되어야 합니다. 루터는 그라티안처럼, 먼저 양심을 결단의 최종판단기관으로 강조하며, 불의한 전쟁에서 영주를 따르는 것을 허용하지 않습니다('사람보다 하나님께 순종하라', 행5:29). 그러나 그는 결정적으로 한 단계를 더 나아갑니다. 불의한 전쟁과 정당한 전쟁, 이 양자 모두는 비도덕적이며 하나님께 모순되는 것입니다. 왜냐하면 오만과 권력욕은 너무나도 쉽게 하나님 경외와 평화 의지의 자리에다 앉혀 놓기 때문입니다. 전쟁에서 경악과 공포는 "마귀작품"이며 그리고 비상방어이며, 더 작은 악인데, 그것들은 결과적으로 사람들에게 죄를 짓게 하기 때문입니다. 칼로 구원의 복을 얻으려는 "기독교 기사"의 꿈은 깨어나야 합니다. 여기서, 루터는 양자, 즉 그의 칭의론과 전쟁의 끔찍함에 대한 경험을 예리하고 논리 정연하게 연결시키며, 중세시대 전통에 대한 대립관계에서 확고하게 제기합니다. 도덕적인 규범을 주목하는 자와 "의로운" 전쟁에서 투쟁하는 자는 하나님 앞에서 그의 선한 양심이 아니라,

단지 "은혜와 자비" 위에 세울 수 있습니다. - 모든 직업적이거나 또는 사적인 상황에서 자연적으로 유효한 근본원칙이 사람들 안에서 행동할 수 있는 것입니다.

루터에게 있어 군복무는 엄격하게 이웃 사랑에 대한 책임과 공공단체의 적법한 방어에 결부되어 있습니다. 이러한 연결 속에 "아욱스부르그 신앙고백"(CA. XVI)은 "기독인들이 당국과 영주와 판사직에서 죄 없이 활동할 수 있다는 것과 황제의 법과 다른 타당한 법들에 따라 판결하며 재판하고, 악행자를 검으로 벌을 주며, 합법적인 전쟁을 수행하며, 그 전쟁에 참여할 수 있습니다"라고 가르칩니다. 사람들은 군인의 직업이 여기에 제기되었던 이러한 일상의 관계를 보아야 합니다. "절차를 힘써 지키며, 사고파는 것과 서약을 수행하며, 재산을 소유하고, 결혼하는 것 등등입니다". 군인은 경찰이나, 법률가와 모든 시민들처럼 또한 동일한 윤리적인 원칙하에 등장합니다. "너는 죄짓는 것을 피해가지는 못한다. 그러므로 책임을 떠맡으라! - 그리고 하나님의 용서를 신뢰하라!"

히틀러 통치의 저항단체에 이르기까지 많은 세대들이 이러한 상황으로부터 이끌리고 있었습니다. 종교개혁자는 논리정연하게, 권력욕과 약탈의 즐거움과 방자함에서 전쟁이 부추겨졌다면, 전쟁임무 거부와 탈영을 조언합니다. 그렇다면, "그는 전쟁터에서 달릴 수 있는 한 도망쳐라, 너희 영혼을 구원하라 그리고 그와 함께 악마에게로 달려가고자 하는 자들과 함께 그의 복수욕, 사리분별력을 갖지 못한 그들의 영주를 내버려 두라! 강제된 사람은 아무도 없으며, 그들의 영혼이 지옥에 떨어지도록 영주들과 주인들에게 복종하며, 서약을 지키려는 것에 저주가 있을 뿐이다."

e) 바르멘에서의 총회(1934)

400년이 지난 후, 독일 개신교회는 부상하는 나치독재에 직면하여 바르멘의 그들 총회에서 입장을 선언합니다. 즉 "성경은 우리에게, 국가는 신적 명령에 따라, 아직 구원받지 않은 세계에서 .... 폭력의 위협과 시행 하에서 법과 평화를 돌보아야 할 임무를 가지고 있음을 말합니다. .... 우리는 마치 국가가 그의 특별한 임무를 뛰어넘어서 인간적인 삶의 유일하고 전체적인 질서가 되어야 한다거나, 될 수 있을 것처럼 말하는 잘못된 가르침을 버립니다"(제5조).

2. "정의로운 전쟁"으로부터 "정의로운 평화"로

위에서 인용된 "아우스부르그 신앙고백"은 아주 오래된 문제를 언급합니다. 즉 언제 죄 없는 합법적인 전쟁을 수행할 수 있으며, 그것들이 참여할 수 있을까? 전쟁의 정당성은 이미 초기에 "(정)의로운 전쟁의 가르침"에서 윤리적으로 안전하게 하는 것이 시도되었습니다. 로마의 국가철학과 기독교 윤리(어거스틴, 토마스 아퀴나스)는 공동적으로 가치의 서열을 발전시켰습니다. 사람들은 평화 계명과 이웃 사랑 계명의 윤리적인 절충안을 모색하였는데, 루터가 이후에 자신의 '소요리문답서'에서 제6계명에 대해 말하고 있듯이, 후자('이웃 사랑')는 동등한 인간이 위급할 경우 "힘으로 돕고 생활의 모든 곤궁 중에 조력할 것"을 요청하고 있습니다. 의로운 전쟁에 대한 가르침은 어떤 경우에도 전쟁을 정당화시킬 수 없고, 이중적인 질문을 함으로써 전쟁을 억제하려는 것입니다. 언제 전쟁이 허용되었으며, 무엇이 전쟁 중에 허용되었는가?

그것에 대하여 다음의 조건들이 열거될 수 있습니다.

1. 전쟁은 (정)의로운 질서의 복원에 사용되어야 합니다.
2. 전쟁의 목표는 그 어떤 경우에서도 적의 멸절이 아니라, 단지 대적하는 자와의 더 나은 평화질서가 되어야 합니다.
3. 오로지 합법적인 정부 당국이 전쟁을 선언할 수 있습니다.
   (더 후기의 국가의 권력독점).
4. 전쟁수칙들은 엄수되어야 합니다. - (더 이후의 전쟁 법).
5. 해침은 다투었던 재화의 가치보다 더 크지 않아야 합니다.

이러한 가르침은 실로 불가능한 것을 시도합니다. 그것은 전쟁을 인간화하고, 오늘날 전범소송에서 적절성을 증명하는 기준들을 준비합니다. 물론, 이러한 가르침이 교회적인 면에서 전쟁 억제보다는 전쟁을 합법화하는데 이따금 이용했다는 것은 이러한 가르침의 상반된 가치를 보여줍니다. 그밖에 히로시마와 나가사키의 폭탄투하는 장래의 군사적인 모든 참여에 - 비록 그 폭격이 "정당한" 전쟁으로서 방어적으로 이해되어져야 한다고 하더라도 - 한계를 그어주고 있습니다.

연합국의 헌장(1945)은 정당한 전쟁에 관한 하나의 가르침이 가능하지 않는 것으로 간주하고 있으며, 전쟁의 경멸과 극복에 대한 요구의 근거들에서 제1차, 제2차 세계대전의 공포가 있었습니다.

그렇기 때문에, 헌장 제2조 4항은 국제법적으로 보편적인 폭력금지를 말하고 있습니다. 헌장은 연합 국가의 회원국들로 하여금 "그들의 국제적 관계 속에 영토의 무(無)훼손성이나, 국가의 정치적 독립성에 반하는 것이거나 또는 연합 국가의 목적과 불일치하는 위협이나, 폭력사용"은 금하고 있습니다. 여기에 전쟁은 공격 전쟁뿐 아니라, 모든 전쟁의 종류를 의미합니다. 다만 개인적, 집단적 자위권은 예외로 두고 있는데, "무장공격의 경우"(제51조) 그리고 "세계평화의 보존과 재건, 국제 안보를 위한 필요한 조치"로 안전보장이사회의 결의에 의해 결정하는 것 등으로 하고 있습니다(제42조).

오늘날 "정의로운 전쟁"에 관한 가르침은 더 이상 논의되지 않으며, "정의로운 평화"의 구상에서 나타나는 폭력의 극복과 폭력으로부터 자유로운 문화의 촉진이 논의되고 있습니다.

교회의 공간에서 "정의로운 평화"의 모범은 1989년 드레스덴 교회연합의 총회에서 - 아직 동서관계에 있어 큰 정치적인 전환 이전에 - "정의로운 전쟁"의 반대에서 처음으로 도입이 요청되었습니다. "전쟁제도의 필수적인 극복과 함께, 교회들이 전쟁을 인도주의화하기를 소망하였던 정의로운 전쟁에 관한 가르침은 종결에 이르게 됩니다. 거기서 벌써 지금, 동시에 신학적으로 기초가 되었으며, 개방적인 대화로 보편적이며-인간적인 가치에 연관된 정의로운 평화에 관한 가르침이 발전되어야만 합니다. 다른 신앙을 가진 사람들과 불신앙적인 사람들과의 대화에서 이것을 알아보도록 연구하는 것은 장기간에 걸친 교회의 연합적인 과제입니다."

3. 비폭력 문화의 단초

1990년 "정의, 평화 그리고 창조보존"을 위한 서울에서의 세계교회 총회는 "변화들과 해방으로 유도하는 힘으로서 하나의 비폭력 문화에 대하여" 인상 깊게 표명하였습니다. 폭력으로부터 자유로운 이러한 문화는 평화주의(Pazifismus) 자세로 관심을 갖게 되었으며, 발전되었으며, 살아있게 되었습니다. 신학자 베드포드 스트롬(H. Bedford Strohm)은 서로 다른 4가지의 평화주의적인 단초를 구분하고 있습니다.

a) 무조건적인 평화주의

그것에 따라 군사적인 폭력사용은 근본적으로 배제되었습니다. 왜냐하면 비폭력으로 반응하는 것이 무조건 요구되었으며, 윤리적으로도 그렇게 해야 하는 이와 같은 의무이기 때문입니다. 분석과 전역사와 논쟁의 경과와 그와 결부된 목표충돌이 표준적인 것이 아니라, 모든 진행들이 충돌과의 관계에서 비폭력으로부터 각인(刻印)되어 있어야만 하는 통찰이 오직 표준입니다.

b) 논증적 평화주의

그것(논증적 평화주의)은 무조건적 평화주의처럼, 군사적인 폭력을 배제하는 윤리적이어야 하며, 그 때문에 윤리적으로 하나의 의무인 거기서 시작합니다. 그것은 무조건적인 비폭력의 입장에 대한 결과로 이끌며, 성경의 규범들 외에 비폭력의 윤리적인 토대에서 정치적인 분석과 관계하는 것입니다. 정치적 분석은 폭력이 여전히 평화로 인도되지 않았으며, 늘 새로운 폭력을 생산했다는 것을 교훈합니다. 그 때문에 성경에서 근거된 비폭력은 동시에 하나의 합당한 결단입니다. 논증적 평화주의는 새로운 역사적 경험의 토대 위에서, 폭력 적용의 금지로부터 설득력 있게 근거 된 예외들을 허용하는 것입니다.

c) 책임의 평화주의

그것은 무조건적 요구와 윤리적인 것이어야 하는 것을 지향하지 않으며, 이와 같이 의무적인 것도 아니며, 평화를 만드는 책임성을 지향합니다. 그것은 비폭력의 분명한 우위성을 위해 등장하며, 자체행위의 비폭력이 유일하게 윤리적으로 연결하는 원리가 아니며, 한정된 상황에서 모범적으로 절박한 위기라는 것에서 나아갑니다. 비폭력의 우선권에 대항하는 예외로서 그러한 위기에 있는 폭력의 사용이 그것에 따라 결코 정당한 폭력이 아니며, 오히려 항상 죄책과 결부되었고, 단지 예외의 경우들에서 허용되었습니다.

d) 정의의 윤리적 단초

이러한 입장은 비폭력에 무조건적으로 탁월한 지위를 부여하지 않습니다. 마찬가지로 약자 보호, 인간의 존엄, 폭력으로부터 타인 보호가 이러한 발단을 위해 구속력을 지닙니다. 만약 이러한 원리 사이에서 목표충돌이 생기게 된다면, 현실적인 상황의 분석이 폭력 적용이 허용되는지 또는 금지되어야 하는지를 결정해야 합니다. 책임적 평화주의와 구별하여 이러한 발단과 함께 폭력의 적용은 상세히 정당화하는 것입니다.

거론된 모든 입장들은 현실과 그들 신학적이며, 사회정치적인 여건들과의 논쟁에서 확증되어야만 합니다. 그것들은 평화-정치적으로 폭력예방에 우선권을 용인하는 것을 목표해야합니다. 그리고 그들의 행위와 비행위의 결과를 생각해야 합니다. 비폭력의 까다로운 문화가 체계적으로 생각되고, 돌보아지며, 상상력과 함께 계속 발전되도록 하는 자극이 결정적입니다.

4. "정의로운 평화"의 모범

평화는 정체(停滯)적인 상태가 아니라, 결정적인 표지들을 통하여 특징지어 진 살아있는 과정입니다. 평화는 그것들의 부재가 포함된다할지라도 단순히 전쟁이나, 폭력의 반대는 아닙니다. 평화는 정의를 향한 증대를 의미하는 과정입니다. 바로 이것이 "정의로운 평화"의 모범을 뜻합니다. 그러한 관점에서 "평화를 원한다면 전쟁을 준비하라"(Si vis pacem, para bellum)는 말은 타당하지 않습니다. 오히려 그 반대로, '평화를 원한다면 평화를 준비해야 한다'(Si vis pacem, para pacem!)는 말이 올바릅니다.

이러한 기본원칙은 최근의 평화-정치적인 성명서들의 많은 수를 결정합니다. 2001년 9월 11일 이후, 교회적이며 사회적인 공중(公衆)에서 독일의 개신교회의 평화-윤리적이며, 평화-정치적인 방향에 새롭고 근본적인 기여를 기대했던 소리들이 증대되었습니다. 2007년 독일개신교회협의회(EKD)의 "하나님의 평화로 살며 - 정의로운 평화를 돌보라"는 진정서는 이러한 기대에 부응하였습니다. 독일개신교회협의회(EKD)의 원로위원회가 한목소리로 가결했던 "정의로운 평화"의 모범을 지향했던 그 진정서는 4가지 특이점을 통하여 실질적으로 평화과정의 특색을 드러낸 것으로 봅니다.

- 폭력사용의 회피
- 자유의 증진
- 위기의 감소
- 문화적인 다양성의 인정

그 진정서는 더하여 상술하고 있습니다(80-84):

a) 폭력사용의 회피

"정당한 평화의 기본요소는 폭력사용의 회피와 폭력에서의 보호입니다. 국가 내적으로 국가적인 폭력독점을 통한 폭력의 탈사유화는 새시대의 본질적인 시민사회적 업적입니다. 최근 시민전쟁에서 보는 바와 같이, 국가적인 폭력독점이 붕괴되며 비국가적인 행동가들의 무장화가 기회를 가지는 곳에서, 전-국가적인 상태로 떨어지는 쇠락을 경험합니다. 유엔 헌장(제2조 4항)에서 원칙적 폭력금지에도 불구하고, 이러한 유사(類似)무정부주의(無政府主義)적인 상태는 정치적인 현실에서 국가 간에 아직 극복되지 않았습니다."

b) 자유의 증진

"인간에 대한 기독교에서의 이해는 의사소통과 협력에서 자유의 긍정적인 이해를 선호하고 있습니다. 자유 안에서의 평화는 폭력과 억압에 대항하여 공동생활을 인도하는 기회입니다. 사람들은 그들의 결단에 힘입어, 그들의 가능성과 능력으로부터 공동체적인 사용을 이룰 수 있을 것입니다. 만일 그것이 자유의 수호와 함께 진행되지 않는다면, 국가 내적인 폭력의 독점화는 자의적인 초능력과 더 강한자의 어떤 통치의 표현으로 머무르고 말 것입니다. 그것은 민주주의 법치국가에서 폭력독점을 올바르게 울타리를 둘러치는 것과 권력분배를 통하여 조정하기와 기본 자유의 보호를 통하여 한정하는 것과 그리고 민주적인 참여를 개방하는 것이 국가의 내적으로 성공되었습니다. 국가 간 차원에서 과제는 게다가 유비(劉備)관계에서 더 강한 자의 권리를 법의 강화를 통해 대체하는 그 안에 성립되고 있습니다."

c) 위기의 감소

"인류역사에서 위기는 항상 폭력적 논쟁을 유발시키는 요소였습니다. 불충분한 자원을 둘러싼 경쟁은 호전적인 충돌의 가장 중요한 원인 중의 하나입니다. 위기의 감소는 두 가지 종류의 대책을 요청하고 있습니다. 한편으로, 감소는 사람의 생활을 위한 자연자원의 보존을 전제로 합니다; 그리고 다른 한편으로, 물질자원의 분배와 이에 대한 접근에 불의(不義)들이 감소되어야 합니다. 사회 안에 내적인 평화(平和)는 사회의 적극적인 회복정치가 없다면 위태로워지는 것과 같이, 세계평화 또한 사회적이며-경제적인 비대칭상황의 교정에 달려 있습니다.”

d) 문화적 다양성의 인정

“모든 사람들의 동등한 인격적인 존엄의 토대 위에서 정의로운 평화는 문화적인 다양성의 인정 없이는 지탱될 수 없습니다. 그것은 다양한 다 국가적인 관계들과 미디어를 통하여 저 다른 사람들의 삶의 조건들에 대한 지식이 증가하며, 공동생활을 위하여 직접적인 의미로부터 존재하는 하나의 환경에서 특별히 유효합니다. 즉 인정(認定)은 안정적인 것, 내적으로 평안한 자존감이 형성되게 하는 일을 가능하게 합니다. 자아에 대한 배려가 타인과의 생활에서 공감을 함께 찾아낼 때, 정체성을 결정했던 충돌들이 건설적으로 극복될 수 있을 것입니다. 사회적이며 문화적인 다원성의 현대적인 조건들 아래서 동등한 자격을 가진 공존을 위한 노력은 필수불가결한 조건입니다. 여기에 대화와 건설적인 충돌문화의 함께 인정된 규범의 발전을 필요로 합니다.

5. 권리를 유지하는 권력

현대 국제법은 정당한 전쟁의 개념을 거절한다는 것은 그것의 검토기준이 더이상 의미를 가지지 못한다는 것을 뜻하지는 않습니다. 왜냐하면 권리는 그 가능성을 관철하기 위해서는 폭력을 위협하기와 – ‘마지막 수단’(ultima ratio)으로 – 폭력을 사용하는 것이 필요하기 때문입니다. ‘정당한 전쟁’의 이론의 범주에서가 아니라, 법에 의한 지배권의 관점에서 폭력사용에 대해 비판적으로 질문하며, 숙고하며, 경우에 따라 이를 위한 토대를 마련하는 것이 여전히 요구되고 있습니다. 그때문에 2007년 독일개신교회협의회(EKD)의 평화 진정서는 “권리를 보존하는 권력에 대한 윤리의 일반적인 기준”을 언급하고, 다음과 같은 것들을 설명해 줍니다.

- 허락의 근거: 가장 어려운 인간적인 삶과 공동적으로 인정된 권리를 위협하는 가장 심각한 폭행자의 침해에 의하여, 대응폭력의 사용이 허락될 수 있습니다. 왜냐하면

"삶의 보호와 공동적인 권리의 강화는 더 강한 자의 권리에 비하여 무방비로 있을 수는 없기 때문입니다.

• 권한의 위임: 대응폭력에서 모든 잠재적 당사자들이 보편화의 가능한 관심사라는 명목 하에 합법화된 사람만이 행할 수 있는 것으로 붙잡아도 좋을 것입니다. 그 때문에 대응폭력의 투입은 반드시 법치에 종속되어야 합니다.

• 올바른 의도: 폭력사용은 명백하고, 현재적인 공격의 방어에만 허용됩니다. 이것은 비폭력적인 공동의 삶의 조건들을 (재)복원하는 목표를 통해서 반드시 제한되어야 하며 그리고 그와 관련된 개념을 사용해야 합니다.

• 최후의 수단: 폭력사용은 최후의 수단으로 요구되어야 합니다. 즉, 갈등을 규율하기 위한 유효적절한 모든 수단들을 살피는 것을 뜻합니다. "최후의 수단"의 범주는 반드시 "시간적으로 맨 나중"을 말하지 않으나, 모든 적당한 (또한 효과 있는) 수단들 중 그때마다 가장 폭력성이 빈약한 것이 선호되어야 한다는 것을 의미합니다.

• 결과의 균형성: 첫 번째 폭력사용으로 야기된 악은 더 큰 악으로 대응되지 않게 해야 합니다. 우리는 여기서 정치적이며-제도적일 뿐만 아니라, 경제적, 사회적, 문화적 그리고 생태학적인 후속 결과를 염두에 두어야 합니다.

• 수단의 균형성: 한편으로, 폭력사용의 수단은 모든 주의력을 기울여 성공적인 전망으로 위협을 예방하거나, 분쟁 종결을 유도하기 위해 충분히 효과적이어야 합니다. 다른 한편, 투입된 수단의 규모와 지속성 그리고 집약성은 고통과 피해를 필요한 최소치로 제한할 수 있는 방향이어야 합니다.

• 구별의 원리: 원래의 폭력행사에 간접적으로 참여한 사람들이나 시설은 보호되어야 합니다.

단지 모든 이러한 기준들이 성취되었다면 개신교회의 확신에 따라 폭력행사는 합법적으로 요구될 수 있을 것입니다. 당사자들의 신체와 생명에 미치는 심각한 후속 결과 때문에, 폭력은 이러한 경우 상반된 가치를 동시에 지니게 됩니다. 즉 그것은 역시 가장 신중한 검토에 따라 유죄됨의 위험성과 함께 책임이 지워졌으며, 경우에 따라 그것을 짊어져야만 하는 것입니다.

형성

1. 보복에 대한 포기

폭력의 희생자들은 끔찍스러운 경험과 함께 살아야 합니다. 이미 고통을 당한 폭력은 종종 말문을 닫게 만들며, 그 누군가가 부가된 불행에 대해 말하기까지 오랜 시간이 걸릴 수 있습니다. 그 누군가 말해 준다면, 이것은 관계를 새롭게 다듬어 갈 수 있는 자유하게 되는 경험이 될 수 있습니다. 그러나 대체로 굴욕은 보응하고자 하는 마음을 자극합니다. 증오와 보복의 환상은 폭력과 대응폭력의 악순환 고리를 작동시키고, 종종 피를 흘리는 결과에 이르기까지 광분시키기도 합니다.

성경 전승 또한 - 예를 들면, "분노의 시편"이라고 더 잘 지칭되는 "보복의 시편"들의 부르짖음으로 - 사람들의 보복환상에 대해 말하고 있습니다. 여기서 이미 겪은 불법은 명명되고, 자기의 분노감정은 전혀 여과되지 않은 채 하나님께 드려집니다. "사망이 갑자기 그들에게 임하여 산 채로 스올(무덤)에로 내려갈 지어다. 이는 악독이 그들의 거처에 있고 그들 가운데 있음이로다."(시55:15). "하나님이여 그들의 입에서 이를 꺾으소서, 여호와여 젊은 사자의 어금니를 꺾어 내시며"(시58:6). 상처들은 드러나고, 분노는 터져 나와 외치고 있습니다. 기도자는 분노에서부터 서서히 풀려나 복수를 하나님께 맡기기까지 분을 내고 있습니다. 사람들 사이에 있던 폭력의 악순환은 바울의 권고 속에서 중단됩니다. "내 사랑하는 자들아 너희가 친히 원수를 갚지 말고 하나님의 진노하심에 맡기라"(롬12:19). 폭력의 트라우마를 이와 같은 방식으로 처리될 수 있다면, 평화를 향하여 한 쪽문은 열어두고 있는 것입니다.

강제수용소에서 드린 유대인의 기도는 이에서 더 나아가 범법자(犯法者)를 평화 안에

품고 있습니다. "악의가 있는 사람들에게 평화가 있을 지라. 그리고 마지막은 처벌과 징벌의 모든 복수와 모든 말에 달렸도다. 모든 척도는 가증스러운 행위를 조롱합니다. 이것들은 인간의 모든 이해력을 넘어서 있고, 피를 증언하는 자들도 많도다... 그러므로 오 하나님이시여, 당신이 그들의 짓이 교수형에 해당한다고 하시고 그들에게 섬뜩한 해명을 요구하시는 그런 정의의 저울로 그들의 고통을 달아보지 마시고, 다른 방식으로 보복하여 주소서! 오히려, 모든 악한 사람들에게 이익이 되게 하시고, 그들에게 청구 하소서: 모든 다른 사람들의 용기, 그들의 고상한 품격, 결코 물리칠 수 없었던 소망 그리고 눈물을 마르게 만들었던 용감한 미소, 고통당하지만 뒤엎어 버리는 마음..., 하나님이여! 이 모든 것을 헤아리시고, 악한 것을 헤아리지 마소서! 그리고 우리가 더 이상 우리의 적들의 기억 속에 희생자가 되지 않게 하시고, 더 이상 악몽이나 유령과 같은 공포가 아니라 도리어 그들의 도움으로 남아, 그들이 광란을 그만두게 하소서 - 그리고 다시금 평화가 이 빈곤한 땅의 선의의 사람들 위에 있게 하시고 - 평화 또한 그 다른 사람들 위에 임하게 하소서!

2. 무기와 함께 또는 무기 없이 평화봉사

오늘날 정치는 예방적이고 비폭력적인 분쟁 조정의 길을 제시하고 있습니다. 비폭력에 대한 우선적 옵션은 교회의 평화윤리에서 말하는 바와 같이, 폭력에 희생당한 사람들을 보호하기 위한 책임입니다. 이러한 옵션은 극한의 경우 예방적으로 마련된 군사력의 투입을 배제하지 않습니다. 이는 국제 평화질서의 필수적인 구성요소로서 법치의 토대를 이루고 있습니다.

이에 따르면 교회는 군사적인 평화봉사도, 비폭력적인 평화봉사도 그 어떤 것도 배타적으로 대변할 수 없습니다. 반대로, 무기사용과 무기 포기는 기독인들의 행동양식으로서 서로 연관되어야 합니다. 병사들은 전쟁복무 거부자들의 태도에 의존하여 자신들의 행동을 기독인의 정치적인 책임의 표명으로 인식하도록 하고, 마치 이러한 책임이 이 세상의 현실에 만족하는 것이냐 그릇 해석해서는 안 될 것입니다. 전쟁복무의 거부자들과 평화복무자들은 병사들의 태도에 의존하여 자신들의 행동을 기독교 희망의 증언으로 이해하도록 하고, 마치 자신들에게는 폭력의 희생자들과 평화에 대한 연대의식이 필요 없는 것처럼 잘못 해석해서는 안 될 것입니다. 허락되는 경우 군사력을 사용하려는 준비 자세뿐만 아니라 무조건적인 비폭력은 기독교 신앙에 대한 적절한 증언이 될 수 있습니다.

이는 무기를 가지든 무기를 가지지 않든, 평화복무를 해야 한다는 소위 개신교회의 상보적(相補的) 견해와 일치합니다. 그럼에도 이러한 견해 또한 저마다의 정치적이고 사회적인 상황에 의존하고 있다는 점을 참작해야 합니다. 그래서 동독지역의 개신교회는 "병역의무자들에 대한 상담을 위한 권유"(1965)에서 여러 복무들을 동급으로 평가하지 않고, 전적인 거부 옵션도 인정하였습니다. "교회의 평화증언은 오늘날 동독지역의 젊은 기독인들이 내린 결정에서 구체적인 형태를 띤다고 말하지 않아야 합니다. 오히려, 침상에서 개인적인 자유 상실에 순종한 대가로 고통을 지불하고 있는 거부자들 그리고 찢어지는 양심의 문제와 상황적인 결정들의 책임을 이어받지 않는 공병대들이 현재 우리 주님의 평화 명령의 더욱 분명한 증언입니다. 기독인들의 자유는 그들의 행동으로부터 정치적인 강요라는 것을 말하고 있습니다."

3. 핵무장과 군사적인 저지에 대한 개신교회의 입장

이미 1959년 '하이델베르크 명제'(Heidelberger These)는 기독교 윤리의 요구로서 그리고 또한 실천이성의 요구로서 모든 핵무기 철폐를 선언하였습니다. 그럼에도 핵으로부터 평화는 "누군가 다른 길을 걷고 있는 사람이 있기 때문에 자기 길을 걸을 수 있다"(명제 XI)라는 주장이 견지되었습니다. 이러한 배경 하에서 핵을 사용하는 군사적 저지는 상보적(相補的)인 - 물론 과도기적인 - 행동 옵션으로 이해되었습니다. "교회는 핵무기의 존재를 통해서 자유 속에 있는 평화를 보장하려는 노력에 참여하는 것을 '오늘날에도 여전히 가능성 있는' 기독교의 행동방식임을 인정해야 합니다"(명제 VIII)

1981년 독일개신교회협의회(EKD)는 자유를 위한 진정서 "평화를 유지시키고, 증진시키고 그리고 새롭게 하라!"는 하이델베르크 명제의 입장을 받아들이고, 동시에 "오늘의 상태가 지속되지 말아야 한다는 의식이 자라나야 하는 것"을 긴급한 과제로 기록하고 있습니다.

오늘날 독일개신교회협의회(EKD)는 의식적으로 회피하는 입장에 관계하고 있습니다. 2007년 진정서(Denkschrift)는 이러한 맥락에서 평화윤리적인 입장을 서술하고 있습니다. "복음적인 평화윤리의 시각에서 핵무기 위협은 '오늘날 더 이상' 합법적인 자위의 수단으로 바라보지 않아야 합니다."

이러한 견해의 정치적이며, 전략적인 결과들은 논쟁되었습니다. 한편에서는 "서로간의 위협 조치라는 악순환 중에", 핵무기를 통한 군사적인 저지는 핵무기 획득에 대한 노력을 더욱 강화시키기에 우리는 무엇보다도 핵실험 중지, 군사적인 목적으로 분열 가능한 물질생산의 종결뿐 아니라, 비핵화지대 설치의 종결을 얻어내려고 노력해야 할 것입니다. 다른 한편으로는, "핵무기로 새로운 방법을 모색할 수 없으며", 이런 점에서 군사적인 무기로써 핵무기를 사용한 군사적 저지는 유효한 원리로 남아 있다는 점을 지적합니다.

4. 독일개신교회협의회(EKD)의 진정서 "하나님의 평화로 살며 - 정의로운 평화를 보살펴라!"

이러한 진정서의 종결부분에서는 평화의 선물과 과제를 다음과 같은 정강(政綱)으로 구체화하고 있습니다.

• 평화를 원하는 자는 평화를 준비해야 합니다.

"평화에 대한 희망은 과거의 그 어느 때 보다 국제 공동체의 중요한 제도적 설치에 그 목적을 두고, 독일 사회에 확고히 자리 잡고 있습니다. 특별히 최고 강도의 전쟁과 권력충돌의 빈도와 눈에 띄는 희생자들의 감소는 상향조정된 평화정치와 강화된 노력이 실제적으로 세계의 평화를 증진시킬 수 있다는 희망을 주고 있습니다. 평화는 당연한 것이 아니라, 가능한 것이고 소중한 것입니다."

• 하나님의 평화로 사는 자는 세계의 평화를 위해 일해야 합니다.

"기독교 평화의 증거는 복음 선포와 예배, 교양과 양육에서, 양심의 자유라는 기본법과 보복 대신 화해 그리고 협력적인 세계질서를 위한 표본으로써 의로운 평화를 옹호함에서 구현됩니다. 자유는 피할 수 없는 갈등을 건설적으로 편곡할 수 있는 능력에 기초합니다. 이러한 능력을 연습하는 것은 사람의 일생의 삶 속에서 시작됩니다. 신뢰형성과 의사소통의 시도들은 이를 향한 길에 있습니다."

• 세계화된 세계 내에서 정의로운 평화는 국제적인 법질서의 확충을 전제합니다.

"이러한 국제적인 법질서는 '시민적인 갈등의 수정에 우선적인 의무가 있으며 강요의 수단들의 사용을 윤리적이고 국제법적인 엄격한 범주에 예속시켜야 합니다. 인권과 민주정치는 지방의 전통에 확고히 자리를 차지하거나 또는 적어도 이들과 비강제적으로도 결합될 수 있어야 합니다. 외부의 폭력충돌에서 모든 선의적인 개입은 그것을 주목해야 합니다. 국제 테러리즘과 같은 새로운 도전일지라도 '정당한 전쟁'의 가르침의 회생을 정당화하지 않습니다. 이러한 문제들은 오히려 유엔의 규정집의 범주에서 다루어져야 합니다."

• 안전에 대한 사람들의 욕구를 주목하지 않는다면 평화정치의 토대는 없어집니다.

"신뢰와 협력은 다른 사람들의 이해를 주목하지 않고서는 발전하지 않습니다. 그 때문에 한 나라의 - 특히 군사적인 - 안전예방조치들은 평화를 위한 협력적인 노력을 대신할 수 없습니다. 세력분쟁에서 고통당하고 있는 단체들을 위한 무력적인 보호 역시도 지속적인 평화의 관점을 저버리지 말아야 합니다."

평화를 증거하고, 불신, 폭력과 억압이 지배하는 곳에서 화해를 위해 일하는 것은 기독인들의 절대 변경할 수 없는 임무에 속합니다. 예수 그리스도의 교회는 이를 위해 부름을 받았습니다.

5. 평화의 환상곡

"만일 전사들이 오고 있다면,
너는 그들을 꾀어 비둘기 지붕으로,
제비 둥지 안으로,

사자들의 굴혈로,

노루 숲 속으로 들여라!

너는 그들을 손을 펴서 마중하라!

빵과 소금, 과일과 포도주를 가득하게 하여,

저들이 네 미덕의 빵의 기둥 안에서 헤매며

저들은 네 다정함의 미로에 길을 잃게 될 것이다.

너는 그들이 탄성하도록 만들어,

저들의 장군과 통수권자들께 창피를 주라!

너는 그들의 앞잡이들을 헛걸음 하게 하라!

심연에는 온전한 정중함이 있게 하고,

네 무기는 명철함이 되게 하며,

네 힘은 인내가 되게 하고,

네 이야기는 사랑이 되게 하고,

네 승리는 네 침묵이 되게 하라,

그리하여 지방 총독들이 아주 기이하게 여기도록 하라!

한스 디터 휩쉬(Hans Dieter Hübsch)

[참고도서]

• 부라켈만(Brakelmann,G.): 한 인간적인 사회를 위해서(Für eine menschlicher Gesellschaft , 1996.
• 독일개신교회협의회(EKD): 평화의 길을 향한 발걸음(Schritte auf dem des Friedens).
　　　평화윤리와 평화정책을 위한 지향관점들(Orientierungspunkte für Friedens ethik und
　　　Friedenspolitik), 1994.
• 독일개신교회협의회(EKD): 하나님의 평화로 살며 - 정당한 평화를 보살피라(Aus Gottes
　　　Frieden leben – für gerechten Frieden sorgen). Eine Denkschrift des Rates der Evangelischen
　　　Kirchen in Deutschland, 2007.
• 후버/로이터(Huber,W./Reuter,R.): 평화윤리(Friedensethik), 1990.
• 리네만(Lienemann,W.): 평화(Frieden). Bensheimer Helfte 92, 2000.
• 닢코(Nipkow,K.E.): 평화로 가는 어려운 길(Der schwere Weg zum Frieden). 에라스무스에서
　　　현재까지 평화교육의 역사와 이론(Geschichte und Theorie der Friedenspädagogik von Erasmus
　　　bis zur Gegenwart), 2007.
• 파우쉬(Pausch,E.): 개신교 국가사전의 항목(Art).평화, 평화운동(Frieden, Friedens-bewegung),
　　　in: Evangelisches Staatslexikon, 4.Aufl. 2006.

기독교신앙시리즈 3

현대 기독교 신앙과 삶
세상에서의 삶 : 윤리

지은이 독일루터교회연합회
옮긴이 정일웅 오민수
판권 한국코메니우스연구소 / © 범지(汎智)출판사 2018
펴낸곳 범지(汎智)출판사

초판 발행일 2019년 12월 1일

신고 제2018-000008호.(2015년 7월 20일)
주소 경기도 성남시 분당구 구미로9번길 16 체리빌오피스텔 617호
전화 031-715-1066(팩스겸용)
이메일 kcidesk@gmail.com

ISBN
979-11-964571-0-5 04230 - 세트
979-11-964571-3-6 04230